Rossana Zanoli
Lorenza Pini   Paola Veronesi

W0411427

2 Scopriamo la natura

Seconda edizione

GUARDA! I video del libro sul tuo smartphone

1 SCARICA LA APP Guarda! DA:

App Store · Google Play

2 INQUADRA E GUARDA

- **Inquadra** con la fotocamera del tuo smartphone l'immagine che ha l'icona
- **tocca** l'icona ▶ che appare sullo schermo
- **guarda** il video

Per saperne di più, vai
su.zanichelli.it/guarda

PER IL COMPUTER E PER IL TABLET

L'eBook multimediale

1 REGÌSTRATI

Vai su **my.zanichelli.it** e regìstrati come studente

2 ATTIVA IL TUO LIBRO

Una volta entrato in **myZanichelli**, inserisci la **chiave di attivazione** che trovi sul bollino argentato in questa pagina

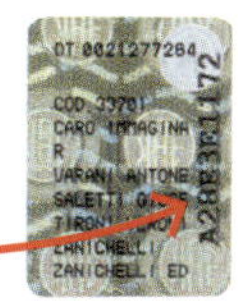

3 CLICCA SULLA COPERTINA

Puoi:

- **scaricare l'eBook offline** sul tuo computer o sul tuo tablet
- **sfogliare un'anteprima** dell'eBook online

DZ 0140756898
COD 17969
ZANOLI ROSSAN
RISTAMPA
ZANOLI ROSSAN
ZANICHELLI ED
ZANICHELLI ED
5341A83328

SCIENZE ZANICHELLI

Realizzazione editoriale:
- Coordinamento redazionale: Elena Bacchilega, Martina Mugnai
- Redazione: Elena Baldi
- Segreteria di redazione: Deborah Lorenzini e Rossella Frezzato
- Collaborazione redazionale: Viola Montanari, Chia Lab, Bologna; Il Nove srl, Bologna
- Progetto grafico: Chia Lab, Bologna
- Impaginazione: dMB, Firenze; Chia Lab, Bologna
- Ricerca iconografica: Elena Baldi, Alessandra Meneghetti, Laura Pantaleoni, Michela Viale
- Ufficio iconografico: Chiara Presepi, Claudia Patella
- Disegni: Elisa Botton, Dmitrij Leoni, Luca Poli, Thomas Trojer, Luca Tible
- Impaginazione e disegni per le tavole *Scienza e...*: Sara Cimarosti
- Stesura degli esercizi CLIL: Sara Chiappara
- Fotografie: Carlo Gardini, Parma; Costanza Baldisserotto
- Indice analitico: Tiziano Cornegliani

L'editore ringrazia la dottoressa Nicoletta Ronda dell'Università di Parma per la realizzazione delle foto in laboratorio di biologia.

Contributi:
- Rilettura critica: Claudia Lezza, Maria Chiara Montani, Laura Pantaleoni, Cristiana Vivoli
- Rilettura esecutiva: Carlo Manzini, Alessandra Meneghetti, Michela Viale

Copertina:
- Progetto grafico: Miguel Sal & C., Bologna
- Ideazione: Studio 8vo, Bologna
- Realizzazione: Roberto Marchetti e Francesca Ponti
- Immagine di copertina: Artwork Studio 8vo, Bologna

Prima edizione: 2012
Seconda edizione: febbraio 2017

Ristampa:
5 4 2020 2021

Stampa: La Fotocromo Emiliana
Via Sardegna 30, 40060 Osteria Grande (Bologna)
per conto di Zanichelli editore S.p.A.
Via Irnerio 34, 40126 Bologna

Realizzazione eBook:
- Coordinamento editoriale: Elena Bacchilega, Elena Baldi, Martina Mugnai
- Collaborazione redazionale: Veronica Porcinai, Sonia Serra
- Supervisione scientifica: Rossana Zanoli, Lorenza Pini, Paola Veronesi
- Progettazione e sviluppo software: duDAT srl, Bologna
- Speakeraggio dell'audiolibro: Immagina srl, Castel Maggiore (BO)

- Video *Ciak, si impara!*:
  Coordinamento redazionale: Elena Bacchilega, Viola Montanari, Michela Viale
  Concept, regia, editing: Giulia Rocco, formicablu srl, Bologna
  Supervisione scientifica: Rossana Zanoli, Lorenza Pini, Paola Veronesi
  Attore: Danilo Cinti
  Riprese: Marco Boscolo, formicablu srl, Bologna
  Assistenza alle riprese: Enrico Bergianti, formicablu srl, Bologna

- Video di laboratorio:
  Coordinamento redazionale: Elena Baldi
  Regia e riprese: Carlo Gardini, Parma
  Sceneggiatura: Laura Pantaleoni
  Montaggio: duDAT srl, Bologna
  Speakeraggio: Immagina srl, Castel Maggiore (BO)
  Supervisione scientifica: Rossana Zanoli, Lorenza Pini, Paola Veronesi

- Video:
  Coordinamento redazionale: Elena Baldi
  Sceneggiatura: Laura Pantaleoni
  Realizzazione e speakeraggio: Immagina srl, Castel Maggiore (BO)
  Supervisione scientifica: Rossana Zanoli, Lorenza Pini, Paola Veronesi

- Animazioni 3D:
  Disegni: Elisa Botton
  Testi: Angela Simone, formicablu srl, Bologna
  Ripresa, editing audio: Elisabetta Tola, formicablu srl, Bologna
  Voce: Danilo Cinti
  Supervisione scientifica: Rossana Zanoli, Lorenza Pini, Paola Veronesi

***Guarda!*:**
- Coordinamento editoriale: Elena Baldi, Enrico Poli
- Progettazione esecutiva e sviluppo software dell'applicazione *Guarda!*: Yoomee Technologies, Bologna | Ravenna

A La materia

A5 LE SOLUZIONI E LE LORO PROPRIETÀ

A6 LA MATERIA SI TRASFORMA

LE FORZE APPLICATE AI CORPI LIBERI

B 8

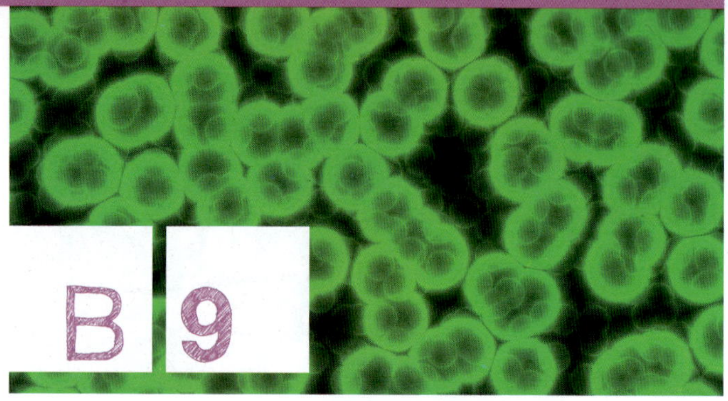

B 9

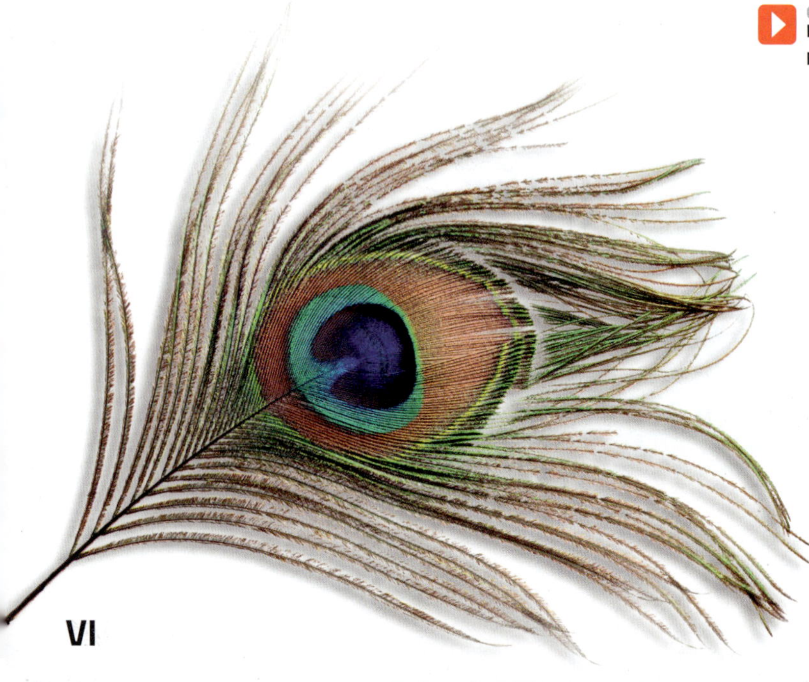

C Il corpo umano

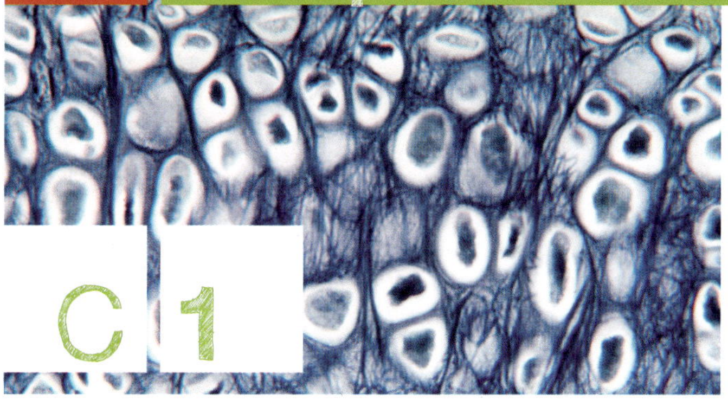

C1

Ciak, si impara!
La simmetria del corpo

Guarda il video
L'organizzazione del corpo umano
La struttura della pelle

Leggi la scheda
Il disegno come strumento scientifico per lo studio dell'anatomia

20 esercizi ZTE

C2

Ciak, si impara!
L'equilibrio

Guarda il video
Lo scheletro assile e lo scheletro appendicolare
I tipi di ossa
Il tessuto osseo
La struttura del tessuto osseo
La colonna vertebrale
Le vertebre
Torace, cintura pelvica e cintura scapolare
Gli arti
Le articolazioni
La contrazione muscolare
I nostri muscoli

Leggi la scheda
Anche le ossa invecchiano
Le leve nel corpo umano

20 esercizi ZTE

C3

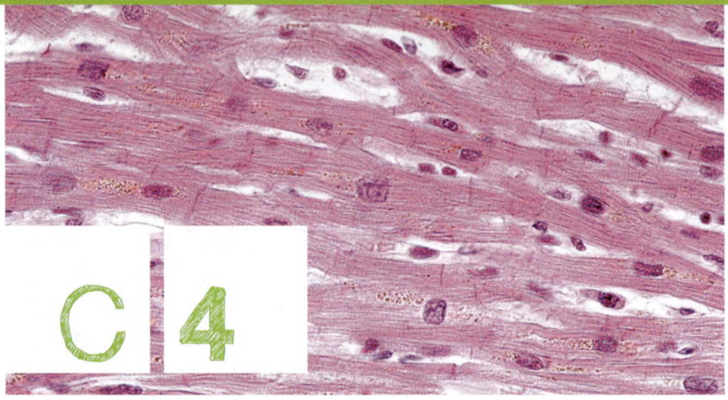

C4

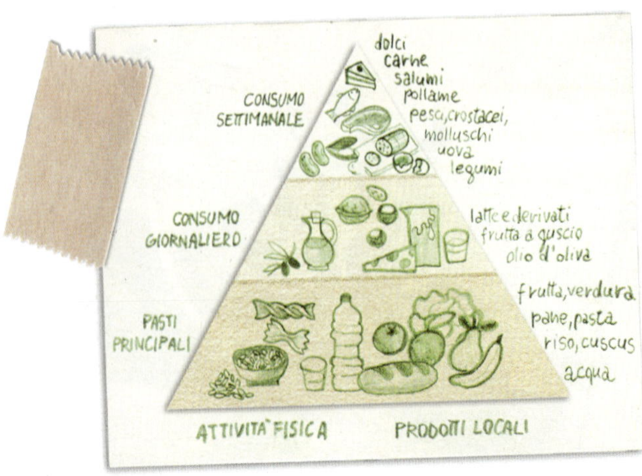

dolci
carne
salumi
pollame
pesci, crostacei, molluschi
uova
legumi
CONSUMO SETTIMANALE
latte e derivati
frutta a guscio
olio d'oliva
CONSUMO GIORNALIERO
frutta, verdura
pane, pasta
riso, cuscus
acqua
PASTI PRINCIPALI
ATTIVITÀ FISICA
PRODOTTI LOCALI

C 5

C 6

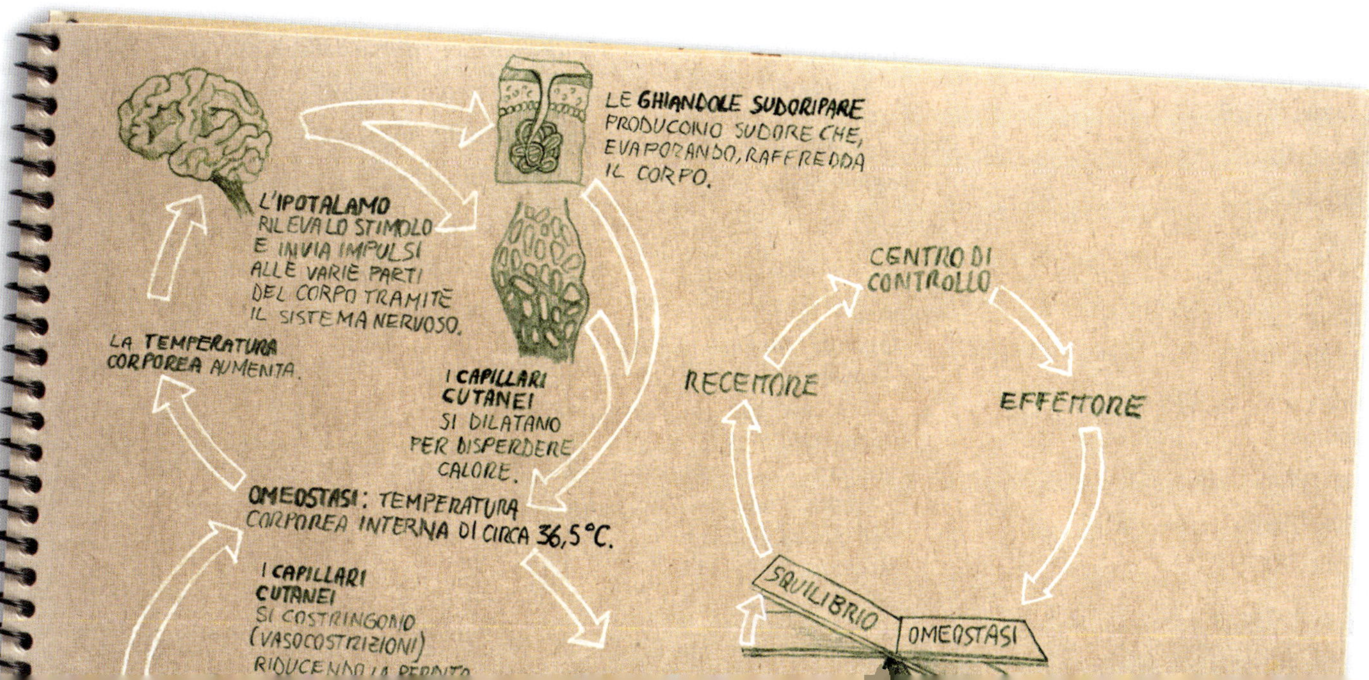

LE GHIANDOLE SUDORIPARE PRODUCONO SUDORE CHE, EVAPORANDO, RAFFREDDA IL CORPO.
L'IPOTALAMO RILEVA LO STIMOLO E INVIA IMPULSI ALLE VARIE PARTI DEL CORPO TRAMITE IL SISTEMA NERVOSO.
LA TEMPERATURA CORPOREA AUMENTA.
I CAPILLARI CUTANEI SI DILATANO PER DISPERDERE CALORE.
OMEOSTASI: TEMPERATURA CORPOREA INTERNA DI CIRCA 36,5 °C.
I CAPILLARI CUTANEI SI COSTRINGONO (VASOCOSTRIZIONI)
CENTRO DI CONTROLLO
RECETTORE
EFFETTORE
EQUILIBRIO
OMEOSTASI

Indice analitico

A

B

C

D

Q

R

S

T

U

V

Y

Parte A

Capitolo 5

LE SOLUZIONI E LE LORO PROPRIETÀ

Di' la tua

Che titolo daresti alla vignetta? ....

Come interverresti nella discussione? Qual è la tua opinione?

....
....
....
....
....
....
....
....
....
....
....
....
....
....

Lezione 1

Che cos'è una soluzione?

L'**acqua potabile** è una soluzione costituita da più componenti: nell'acqua sono disciolti i sali minerali.

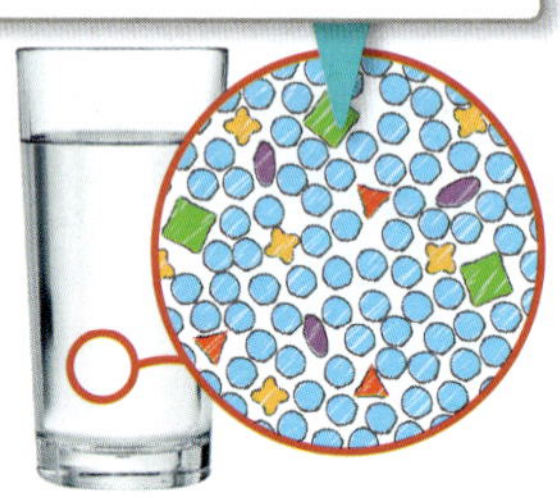

Una **soluzione di acqua e glucosio** (un tipo di zucchero) è usata in medicina per reidratare e alimentare i pazienti.

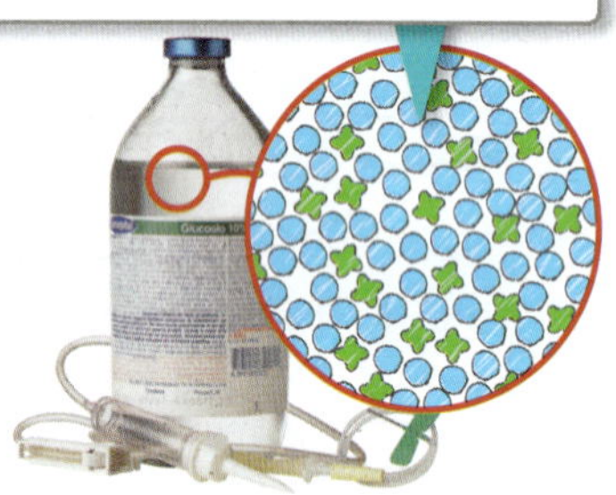

L'**acqua demineralizzata** non contiene sali minerali, anche se può presentare ancora tracce di componenti diversi dall'acqua.

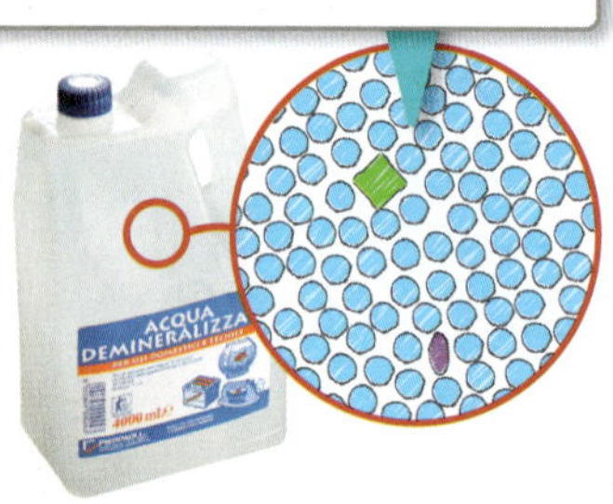

L'**acqua distillata** non è una soluzione, perché non contiene componenti diversi dall'acqua.

1. I componenti di una soluzione

Preparare una soluzione significa mescolare tra loro due o più materiali, finché non siano più distinguibili uno dall'altro.

Le **soluzioni** sono miscugli omogenei costituiti da un componente presente in maggiore quantità, chiamato **solvente**, in cui sono disciolti uno o più componenti, detti **soluti**.

I soluti possono essere in origine materiali solidi, liquidi o gassosi, che in seguito vengono disciolti nel solvente, che generalmente è un liquido.

La maggior parte delle soluzioni che conosciamo ha come solvente l'acqua: per questo si chiamano **soluzioni acquose**.

Molte sostanze come l'acqua minerale, il tè, i detergenti per la casa, le bibite sono soluzioni. Anche l'acqua che esce dal rubinetto è una soluzione acquosa: nel solvente (l'acqua) sono disciolti come soluti i sali minerali, cioè quelle sostanze che l'acqua discioglie passando tra le rocce e filtrando nel terreno. Inoltre molti liquidi fisiologici, come il sangue, l'urina, il sudore e le lacrime, hanno alla base una soluzione acquosa. Quindi conoscere le proprietà delle soluzioni può aiutarci a comprendere anche molti meccanismi biologici.

Per **riconoscere una soluzione** possiamo ricordare che:

- le *proprietà delle soluzioni*, come la densità o le temperature dei passaggi di stato, non hanno valori costanti e caratteristici;
- nelle soluzioni i componenti sono mescolati, ma non perdono la loro identità, quindi si possono *separare usando procedimenti fisici*.

Una soluzione può essere incolore o colorata a seconda dei soluti che contiene, ma è sempre **trasparente**, cioè la luce vi passa attraverso: questa è la garanzia che il miscuglio è davvero omogeneo.

2. Massa e volume delle soluzioni

Come cambiano la massa e il volume di due materiali, quando si uniscono per formare una soluzione?

Mescoliamo tra loro due liquidi miscibili (come acqua e alcol) e confrontiamo la massa e il volume dei due componenti prima e dopo la dissoluzione.

Versiamo acqua distillata fino a metà circa di un matraccio da 100 mL; aggiungiamo poi alcol denaturato (facilmente distinguibile per il suo colore rosa) fino a un segno tracciato sul vetro con un pennarello. Versiamo l'alcol con un contagocce, facendolo scorrere lentamente lungo la parete del recipiente: in questo modo, essendo meno denso, si stratificherà sopra all'acqua.

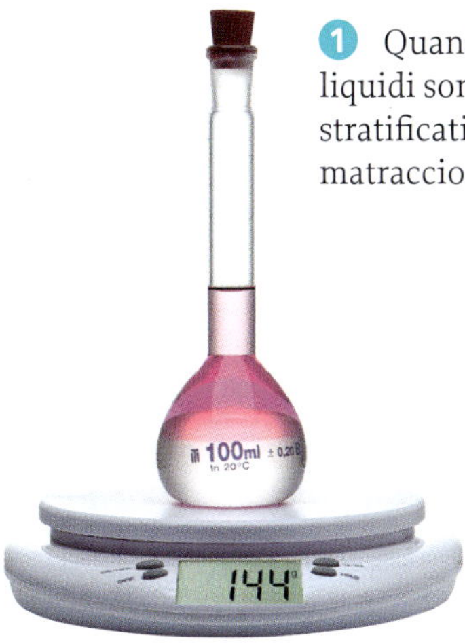

1 Quando i due liquidi sono ancora stratificati, pesiamo il matraccio.

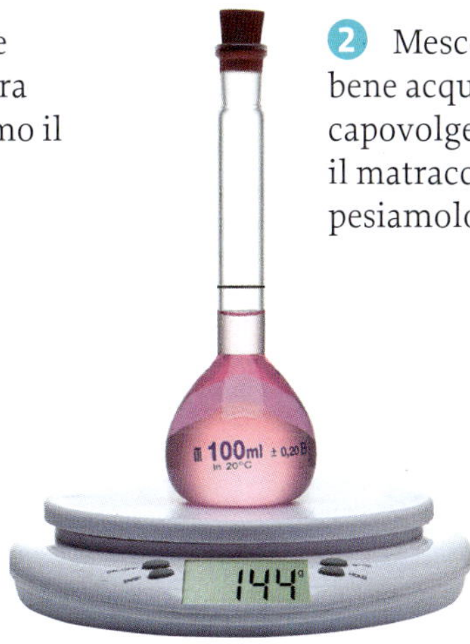

2 Mescoliamo bene acqua e alcol, capovolgendo il matraccio, e pesiamolo di nuovo.

Guarda il video
La variazione di volume delle dissoluzioni

Il volume della soluzione è minore rispetto a quello dei due componenti stratificati, mentre la massa non è cambiata.

La **massa** di una soluzione è uguale alla somma delle masse dei suoi componenti, invece il **volume** di una soluzione è diverso dalla somma dei volumi dei suoi componenti.

DALLA REALTÀ AL MODELLO

Come varia il volume di una soluzione

Prendiamo un matraccio, come quello usato nell'esperimento descritto nel paragrafo, e riempiamolo con ceci fino a metà e per l'altra metà con semi di orzo, fino a raggiungere il segno di pennarello. Pesiamo il matraccio su una bilancia da cucina. Poi, come abbiamo fatto con i liquidi, mescoliamo tra loro i semi capovolgendo e agitando più volte il matraccio: anche in questo caso, il livello del contenuto è diminuito. Pesando di nuovo il matraccio su una bilancia da cucina, verificheremo che la massa è rimasta uguale.

Per comprendere il fenomeno osservato nella dissoluzione, ragioniamo per analogia: così come i ceci sono diversi dai semi di orzo, anche le particelle di alcol devono essere diverse da quelle di acqua; infatti, dopo essere state mescolate, le particelle si dispongono le une in mezzo alle altre e si avvicinano.

Generalizzando questa conclusione, diciamo che materiali diversi (come acqua e alcol) sono costituiti da particelle diverse per forma e dimensione.

Guarda il video
Come varia il volume nelle soluzioni

LABORATORIO DELLE COMPETENZE

Mescola acqua e sale

Per verificare se il fenomeno osservato per acqua e alcol sia generalizzabile anche ad altre soluzioni, sperimenta che cosa accade alla massa e al volume di una soluzione ottenuta sciogliendo un solido (come il sale da cucina) in acqua.

Materiale

- 2 matracci
- bilancia da cucina
- acqua distillata
- sale da cucina
- pennarello

Procedimento

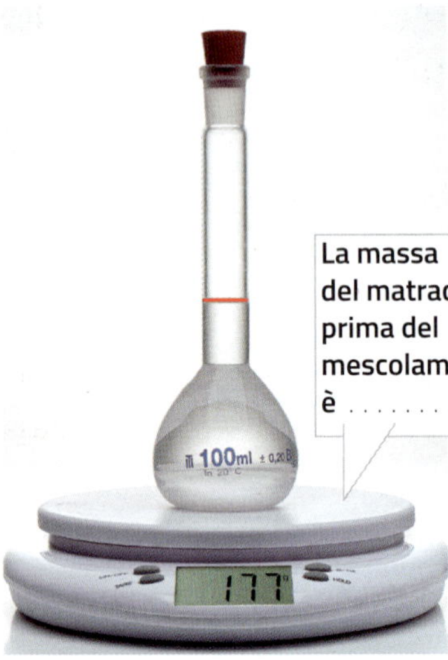

❶ Versa due cucchiai di sale da cucina in un matraccio e aggiungi acqua fino alla tacca.

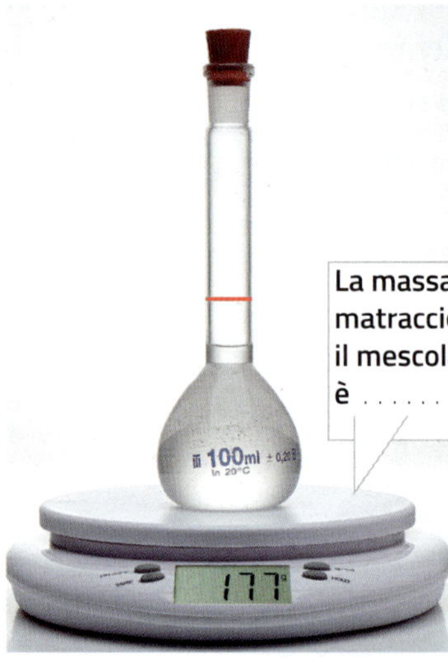

❷ Mescola i due componenti fino a sciogliere il sale e osserva ciò che è accaduto.

Che cosa concludi?

Il livello della soluzione ottenuta è più .... rispetto alla tacca segnata sul matraccio. In questo esempio, il .... della soluzione è dunque minore rispetto alla somma dei .... dei due componenti.

Ciò che invece non cambia, prima e dopo il mescolamento, è la ....

IMPARA A IMPARARE

1. Completa lo schema.

- **Le soluzioni** – hanno → massa uguale alla .... delle masse dei componenti
- **Le soluzioni** – hanno → .... diverso – dalla → .... dei .... dei componenti
- **Le soluzioni** – sono → miscugli ....
  - costituiti da → ....
    - che sono disciolti nel → ....
      - che è → il componente presente in maggior quantità

2. Sottolinea il termine corretto.

a) Le soluzioni sono miscugli *eterogenei/omogenei*.

b) In una soluzione, il componente presente in maggiore quantità è chiamato *solvente/soluto*.

c) Nella maggior parte delle soluzioni, il componente presente in maggiore quantità è *l'acqua/l'ossigeno*.

d) Il volume della soluzione è *uguale alla/diverso dalla* somma dei volumi dei suoi componenti.

Lezione 2

Le quantità in una soluzione

3. La concentrazione delle soluzioni

La grandezza più significativa per definire le caratteristiche di una soluzione è la concentrazione, che indica quanto soluto è contenuto in una certa quantità di soluzione. Questa grandezza è sempre indicata sulle etichette di detergenti, bevande e farmaci.

La **concentrazione** è il rapporto tra la quantità del soluto e la quantità totale della soluzione.

Leggi la scheda **La concentrazione percentuale**

Per calcolare la concentrazione, si può dividere la quantità del soluto per la quantità della soluzione, ognuna con la propria unità di misura (di massa o di volume).

$$\text{concentrazione} = \frac{\text{quantità di soluto}}{\text{quantità di soluzione}}$$

Per maggiore praticità, spesso si usa la *concentrazione percentuale*, che si ottiene moltiplicando per 100 il risultato dell'espressione precedente.

$$\text{concentrazione \%} = \frac{\text{quantità di soluto}}{\text{quantità di soluzione}} \times 100$$

1 Questa bevanda contiene il 30% di succo d'arancia. Ciò significa che sono necessari 30 mL di succo per preparare 100 mL di bevanda.

2 Sulla bottiglia di birra è indicata la concentrazione in alcol. Il valore 5% significa che 100 mL di birra contengono 5 mL di alcol.

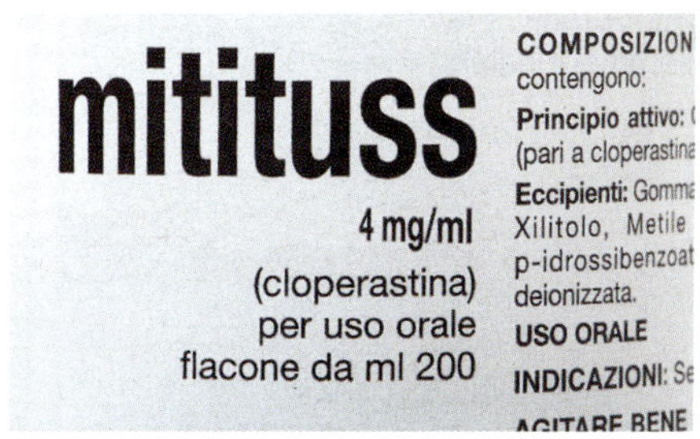

3 Nei farmaci, la concentrazione viene espressa in modi diversi. In questo sciroppo, ci sono 4 mg di principio attivo per ogni mL di soluzione.

SOLUZIONE SATURA

Per calcolare la quantità di soluzione, le masse dei suoi componenti possono essere sommate (massa soluto + massa solvente = massa soluzione). Invece, come abbiamo visto nella lezione precedente, per il volume questo non sempre è possibile.

Per la maggior parte dei soluti, la concentrazione ha un valore limite. Infatti, continuando ad aggiungere soluto a una soluzione, raggiungeremo una situazione in cui, pur mescolando a lungo, non sarà più possibile discioglierlo.

Una soluzione che, a una certa temperatura, contiene la massima quantità possibile di soluto si dice **satura**.

4. L'osmosi: la spinta dell'acqua

Osmosi deriva dal greco *osmós*, che significa «spinta»: l'osmosi può essere considerata una «spinta a diluire».

Essendo capace di sciogliere molte sostanze, l'acqua è il principale veicolo per trasportare tali sostanze nei liquidi fisiologici degli animali (come il sangue) e nella linfa delle piante. I meccanismi che regolano la concentrazione di queste soluzioni e gli scambi di sostanze si spiegano anche attraverso un importante processo fisico delle soluzioni detto *osmosi.*

L'osmosi si verifica quando due soluzioni a diversa concentrazione si trovano separate da una pellicola, detta *membrana semipermeabile*, che può essere attraversata soltanto dall'acqua e non dal soluto. In queste condizioni, le particelle d'acqua si spostano da una soluzione all'altra, viaggiando nella direzione che porta a diluire la soluzione più concentrata.

> L'**osmosi** è il fenomeno nel quale le particelle d'acqua attraversano una membrana semipermeabile, passando dalla soluzione più diluita a quella più concentrata.

Il processo continua fino a quando le due soluzioni separate dalla membrana raggiungono la stessa concentrazione.

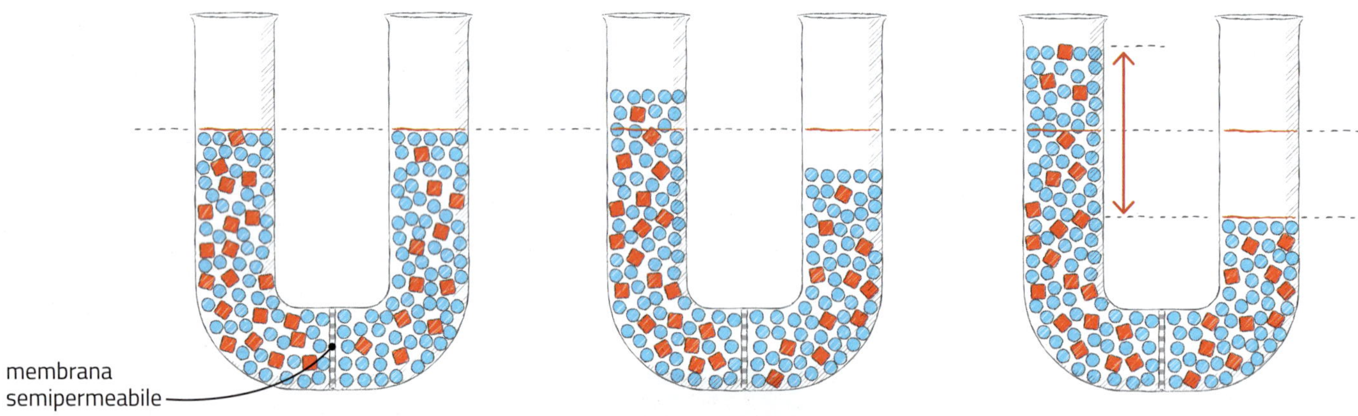

In un tubo a U come quello della figura, lo spostamento di particelle del solvente verso la soluzione più concentrata fa risalire il liquido in uno dei due rami e genera una differenza di pressione sul fondo dei due tubi, detta **pressione osmotica**.

IMPARA A IMPARARE

1. Completa lo schema.

La concentrazione → indica → il rapporto → tra
- la quantità di ....
- la quantità totale di ....

2. Completa le frasi.

a) La concentrazione indica quanto .... è contenuto in una certa quantità di soluzione.

b) Una soluzione .... contiene la massima quantità possibile di sostanza disciolta a quella temperatura.

c) L'osmosi è il fenomeno nel quale le particelle d' .... attraversano una membrana semipermeabile, passando dalla soluzione più .... a quella più ....

LABORATORIO DELLE COMPETENZE

L'osmosi nell'uovo

La pellicola che circonda l'albume dell'uovo è un esempio di membrana semipermeabile biologica, che lascia passare soltanto le particelle d'acqua. Elimina il guscio per osservare l'osmosi in azione.

Materiale

- 2 uova delle stesse dimensioni
- acqua distillata (o demineralizzata)
- anticalcare
- acqua
- tazza
- zucchero

Procedimento

1 Metti la stessa quantità acqua e di anticalcare in una tazza. Conserva una delle due uova come riferimento.

2 Immergi un uovo nella tazza e attendi fino a quando tutto il guscio si sarà corroso: ci vorrà almeno un giorno.

3 Lava l'uovo in acqua pulita, eliminando ogni traccia del guscio. Poi immergilo in acqua distillata. Puoi maneggiarlo perché è racchiuso da una pellicola trasparente.

4 Dopo due giorni, togli l'uovo dalla tazza e osservalo: si è vistosamente gonfiato, perché l'acqua vi è entrata attraversando la pellicola che lo racchiude.

5 L'uovo ora è visibilmente più grande di quello di riferimento. La soluzione interna all'uovo è molto concentrata, quindi esso ha assorbito acqua attraverso la membrana semipermeabile.

6 Per ridurre il volume dell'uovo gonfiato, immergilo in una soluzione zuccherina molto concentrata. Le particelle d'acqua usciranno dall'uovo per diluire la soluzione esterna.

Che cosa concludi?

Per il fenomeno dell' .... , l'uovo ha «aspirato» l'acqua, nella quale è stato immerso. Infatti la sua membrana lascia passare acqua, per cercare di rendere uguale la .... delle due soluzioni: quella interna all'uovo e quella che si trova nella tazza.

Lo stesso vale per il processo inverso: mettendo l'uovo «nudo» a bagno nella soluzione zuccherina, la membrana che racchiude l'uovo lascerà uscire acqua per cercare di riequilibrare la .... delle due soluzioni.

Lezione

3 Separare i componenti di una soluzione

5. Separare per evaporazione

Da una soluzione è possibile riottenere i componenti iniziali, poiché essi non si sono trasformati o deteriorati, ma hanno solo mescolato le loro particelle.

Alcuni metodi di separazione dei componenti di una soluzione sono molto semplici e sfruttano il passaggio di stato fisico di uno dei componenti.

L'**evaporazione** dell'acqua da una soluzione ci permette di ottenere il soluto solido, mentre il solvente si disperde nell'aria sotto forma di vapore.

Il processo di separazione per evaporazione del solvente è ciò che avviene naturalmente nelle saline. Come si vede nel video «Ciak, si impara!» all'inizio del capitolo, è possibile simulare questo processo, preparando una soluzione molto concentrata di acqua e sale e lasciandola per alcuni giorni sul termosifone o esposta al sole. Questo processo si verifica anche con soluti diversi.

Nelle saline, il sale si ottiene a partire dall'**acqua di mare** per evaporazione del solvente. Grazie al calore del sole, il solvente (l'acqua) evapora, e nelle vasche rimarrà il soluto solido (il sale).

Quello che noi chiamiamo Mar Morto, in ebraico si chiama «Mare del sale»: a causa dell'elevata concentrazione di sali che contiene e della forte evaporazione, in alcuni punti l'acqua è coperta da uno spesso **strato di sale cristallizzato**.

6. La cristallizzazione

La separazione dei soluti solidi da una soluzione può avvenire anche attraverso un processo chiamato cristallizzazione.

La **cristallizzazione** avviene quando le particelle del soluto si riorganizzano allo stato solido formando strutture cristalline ordinate.

Questo fenomeno avviene in tempi lunghissimi nelle cavità della crosta terrestre: l'acqua attraversando terreni e rocce scioglie alcuni minerali che poi, in condizioni particolari di pressione, temperatura e umidità, cristallizzano dando origine a formazioni solide di varia forma e dimensioni.

In molte grotte, come a **Toirano** in Liguria, si possono osservare le formazioni di carbonato di calcio, che scendono dai soffitti (stalattiti) o che crescono dal basso verso l'alto (stalagmiti).

Molti dei giganteschi cristalli di gesso rinvenuti a **Naica**, in Messico, superano i 10 m di lunghezza.

7. Distillare per ottenere tutti i componenti di una soluzione

Con la separazione per evaporazione, è possibile recuperare soltanto il soluto solido. Per riottenere anche l'acqua, è necessario trasformare di nuovo il vapore acqueo in liquido, cioè farlo condensare.

Il processo attraverso il quale un componente viene fatto evaporare e poi viene condensato si dice **distillazione semplice**.

Anche due liquidi si possono separare attraverso la distillazione, se le loro temperature di ebollizione sono significativamente differenti.

Per separare due componenti di una soluzione mediante distillazione, si usa un apparecchio chiamato **distillatore**. La soluzione è riscaldata dentro a un pallone di vetro e il componente con una temperatura di ebollizione minore passa allo stato aeriforme. I vapori entrano in un tubo a doppia camera, intorno al quale scorre acqua fredda. Il raffreddamento ne provoca la condensazione e dal tubo esce un singolo componente distillato. A livello industriale, la distillazione è un processo usato per separare le diverse parti del petrolio greggio (come i gasoli e le benzine).

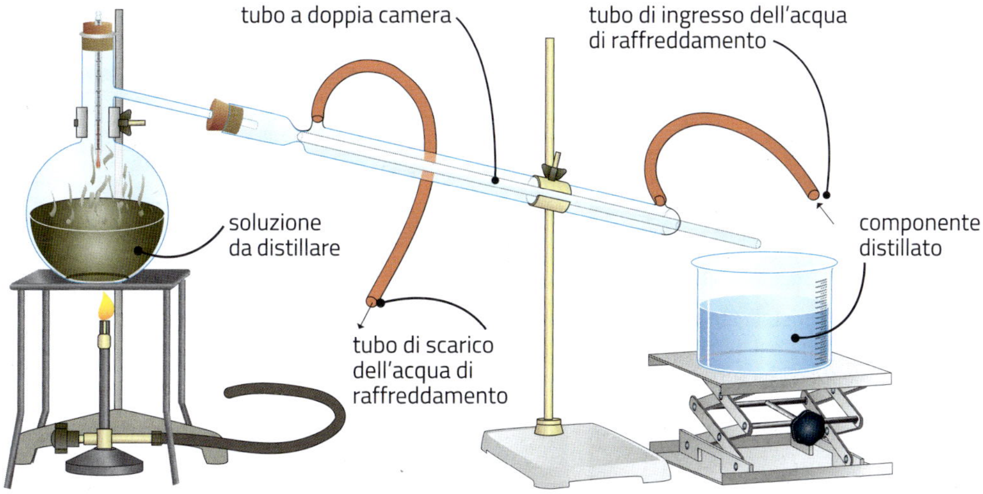

8. La cromatografia

Il biochimico russo Mikhail Cvet inventò un metodo per separare la clorofilla da un infuso di foglie verdi. Per il colore dei componenti, Cvet chiamò il metodo *cromatografia*, che letteralmente significa «scrittura con il colore».

La **cromatografia** è un metodo molto usato nel campo delle analisi chimiche per separare o purificare i componenti di miscele, attraverso diverse tecniche.

Nella **cromatografia su carta**, alcune gocce di una miscela vengono deposte alla base di una striscia di una speciale carta adsorbente. La striscia viene messa in un barattolo, che contiene una piccola quantità di solvente. Il solvente risale lungo la carta a diversa velocità, trascinando con sé ogni componente della miscela.

CROMATOGRAFIA SU CARTA

L'**inchiostro delle biro** è una miscela. I suoi componenti si separano, grazie alla loro diversa solubilità nel solvente e al differente modo di «aggrapparsi» alla base di supporto, come per esempio la carta.

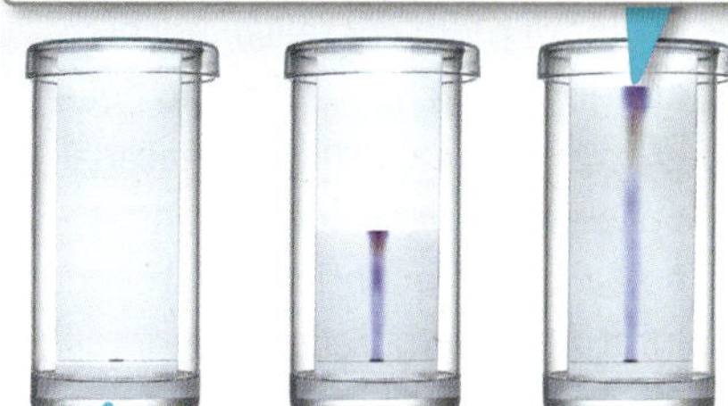

Il solvente può essere una miscela di acqua e alcol in parti uguali.

LABORATORIO DELLE COMPETENZE

Cristalli coltivati

Replicando il procedimento che avviene in natura, è possibile «coltivare» i cristalli e, con un po' di fortuna, ottenere qualche esemplare particolarmente grande e bello.

Materiale

- 3 contenitori di vetro
- vassoio ricoperto di carta assorbente
- piastra riscaldante (o termosifone)
- acqua distillata
- sale da cucina
- solfato di rame
- allume (solfato di alluminio e potassio)
- lente di ingrandimento

Che cosa concludi?

La sostanziale differenza tra i cristalli che hai preparato e quelli che si formano in natura è che i tuoi sono fatti di sostanze molto più solubili in acqua. La soluzione dalla quale li hai ottenuti contiene una quantità elevata di

. . . .

e proprio per questo si possono ottenere molti cristalli in pochi giorni. Quelli che si formano nelle grotte sono costituiti da materiali poco solubili, che si sciolgono nell'acqua in quantità infinitesime. Infatti per formare grandi cristalli occorrono migliaia e migliaia di anni.

Procedimento

1. Prepara tre soluzioni molto concentrate, usando come solvente acqua distillata calda: sciogli ogni soluto, aggiungendone un cucchiaio per volta, fino a quando si scioglie con difficoltà.

2. Metti le soluzioni in un armadio al buio. Dopo qualche giorno, vedrai sul fondo dei contenitori alcuni cristalli che si sono separati dalla soluzione. Per il cloruro di sodio, dovrai attendere molti più giorni.

3. I cristalli formati saranno tanto più grandi e perfetti quanto più lentamente sarà avvenuto il processo. Dopo averli sistemati nel vassoio e fatti asciugare, osservali con la lente d'ingrandimento.

4. Ogni cristallo ha caratteristiche geometriche proprie e definite. Infatti nella formazione di ciascun solido, le particelle si compattano in un ordine preciso.

5. Lega un singolo cristallo a un filo e immergilo nella soluzione rimasta, in modo che non tocchi né le pareti, né il fondo. Mettilo al buio per qualche settimana e otterrai cristalli di dimensioni considerevoli.

LABORATORIO DELLE COMPETENZE

La cromatografia dei confetti colorati

In questo esperimento, separerai i componenti dei coloranti presenti nei confetti. Seguendo lo stesso metodo, puoi identificare anche i componenti dell'inchiostro delle penne biro o degli evidenziatori. Puoi provare a usare come solventi miscele di acqua e alcol in diversa proporzione, per individuare quella che riesce a separare meglio i componenti della tua miscela di colori.

Materiale

- matita
- vaso di vetro o bicchiere alto (dotato di coperchio)
- rettangolo di carta da filtro
- acqua
- alcol da liquori
- pennellino fine
- confetti al cioccolato di diversi colori
- puntatrice

Procedimento

1. Con la matita traccia una linea a circa 2 cm dalla base del rettangolo di carta: questa è la linea di semina. Avvolgi la carta e forma una specie di cilindro, fissandone le estremità con la puntatrice.

2. Cattura il colore da un confetto con il pennellino bagnato e depositalo sulla linea di semina. Ripeti più volte il procedimento, sempre nello stesso punto, in modo da depositare abbastanza colore, poi ripeti la stessa operazione con altri confetti di colore diverso: otterrai una serie di punti di diverso colore.

3. Versa nel vasetto una soluzione di acqua e alcol in uguale quantità, fino a un livello di circa 1 cm. Poi inserisci nel barattolo il cilindro di carta, facendo in modo che i punti colorati non siano immersi nell'acqua e che la carta non tocchi le pareti del vaso. Chiudi ora il barattolo con il suo coperchio e aspetta che il solvente risalga lungo la carta.

4. Quando il solvente arriva a circa 1 cm dal bordo superiore del rettangolo, estrai la carta e lasciala asciugare. Osserva il risultato: se i coloranti sono miscele, vengono separati nei loro componenti (giallo, azzurro, fucsia), che sono stati trascinati dal solvente a diversa velocità, quindi sono visibili a diversa distanza dal punto di semina.

Che cosa concludi?

L'inchiostro dei confetti è una .... I suoi componenti si separano grazie alla loro diversa .... nel solvente e al differente modo di «aggrapparsi» alla base di supporto, nel nostro caso la carta.

IMPARA A IMPARARE

1. Completa lo schema.

I componenti di una soluzione
si possono separare per
- evaporazione
  che sfrutta
  il passaggio di .... di uno dei componenti
- ....
- ....
- cromatografia

2. Vero o falso?

a) L'evaporazione dell'acqua da una soluzione non ci permette di ottenere il soluto solido. V F

b) È possibile separare due liquidi attraverso la distillazione, se le loro temperature di ebollizione sono abbastanza diverse. V F

c) Nella cristallizzazione le particelle del soluto si dispongono a formare strutture cristalline ordinate. V F

Lezione 4

Le proprietà di una soluzione

9. Le temperature dei passaggi di stato

Leggi la scheda
Come evitare la formazione del ghiaccio

Alla pressione ordinaria, l'acqua ha la proprietà di fondere e solidificare a 0 °C e quella di bollire a 100 °C. La presenza di un soluto, cioè la formazione di una **soluzione**, modifica questi valori anche di parecchi gradi.

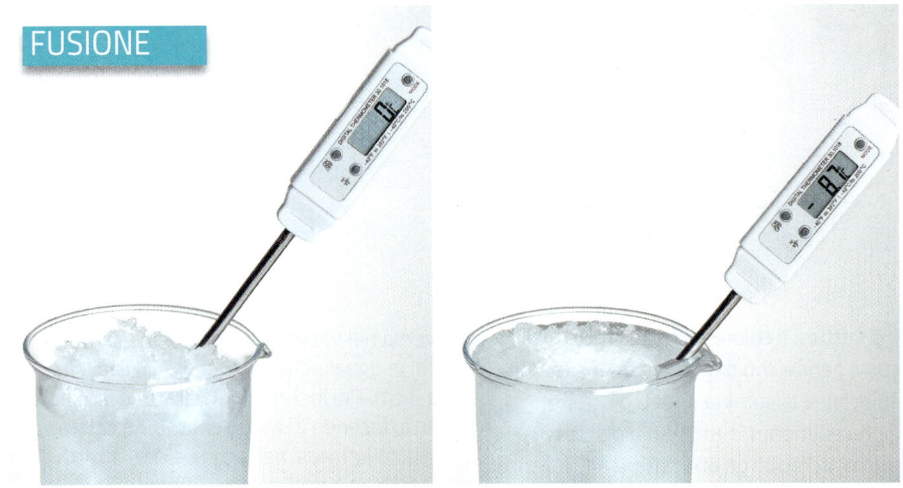

1 Se lasciamo fondere a temperatura ambiente del ghiaccio tritato, preparato con acqua distillata, sappiamo che la temperatura misurata durante tutto il passaggio di stato sarà di 0 °C.

2 Invece, se aggiungiamo al ghiaccio due o tre cucchiai di sale da cucina, ci accorgeremo che la temperatura si abbassa tanto di più, quanto più è concentrata la soluzione.

Il fenomeno si spiega pensando che le particelle di sale rendono più difficoltosa la **sistemazione ordinata** delle particelle d'acqua: pertanto per avere la solidificazione è necessario raggiungere temperature più basse.

Si può svolgere la stessa esperienza per l'ebollizione, aggiungendo alcuni cucchiai di sale all'acqua che bolle a 100 °C: l'ebollizione si ferma di colpo e riprende soltanto dopo che la temperatura è aumentata di alcuni gradi, confermando anche in questo caso un diverso valore della temperatura del passaggio di stato.

Le **temperature dei passaggi di stato** delle soluzioni sono diverse rispetto a quelle del solvente puro: la temperatura di fusione e di solidificazione è minore, mentre quella di ebollizione è maggiore.

Tanto più concentrata sarà la soluzione, tanto maggiore sarà la temperatura di ebollizione.

10. La densità di una soluzione

La densità corrisponde alla massa di un'unità di volume del materiale ed è caratteristica per ciascun materiale.

Confrontiamo ora la densità di una soluzione e quella del solvente puro: per esempio, pesando nelle stesse condizioni 1 L di acqua distillata e 1 L di acqua salata, verifichiamo come varia la massa, a parità di volume.

1 Poniamo la bottiglia sulla bilancia e premiamo il tasto per fare la tara.

2 Versiamo 1 L di acqua distillata nella bottiglia e misuriamo la massa.

3 Sostituiamo l'acqua con 1 L di soluzione concentrata di acqua e sale.

Visto che la massa è aumentata e il volume è rimasto uguale, deduciamo che la soluzione ha una densità maggiore rispetto al solvente puro.

Rispetto al solvente puro, una soluzione presenta valori di densità diversi, che variano con la concentrazione e possono essere maggiori o minori, a seconda del soluto.

IMPARA A IMPARARE

1. Completa lo schema.

Una soluzione — ha valori di — [...............] — diversi rispetto — [a quelli del .... puro]

— [...............] — a una — [temperatura maggiore] — rispetto — [al .... puro]

— [fonde] — a una — [temperatura ....] — rispetto — [al .... puro]

Lezione 5

Acido, basico o neutro?

11. Le soluzioni acide

Spesso usiamo l'aggettivo *acido* per descrivere una sensazione gustativa: per esempio, definiamo acido il sapore di alcuni alimenti, come lo yogurt, il succo degli agrumi o l'aceto. Il primo metodo per individuare soluzioni acide è proprio il gusto, ma possiamo applicarlo solo agli alimenti.

Per individuare questa caratteristica delle soluzioni senza assaggiarle, possiamo confrontare il loro comportamento quando sono messe a contatto con la polvere di marmo.

Guarda il video Le soluzioni acide

1 Versiamo in ciascuna provetta la stessa quantità di un prodotto di uso comune: aceto, succo di limone, acqua distillata, candeggina, anticalcare e ammoniaca.

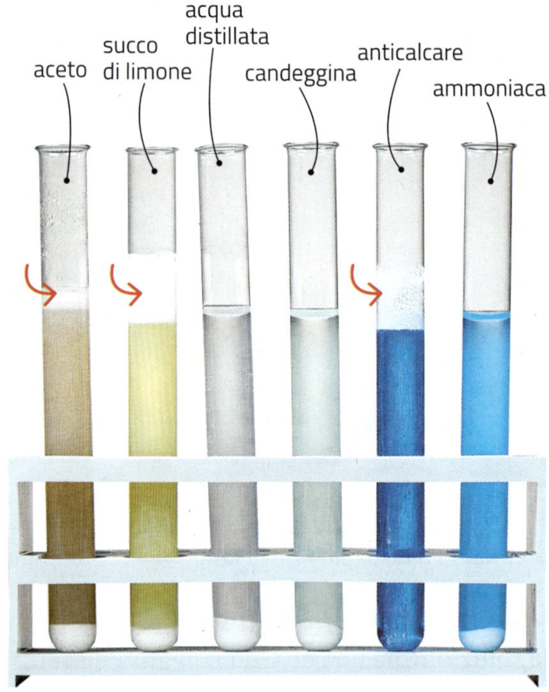

2 Introduciamo in ogni provetta un po' di polvere di marmo: soltanto nelle provette che contengono succo di limone, aceto e anticalcare si osserva lo sviluppo di un'effervescenza.

Le soluzioni dove vediamo l'effervescenza sono quelle che, se sono versate su un piano di marmo, lo corrodono rovinandone la superficie. Poiché tra queste abbiamo il succo di limone, classifichiamo queste soluzioni come acide.

Definiamo **acide** le soluzioni che corrodono il marmo.

Ora siamo in grado di dividere in due gruppi le soluzioni che abbiamo usato nell'esperimento: acide e non acide.

Le soluzioni **acide** corrodono il marmo
aceto
succo di limone
anticalcare

Le soluzioni **non acide** non corrodono il marmo
acqua distillata
candeggina
ammoniaca

12. Le soluzioni basiche e le soluzioni neutre

Prendiamo in considerazione il comportamento di due soluzioni, che non danno effervescenza: l'acqua distillata e l'ammoniaca. Abbiamo visto che nessuna delle due ha proprietà acide, ma che cosa succede se le mescoliamo a un acido come l'aceto?

Guarda il video
Le soluzioni basiche

1 Versiamo in due becher la stessa quantità di aceto e un cucchiaio di polvere di marmo. Osserviamo una vivace effervescenza.

2 Ora aggiungiamo ammoniaca in uno dei due becher, in quantità tale da raddoppiare il volume della soluzione.

3 Nell'altro becher, aggiungiamo acqua distillata, fino a raddoppiare il volume della soluzione.

4 Osserviamo che l'ammoniaca ha bloccato l'effervescenza. Invece nel becher dove abbiamo aggiunto acqua distillata, le bollicine si formano ancora.

Concludiamo che l'ammoniaca è in grado di annullare il comportamento dell'acido. Infatti, se ne aggiungiamo una quantità sufficiente, l'acido non riesce più a corrodere il marmo. Invece l'acqua non modifica il comportamento dell'acido: il marmo, infatti, continua a corrodersi, anche se molto più lentamente.

Le soluzioni che, come l'ammoniaca, neutralizzano gli acidi sono dette **basiche**; quelle che non sono né acide né basiche, come l'acqua, sono dette **neutre**.

Leggi la scheda
La storia degli acidi e delle basi

Si dice che le basi e gli acidi **si neutralizzano** a vicenda. Infatti, quando vengono mescolati tra loro nella giusta proporzione, annullano le rispettive proprietà e la soluzione diventa neutra.

13. Gli indicatori di acidità

Il colore assunto dalla **cartina all'indicatore universale** ci dice quanto una soluzione è acida o basica.

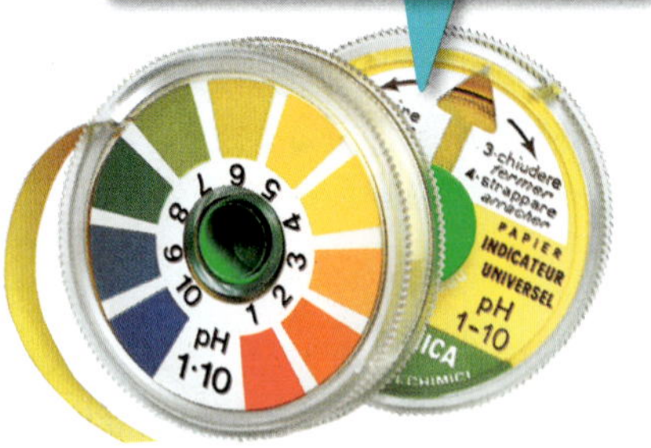

Molti infusi o estratti di piante e fiori (come quelli del cavolo rosso, dell'ibisco e del mirtillo) hanno la proprietà di cambiare colore, quando vengono a contatto con soluzioni acide o basiche: queste sostanze sono dette **indicatori**.

Esiste una speciale cartina, imbevuta di una miscela di vari indicatori, che si colora in modo diverso in base a quanto sia acida, basica o neutra la soluzione con cui viene bagnata: questa cartina è detta **indicatore universale**. Bagnando la cartina in una soluzione e confrontandone il colore con la scala riportata sulla confezione, è possibile attribuire un valore numerico all'acidità o alla basicità di una soluzione.

La scala di misura che indica il carattere acido o basico di una soluzione si chiama **pH**: il suo valore va da 0 (massima acidità) a 14 (massima basicità). Le soluzioni neutre presentano valore intermedio, cioè pH 7.

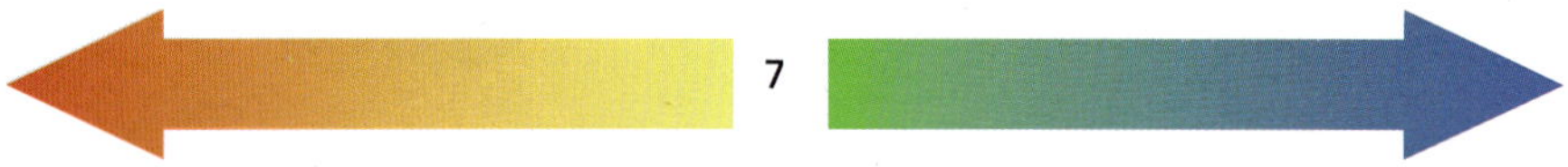

Le soluzioni acide colorano la cartina di giallo/arancione/rosso.

Le soluzioni neutre colorano la cartina di giallo/verde.

Le soluzioni basiche colorano la cartina di verde/blu.

IMPARA A IMPARARE

1. Completa lo schema.

Le soluzioni — .... — hanno — pH < 7
.... — corrodono — il ....
.... — NON corrodono — il ....
Le soluzioni — non ....
si dividono in
.... — che hanno — pH = 7
.... — che hanno — pH > 7
.... se non modificano la caratteristica acida di una soluzione
.... se modificano la caratteristica .... di una soluzione

2. Sottolinea nel testo le caratteristiche delle sostanze acide, basiche e neutre, usando tre colori diversi.

3. Procurati della polvere di marmo e fai delle prove su altri prodotti che hai in casa, poi inseriscili al posto giusto.

soluzioni che corrodono il marmo: **acide**

soluzioni che non corrodono il marmo: **non acide**

Miscugli e sostanze

14. Classifichiamo i materiali

Nelle lezioni precedenti, abbiamo verificato che alcune proprietà fisiche delle soluzioni, in particolare le temperature dei passaggi di stato e la densità, sono diverse da quelle del solvente puro. Quindi queste proprietà misurabili ci permettono di riconoscere i materiali costituiti da un solo componente.

Se un materiale, a una determinata pressione, presenta valori fissi e caratteristici delle temperature dei passaggi di stato e, a una determinata temperatura, presenta una caratteristica densità, esso è costituito da un solo componente e viene detto **sostanza**.

I valori delle proprietà caratteristiche di ogni sostanza, come le temperature dei passaggi di stato e la densità, costituiscono una sorta di «carta d'identità» di quella sostanza, cioè un modo per poterla identificare.

Se per diversi oggetti di **alluminio** misuriamo gli stessi valori delle temperature dei passaggi di stato e della densità, possiamo essere certi che l'alluminio sia una sostanza.

In generale, tutti i materiali che vediamo intorno a noi possono essere distinti in sostanze e miscugli: le sostanze sono costituite da un solo componente e hanno proprietà caratteristiche, invece i miscugli sono costituiti da almeno due componenti e le loro proprietà variano a seconda della concentrazione.

I miscugli sono di gran lunga più numerosi delle **sostanze** e si suddividono a loro volta in miscugli **omogenei** ed **eterogenei**, in base alla possibilità di distinguere i componenti.

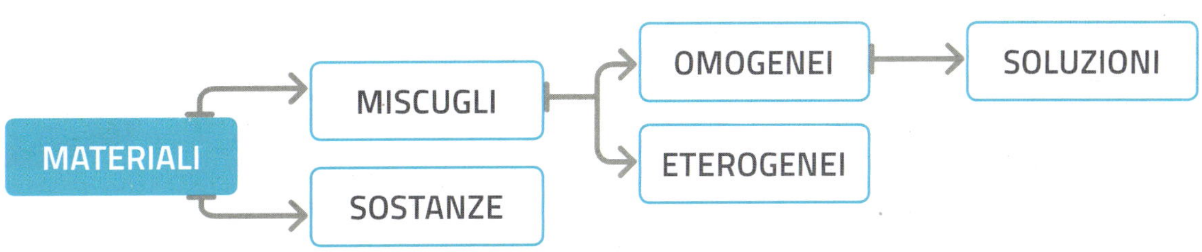

DALLA REALTÀ AL MODELLO

Le particelle che compongono le sostanze e i miscugli

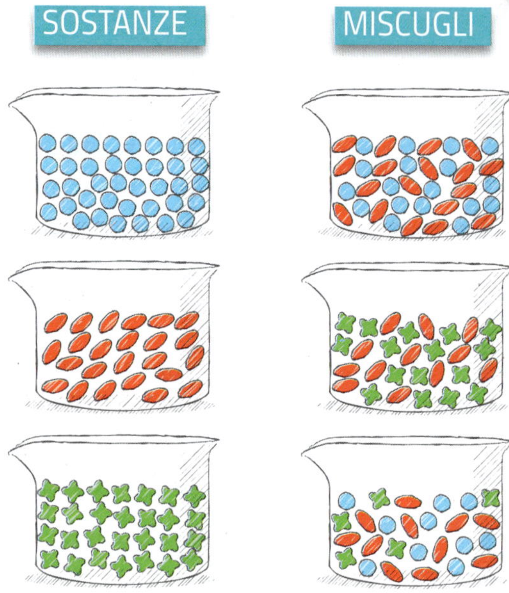

Per immaginare come sia costituita una sostanza, pensiamo a un materiale che contenga particelle tutte uguali fra loro. Sostanze diverse sono formate da particelle differenti. Se si mescolano sostanze diverse, quindi particelle diverse, si ottengono i miscugli.

Nei disegni della tabella a fianco, vediamo che la differenza tra le particelle viene rappresentata attraverso colore e grandezza diverse, ma queste proprietà sono caratteristiche degli oggetti reali e non possono essere trasferite a ciò che non è visibile: i modelli quindi non corrispondono alla realtà, ma sono una rappresentazione che usiamo per spiegare i fenomeni, immaginando ciò che non si può vedere.

IMPARA A IMPARARE

1. Completa lo schema.

I materiali
si dividono in
- ....
  - che sono: costituite da un solo componente
  - che hanno: valori di temperatura caratteristici dei passaggi di .... e della ....
- miscugli
  - che possono essere
    - .... come: le soluzioni
    - .... nei quali: si distinguono i componenti

2. Sottolinea il termine corretto.

a) I materiali costituiti da un solo componente sono detti *sostanze/ miscugli.*

b) I miscugli *omogenei/ eterogenei* comprendono le soluzioni.

c) *I miscugli/ Le sostanze* hanno valori caratteristici per *le temperature/ le durate* dei passaggi di stato e per la densità.

3. Completa le frasi.

a) Sia lo zucchero sia l'acqua sono ...., infatti mantengono fisse le loro proprietà fisiche (come temperature dei passaggi di stato e ....) in condizioni definite.

b) Ciò che si ottiene mescolando acqua e zucchero tra loro è un miscuglio .... (lo sciroppo), che presenta proprietà fisiche diverse in base alle quantità reciproche dei due componenti.

Che cosa sono le soluzioni?

Che cos'è una soluzione? | pag. A74

Le soluzioni sono **miscugli omogenei**, costituiti da un solvente in cui sono sciolti uno o più soluti.

I **soluti** possono essere solidi, liquidi o gassosi; il **solvente** generalmente è un liquido.

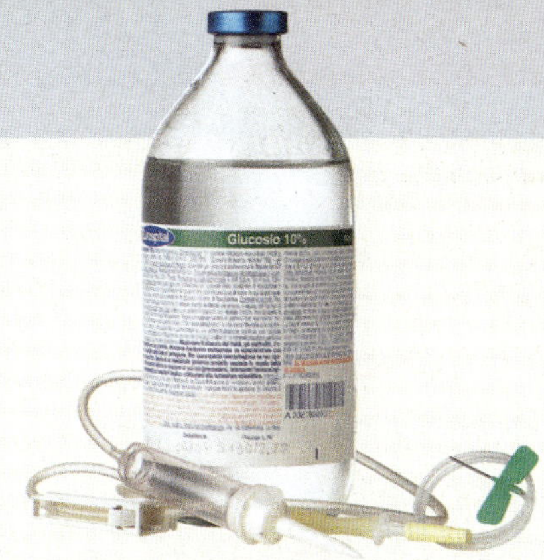

Come variano la massa e il volume delle soluzioni?

Che cos'è una soluzione? | pag. A75

Se mescoliamo tra loro due liquidi miscibili, la **massa totale** è sempre uguale alla somma delle masse dei liquidi, invece il **volume** di una soluzione può essere diverso dalla somma dei volumi dei componenti.

Che cos'è la concentrazione?

Le quantità in una soluzione | pag. A77

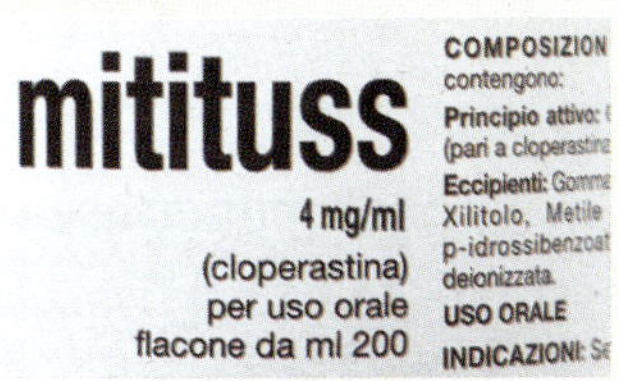

La **concentrazione** di una soluzione esprime il rapporto tra la quantità di soluto e la quantità totale di soluzione; il valore della concentrazione può essere espresso in forma percentuale.

$$\text{concentrazione} = \frac{\text{quantità di soluto}}{\text{quantità di soluzione}}$$

$$\text{concentrazione \%} = \frac{\text{quantità di soluto}}{\text{quantità di soluzione}} \times 100$$

Come avviene l'osmosi?

Le quantità in una soluzione | pag. A78

Se due soluzioni a diversa concentrazione sono separate da una **membrana semipermeabile**, le particelle dell'acqua passano dalla soluzione più diluita a quella più concentrata: questo fenomeno si chiama **osmosi**.

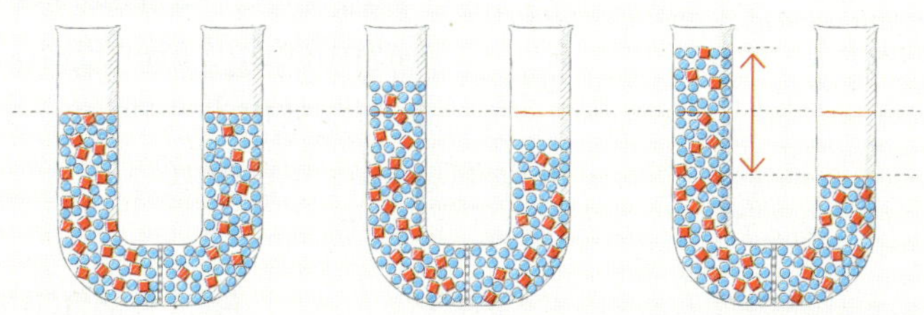

Come si separano i componenti di una soluzione?

Separare i componenti di una soluzione | pag. A80

I componenti di una soluzione possono essere separati in diversi modi.

- L'acqua si può separare da un soluto solido attraverso l'**evaporazione**.
- Nella **distillazione** un componente viene fatto evaporare e poi condensato.
- La **cristallizzazione** è un processo in cui le particelle del soluto si aggregano tra loro per formare strutture cristalline ordinate.
- Nella **cromatografia** i componenti si separano per diversa solubilità nel solvente e differente capacità di aggrapparsi alla base di supporto, come per esempio la carta.

Quali sono le differenze tra una soluzione e il solvente puro?

Le proprietà di una soluzione | pag. A84

Le soluzioni **fondono** o **solidificano** a temperatura minore e **bollono** a temperatura maggiore rispetto al solvente puro. Anche la loro **densità** è diversa: a seconda del soluto, può essere maggiore o minore di quella del solvente puro.

Come si stabilisce se una soluzione è acida, basica o neutra?

Acido, basico o neutro? | pag. A86

Le soluzioni **acide** corrodono il marmo; le soluzioni **basiche** neutralizzano quelle acide. Le soluzioni né acide né basiche sono **neutre**.

Il colore assunto dalla cartina all'indicatore universale permette di classificare una soluzione come acida, neutra o basica.

Il pH è la scala che indica quanto una soluzione è acida o basica: il suo valore va da 0 a 14.

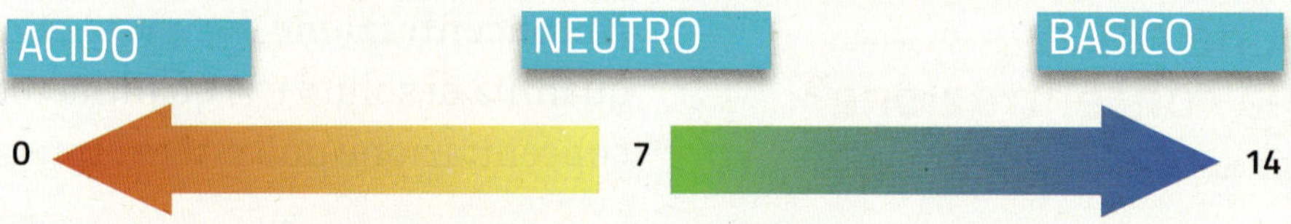

Che cosa distingue le sostanze dai miscugli?

Miscugli e sostanze | pag. A89

Le **sostanze** sono i materiali costituiti da un solo componente e sono caratterizzate, a una determinata pressione, da valori fissi e caratteristici di:

- temperatura di fusione.
- temperatura di ebollizione.
- densità (a una determinata temperatura).

I **miscugli** sono i materiali costituiti da due o più componenti e possono essere eterogenei o omogenei.

Nei **miscugli eterogenei** si possono distinguere i componenti.

Nei **miscugli omogenei**, come le soluzioni, i componenti non sono distinguibili.

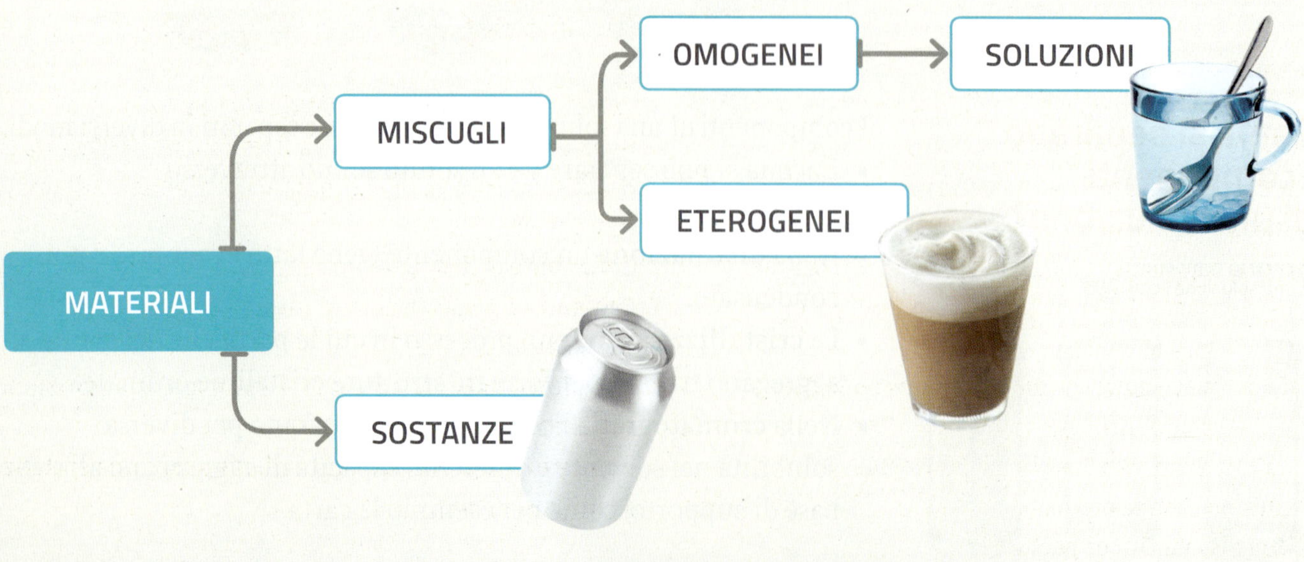

1. **Completa la mappa concettuale.**

distillazione
solvente
minore
concentrazione
soluto
cromatografia
maggiore
evaporazione
densità

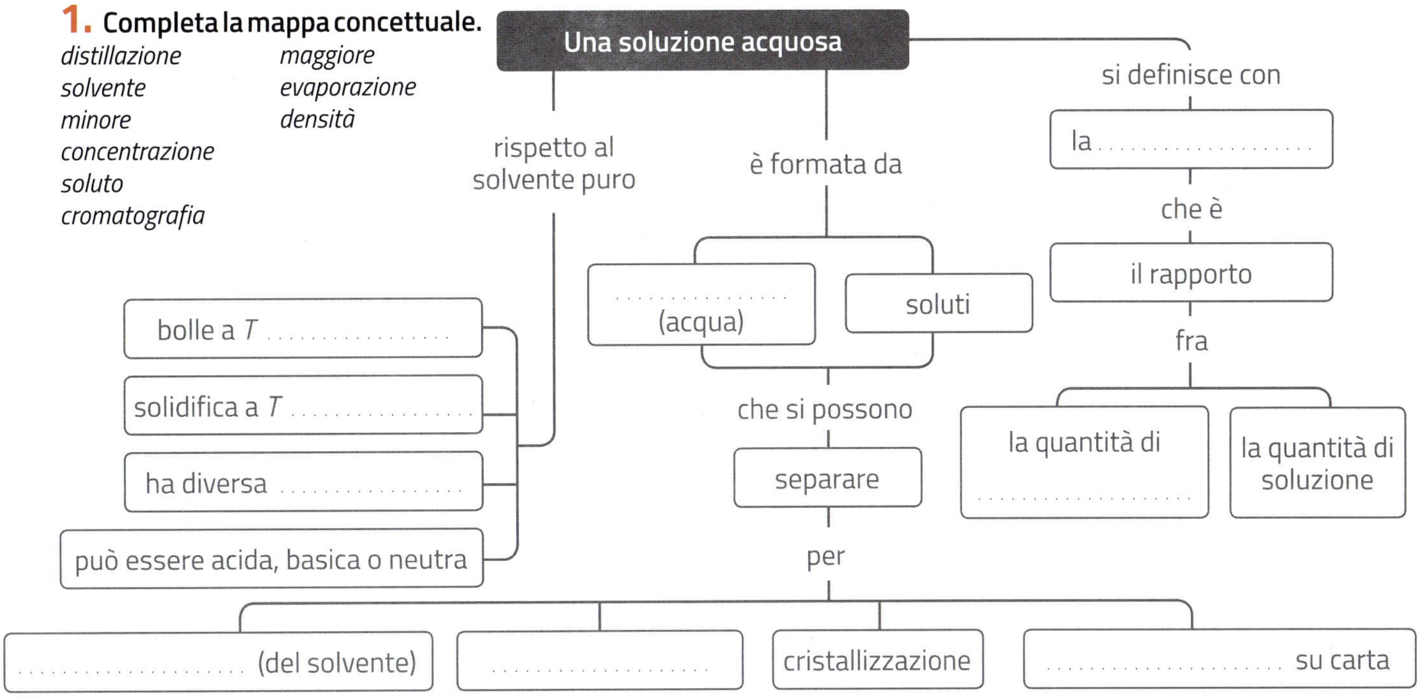

2. **In una soluzione, il solvente è sempre**

A il componente presente in quantità minore.
B il componente solido.
C il componente presente in quantità maggiore.
D il componente liquido.

3. **Nella distillazione**

A un componente viene separato, facendolo evaporare.
B un componente viene fatto evaporare e poi condensare.
C si ottiene solo il soluto solido ma non il solvente.
D si può ottenere soltanto il solvente.

4. **Una soluzione di acqua e sale solidifica**

A alla stessa temperatura di fusione dell'acqua.
B alla stessa temperatura di fusione del sale.
C a una temperatura maggiore di quella di fusione dell'acqua.
D a una temperatura minore di quella di fusione dell'acqua.

5. **Si definisce *sostanza* un materiale costituito da**

A più componenti.
B da più di due diversi tipi di particelle.
C un solo componente.
D due diversi tipi di particelle.

6. **Vero o falso? Correggi le affermazioni errate sul tuo quaderno.**

a. La concentrazione di una soluzione corrisponde al prodotto delle quantità del soluto e del solvente. V F
b. Una soluzione che ha pH = 9 colora di azzurro la cartina all'indicatore universale. V F
c. La densità di una soluzione di acqua e sale ha sempre lo stesso valore, che è diverso da quello della densità dell'acqua. V F
d. Nel fenomeno dell'osmosi, le particelle d'acqua attraversano una membrana semipermeabile per passare da una soluzione più diluita a una più concentrata. V F
e. I miscugli, come le sostanze, sono materiali formati di particelle tutte uguali tra loro. V F

7. **Rispondi alle domande sul tuo quaderno.**

a. In quali condizioni si verifica il fenomeno dell'osmosi?
b. Quali sono i metodi per separare i componenti di una soluzione?
c. Come puoi distinguere una sostanza da un miscuglio?
d. Puoi pulire un lavandino di marmo con un prodotto anticalcare? Perché?
e. Un valore di pH uguale a 4 corrisponde a una soluzione acida, basica o neutra?
f. Quali proprietà permettono di distinguere una sostanza da un miscuglio?

8. **Tra le sostanze presenti in casa, individuane tre che si sciolgono in acqua.**

....

....

....

9. **Tra i seguenti liquidi, riconosci le soluzioni acquose.**

- ☐ acqua di mare
- ☐ acqua di rubinetto
- ☐ olio di oliva
- ☐ miscela del motorino
- ☐ mercurio
- ☐ aceto
- ☐ smacchiatore
- ☐ caffè
- ☐ sciroppo per la tosse

10. **Rispondi alle domande.**

a. Quali sono le due tecniche di separazione che si possono usare per separare i componenti di una soluzione ottenuta da un soluto solido e un solvente liquido (per esempio, acqua salata)?

....

b. Riflettendo sul risultato della separazione, qual è la sostanziale differenza tra le due tecniche?

....

....

....

11. **Sull'etichetta di una bottiglia di succo di mirtillo compaiono le seguenti scritte: 500 mL, 40% purea di mirtillo. Che cosa significa?**

....

....

....

12. **Uno sciroppo per la tosse ha una concentrazione di principio attivo pari a 4 mg/mL. Che quantità di farmaco assumi, se prendi 15 mL di sciroppo?**

....

....

....

13. **Completa il seguente brano.**

La grandezza che misura l'acidità (o la basicità) si chiama .... e il suo valore può variare da .... a .... : per soluzioni con caratteristica acida, il suo valore varia da .... a .... : per soluzioni con caratteristica .... , il suo valore varia da .... a .... ; invece per le soluzioni neutre, il suo valore è esattamente ....

14. **Questi tre becher contengono acqua, aceto e candeggina. Osservando il colore dell'indicatore universale, sai indicare il pH dei tre materiali e abbinare a ciascun becher il nome del liquido che contiene?**

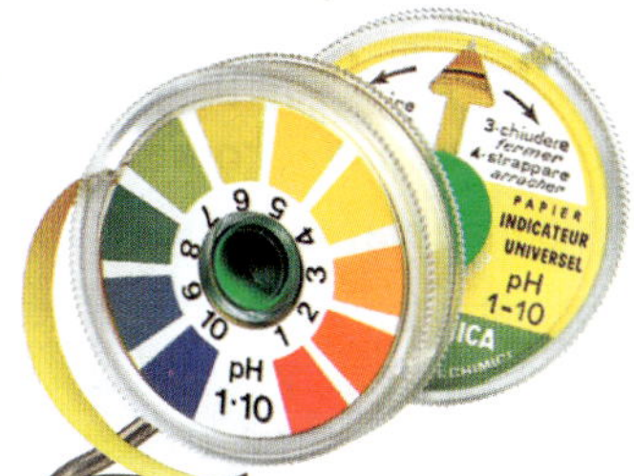

pH = ...	pH = ...	pH = ...
☐ acido ☐ basico ☐ neutro	☐ acido ☐ basico ☐ neutro	☐ acido ☐ basico ☐ neutro
☐ acqua ☐ aceto ☐ candeggina	☐ acqua ☐ aceto ☐ candeggina	☐ acqua ☐ aceto ☐ candeggina

15. **Risolvi il cruciverba.**

Orizzontali

4. I materiali costituiti da un solo componente.
5. Lo è una soluzione con pH = 12.
7. Si formano sui soffitti delle grotte.
8. Il processo attraverso cui un componente viene fatto evaporare e poi viene condensato.

Verticali

1. Soluzione che contiene la massima quantità possibile di sostanza disciolta a quella temperatura.
2. Il rapporto tra la quantità di soluto e la quantità totale di soluzione.
3. Sono miscugli omogenei.
6. Avviene quando due soluzioni con diversa concentrazione sono separate da una membrana semipermeabile.
9. Lo è una soluzione con pH = 2.

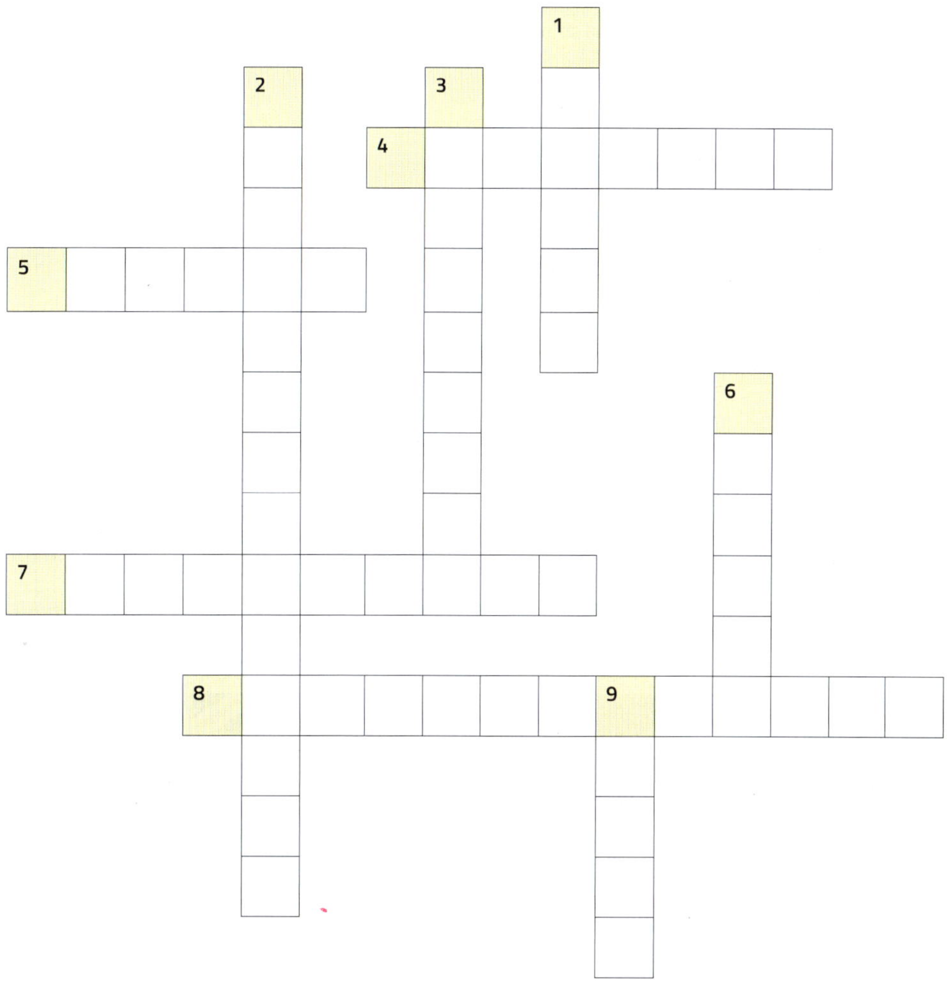

16. **Prepara una presentazione con almeno 5 diapositive per mostrare ai tuoi compagni come vengono indicate le concentrazioni delle soluzioni con cui abbiamo a che fare.**

Percorso guidato

1. Ripassa la lezione 2, in cui si parla della concentrazione delle soluzioni.
2. Leggi la scheda «La concentrazione percentuale».

Leggi la scheda
La concentrazione percentuale

3. Cerca le soluzioni che si trovano nei mobiletti di casa tua o sugli scaffali del supermercato: individua almeno 5 prodotti che puoi classificare senza dubbio come soluzioni (ricorda che devono essere miscugli omogenei trasparenti).
4. Fotografa le etichette dei prodotti, dove viene riportata la concentrazione della soluzione.
5. Come si chiamano i prodotti che hai identificato come soluzioni?

....

....

....

....

....

6. Qual è il solvente usato in ciascuna soluzione?

....

....

....

....

....

7. Quale o quali sono i soluti?

....

....

....

....

....

8. In quali modi è riportata la concentrazione delle soluzioni?

....

....

....

....

....

9. Usando le fotografie che hai fatto al punto 4 e le risposte alle domande dei punti 5-8, prepara la tua presentazione, inserendo in ogni diapositiva uno dei prodotti che hai trovato.

Prepara la presentazione

NOME PRODOTTO
FIGURA
NOME SCUOLA

USI DEL PRODOTTO	SOLVENTE USATO	SOLUTI
ELENCO		

CONCENTRAZIONE DELLA SOLUZIONE	QUANTITÀ DI SOLUTO PRESENTE IN 1 L O IN 1 KG DI SOLUZIONE

A5 ESERCIZI CLIL

17. **Fill in the gaps about the main points of the pH scale.**

1. Neutral solutions are pH .... exactly.
2. Alkaline solutions have pH values .... than 7.
3. Acidic solutions have pH values .... than 7.
4. The closer to pH 14 you go, the more strongly .... a solution is.
5. The closer to pH 0 you go, the more strongly .... a solution is.
6. If a liquid has a pH of 7.5, it is weakly ....

Parte **A** Capitolo **6**

LA MATERIA SI TRASFORMA

Di' la tua

Che titolo daresti alla vignetta? ....

Come interverresti nella discussione? Qual è la tua opinione?

....

Lezione

1

Le reazioni chimiche

1. Le sostanze si trasformano

Che cosa succede quando metti una compressa effervescente in un bicchiere d'acqua? Sulla superficie della compressa si formano bolle di gas che salgono verso l'alto, fino a quando la compressa scompare. Ma da dove viene il gas? Non era chiuso all'interno della compressa e non si tratta di aria o di vapore acqueo. Il gas che vedi nel bicchiere è una nuova sostanza che si chiama diossido di carbonio e che prima non esisteva: si è generata durante una trasformazione.

Si chiamano **reazioni chimiche** le trasformazioni della materia nelle quali una o più sostanze scompaiono e si formano nuove sostanze.

Le sostanze di partenza si chiamano **reagenti** e le sostanze che si ottengono dalla trasformazione sono i **prodotti**.

REAGENTI → PRODOTTI

La freccia è il simbolo che usiamo per sottolineare che è avvenuta una trasformazione e per indicare il verso in cui avviene la reazione.

2. Quando si forma un prodotto gassoso

Leggi la scheda
Metalli inattaccabili?

Guarda il video
Reazioni che sviluppano gas

Per capire se è avvenuta una reazione chimica, osserviamo gli indizi che ci fanno intuire la scomparsa di una sostanza esistente o la comparsa di una nuova sostanza. Per esempio, osserviamo che cosa accade quando versiamo l'aceto su tre materiali solidi.

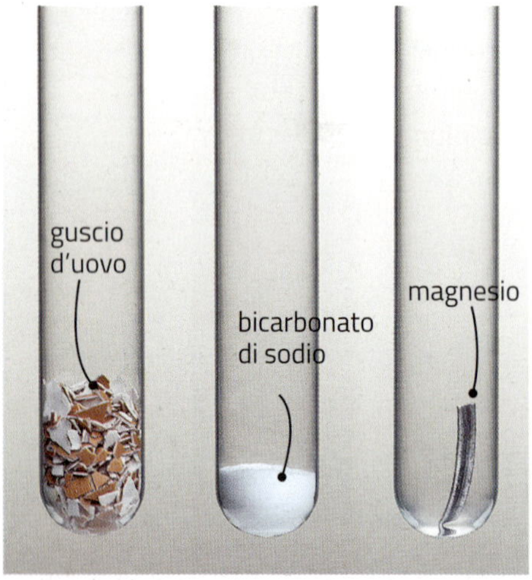

1 Mettiamo in una provetta del guscio d'uovo sbriciolato, in un'altra un cucchiaino di bicarbonato di sodio e in una terza un pezzetto di magnesio.

2 Aggiungiamo in ogni provetta la stessa quantità di aceto e osserviamo un'effervescenza: le bollicine indicano la formazione di un gas.

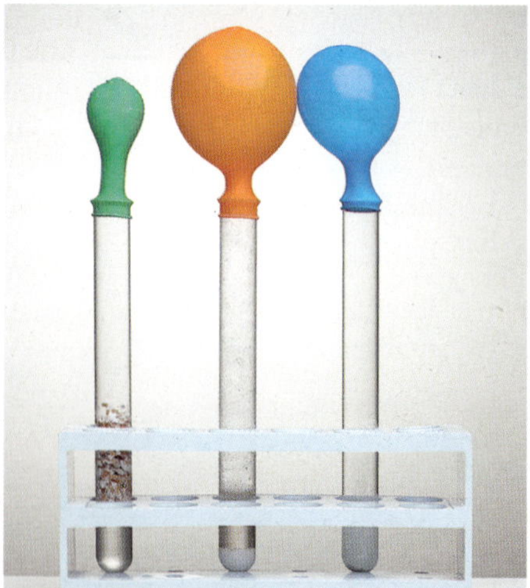

3 Chiudendo ogni provetta con un palloncino, verifichiamo che si è formata una sostanza gassosa che prima non c'era.

La **formazione di un prodotto gassoso** è un indizio di reazione chimica.

3. Quando cambia il colore

Avrai notato che alcuni materiali cambiano colore se rimangono esposti all'aria, quando vengono mescolati oppure dopo essere stati scaldati.

Quando una sostanza si trasforma in un'altra attraverso una reazione chimica, può verificarsi una variazione di colore.

Il ferro esposto all'aria arrugginisce e cambia colore; infatti il ferro reagisce con l'ossigeno dell'aria, formando la **ruggine**.

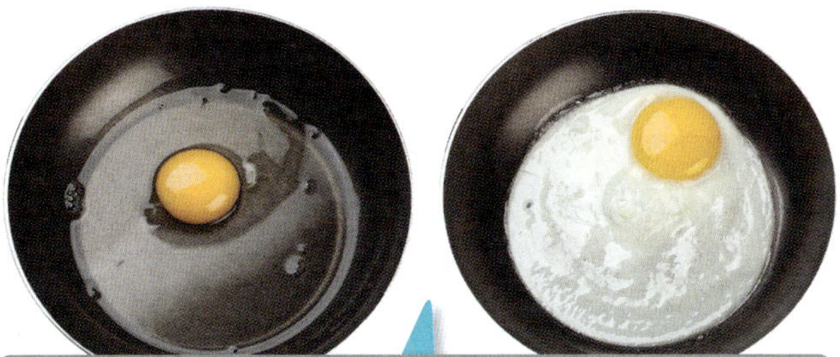

La cottura di un uovo è una reazione chimica durante la quale l'**albume**, che a crudo è trasparente e incolore, diventa bianco e opaco.

Quando aggiungi il limone al tè, il liquido diventa più chiaro perché è avvenuta una reazione chimica fra l'acido citrico del limone e le sostanze contenute nel tè.

Il cambiamento, la comparsa o la scomparsa di **colore** in una soluzione o in un solido ci dicono che è avvenuta una reazione chimica.

Leggi la scheda
Chimica in cucina

In una reazione chimica, i cambiamenti di colore si verificano soltanto quando i reagenti e i prodotti sono di colore diverso.

LABORATORIO DELLE COMPETENZE

Come riconosci il cambiamento di colore

Il cambiamento di colore che indica una reazione chimica è diverso dalla variazione di intensità di uno stesso colore, che si verifica diluendo o concentrando una soluzione. Osserva questi esempi e impara a distinguere i diversi casi.

Materiale

- 2 provette
- acqua
- tintura di iodio
- farina
- permanganato di potassio
- aceto
- acqua ossigenata diluita

Procedimento

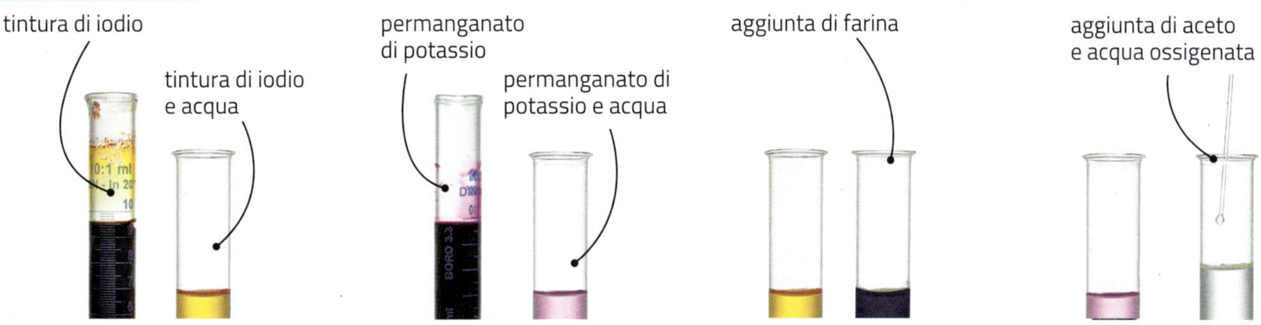

1 In una provetta mescola all'acqua alcune gocce di tintura di iodio: il colore della soluzione diviene meno intenso, ma non cambia la sua tonalità di bruno.

2 Nella seconda provetta, aggiungi all'acqua alcune gocce di permanganato di potassio, di colore viola intenso: il suo colore rimane viola, anche se meno intenso.

3 Nella provetta con acqua e tintura di iodio, aggiungi un pizzico di farina. La soluzione diventa blu, anche se nessuna delle sostanze usate era blu.

4 Nella provetta con acqua e permanganato, aggiungi alcune gocce di aceto e un po' di acqua ossigenata diluita: il colore viola è completamente scomparso.

Che cosa concludi?

Soltanto nei passaggi .... e .... è avvenuta una reazione chimica.

Guarda il video
Reazioni che provocano cambiamenti di colore

4. Quando si forma un prodotto solido

A volte mescolando due liquidi si forma una sostanza solida, spesso di un colore diverso da quello delle soluzioni di partenza. La sostanza solida è chiamata **precipitato**, poiché generalmente precipita sul fondo del recipiente.

Guarda il video
Reazioni che formano un precipitato

Osserviamo questo fenomeno mescolando insieme due soluzioni acquose: una di solfato di rame e una di ammoniaca.

1 Prepariamo una soluzione di solfato di rame, sciogliendo un cucchiaino di polvere di solfato di rame in una provetta che contiene acqua distillata.

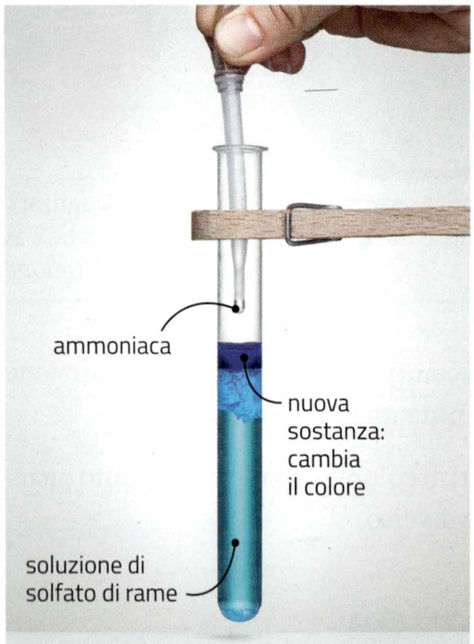

2 Mettiamo nella provetta poche gocce di ammoniaca. In un primo momento osserviamo che si forma uno strato di soluzione dal colore blu intenso.

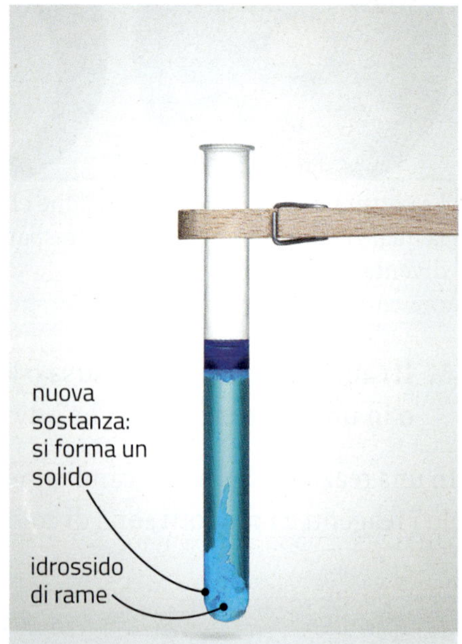

3 Se mescoliamo, si formerà un solido azzurro chiaro insolubile, che lentamente si depositerà sul fondo della provetta.

A volte, la formazione di un solido può essere meno evidente e rendere soltanto torbida una soluzione, senza precipitare sul fondo. Inoltre tale solido può originarsi anche mescolando un gas a un liquido oppure addirittura due gas: in quest'ultimo caso, si formeranno dei fumi.

Quando si mescolano tra loro sostanze allo stato liquido o gassoso, la **formazione di un solido** è un indizio del fatto che è avvenuta una reazione chimica.

5. Quando le reazioni si interrompono

Osserviamo una candela che brucia: questa è una reazione chimica, in cui i reagenti (la cera e l'ossigeno presente nell'aria) si trasformano nei prodotti (i principali sono il vapore acqueo e il diossido di carbonio).

Se poniamo un bicchiere di vetro sopra alla candela accesa, vediamo che in breve tempo la fiamma si spegne. Che cosa è successo?

La reazione consuma l'ossigeno che si trova nell'aria attorno alla candela. A mano a mano che l'ossigeno diminuisce, la reazione rallenta e la fiamma si indebolisce. Quando tutto l'ossigeno è stato consumato, la reazione si ferma.

Una reazione può avvenire solo fino a quando sono disponibili tutti i reagenti.

Quindi nelle trasformazioni chimiche, quando anche uno solo dei reagenti si esaurisce, la reazione si interrompe.

La candela è ancora sotto al bicchiere, ma tutto l'**ossigeno** è stato consumato: è stato sostituito da diossido di carbonio e vapore acqueo.

6. Reazioni chimiche e trasformazioni fisiche

Nelle reazioni chimiche, le sostanze si trasformano in nuove sostanze. Le altre trasformazioni della materia, dove le sostanze non cambiano la loro natura, sono dette trasformazioni fisiche.

Immaginiamo di essere in cucina e di mettere a scaldare sul fornello una pentola d'acqua. Allo stesso tempo, mettiamo una compressa effervescente in un bicchiere pieno d'acqua. Confrontiamo i due fenomeni.

1 L'acqua della pentola evapora e inizia a bollire, trasformandosi in vapore: essa cambia stato fisico, ma rimane sempre acqua. Nei cambiamenti di stato, una sostanza non cambia la sua natura: è una trasformazione fisica.

2 Man mano che la compressa effervescente che abbiamo messo nel bicchiere d'acqua scompare, si formano delle bolle di una nuova sostanza gassosa: il diossido di carbonio. In questo caso, è avvenuta una reazione chimica.

Nelle **trasformazioni fisiche** le sostanze non cambiano la loro natura; invece nelle **reazioni chimiche** le sostanze si trasformano in sostanze diverse.

Oltre ai passaggi di stato, conosci già altri esempi di trasformazioni fisiche come la dilatazione termica e la dissoluzione, ma ve ne sono molti altri che vedrai più avanti: per esempio, i cambiamenti dovuti al movimento o le trasformazioni dell'energia.

DALLA REALTÀ AL MODELLO

Che cosa accade alle particelle durante una trasformazione fisica? E durante una reazione chimica?

Interpretiamo con il **modello particellare** le due situazioni descritte nel paragrafo precedente: la pentola contenente acqua in ebollizione e il bicchiere d'acqua in cui viene sciolta una compressa effervescente.

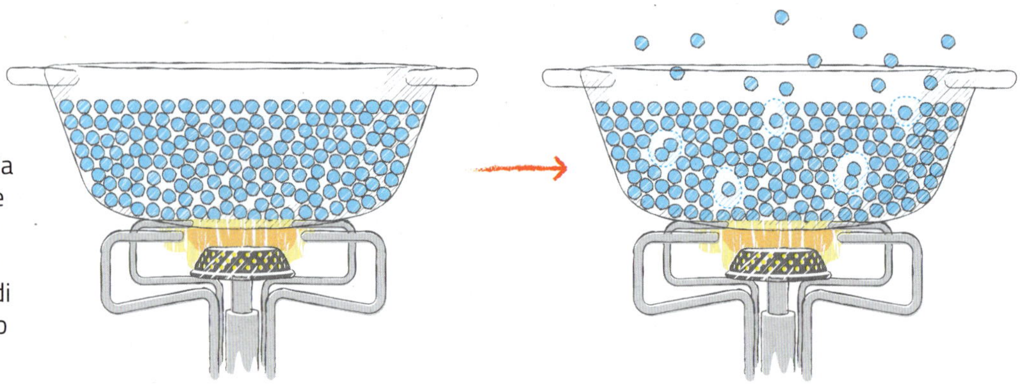

❶ Nell'**acqua** dentro la pentola si formano bolle di vapore, che risalgono verso la superficie e scoppiano, liberando il vapore acqueo nell'aria. Le particelle di acqua sono aggregate in modo diverso, ma non cambiano.

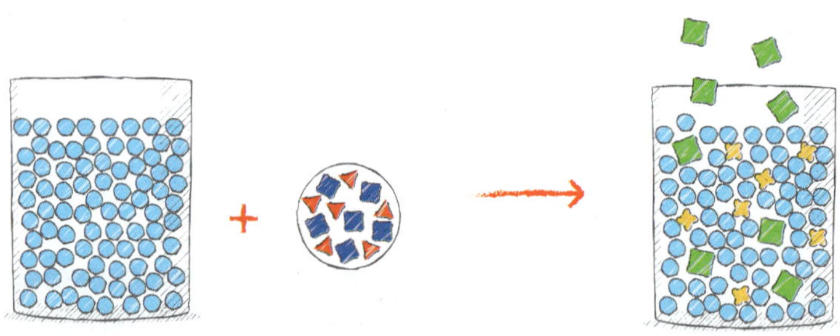

❷ Le sostanze che compongono la **compressa effervescente** non si sciolgono semplicemente nell'acqua, ma si trasformano in altre sostanze.
Le particelle non sono più quelle che avevamo all'inizio: le sostanze hanno modificato la loro natura.

IMPARA A IMPARARE

1. Completa lo schema.

Durante una reazione chimica

- i reagenti
  - si trasformano
  - nei ....
- si può verificare
  - la formazione di bollicine di ....
  - la formazione di un .... solido
  - variazione del ....

2. Vero o falso?

a) I prodotti sono le sostanze che si «consumano» in una reazione chimica. V F

b) Nelle trasformazioni fisiche, le sostanze non cambiano la loro natura. V F

c) La variazione di colore indica che è avvenuta una trasformazione fisica. V F

Lezione

2

La massa si conserva

7. Le sostanze non spariscono

Quando una candela brucia, la quantità di cera di cui è fatta diminuisce; potremmo chiederci dove sia finita la cera. In una reazione chimica la materia scompare?

Per rispondere a questa domanda, misuriamo la massa dei materiali prima e dopo una reazione: prendiamo come esempio quella tra bicarbonato di sodio e aceto.

1 Pesiamo il bicarbonato di sodio e l'aceto (reagenti) insieme ai loro contenitori. Quindi mettiamo il bicarbonato nell'aceto e aspettiamo che la reazione sia terminata. Qualcosa sembra essere scomparso: al termine della reazione la massa misurata dalla bilancia è diminuita di alcuni grammi.

2 Ripetiamo l'esperienza usando una bottiglia, a cui abbiamo fissato un palloncino. Mettiamo il bicarbonato nel palloncino e pesiamo il tutto. Quando il bicarbonato cade nell'aceto, il palloncino si gonfia perché si è formato un gas. In questo caso, però, la massa non è cambiata.

Nel secondo caso abbiamo verificato che, trattenendo il gas all'interno del palloncino, la massa complessiva prima e dopo la reazione non si modifica. Quindi nelle reazioni in cui la materia sembra scomparire, come in questa reazione o in quella della candela che brucia, in realtà questo accade perché uno o più prodotti si sono dispersi nell'aria.

Nelle reazioni chimiche, le sostanze non scompaiono nel nulla, ma si trasformano in altre sostanze.

8. La massa non si crea

Un'altra trasformazione molto comune è quella che avviene quando un pezzo di ferro si ossida, cioè si ricopre di **ruggine**: un solido rosso che è diverso dal ferro di partenza. Da dove viene la ruggine?

Per capirlo, osserviamo l'ossidazione di una paglietta di acciaio, una lega composta soprattutto da ferro.

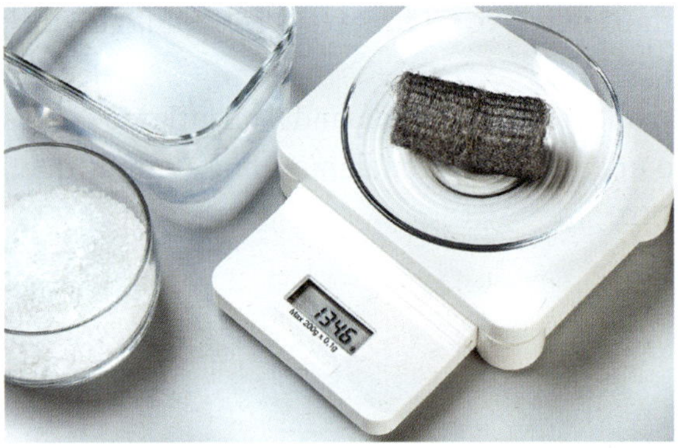

1 Pesiamo una paglietta di acciaio su un piattino, poi bagniamola con acqua e sale e asciughiamola con della carta assorbente.

2 Dopo alcuni giorni, pesiamo di nuovo il piattino e la paglietta, che sarà ricoperta da un solido rosso scuro: la ruggine.

La comparsa della ruggine si accompagna a un piccolo aumento di massa. Come è possibile che una nuova sostanza si sia formata dal nulla? Da dove è venuta quella massa in più?

Per rispondere alle nostre domande, ripetiamo la reazione di ossidazione del ferro in un ambiente chiuso, per impedire lo scambio di sostanze con l'ambiente esterno.

1 Immergiamo una paglietta di acciaio in una soluzione di acqua e sale e inseriamola in una bottiglietta, che capovolgiamo in un barattolo di vetro contenente la soluzione di acqua e sale. Poi chiudiamo il barattolo e pesiamo il tutto.

2 Dopo alcuni giorni, si sarà formata della ruggine sulla paglietta e il livello del liquido nella bottiglia sarà salito. Pesando il barattolo, verifichiamo che questa volta la massa è rimasta uguale.

Dunque, nell'esperimento effettuato in un contenitore chiuso, la massa non cambia. Infatti la materia non è comparsa dal nulla: in questa reazione è «scomparsa» una parte di aria (l'ossigeno) che, insieme al ferro, si è trasformata in una nuova sostanza solida (la ruggine).

Nelle reazioni chimiche, le nuove sostanze non compaiono dal nulla, ma derivano dalla trasformazione dei reagenti.

9. La legge di Lavoisier: la conservazione della massa

Se qualche prodotto o reagente di una reazione è allo stato gassoso, la materia sembra svanire o formarsi dal nulla. In realtà gli esperimenti ci dimostrano che, se riusciamo a chiudere i gas in un recipiente e a pesarli insieme alle altre sostanze, la massa complessiva di reagenti e prodotti rimane sempre la stessa o, per meglio dire, si conserva.

Da queste osservazioni, ricaviamo una legge valida per le comuni reazioni chimiche, secondo la quale durante una reazione chimica la massa complessiva della materia non subisce variazioni.

La **legge di conservazione della massa** o **legge di Lavoisier** afferma che in una reazione chimica la massa complessiva dei reagenti è uguale alla massa complessiva dei prodotti.

Misurando la massa delle sostanze prima e dopo una reazione, anche noi abbiamo verificato che nulla scompare e nulla si crea, ma le sostanze si trasformano le une nelle altre.

Leggi la scheda **Antoine-Laurent Lavoisier**

Anche in senso fisico esiste una legge di conservazione della massa. Per esempio, un bicchiere ha la stessa massa dei frammenti in cui si riduce, se si rompe; il ghiaccio ha la stessa massa dell'acqua liquida, che ottieni fondendolo.

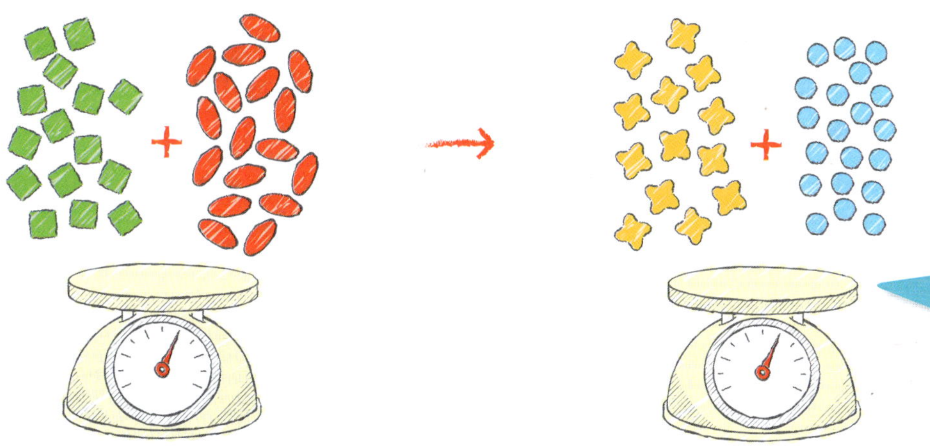

Nel corso di una reazione chimica, le **particelle** dei reagenti si trasformano in particelle diverse, pur mantenendo la loro massa complessiva. Possiamo ipotizzare che le particelle che formano le sostanze siano a loro volta costituite da più parti, che possono essere scomposte e riassemblate in modo diverso.

IMPARA A IMPARARE

1. Completa lo schema.

Le reazione chimiche — sono — trasformazioni — nelle quali:

- cambia la natura delle sostanze — cioè si passa dai reagenti — che sono — le sostanze di partenza — ai prodotti — che sono — le sostanze finali
- la massa non cambia — confermando — la legge di conservazione della massa o legge di Lavoisier

2. Rispondi alle domande sul tuo quaderno.

a) In che modo si può spiegare l'apparente perdita di massa che sembra verificarsi durante alcune reazioni chimiche?

b) Prova a spiegare la legge di Lavoisier con un testo di almeno 5 righe.

Lezione 3

Composti ed elementi

10. I composti sono sostanze formate da più elementi

Fino alla fine del Settecento, l'acqua era considerata un elemento fondamentale, insieme ad aria, terra e fuoco. Soltanto dopo la scoperta della corrente elettrica, con l'invenzione della pila, è stato possibile scomporre l'acqua per ottenere i due gas da cui è formata: ossigeno e idrogeno. Infatti è sufficiente la corrente elettrica prodotta da una pila per avviare una reazione chimica dalla quale, a partire dall'acqua, si riescono a ottenere ossigeno e idrogeno allo stato gassoso. Anche l'ammoniaca può essere scomposta in due gas: l'idrogeno e l'azoto.

Guarda il video
L'elettrolisi dell'acqua

Tutte le sostanze che, come l'acqua e l'ammoniaca, possono essere scomposte in altre sostanze più semplici attraverso una reazione chimica sono chiamate *composti*. Le sostanze che, come l'ossigeno, l'idrogeno e l'azoto, non possono essere scomposte in sostanze più semplici sono gli *elementi*.

Gli **elementi** sono le sostanze più semplici, che non possono essere scomposte in altre sostanze. I **composti** sono le sostanze costituite da due o più elementi.

Gli elementi possono unirsi tra loro per dare origine a numerosi composti, ma nelle comuni reazioni chimiche non possono trasformarsi l'uno nell'altro: per esempio, non è possibile trasformare l'ossigeno in idrogeno.

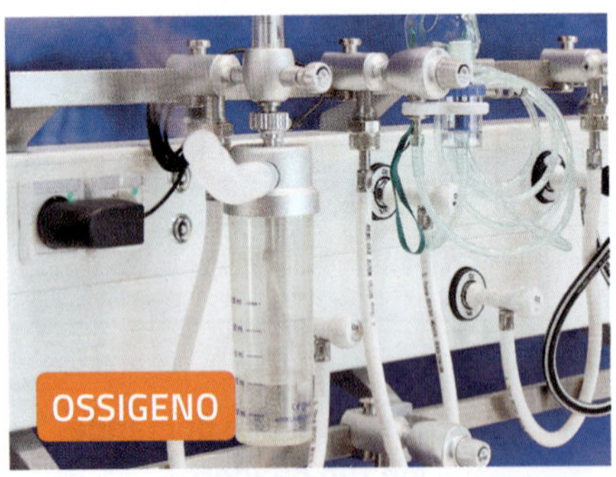

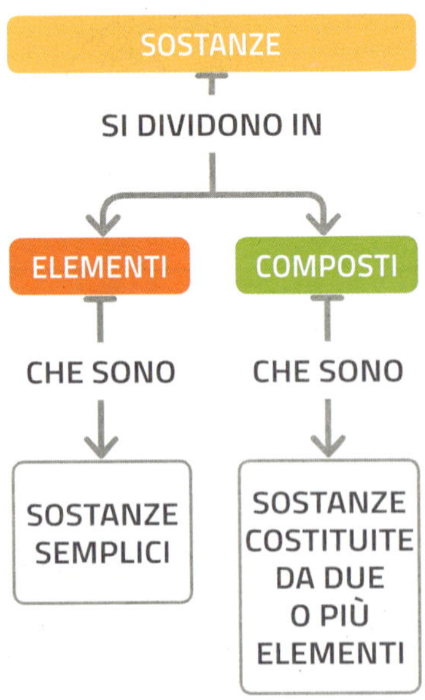

11. Il linguaggio della chimica

A partire dal Settecento, i chimici iniziarono a catalogare gli elementi. A ogni elemento furono attribuiti un **nome**, che in genere è legato alle sue caratteristiche, e un **simbolo** formato da una o due lettere (la prima sempre maiuscola), che di solito sono le iniziali del nome, derivato dalla lingua greca o latina. I simboli si pronunciano scandendo tutte le lettere: per esempio, Si (silicio) si legge «esse-i»; Na (sodio) si legge «enne-a». I simboli costituiscono un linguaggio universale, una sorta di **alfabeto della chimica**.

Il numero degli elementi presenti in natura è relativamente piccolo: sono circa un centinaio. Invece i composti generati dalle loro possibili combinazioni sono tantissimi, proprio come tantissime sono le parole che puoi comporre con le poche lettere dell'alfabeto.

Gli **elementi** possiedono un nome e un simbolo e sono ordinati in una tabella, chiamata **tavola periodica**.

Qui gli elementi sono disposti secondo un ordine che dipende dalla massa dei loro atomi e dalle loro caratteristiche chimiche. Infatti nella tavola periodica gli elementi sono disposti ordinatamente secondo la loro massa lungo le righe orizzontali (chiamate **periodi**) e secondo le famiglie, cioè le proprietà chimiche, lungo le colonne verticali (chiamate **gruppi**).

METALLI ALCALINI

METALLI DI TRANSIZIONE

GAS NOBILI

H
HYDROGENES
« generatore di acqua »

N
A-ZOÉ
« senza vita »

O
OXYGENES
« generatore di acidi »

PERIODI

idrogeno H 1																	elio He 2
litio Li 3	berillio Be 4											boro B 5	carbonio C 6	azoto N 7	ossigeno O 8	fluoro F 9	neon Ne 10
sodio Na 11	magnesio Mg 12											alluminio Al 13	silicio Si 14	fosforo P 15	zolfo S 16	cloro Cl 17	argon Ar 18
potassio K 19	calcio Ca 20	scandio Sc 21	titanio Ti 22	vanadio V 23	cromo Cr 24	manganese Mn 25	ferro Fe 26	cobalto Co 27	nichel Ni 28	rame Cu 29	zinco Zn 30	gallio Ga 31	germanio Ge 32	arsenico As 33	selenio Se 34	bromo Br 35	cripton Kr 36
rubidio Rb 37	stronzio Sr 38	ittrio Y 39	zirconio Zr 40	niobio Nb 41	molibdeno Mo 42	tecnezio Tc 43	rutenio Ru 44	rodio Rh 45	palladio Pd 46	argento Ag 47	cadmio Cd 48	indio In 49	stagno Sn 50	antimonio Sb 51	tellurio Te 52	iodio I 53	xenon Xe 54
cesio Cs 55	bario Ba 56	lantanio La 57	afnio Hf 72	tantalio Ta 73	tungsteno W 74	renio Re 75	osmio Os 76	iridio Ir 77	platino Pt 78	oro Au 79	mercurio Hg 80	tallio Tl 81	piombo Pb 82	bismuto Bi 83	polonio Po 84	astato At 85	radon Rn 86
francio Fr 87	radio Ra 88	attinio Ac 89	rutherfordio Rf 104	dubnio Db 105	seaborgio Sg 106	bohrio Bh 107	hassio Hs 108	meitnerio Mt 109	darmstadtio Ds 110	roentgenio Rg 111	copernicio Cn 112	nihonio Nh 113	flerovio Fl 114	moscovio Mc 115	livermorio Lv 116	tennessinio Ts 117	oganessio Og 118

GRUPPI

ALOGENI

Ag
ARGENTUM
« splendente, bianco »

Hg
HYDRARGYRUM
« argento liquido »

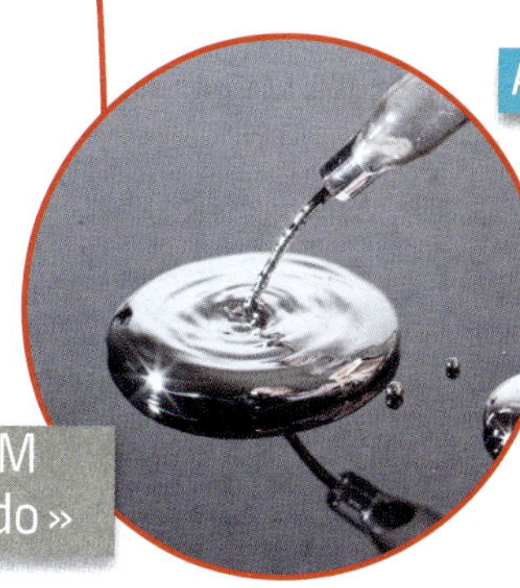

Il **rame** è usato nei cavi elettrici, poiché è un ottimo conduttore. L'**alluminio** è il metallo più diffuso, dopo il ferro: è presente in molti prodotti di uso comune, come le lattine, ed è riciclabile infinite volte.

12. Metalli, non metalli e semimetalli

La tavola periodica è uno strumento potente, perché permette di riconoscere a colpo d'occhio le principali caratteristiche e proprietà dei vari elementi.

Gli elementi sono suddivisi in tre grandi categorie: metalli, non metalli e semimetalli.

I **metalli** hanno un aspetto lucente e sono solidi a temperatura ambiente, tranne il mercurio, che si trova allo stato liquido.

Quasi tutti gli elementi metallici sono fortemente reattivi: per questo motivo, difficilmente in natura si trovano allo stato puro. Gli unici a essere presenti come elementi allo stato puro sono i metalli meno reattivi come il rame, l'oro e l'argento. I metalli generalmente formano composti con i non metalli; inoltre sono buoni conduttori di elettricità e calore. Sono duttili (possono essere tirati in fili), malleabili (possono essere ridotti in lamine) e si deformano senza rompersi, perciò si prestano a essere lavorati.

I **non metalli** sono opachi e in genere non conducono bene né il calore né l'elettricità; a temperatura ambiente si presentano in stati fisici diversi: molti sono gassosi, come l'ossigeno, l'azoto e l'elio.

SCIENZA E STORIA

Una scacchiera per gli elementi

Mendeleev trovò un modo per classificare gli elementi, in base alla loro massa atomica e alle loro caratteristiche chimiche.

Con il suo libro *Metodi di nomenclatura chimica* (1787), **Lavoisier** è stato il primo a proporre i nomi per i primi elementi e composti conosciuti, eliminando i termini precedenti usati dagli alchimisti.

La successiva classificazione degli elementi non è stata un lavoro semplice: gli atomi non erano oggetti visibili, perciò le loro proprietà furono identificate con grande fatica. Gli elementi che in determinate condizioni reagivano allo stesso modo, formando composti analoghi, si somigliavano e potevano far parte della stessa «famiglia». Inoltre, grazie a un metodo ideato dall'italiano **Stanislao Cannizzaro**, era stato possibile determinare il peso di ogni atomo in rapporto a quello degli altri. Molti studiosi si cimentarono nel mettere in ordine gli atomi secondo il loro «peso atomico» (non si utilizzava ancora il termine *massa*) e in base alle «famiglie chimiche».

Nel 1869 lo scienziato russo **Dmitrij Mendeleev**, seguendo questo doppio criterio, costruì una tabella molto simile a quelle che oggi troviamo nei libri e nei laboratori di chimica.

Poiché a quell'epoca molti elementi erano ancora sconosciuti, con geniale intuizione, lasciò nella sua tabella molti posti vuoti, prevedendo le proprietà degli elementi mancanti; gli studiosi che lo seguirono terminarono negli anni il lavoro che aveva iniziato.

La tabella di Mendeleev, chiamata **tavola periodica degli elementi**, è stata completata e perfezionata nei secoli successivi: oggi conta circa un centinaio di elementi, che sono ordinati secondo il loro numero atomico (*vedi* il paragrafo 15, a pagina A111).

Reihen	Gruppe I. — R^2O	Gruppe II. — RO	Gruppe III. — R^2O^3	Gruppe IV. RH^4 RO^2	Gruppe V. RH^3 R^2O^5	Gruppe VI. RH^2 RO^3	Gruppe VII. RH R^2O^7	Gruppe VIII. — RO^4
1	H=1							
2	Li=7	Be=9,4	B=11	C=12	N=14	O=16	F=19	
3	Na=23	Mg=24	Al=27,3	Si=28	P=31	S=32	Cl=35,5	
4	K=39	Ca=40	— =44	Ti=48	V=51	Cr=52	Mn=55	Fe=56, Co=59, Ni=59, Cu=63
5	(Cu=63)	Zn=65	— =68	— =72	As=75	Se=78	Br=80	
6	Rb=85	Sr=87	?Yt=88	Zr=90	Nb=94	Mo=96	— =100	Ru=104, Rh=104, Pd=106, Ag=108
7	(Ag=108)	Cd=112	In=113	Sn=118	Sb=122	Te=125	J=127	
8	Cs=133	Ba=137	?Di=138	?Ce=140	—	—	—	— — — —
9	(—)	—	—	—	—	—	—	
10	—	—	?Er=178	?La=180	Ta=182	W=184	—	Os=195, Ir=197, Pt=198, Au=199
11	(Au=199)	Hg=200	Tl=204	Pb=207	Bi=208	—	—	
12	—	—	—	Th=231	—	U=240	—	— — — —

Molti si trovano allo stato puro in natura: il carbonio sotto forma di diamante e grafite; lo zolfo sotto forma di cristalli gialli; l'azoto, l'ossigeno e l'argon sono i principali gas che compongono l'aria. A eccezione dei gas nobili, che raramente si combinano con altri elementi, i non metalli possono formare composti sia con i metalli sia con altri elementi non metallici.

I **semimetalli** sono otto: boro, silicio, germanio, arsenico, antimonio, tellurio, polonio e astato. Questi elementi presentano proprietà intermedie tra quelle dei metalli e quelle dei non metalli: per esempio, formano composti tipici sia dei metalli, sia dei non metalli e sono dei semiconduttori, cioè conducono l'elettricità soltanto in particolari condizioni.

Gli elementi mancanti, da 58 a 71 e da 90 a 103, di solito sono rappresentati in fondo alla tavola e si chiamano rispettivamente *lantanidi* e *attinidi*.

L'**idrogeno**, nonostante la sua posizione, non è un metallo e non fa parte degli elementi del primo gruppo.

I **non metalli** (in verde) sono nella parte destra della tavola periodica.

I **metalli** (in blu) si trovano nel settore sinistro.

I **semimetalli** (in rosa) sono collocati fra metalli, e non metalli, perché hanno caratteristiche intermedie fra le due categorie.

idrogeno H 1																	elio He 2
litio Li 3	berillio Be 4											boro B 5	carbonio C 6	azoto N 7	ossigeno O 8	fluoro F 9	neon Ne 10
sodio Na 11	magnesio Mg 12											alluminio Al 13	silicio Si 14	fosforo P 15	zolfo S 16	cloro Cl 17	argon Ar 18
potassio K 19	calcio Ca 20	scandio Sc 21	titanio Ti 22	vanadio V 23	cromo Cr 24	manganese Mn 25	ferro Fe 26	cobalto Co 27	nichel Ni 28	rame Cu 29	zinco Zn 30	gallio Ga 31	germanio Ge 32	arsenico As 33	selenio Se 34	bromo Br 35	cripton Kr 36
rubidio Rb 37	stronzio Sr 38	ittrio Y 39	zirconio Zr 40	niobio Nb 41	molibdeno Mo 42	tecnezio Tc 43	rutenio Ru 44	rodio Rh 45	palladio Pd 46	argento Ag 47	cadmio Cd 48	indio In 49	stagno Sn 50	antimonio Sb 51	tellurio Te 52	iodio I 53	xenon Xe 54
cesio Cs 55	bario Ba 56	lantanio La 57	afnio Hf 72	tantalio Ta 73	tungsteno W 74	renio Re 75	osmio Os 76	iridio Ir 77	platino Pt 78	oro Au 79	mercurio Hg 80	tallio Tl 81	piombo Pb 82	bismuto Bi 83	polonio Po 84	astato At 85	radon Rn 86
francio Fr 87	radio Ra 88	attinio Ac 89	rutherfordio Rf 104	dubnio Db 105	seaborgio Sg 106	bohrio Bh 107	hassio Hs 108	meitnerio Mt 109	darmstadtio Ds 110	roentgenio Rg 111	copernicio Cn 112	nihonio Nh 113	flerovio Fl 114	moscovio Mc 115	livermorio Lv 116	tennessinio Ts 117	oganessio Og 118

IMPARA A IMPARARE

1. Completa lo schema.

Le sostanze
si suddividono in
composti — che si possono scomporre in — sostanze più ....
sono formati da due o più
....
che sono ordinati nella — ....
che sono — sostanze ....
che si dividono in — metalli / .... / non ....

2. Completa le frasi.

a) I .... sono sostanze che possono essere scomposte in altre sostanze più semplici.

b) Gli .... non possono essere scomposti in sostanze più semplici.

c) Gli elementi possiedono un nome e un ...., formato da una o due lettere.

Lezione 4

Atomi e molecole

13. Gli atomi sono i «mattoni» che formano la materia

All'inizio dell'Ottocento, i chimici iniziarono a porsi delle domande su come la materia fosse fatta. Negli ultimi due secoli, hanno proposto diverse ipotesi sulla struttura e sulla composizione della materia, per spiegare sempre meglio i fenomeni osservati.

Ogni sostanza è formata da **particelle** uguali tra loro e diverse da sostanza a sostanza: in che modo le particelle dei reagenti possono trasformarsi nelle particelle dei prodotti, senza modificare la loro massa complessiva?

Il gioco delle costruzioni ci suggerisce una spiegazione: con lo stesso numero e lo stesso tipo di mattoncini possiamo costruire molti oggetti diversi.

Per analogia, possiamo immaginare che le particelle di una sostanza possano essere formate da più mattoncini scomponibili. Durante una reazione, i mattoncini dei reagenti si staccano e si ricompongono in modo diverso, per dare origine alle nuove particelle dei prodotti.

Gli stessi **mattoncini** possono formare strutture diverse: puoi scomporli e ricomporli quante volte vuoi.

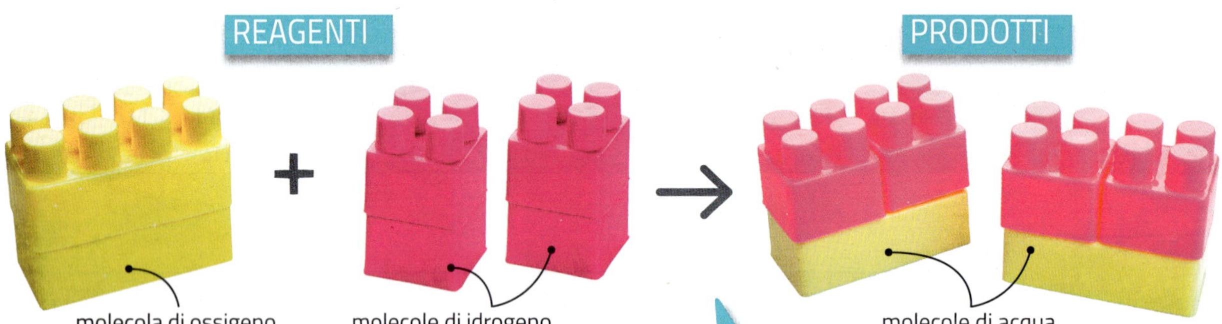

I mattoncini a destra e a sinistra della freccia sono sempre gli stessi: nulla scompare o appare dal nulla, infatti la massa complessiva non cambia. Il nostro modello conferma la legge di Lavoisier.

Atomo è la traduzione del termine greco *àtomos*, che alla lettera significa «senza divisioni», cioè «indivisibile».

Le unità fondamentali che costituiscono la materia si chiamano **atomi**. Più atomi, uguali o diversi tra loro, si legano insieme per formare particelle chiamate **molecole**.

Questo concetto è alla base della **teoria atomica della materia**.

Possiamo immaginare gli atomi come i singoli mattoncini che costituiscono la materia. Durante una reazione chimica, le molecole dei reagenti si scompongono e si ricompongono per formare le molecole di prodotti, mantenendo lo stesso numero e lo stesso tipo di atomi.

14. Sempre più piccolo: la struttura dell'atomo

La parola *atomo* deriva dal greco e significa «indivisibile». Infatti fino alla fine dell'Ottocento, gli scienziati erano certi che fosse impossibile «spaccare» un atomo.

Nei primi anni del Novecento molti scienziati, tra cui i fisici Joseph Thomson, Ernest Rutherford e Niels Bohr, riuscirono a dimostrare che gli atomi sono costituiti da particelle ancora più piccole: le **particelle subatomiche**. In quegli anni furono elaborati i primi **modelli atomici**, che sono molto diversi da quelli attuali.

Gli atomi non sono indivisibili, ma sono formati da **protoni**, **neutroni** ed **elettroni**.

Oggi sappiamo che nella parte più esterna dell'atomo si trovano gli **elettroni**, particelle con carica negativa che si muovono intorno al nucleo.

Il **nucleo** si trova al centro dell'atomo: nonostante ne occupi una piccolissima parte, ne costituisce quasi l'intera massa. All'interno del nucleo ci sono due tipi di particelle, circa della stessa massa: i **protoni**, che hanno carica positiva, e i **neutroni**, che non possiedono alcuna carica elettrica. La massa di protone e neutrone è circa 2000 volte più grande di quella dell'elettrone.

Gli scienziati stanno ancora studiando la struttura della materia e oggi si conoscono particelle ancora più piccole di protoni, neutroni ed elettroni.

Leggi la scheda
L'atomo da Democrito ai giorni nostri

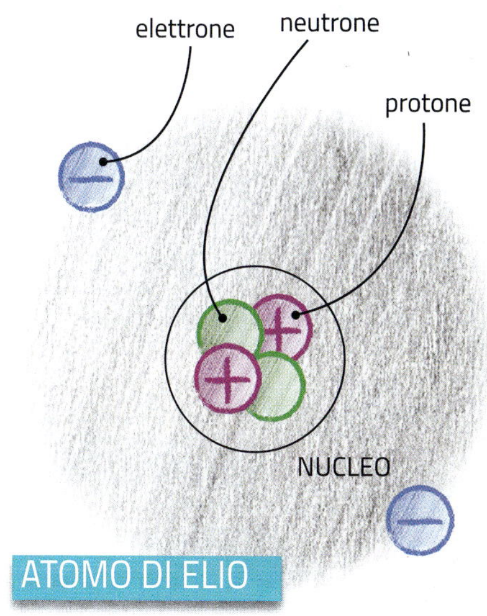

I protoni e i neutroni sono davvero molto piccoli: la loro massa è circa pari a 0,000 000 000 000 000 000 000 000 002 kg.

15. I numeri degli atomi

Gli elementi sono diversi tra loro, perché i loro atomi contengono un diverso numero di particelle subatomiche. Infatti ogni atomo è identificato da due numeri: il numero atomico, che è caratteristico dell'elemento, e il numero di massa, che indica quante particelle «pesanti» contiene quell'atomo.

Il **numero atomico** corrisponde al numero dei protoni, invece il **numero di massa** è la somma del numero di protoni e neutroni.

Un atomo è complessivamente neutro, perché il numero dei protoni (positivi) è bilanciato da un uguale numero di elettroni (negativi).

Tutti gli atomi di uno stesso elemento hanno lo stesso numero atomico: per esempio, tutti gli atomi di carbonio hanno numero atomico 6. Nella tavola periodica, gli elementi sono ordinati secondo il numero atomico, quindi un atomo di un certo elemento ha sempre un protone in più rispetto all'elemento che lo precede.

Gli atomi che hanno lo stesso numero atomico, ma diverso numero di massa sono detti **isotopi** di un certo elemento. Per esempio, il carbonio ha tre diversi isotopi: $^{12}_{6}C$, $^{13}_{6}C$ e $^{14}_{6}C$, chiamati *carbonio-12*, *carbonio-13* e *carbonio-14*.

Ogni isotopo successivo ha soltanto un neutrone in più rispetto a quello precedente, quindi è più «pesante», ma ha le stesse proprietà chimiche degli altri isotopi.

Per convenzione, il **numero atomico** e il **numero di massa** di un isotopo vengono scritti rispettivamente in basso e in alto prima del simbolo dell'elemento.

numero di massa

$$^{12}_{6}C$$

numero atomico

Scarica la app
TAVOLA PERIODICA INTERATTIVA

LABORATORIO DELLE COMPETENZE

Leggi la tavola periodica degli elementi

Consulta la *Tavola periodica degli elementi 4kids* (scaricabile anche come app).

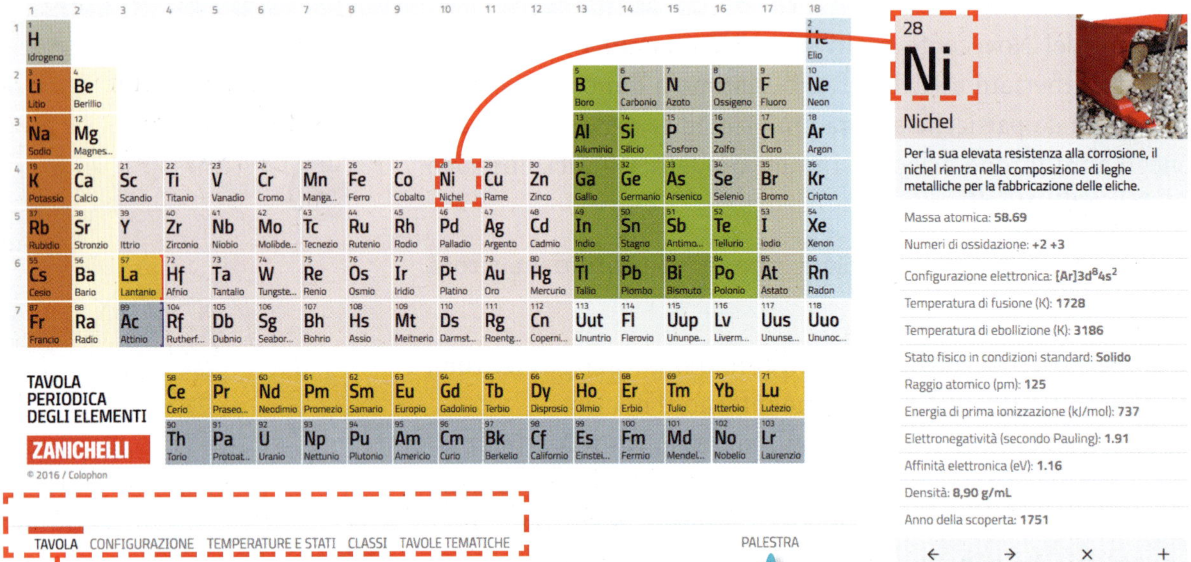

Puoi esercitarti con due giochi per allenarti a riconoscere gli elementi e le loro proprietà.

La tavola è interattiva: ogni elemento è accompagnato dai suoi dati e da una scheda che ne evidenzia la presenza e l'importanza in Biologia, Scienze della Terra, Astronomia, Storia.

Puoi interagire con la temperatura e gli stati corrispondenti di ogni elemento.

Puoi interagire con le classi.

Puoi interagire con 3 tavole tematiche.

TAVOLA CONFIGURAZIONE TEMPERATURE E STATI CLASSI TAVOLE TEMATICHE

IMPARA A IMPARARE

1. Completa lo schema.

- **Gli atomi** — sono — i costituenti fondamentali della ....
- sono formati
  - dagli ....
  - da un nucleo — che contiene
    - ....
    - protoni — il cui numero corrisponde — al numero .... dell'elemento
- si uniscono per formare — le ....

2. Completa le frasi.

a) Le unità fondamentali che costituiscono la materia sono gli ....

b) Più .... , uguali o diversi tra loro, si legano insieme per formare particelle chiamate ....

c) Il numero .... corrisponde al numero dei protoni, che è uguale al numero degli ....

d) Il numero di .... è la somma del numero di protoni e neutroni.

e) Gli .... hanno uguale numero atomico, ma diverso numero di massa.

Lezione 5

I legami tra gli atomi

16. Gli elettroni sono responsabili dei legami tra atomi

Gli elettroni si muovono a grande distanza dal nucleo: se immaginiamo il nucleo grande come una mela, gli elettroni si troverebbero a circa 1 km di distanza. Essi sono disposti in zone dette **gusci elettronici**, che sono via via sempre più lontani dal nucleo. I gusci elettronici sono rappresentati graficamente come cerchi concentrici. Il primo guscio (il più interno) può contenere al massimo 2 elettroni, il successivo al massimo 8.

La **tendenza di un atomo a legarsi** con altri atomi dipende dal numero e dalla disposizione dei suoi elettroni.

Un atomo è in una situazione stabile se il suo guscio più esterno contiene il numero massimo di elettroni, cioè se è completo: in questo caso, l'atomo «sta bene» così com'è e non tende a legarsi ad altri atomi. Secondo la **regola dell'ottetto**, questo si verifica quando esso contiene 8 elettroni, cioè 4 coppie. Soltanto il primo guscio, che è il più vicino al nucleo, è già completo con due elettroni, quindi gli atomi di idrogeno ed elio, che hanno un solo guscio, si trovano in una situazione stabile già con 2 soli elettroni.

La **disposizione degli elettroni** all'interno dei gusci elettronici può essere immaginata come una serie di perline che formano una collana. Per il primo guscio, la collana è completa con una sola coppia di perline.

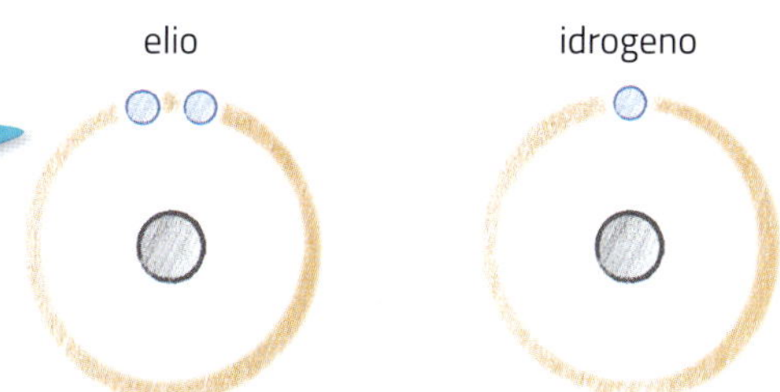

L'elio, con i suoi 2 elettroni, riempie completamente unico guscio ed è stabile, infatti non si lega con altri atomi. Invece l'idrogeno, che ha un solo elettrone, non è stabile e ha bisogno di un altro elettrone per completare il suo unico guscio.

Consideriamo ora l'atomo di carbonio, che ha 6 elettroni. Il suo guscio più interno, che può contenere soltanto 2 elettroni, è pieno. Il secondo guscio, che può contenere 8 elettroni, è incompleto, poiché contiene soltanto i 4 elettroni rimasti.

Allo stesso modo, l'atomo di fluoro, che ha 9 elettroni, ha il primo guscio pieno e il secondo incompleto, poiché contiene i 7 elettroni restanti.

Invece l'atomo di neon, che ha 10 elettroni, è stabile, poiché i suoi due gusci elettronici sono entrambi completi.

L'**atomo di carbonio** ha bisogno di altri 4 elettroni per completare il suo guscio più esterno.

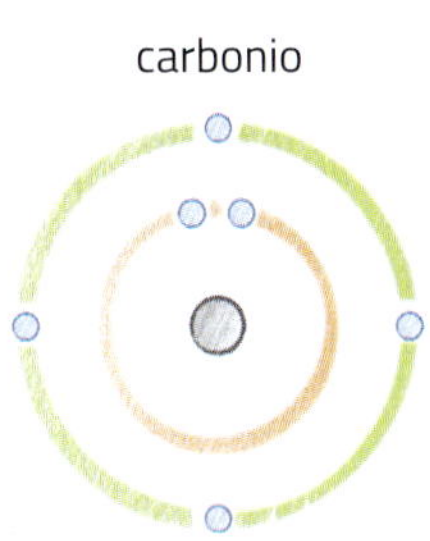

All'**atomo di fluoro** basta un solo elettrone in più per completare il suo guscio esterno.

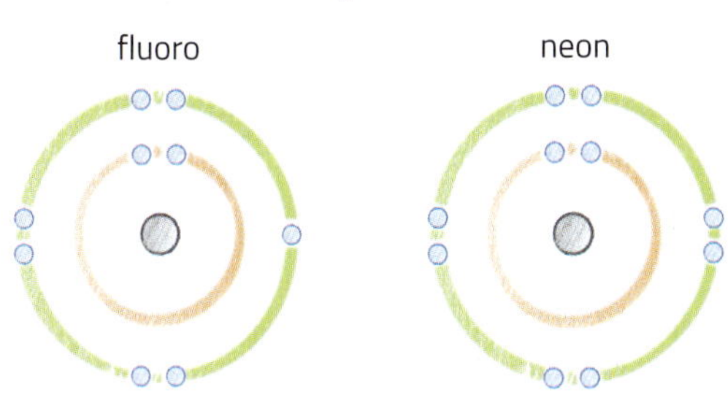

17. I legami fra gli atomi

Dunque gli atomi raggiungono la stabilità completando il loro guscio più esterno; per fare ciò, gli atomi possono cedere gli elettroni di troppo, acquistare gli elettroni mancanti o mettere in comune gli elettroni esterni con altri atomi.

Il trasferimento e la condivisione di elettroni tra due atomi danno origine al **legame chimico**.

Per esempio, l'atomo di fluoro e quello di idrogeno completano il loro guscio più esterno mettendo in comune un elettrone ciascuno. In questo caso, una coppia di elettroni viene condivisa, cioè appartiene a tutti e due gli atomi;di conseguenza entrambi divengono stabili. La coppia di elettroni condivisa costituisce il legame tra gli atomi, perché li mantiene vicini. Questo tipo di legame chimico si chiama **legame covalente** e porta alla formazione di una molecola di una nuova sostanza: il fluoruro di idrogeno.

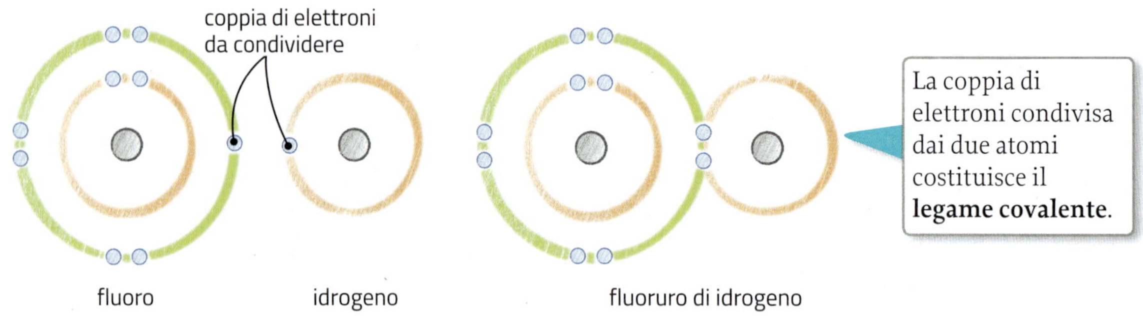

In altri casi, due atomi completano il proprio guscio se uno dei due cede un elettrone all'altro. L'elettrone in questo caso non è messo in comune, ma è interamente trasferito da un atomo all'altro. Si formano così due particelle elettricamente cariche, chiamate **ioni**: essendo di carica opposta, i due ioni si attraggono come i poli di due calamite. Questo tipo di attrazione si chiama **legame ionico**.

Per esempio, il trasferimento di un elettrone dall'atomo di litio a quello di fluoro permette a entrambi di completare un guscio elettronico. L'atomo di litio è diventato uno *ione positivo* perché, avendo perso un elettrone, ha un protone in più rispetto al numero degli elettroni. L'atomo di fluoro è diventato uno *ione negativo* perché, avendo acquistato un elettrone, ha un elettrone in più rispetto al numero dei protoni. Gli ioni fluoro e gli ioni litio che si attraggono formano un **composto ionico**, chiamato fluoruro di litio.

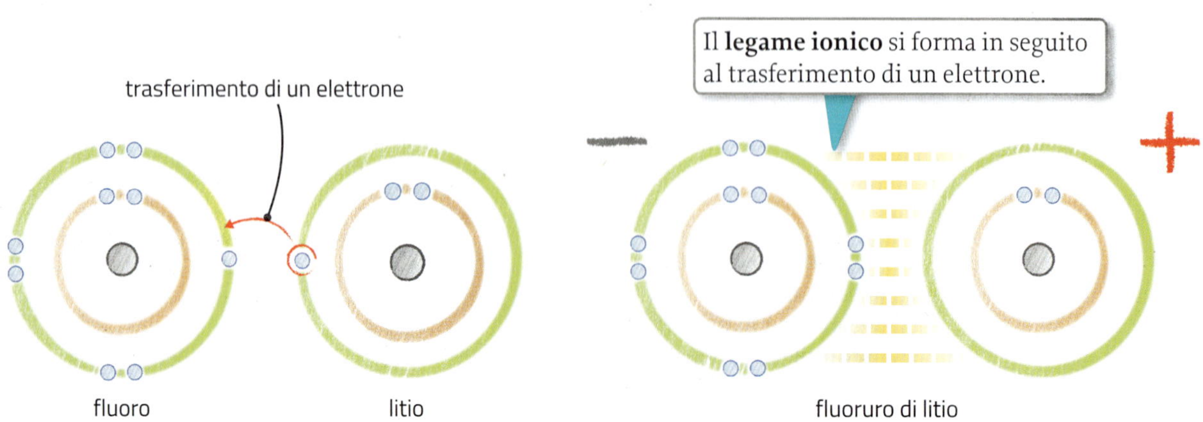

18. La formula e il nome dei composti

Leggi la scheda
Gli ossidi del carbonio

Una molecola si può rappresentare con un modello a mattoncini, come abbiamo visto, oppure con sfere collegate insieme: ogni sfera corrisponde a un atomo. Esistono anche modi più sintetici per indicare le sostanze.

La composizione delle sostanze è indicata con le **formule**, nelle quali compaiono i simboli chimici degli elementi che le costituiscono.

La formula chimica dell'**acqua** è H_2O. Il numero 2 scritto in basso, al piede dell'idrogeno, si chiama *indice* e specifica che ogni molecola di acqua è costituita da due atomi di idrogeno (H) e da un atomo di ossigeno (O).
La formula chimica della molecola del **diossido di carbonio** è CO_2. L'indice 2 al piede del simbolo dell'ossigeno corrisponde al prefisso «di» usato nel nome e specifica che a ogni atomo di carbonio sono legati due atomi di ossigeno. Questo composto è chiamato comunemente *anidride carbonica*.

ACQUA

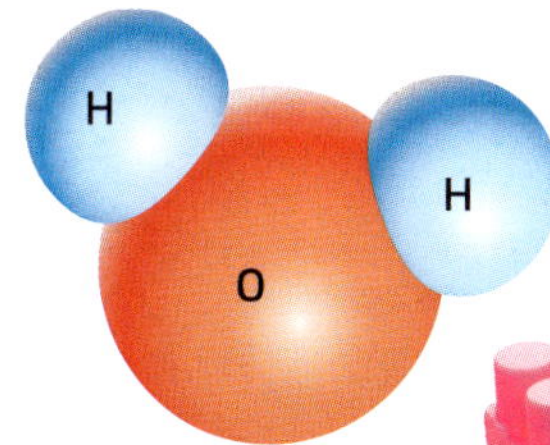

H_2O

La formula dell'acqua H_2O si legge acca-due-o.

DIOSSIDO DI CARBONIO

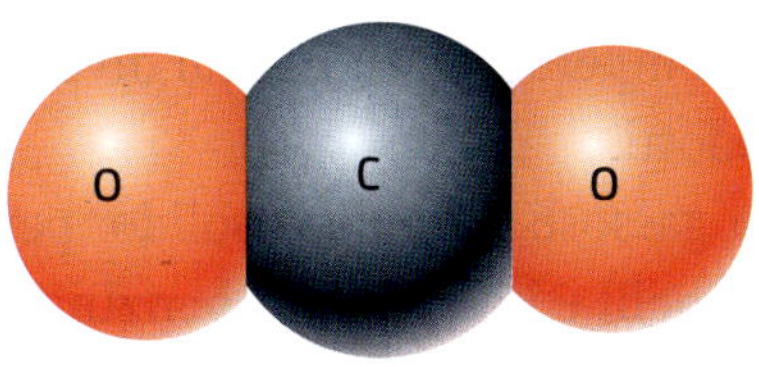

CO_2

La formula del diossido di carbonio CO_2 si legge ci-o-due.

METANO

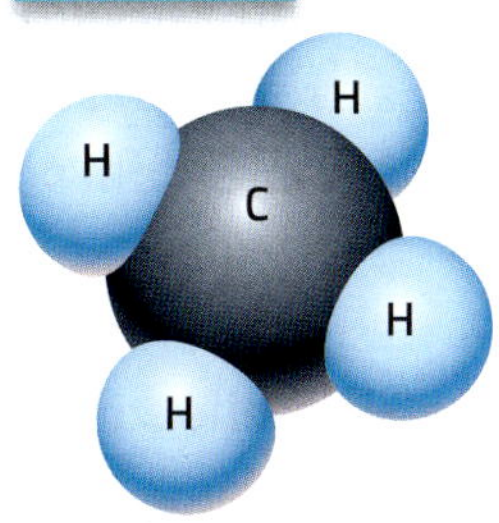

CH_4

La formula del metano CH_4 si legge ci-acca-quattro.

IMPARA A IMPARARE

1. Completa lo schema.

Un legame chimico — che tiene uniti:
- atomi — è chiamato — legame .... — in cui — gli elettroni sono ....
- ioni — è chiamato — legame .... — in cui — gli elettroni sono ....

2. Vero o falso?

a) Il legame covalente si forma quando gli atomi condividono coppie di elettroni. V F

b) Per essere stabile, un guscio elettronico deve contenere dieci elettroni. V F

c) Nel legame ionico, sono coinvolti ioni positivi e ioni negativi. V F

Lezione 6

Le reazioni chimiche e il calore

19. Un esempio di reazioni chimiche: le combustioni

Combustione deriva dal latino *comburere*, che significa «bruciare».

Se ci fermiamo a osservare la combustione di un pezzo di legno, ci accorgiamo che il legno si trasforma fino a diventare un mucchietto di cenere.

Le **combustioni** sono reazioni chimiche che avvengono tra alcuni materiali, chiamati **combustibili**, e l'ossigeno; nelle combustioni vediamo quasi sempre una fiamma.

Ogni combustione è una reazione chimica, poiché trasforma la materia di partenza producendo sostanze diverse, anche allo stato gassoso. I prodotti sempre presenti nelle combustioni sono il diossido di carbonio e l'acqua, che si trova allo stato di vapore a causa dell'alta temperatura. In base ai diversi combustibili, possono esserci anche altri prodotti.

I combustibili possono essere allo stato gassoso, liquido o solido: per esempio, il **metano** è il gas che alimenta i fornelli e le caldaie; la **benzina** e il **gasolio** sono combustibili liquidi, usati in alcuni tipi di accendini e come carburante per le auto; la **legna** e il **carbone** sono combustibili solidi.

I combustibili sono costituiti da sostanze, che contengono come atomi di base carbonio e idrogeno, i quali a volte sono accompagnati da altri elementi, come l'ossigeno o lo zolfo.

Atomi di **carbonio** sono presenti in un numero enorme di sostanze chimiche, nella maggior parte delle quali formano lunghe catene alle quali si attaccano altri tipi di atomi.

Le sostanze in cui è presente il carbonio solitamente vengono dette **sostanze organiche**.

Guarda il video
La combustione

L'ossigeno contenuto nell'aria è un reagente indispensabile per le combustioni. Per questo, molti estintori contengono **diossido di carbonio**, che serve a «soffocare» la fiamma, impedendo all'ossigeno di entrare in contatto con il combustibile.

COMBUSTIONI

20. Scrivere una reazione: le equazioni di reazione

Consideriamo la reazione di combustione del metano e usiamo diversi linguaggi per rappresentarla. Il metano, che ha formula CH_4, reagisce con le molecole di ossigeno presenti nell'aria, producendo diossido di carbonio e acqua. I reagenti e i prodotti si possono indicare con il loro nome, oppure con la formula chimica, oppure ancora per mezzo di un modello a sfere.

È importante contare gli atomi, in modo da averne lo stesso numero sia nei reagenti sia nei prodotti: questo significa **bilanciare la reazione**.

Scrivendo la reazione per mezzo di formule, possiamo visualizzare rapidamente la composizione chimica delle sostanze coinvolte nella reazione. Questa scrittura si chiama **equazione di reazione**.

METANO + OSSIGENO → DIOSSIDO DI CARBONIO + ACQUA

$$CH_4 + 2O_2 \rightarrow CO_2 + 2H_2O$$

I numeri rossi davanti alle formule sono i **coefficienti**: sono dei moltiplicatori, quindi indicano il numero di molecole coinvolte nella reazione.

I numeri verdi al piede dei simboli sono gli **indici**: indicano quanti atomi di un determinato elemento sono presenti nella molecola.

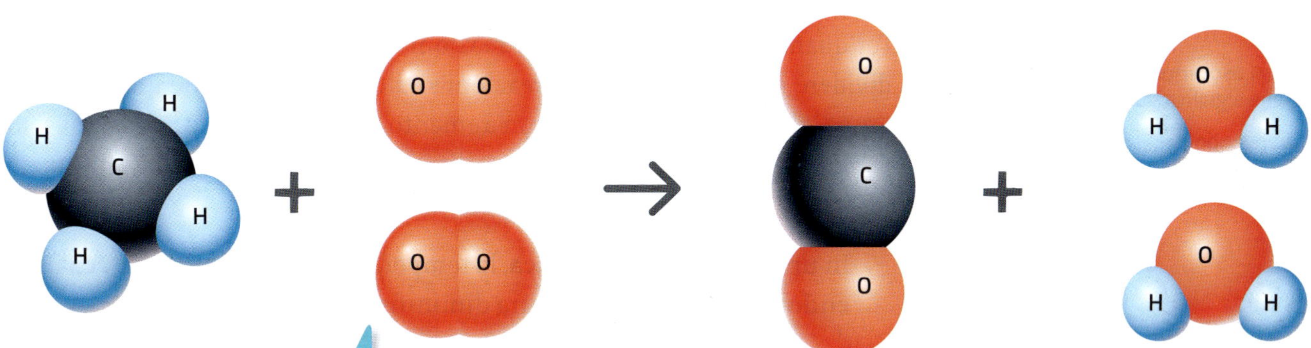

Quando rappresentiamo la reazione con il **modello a sfere** usiamo sempre lo stesso colore per indicare lo stesso elemento: nero per il carbonio, rosso per l'ossigeno e azzurro per l'idrogeno. Questo modello è utile anche per avere un'idea della forma delle molecole.

I numeri che precedono la formula si chiamano **coefficienti**. Essi indicano il numero di molecole e permettono di bilanciare la reazione, cioè di avere lo stesso numero di atomi di ciascun tipo a destra e a sinistra della freccia. I coefficienti indicano che per ogni molecola di metano sono necessarie due molecole di ossigeno e si ottengono una molecola di diossido di carbonio e due di acqua.

Una reazione chimica può essere descritta da un'**equazione bilanciata**, che esprime quantità e composizione di reagenti e prodotti.

21. Reazioni che «scaldano» e reazioni che «raffreddano»

Come la combustione, che sviluppa calore, quasi tutte le reazioni chimiche sono associate a scambi di calore con l'ambiente esterno. Se controlliamo il valore della temperatura nel corso di una reazione, ci accorgiamo che essa può aumentare o diminuire anche di parecchi gradi.

Confrontiamo tra loro due reazioni chimiche misurando con un termometro i valori della temperatura nel corso della reazione. In entrambi i casi i reagenti si trovano a temperatura ambiente, pertanto la temperatura iniziale sarà di circa 20 °C.

1 Versiamo una piccola quantità di aceto in un becher e aggiungiamo una striscia di magnesio lunga una decina di centimetri. Vediamo che la **temperatura aumenta** rapidamente fino ad arrivare intorno ai 30 °C.

2 Mettiamo un cucchiaio di bicarbonato in polvere in un becher e aggiungiamo due o tre cucchiai di aceto. Mescoliamo usando il termometro. In questo caso la **temperatura diminuisce** velocemente di parecchi gradi.

Le reazioni **esotermiche** producono calore: da *eso*, che significa «buttare fuori».

Le reazioni **endotermiche** assorbono calore: da *endo*, che significa «mettere dentro».

Per quanto riguarda il calore, le reazioni chimiche si possono dunque suddividere in due categorie. Le reazioni si dicono **esotermiche** quando viene «prodotto calore» e si verifica un aumento di temperatura. Le reazioni si dicono **endotermiche** quando viene «speso calore» e si verifica una diminuzione di temperatura.

In una **reazione esotermica**, la temperatura aumenta. In una **reazione endotermica**, la temperatura diminuisce.

IMPARA A IMPARARE

1. Completa lo schema.

Le reazioni chimiche
- si scrivono sottoforma di — .... di ....
- si chiamano — .... — quando i reagenti sono — un combustibile / l'................
- possono essere
  - .... — quando — la temperatura aumenta
  - .... — quando — la temperatura diminuisce

2. Sottolinea il termine corretto.

a) Le combustioni sono reazioni chimiche, i cui reagenti sono combustibili e *diossido di carbonio/ossigeno*.

b) Durante le reazioni *esotermiche/endotermiche*, la temperatura diminuisce.

c) Durante le reazioni *esotermiche/endotermiche*, viene prodotto calore.

Che cos'è una reazione chimica?

Le reazioni chimiche | pag. A98

Nelle reazioni chimiche le sostanze di partenza, i **reagenti**, si trasformano in sostanze diverse, i **prodotti**.

REAGENTI → PRODOTTI

Gli indizi che segnalano una reazione chimica sono:

- la formazione di un prodotto gassoso;
- la formazione di un precipitato;
- il cambiamento di colore.

Che cosa differenzia una trasformazione chimica da una fisica?

Le reazioni chimiche | pag. A101

Nelle **reazioni chimiche**, le sostanze si trasformano in sostanze diverse. Invece nelle **trasformazioni fisiche**, le sostanze non cambiano la loro natura.

Che cosa afferma la legge di conservazione della massa?

La massa si conserva | pag. A105

La **legge di conservazione della massa**, o legge di Lavoisier, afferma che in una reazione chimica la massa dei reagenti è uguale alla massa dei prodotti.

Che cosa differenzia i composti dagli elementi?

Composti ed elementi | pag. A106

I **composti** sono sostanze chimiche che possono essere scomposte in sostanze più semplici. Gli **elementi** sono sostanze chimiche che non possono essere scomposte in altre sostanze.

Che cos'è la tavola periodica degli elementi?

Composti ed elementi | pag. A107

Tutti gli elementi possiedono un nome e un simbolo e vengono ordinati nella **tavola periodica**, in base al loro numero atomico e alle loro caratteristiche.

Gli elementi si possono dividere in tre grandi categorie: **metalli**, **semimetalli** e **non metalli**.

Gli elementi che si trovano nella stessa colonna appartengono allo stesso gruppo, quindi hanno caratteristiche chimiche simili.

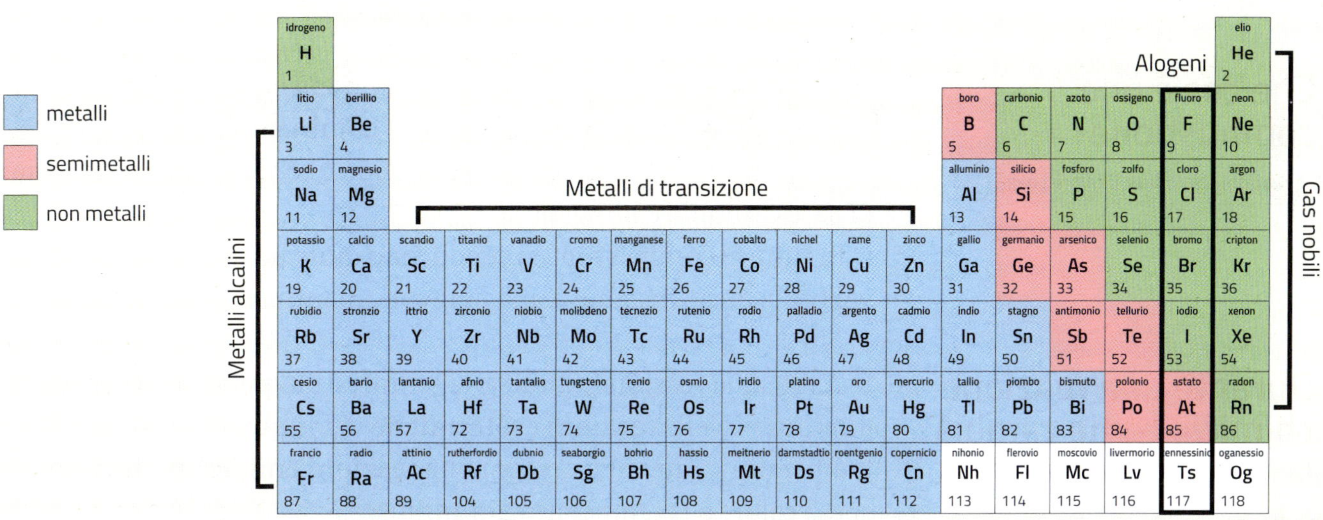

Come sono fatti gli atomi e le molecole?

Atomi e molecole | pag. A110

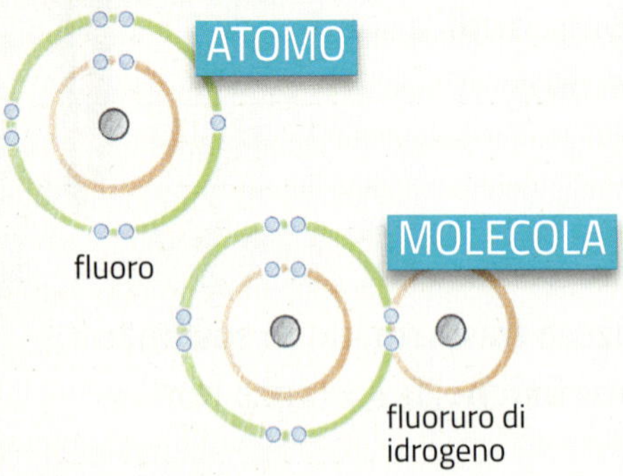

Gli **atomi** sono le unità fondamentali che costituiscono la materia.

Il **nucleo** si trova al centro dell'atomo ed è costituito da **protoni**, che hanno carica positiva, e **neutroni**, che non hanno carica elettrica. Nella parte più esterna dell'atomo si trovano gli **elettroni**, che hanno carica negativa.

Le **molecole** sono formate da due o più atomi tenuti insieme da **legami covalenti**: gli atomi condividono una o più coppie di elettroni. Invece i **legami ionici** sono forze di attrazione tra ioni di carica opposta, che si sono formati in seguito al trasferimento di uno o più elettroni da un atomo all'altro.

Quali numeri caratterizzano gli atomi?

Atomi e molecole | pag. A111

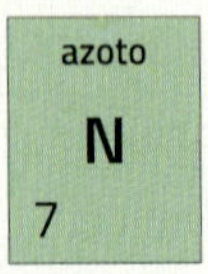

Ogni atomo è identificato da due numeri: il **numero atomico** corrisponde al numero dei protoni, che è uguale al numero degli elettroni; il **numero di massa** è la somma del numero dei protoni e dei neutroni.

Tutti gli atomi di uno stesso elemento hanno lo stesso numero atomico: per esempio, tutti gli atomi di azoto hanno numero atomico 7. Gli **isotopi** di uno stesso elemento hanno lo stesso numero atomico, ma diverso numero di massa, cioè diverso numero di neutroni.

Come si scrivono le formule e le equazioni chimiche?

I legami tra gli atomi | pag. A115

Ogni sostanza ha un proprio nome e una propria **formula chimica**, che esprime quanti e quali atomi compongono ogni sua particella. Ogni reazione chimica può essere descritta da un'**equazione bilanciata**: l'equazione di reazione esprime quantità e composizione di reagenti e prodotti.

$$CH_4 + 2O_2 \rightarrow CO_2 + 2H_2O$$

METANO · OSSIGENO · DIOSSIDO DI CARBONIO · ACQUA

Che cos'è una combustione?

Le reazioni chimiche e il calore | pag. A116

Una **combustione** è una reazione chimica, in cui un materiale combustibile reagisce con l'ossigeno. I **combustibili** si possono trovare allo stato gassoso, liquido o solido e contengono come atomi di base carbonio e idrogeno.

In tutte le combustioni, si producono diossido di carbonio e vapore acqueo, insieme a una notevole quantità di calore.

Durante una reazione chimica, come cambia la temperatura?

Le reazioni chimiche e il calore | pag. A118

Durante una reazione chimica, la temperatura può aumentare o diminuire. Nelle **reazioni esotermiche** viene prodotto calore e la temperatura aumenta; invece nelle **reazioni endotermiche** viene speso calore e la temperatura diminuisce.

1. **Completa la mappa concettuale.**

elettroni
colore
precipitato
Lavoisier
trasformazione
gas
indizi
nucleo
prodotti
scomponibili
atomi
reagenti
massa

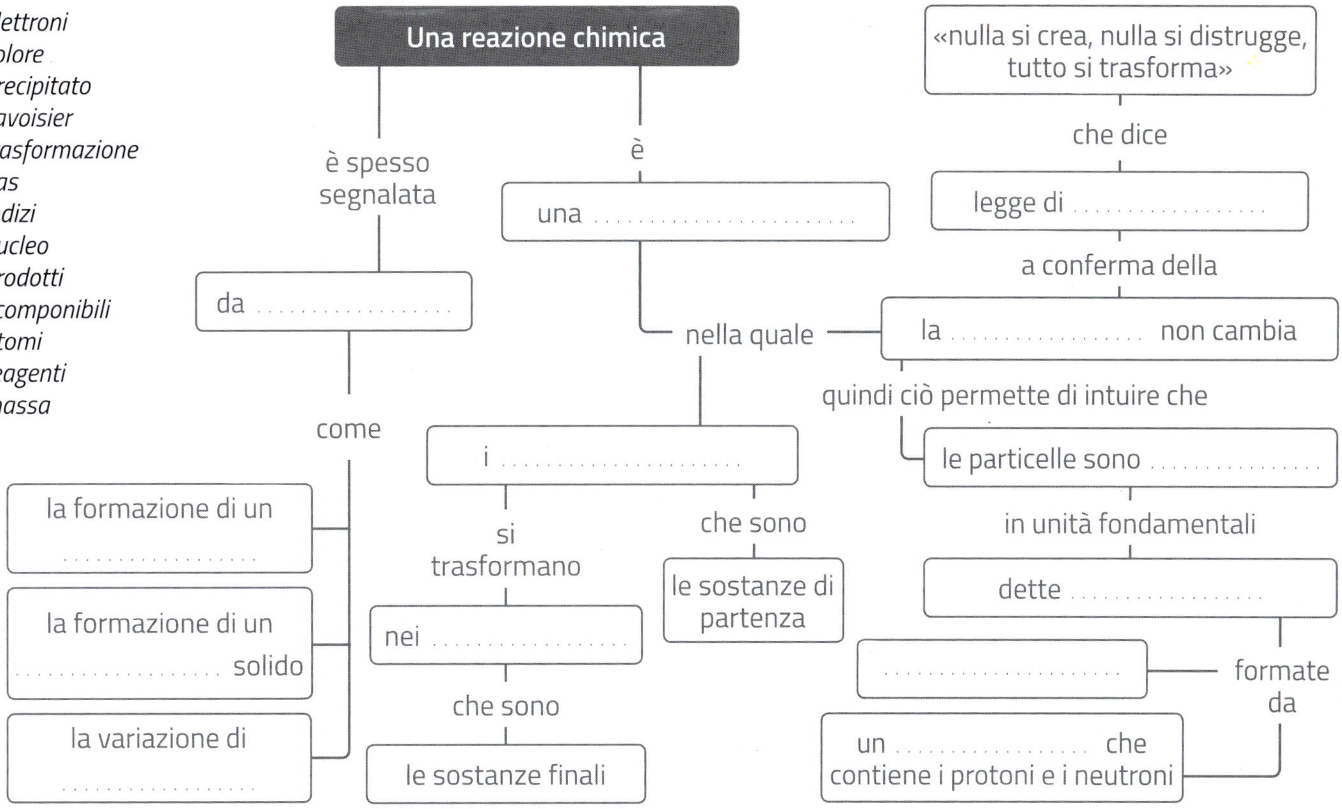

2. **Le sostanze che si formano al termine di una reazione chimica si chiamano**

A reagenti.
B prodotti.
C solidi.
D liquidi.

3. **La parola greca *àtomos*, da cui deriva il termine *atomo*, significa**

A «atomico».
B «divisibile».
C «indivisibile».
D «invisibile».

4. **Lavoisier dimostrò che durante una reazione chimica la massa complessiva**

A aumenta sempre.
B varia sempre.
C diminuisce sempre.
D rimane sempre costante.

5. **Le reazioni in cui la temperatura diminuisce sono dette**

A atermiche.
B isotermiche.
C esotermiche.
D endotermiche.

6. **Vero o falso? Correggi le affermazioni errate sul tuo quaderno.**

a. La lievitazione della pasta per fare la pizza è una trasformazione fisica. V F
b. Quando prepari il caramello, avviene una reazione chimica. V F
c. Quando metti una compressa effervescente nell'acqua, avviene una reazione chimica. V F
d. Quando fai bollire l'acqua per la pasta, avviene una trasformazione chimica. V F
e. Quando dimentichi una bevanda con il ghiaccio al sole, avviene una trasformazione fisica. V F
f. Il numero di massa di un atomo è dato dal numero degli elettroni. V F

7. **Rispondi alle domande sul tuo quaderno.**

a. Scrivi due esempi di trasformazioni chimiche e due di trasformazioni fisiche.
b. L'acqua è un elemento o un composto? Perché?
c. A quale categoria di elementi appartengono il manganese e il calcio?
d. Come si comportano gli atomi durante una reazione chimica? Rispondi con un testo di almeno cinque righe.
e. Spiega la differenza tra molecola, atomo e particella subatomica.
f. Che cosa significa bilanciare un'equazione chimica?
g. Le reazioni di combustione sono reazioni esotermiche o endotermiche? Perché?

8. Osserva l'immagine e rispondi alle domande.
Mescolando il diossido di carbonio (CO_2) a una soluzione di acqua di calce, si osserva che la soluzione dapprima diventa opaca, poi un solido bianco insolubile (il carbonato di calcio) si deposita sul fondo.

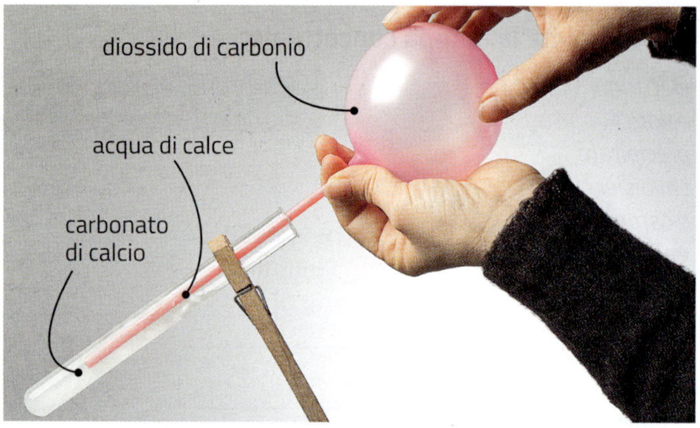

a. Il fenomeno che si osserva è di tipo
☐ fisico.
☐ chimico.
Giustifica la tua risposta.

....

....

....

....

b. Il diossido di carbonio è
☐ un reagente.
☐ un prodotto.

c. Il carbonato di calcio è
☐ un reagente.
☐ un prodotto.

d. L'acqua di calce è
☐ un reagente.
☐ un prodotto.

e. Basandoti sulle reazioni descritte nel capitolo e sulle tue precedenti conoscenze, prova a pensare come potresti riempire il palloncino dell'immagine per ottenere lo stesso risultato.

....

....

....

9. Scrivi sotto a ogni immagine il tipo di particella (atomo o molecola) rappresentato dal modello a mattoncini.

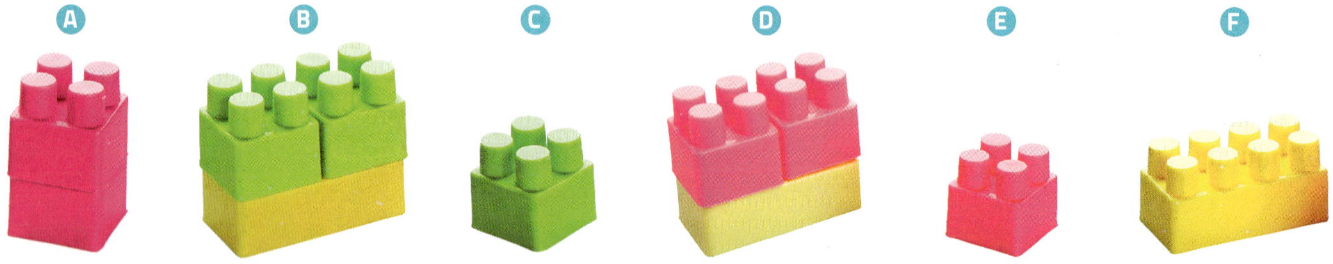

....

10. Facendo reagire l'acqua ossigenata (una soluzione incolore) con il permanganato di potassio (una soluzione di colore viola), si ottiene una soluzione incolore perché

- A il permanganato di potassio si è completamente trasformato in nuove sostanze non colorate.
- B avviene una semplice diluizione e non una reazione chimica.
- C si forma un gas che riveste le pareti della provetta, quindi non si vede all'interno.
- D il permanganato di potassio è evaporato.
- E l'acqua ossigenata è verdina (colore complementare del viola), quindi nella miscela i colori si annullano.

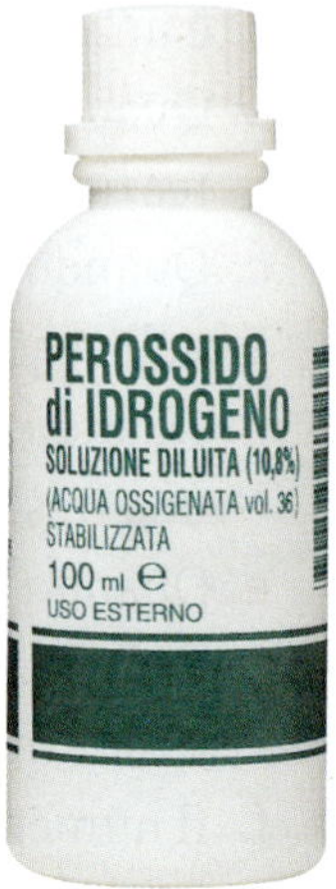

11. **In quali delle seguenti situazioni si sta certamente verificando una reazione chimica? Spiega il perché di ogni risposta con testi di almeno tre righe sul tuo quaderno.**

☐

☐

☐

☐

☐

☐

☐

☐

12. **Risolvi il cruciverba.**

Orizzontali

5. La molecola con formula CH_4.
6. La tavola dei chimici.
9. Le sostanze di partenza di una reazione chimica.
10. Ha numero atomico 17.

Verticali

1. L'elemento con simbolo «K».
2. L'unità fondamentale della materia.
3. Le reazioni che raffreddano.
4. Particelle subatomiche prive di carica.
7. Il simbolo dell'argon.
8. Lo è il magnesio.

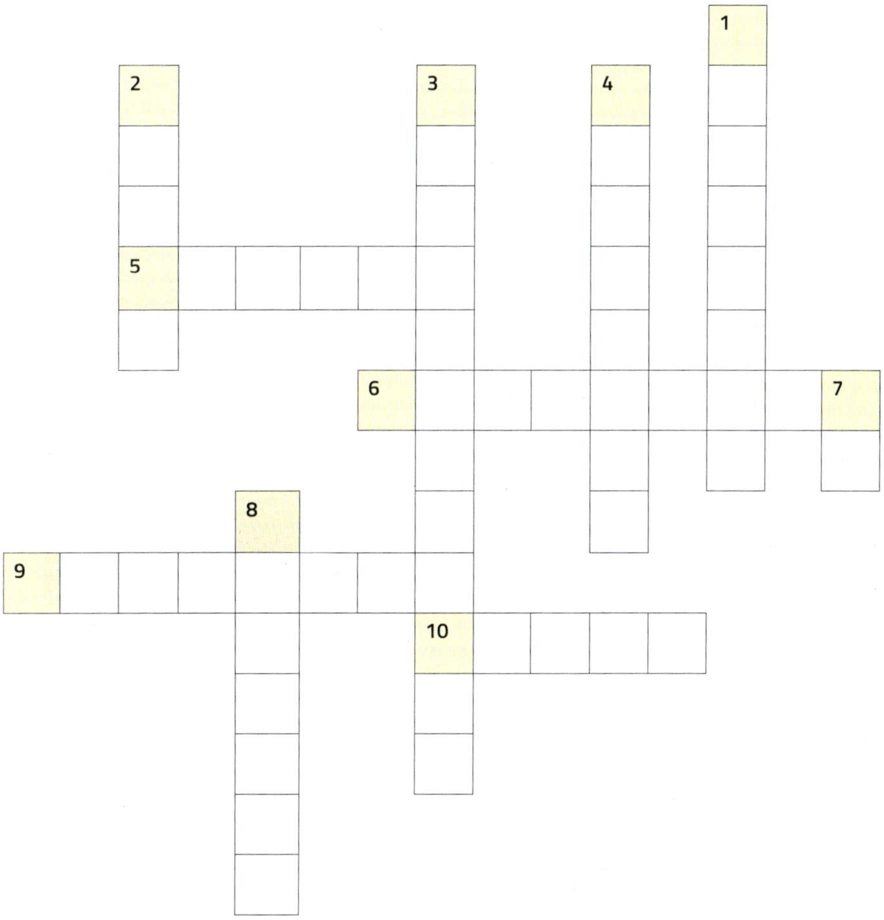

13. Presenta un elemento

Percorso guidato

1. Scopri sulla tavola periodica interattiva le proprietà e le caratteristiche dei diversi elementi chimici.

   Scarica la app
   TAVOLA PERIODICA INTERATTIVA

2. Scegli quello che vuoi presentare ai tuoi compagni.
3. Qual è il nome del tuo elemento?

   ....

4. Quali sono le sue caratteristiche (stato fisico, densità, temperature di fusione e di ebollizione)?

   ....
   ....
   ....

5. Come sono i suoi atomi (massa, raggio)?

   ....
   ....
   ....

6. Quando è stato scoperto? Da chi?

   ....
   ....
   ....

7. Dove si trova? Perché è importante?

   ....
   ....
   ....

8. Quali sono gli altri elementi della sua famiglia?

   ....
   ....
   ....

9. Usando le risposte che hai dato ai punti 3-8, costruisci un personaggio immaginario dell'elemento stesso, preparando la sua presentazione con un fumetto, un'animazione o un breve video, dove tu stesso impersoni l'elemento e ti presenti. Se ti piace disegnare, puoi realizzare una striscia di fumetto con carta e pennarelli. Per costruire il fumetto o l'animazione, puoi usare applicazioni come Toondoo, PowToon o Stop Motion.

Prepara il fumetto

A6 ESERCIZI CLIL

14. Decide if the following statements about the periodic table are True or False, and amend the false ones.

1. Antoine Lavoisier developed the modern periodic table. T F
2. Most elements in the table are metals. T F
3. Non-metals are usually poor conductors of heat. T F
4. Metals can be found on the right part of the periodic table. T F
5. The rows of the periodic table are called groups. T F
6. Vertical families share similar chemical properties. T F

Parte A Capitolo 7

CORPI IN MOVIMENTO

Di' la tua

Che titolo daresti alla vignetta? ....

Come interverresti nella discussione? Qual è la tua opinione?

....

Lezione 1

Le grandezze che contano

1. L'intervallo di tempo

Il **tempo** è una delle grandezze fondamentali del Sistema Internazionale; gli strumenti che usiamo per misurarlo sono gli orologi e i cronometri. La sua unità di misura è il **secondo** (s) con i suoi multipli (minuti, ore) e sottomultipli (decimi, centesimi e millesimi di secondo).

A differenza delle altre unità di misura, i **multipli del secondo** non seguono il sistema decimale, ma quello sessagesimale, cioè un minuto è composto da 60 secondi e un'ora è composta da 60 minuti, cioè da 3600 secondi.

In relazione al movimento, il tempo indica *quando* un oggetto si trova in una determinata posizione. Alla torre di controllo di un aeroporto, il personale sa dove si trova l'aereo in volo in ogni istante: questo valore si chiama **istante di tempo** e si indica con $\boldsymbol{t}$.

L'istante di tempo è quello che leggi sul tuo orologio: per esempio, quando ti siedi a tavola a mezzogiorno in punto, $t = 12{:}00{:}00$.

Invece, per indicare *quanto dura* un determinato evento, in fisica si parla di intervallo di tempo.

La durata di un evento è l'**intervallo di tempo** compreso tra un istante iniziale (l'inizio dell'evento, che si scrive $\boldsymbol{t_i}$) e un istante finale (la fine dell'evento, che si scrive $\boldsymbol{t_f}$).

La lettera greca Δ, che si legge «delta», si usa per esprimere una variazione tra due valori della stessa grandezza: ha il significato di «differenza tra un valore finale e un valore iniziale».

Per esempio, se inizi a pranzare a mezzogiorno e finisci a mezzogiorno e mezzo, la durata del tuo pranzo è mezz'ora.

L'intervallo di tempo si indica con il simbolo $\boldsymbol{\Delta t}$ (che si legge «delta-ti») e si rappresenta con un numero seguito dalla sua unità di misura.

$$\Delta t = t_f - t_i$$

Il cronometro misura l'intervallo tra l'inizio e la fine dell'evento che si osserva: $\Delta t = t_f - t_i = 19 - 0 = 19$ s.

2. Lo spostamento

La **posizione** di un oggetto indica *dove* si trova quell'oggetto nello spazio. Per identificare la posizione di un oggetto in modo chiaro, è necessario fissare un **sistema di riferimento**. Nel caso di un oggetto che si muove in linea retta è molto semplice: è sufficiente scegliere come sistema di riferimento la retta che indica la direzione lungo la quale avviene il movimento e su questa fissare un punto di origine.

Un sistema di riferimento di questo tipo viene detto **monodimensionale**, poiché la posizione di un corpo si identifica con un solo valore. Un sistema monodimensionale è utile, per esempio, per descrivere la corsa dei 100 m: possiamo fissare il punto di origine del sistema sui blocchi di partenza e pensare che la retta di riferimento corra lungo una corsia di gara.

Supponiamo allora di indicare con $\mathbf{s}_i$ la posizione iniziale di un atleta che si trova ai blocchi di partenza e con $\mathbf{s}_f$ la sua posizione finale, cioè quando il corridore taglia il traguardo.

Lo spostamento dell'atleta durante la gara è uguale alla variazione della sua posizione e si indica con il simbolo Δs:

$$\Delta s = s_f - s_i$$

Lo spostamento subìto da un corpo corrisponde alla sua variazione di posizione, cioè alla differenza tra posizione finale e posizione iniziale.

Il valore di uno spostamento è una **lunghezza**, perciò si misura con diversi tipi di strumenti (cordelle metriche, aste) e la sua unità di misura è il *metro* (m) con i suoi multipli (kilometro) e sottomultipli (decimetro, centimetro, millimetro).

Per descrivere correttamente lo spostamento di un oggetto, non basta scrivere un numero e un'unità di misura: bisogna anche specificare in quale direzione e in quale verso avviene lo spostamento. Per esempio, nel caso dei 100 m, per essere precisi dobbiamo dire anche che lo spostamento dell'atleta avviene lungo una corsia e in avanti.

Nel corso di una gara, lo spostamento di un atleta vale $\Delta s = s_f - s_i = (100\text{ m}) - (0\text{ m}) = 100\text{ m}$.

3. Come si rappresenta lo spostamento: i vettori

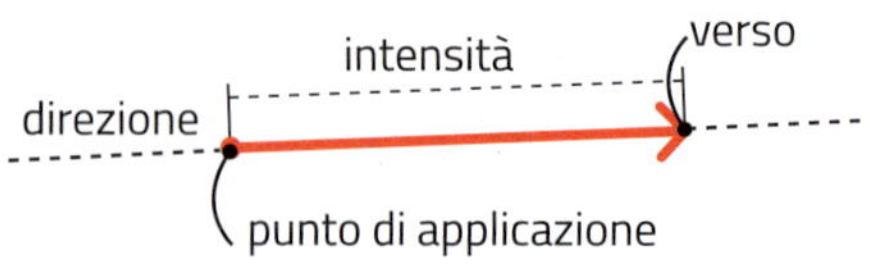

Le grandezze come lo spostamento sono chiamate **grandezze vettoriali** e vengono rappresentate con un segmento orientato da una freccia (il vettore): la lunghezza del segmento indica l'intensità dello spostamento, la retta che sostiene il segmento identifica la sua direzione e la freccia indica il verso.

Lo spostamento è una grandezza vettoriale: per definirlo completamente bisogna specificare la sua **intensità**, la sua **direzione** e il suo **verso**.

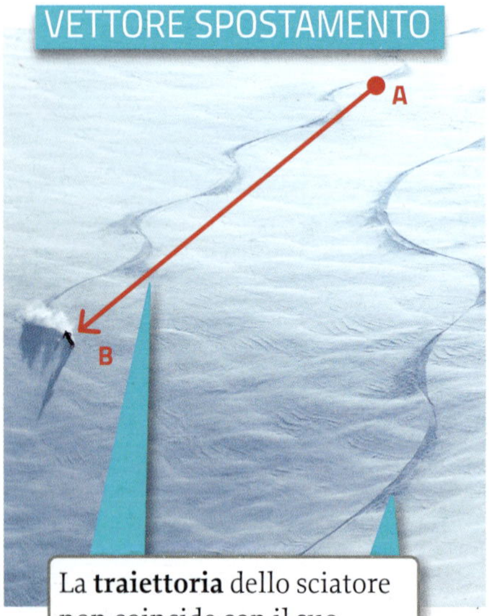

La **traiettoria** dello sciatore non coincide con il suo **vettore spostamento**.

Nella maggior parte dei casi reali, il movimento non avviene in linea retta, quindi lo spostamento non corrisponde al percorso del corpo, che chiamiamo **traiettoria**. Per esempio, la traiettoria di uno sciatore non è rettilinea e rimane evidente per le tracce lasciate sulla neve. Il suo spostamento è rappresentato da una freccia, la cui direzione è la retta passante per i punti A e B, la lunghezza è la distanza tra A e B e il verso è da A a B.

Anche se può sembrare assurdo, spesso la **distanza percorsa** non corrisponde allo spostamento. Per esempio, in un Gran Premio di Formula 1, la posizione iniziale (partenza) e quella finale (traguardo) coincidono: il vettore spostamento è nullo, anche se ogni vettura percorre una distanza di circa 300 km.

Le grandezze non vettoriali, dette **grandezze scalari**, sono invece espresse soltanto con un numero, seguito dalla sua unità di misura: sono grandezze scalari la massa, il volume, il tempo e molte altre che hai già incontrato.

La **distanza percorsa** dalle automobili in un circuito è ben diversa dal loro vettore spostamento: esso è uguale a zero, poiché posizione iniziale e finale coincidono.

IMPARA A IMPARARE

1. Completa lo schema.

Per descrivere il movimento
- occorre stabilire — un sistema di ....
- si misura
  - la .... di un evento Δt
  - lo .... Δs — che si rappresenta — con un .... — caratterizzato da
    - un' ....
    - una ....
    - un ....

2. Completa le frasi.

a) Per indicare la durata di un determinato evento, in fisica si parla di .... di tempo.

b) La durata di un evento è l'intervallo di tempo compreso tra l'istante .... e l'istante ....

c) Lo spostamento di un corpo corrisponde alla differenza tra la posizione .... e la posizione ...., cioè alla variazione della sua posizione.

d) Lo spostamento è una grandezza ....

SCIENZA E MATEMATICA

La posizione nel piano e nello spazio

Pensiamo al gioco della battaglia navale, dove per esprimere la posizione delle navi abbiamo bisogno di due valori: uno riferito alla colonna (A, B, C, D, …) e uno riferito alla riga (1, 2, 3, 4, …).

Infatti la **posizione di un oggetto su un piano** è espressa da una coppia ordinata di numeri: il primo valore indica «quanto a destra o a sinistra» dallo zero, il secondo indica «quanto avanti o indietro» dallo zero.

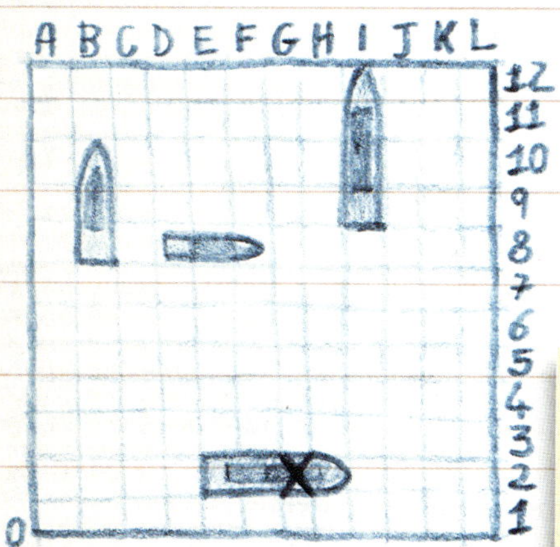

Per colpire la portaerei, occorre dare due indicazioni, per esempio quelle espresse dalla coppia (G; 2).

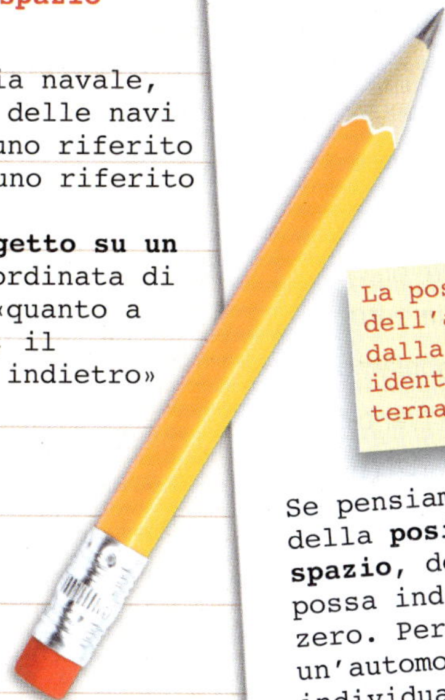

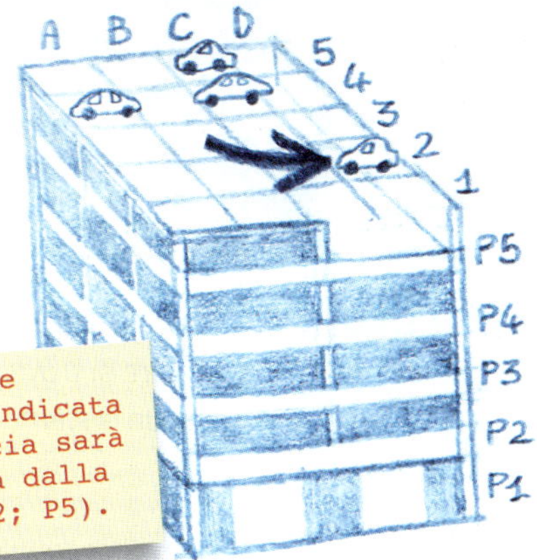

La posizione dell'auto indicata dalla freccia sarà identificata dalla terna (D; 2; P5).

Se pensiamo di generalizzare l'indicazione della **posizione di oggetti disposti nello spazio**, dobbiamo aggiungere un terzo valore che possa indicare «quanto sopra o sotto» dallo zero. Per esempio, pensiamo alla posizione di un'automobile in un parcheggio a silos: per individuarla dovremo avere l'indirizzo della colonna, della riga e del piano.

Quindi la posizione nello spazio è espressa da una terna ordinata di numeri, dove il terzo valore indica «quanto in alto o in basso» rispetto allo zero. La posizione è una **grandezza vettoriale** e come tale si rappresenta con una terna di valori.

SCIENZA E TECNOLOGIA

Il GPS e i navigatori satellitari

Quando accendiamo un **navigatore satellitare**, vediamo sul suo schermo una rappresentazione della strada sulla quale ci troviamo e soprattutto possiamo ricevere indicazioni rispetto al percorso che dobbiamo fare per raggiungere un determinato luogo.

I navigatori satellitari funzionano con il **GPS:** questa sigla è l'acronimo di *Global Positioning System*, che significa Sistema di Posizionamento Globale. Infatti un ricevitore GPS è un dispositivo che riceve segnali dai satelliti GPS in orbita intorno alla Terra ed è in grado di calcolare la posizione in cui si trova.

Una posizione viene identificata dalle **coordinate**, tre valori forniti dal GPS: le prime due ci dicono «quanto a est o a ovest» e «quanto a nord o a sud» ci troviamo rispetto a un punto fisso, che viene preso come riferimento; il terzo esprime l'altitudine, cioè ci dice «quanto più in alto o più in basso» ci troviamo, rispetto al livello del mare.

Le rilevazioni della posizione vengono elaborate dal navigatore che, sulla base di mappe stradali e geografiche memorizzate, fornisce le istruzioni sul percorso e molte altre informazioni.

I **ricevitori GPS** sono usati anche per altri scopi: misure terrestri, costruzioni di strade o edifici, antifurto che rilevano la posizione di oggetti o addirittura di persone. Il loro uso è sempre più diffuso, non soltanto come optional sui veicoli, ma anche come strumento portatile da usare nelle escursioni. Anche gli smartphone possono svolgere la funzione di ricevitore GPS.

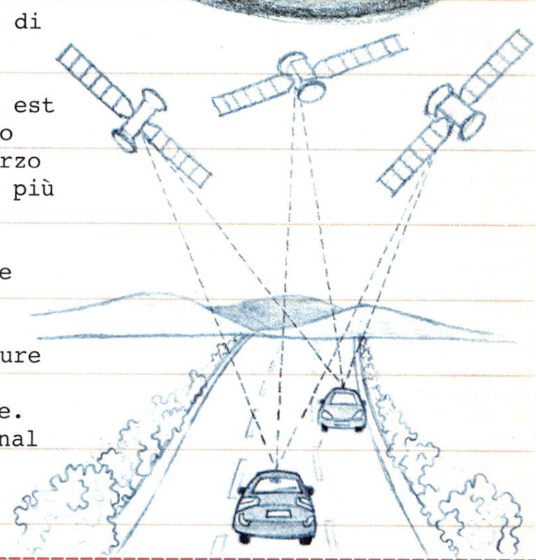

LABORATORIO DELLE COMPETENZE

Quanto tempo impieghi per arrivare a scuola?

Registra l'ora nell'istante in cui esci dal portone di casa (t_i), poi guarda di nuovo l'orologio nell'istante in cui entri a scuola (t_f). Calcola l'intervallo di tempo tra i due istanti.

$\Delta t = t_f - t_i =$ .... min = ... s

A che piano si trova l'ascensore?

a) Diciamo che un ascensore si trova al quarto piano, perché abbiamo scelto un sistema di riferimento per descrivere la sua .... : abbiamo assegnato il numero .... al piano terra, i numeri .... ai piani superiori e i numeri .... ai piani sotterranei.

velocità – positivi – zero – negativi – posizione – traiettoria

b) I tuoi genitori hanno lasciato l'auto in un parcheggio sotterraneo che si trova al piano −2. Se devono raggiungere un appartamento al quarto piano, di quanti piani deve salire il loro ascensore? Rappresenta la tua risposta con un disegno.

Tre salti... un salto!

Il salto triplo è una specialità dell'atletica leggera, nella quale l'atleta raggiunge la posizione finale, dopo aver effettuato tre salti consecutivi lungo la stessa retta.

Puoi pensare al salto triplo come uno spostamento Δs pari alla somma di tre spostamenti Δs_1, Δs_2 e Δs_3.

In occasione del record mondiale, l'atleta inglese Jonathan Edwards ottenne per i tre salti consecutivi queste misure:

$\Delta s_1 = 6{,}05$ m $\quad \Delta s_2 = 5{,}22$ m $\quad \Delta s_3 = 7{,}02$ m

a) Sotto la fotografia, disegna i tre spostamenti e lo spostamento complessivo.

b) Quanto vale allora il record del mondo nel salto triplo?

$\Delta s =$ .... m

Qual è lo spostamento del cavallo bianco?

Osserva il cavallo bianco nella posizione iniziale B8.

a) Se al termine della partita la sua posizione finale è G4, quale sarà il suo vettore spostamento? Disegnalo sulla scacchiera.

b) Sapendo che il cavallo si muove a L, disegna una possibile traiettoria.

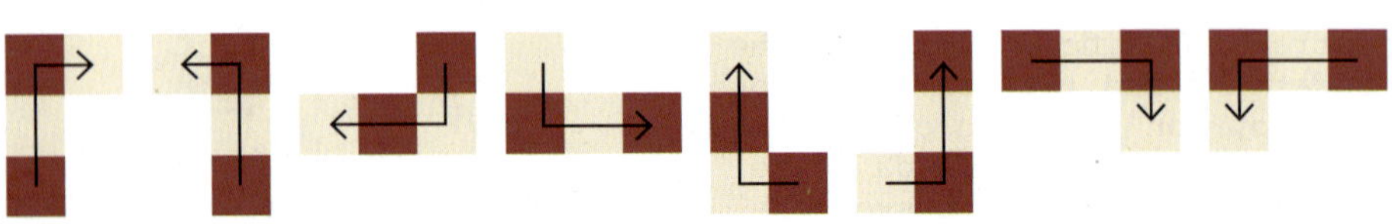

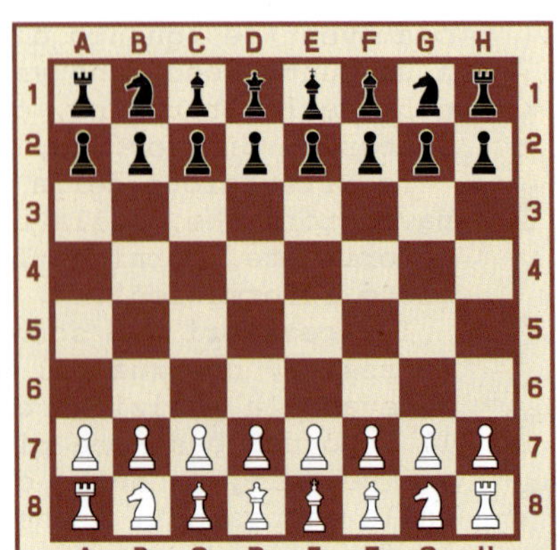

Lezione

2

La velocità e i moti rettilinei

4. La rapidità del movimento

In molte gare di atletica, ma anche in altri sport come il ciclismo oppure lo sci, vince chi raggiunge il traguardo (cioè la posizione finale) nel tempo minore. Anche in natura riuscire a percorrere una distanza nel minor tempo possibile può fare la differenza. Per esempio, pensa a un leone che caccia una gazzella: la loro sopravvivenza dipende dalla rapidità con la quale riescono a muoversi uno rispetto all'altro.

Quindi nello studio del movimento è importante conoscere la posizione di un corpo in determinati istanti e, di conseguenza, stabilire con quale rapidità esso ha cambiato la sua posizione.

La **velocità** è la grandezza fisica che esprime la rapidità con la quale un oggetto cambia la sua posizione.

Per esempio, consideriamo un treno e un'automobile che compiono lo stesso spostamento.

Chiocciole e lumache sono gli animali più lenti: in un'ora riescono a percorrere una distanza massima di appena 50 m.

Il **ghepardo** è l'animale più veloce sulla terraferma. La sua velocità può raggiungere i 120 km/h, ma riesce a mantenerla solo per brevi tratti.

Guarda il video
La velocità

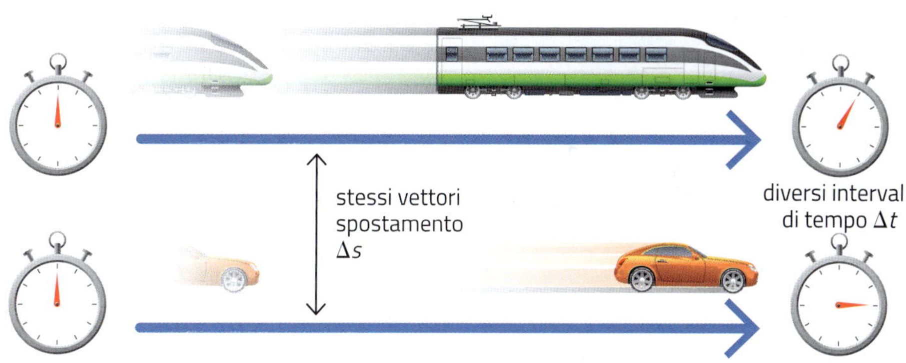

1 Il treno è più veloce dell'automobile perché impiega meno tempo per compiere lo stesso spostamento. Infatti un corpo si muove tanto più rapidamente, quanto più piccolo è l'intervallo di tempo Δt in cui compie uno stesso spostamento Δs.

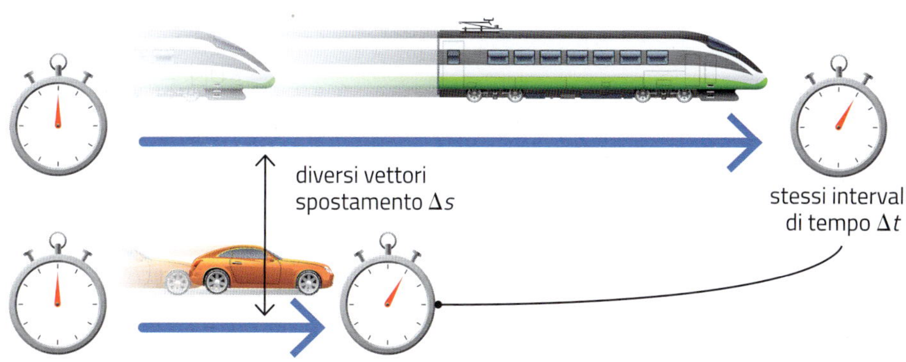

2 Il treno è più veloce anche perché compie uno spostamento maggiore nello stesso intervallo di tempo. Infatti verifichiamo anche che un corpo si muove tanto più rapidamente, quanto più grande è lo spostamento Δs compiuto in uno stesso intervallo di tempo Δt.

5. La velocità media e la velocità istantanea

La velocità di un corpo è uguale al rapporto fra lo spostamento (Δs) e l'intervallo di tempo (Δt) impiegato per compierlo. Come lo spostamento, anche la velocità è una grandezza vettoriale: direzione e verso sono gli stessi di Δs.

La **velocità** di un corpo che si sposta di un tratto Δs in un intervallo di tempo Δt è data dal rapporto tra Δs e Δt.

Visto che si tratta di un valore riferito all'intero intervallo di tempo considerato, è più corretto dire che questa grandezza esprime il valore medio della velocità durante quello spostamento.

$$\text{velocità media} = \frac{\text{spostamento}}{\text{intervallo di tempo}} \qquad v = \frac{\Delta s}{\Delta t}$$

Nel Sistema Internazionale lo spostamento si misura in metri (m) e l'intervallo di tempo in secondi (s), quindi l'unità di misura della velocità è il **metro al secondo** (m/s).

Quando si resta imbottigliati nel traffico, la velocità media della nostra vettura non costituisce un'informazione molto utile: con ogni probabilità, abbiamo tenuto questa velocità per pochissimi istanti.

Il valore della **velocità media** è tanto meno significativo quanto maggiore è l'intervallo di tempo sul quale è stato calcolato, oppure quanto più varie sono le condizioni del movimento.

Per questo, spesso è più utile conoscere la velocità istantanea di un corpo, cioè quella che il corpo possiede in un intervallo di tempo così piccolo da poter essere considerato un istante.

La **velocità istantanea** è una velocità media, calcolata durante uno spostamento che avviene in un intervallo di tempo piccolissimo.

LABORATORIO DELLE COMPETENZE

Trasformare i m/s in km/h

Per trasformare il valore della velocità da kilometri orari (km/h) a metri al secondo (m/s) e viceversa, devi ragionare su multipli e sottomultipli delle unità di misura.

$1 \text{ km} = 1000 \text{ m} \qquad 1 \text{ h} = 3600 \text{ s}$

$$1 \text{ km/h} = \frac{1 \text{ km}}{1 \text{ h}} = \frac{1000 \text{ m}}{3600 \text{ s}} = 1000 : 3600 \text{ m/s} = 0{,}278 \text{ m/s}$$

$$1 \text{ m} = \frac{1}{1000} \text{ km} \qquad 1 \text{ s} = \frac{1}{3600} \text{ h}$$

$$1 \text{ m/s} = \frac{1 \text{ m}}{1 \text{ s}} = \frac{1/1000 \text{ km}}{1/3600 \text{ h}} = \frac{1}{1000} \times \frac{3600}{1} \text{ km/h} = 3{,}6 \text{ km/h}$$

Due auto stanno viaggiando in autostrada, l'auto A alla velocità di 125 km/h e l'auto B alla velocità di 32,75 m/s. Quale delle due riesce a superare l'altra? Scrivi i calcoli che hai svolto per risolvere il quesito.

SCIENZA E TECNOLOGIA

Controllare la velocità

I più comuni **Autovelox** usati dalle forze dell'ordine sono dispositivi fissi o mobili che misurano la velocità. Lo strumento è in realtà un **cronometro** che viene attivato in modo automatico al passaggio del veicolo: il passaggio davanti al primo sensore ottico avvia il cronometro, il passaggio davanti al secondo lo ferma.

La velocità calcolata può essere considerata istantanea, poiché l'intervallo di tempo necessario per percorrere i pochi centimetri che distanziano i sensori è così piccolo da essere considerato un istante.

Lo strumento è collegato a una **fotocamera**, che si attiva in caso di superamento del limite di velocità scattando una fotografia alla targa del veicolo, in cui sono indicati anche data, ora e valore di velocità misurato.

I più moderni dispositivi **Tutor** sono molto più complessi: al passaggio del veicolo, il sensore a terra attiva una telecamera in grado di memorizzare la targa, il tipo di veicolo e l'ora precisa del transito. Il passaggio dello stesso veicolo sotto a un secondo Tutor, posto ad alcuni km distanza dal primo, permette di calcolare la velocità media su un lungo percorso. Poi i dati vengono trasmessi a un sistema centralizzato, che si occupa di elaborarli.

6. Il moto rettilineo uniforme

I casi di movimento più semplici da studiare sono quelli in cui la velocità non cambia: per esempio, in qualche breve tratto di corsa o di nuoto.

Visto che la **velocità** è un vettore, possiamo dire che essa è **costante** solo se, al passare del tempo, il suo valore, la sua direzione e il suo verso non cambiano. Per esempio, per brevi intervalli di tempo, può capitare che un'automobile in un tratto rettilineo di autostrada mantenga una certa velocità, senza accelerare né rallentare. Oppure, andando in bicicletta, si può percorrere un tratto rettilineo e pianeggiante, senza aumentare o diminuire il ritmo della pedalata.

Il moto caratterizzato da una velocità costante deve avvenire lungo una linea retta e si chiama **moto rettilineo uniforme**.

Il moto rettilineo uniforme è il più semplice di tutti i moti, perché la posizione è l'unica grandezza che cambia nel tempo. Inoltre, visto che la velocità è costante, il valore della **velocità istantanea** è uguale al valore della **velocità media**, in qualunque intervallo di tempo.

Quando i satelliti lanciati nello spazio sono lontani dall'attrazione di pianeti o di stelle, non accelerano, non rallentano e non curvano: si muovono di moto rettilineo uniforme.

MOTO RETTILINEO UNIFORME

7. Rappresentare il movimento

Per visualizzare in modo immediato come cambia la velocità di un corpo, costruiamo un grafico cartesiano, dove in ordinata (asse y) rappresentiamo la posizione e in ascissa (asse x) il tempo: per questo, si parla di **grafico posizione/tempo**. Usiamo, per esempio, i dati riportati nella tabella 1.

Il grafico posizione/tempo per il moto rettilineo uniforme è una retta.

MOTO RETTILINEO UNIFORME

1

t (s)	*s* (m)
30	60
60	120
90	180
120	240

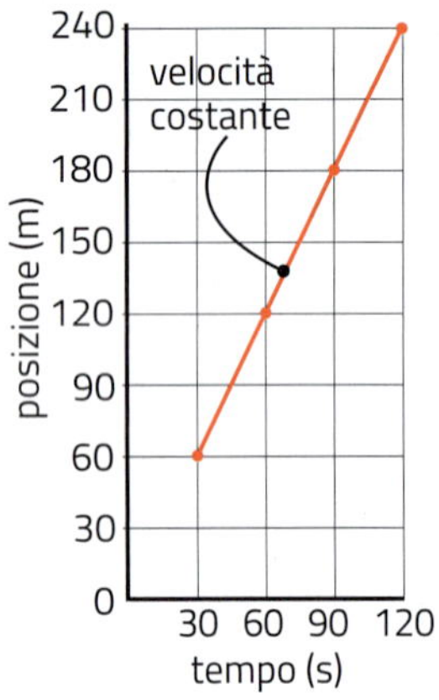

Infatti in uguali intervalli di tempo la posizione cambia sempre della stessa quantità, perciò la linea che collega i punti non cambia mai la sua inclinazione. Il rapporto tra spostamenti e tempi impiegati (cioè la velocità) ha quindi sempre lo stesso valore, costante su tutto il percorso.

Tuttavia la maggior parte degli spostamenti che compiamo ogni giorno con l'automobile, in autobus o in bicicletta sono complessi poiché la nostra velocità si modifica nel tempo, istante dopo istante.

A partire dai dati raccolti nella tabella 2, costruiamo il grafico posizione/tempo del moto di un ragazzo che percorre 100 m per arrivare a scuola. Viene fissato come punto 0 quello da cui parte a piedi dopo essere sceso dall'autobus.

Il grafico posizione/tempo per il **moto vario** è una linea spezzata.

MOTO VARIO

2

t (s)	*s* (m)
0	0
30	40
50	40
60	60
100	100

Guarda il video
Il grafico del movimento

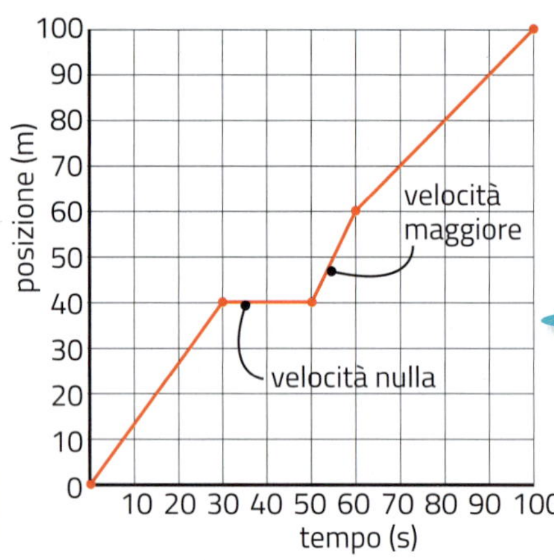

La **velocità** cambia nei diversi tratti percorsi: quando il ragazzo è fermo la velocità è zero e il tratto di retta è orizzontale. Quando si muove, il tratto è tanto più inclinato quanto maggiore è la velocità.

IMPARA A IMPARARE

1. Completa lo schema.

La velocità
- è la rapidità con cui un corpo cambia la sua ……………
- è data dal …………… tra lo spostamento e l'intervallo di tempo impiegato a percorrerlo
- si dice
  - …………… quando Δt ha un valore abbastanza grande
  - …………… quando Δt è molto piccolo

2. Disegna il grafico posizione/tempo di un ragazzo che percorre 150 m, poi rispondi alle domande.

t (s)	*s* (m)
0	0
35	50
50	60
70	60
80	75
110	150

a) Numera i tratti del percorso da 1 a 5. In quale tratto il ragazzo è rimasto fermo?

……………

b) In quale tratto sta correndo, quindi la sua velocità è massima?

……………

LABORATORIO DELLE COMPETENZE

Quanto veloce?

Un ciclista percorre un tratto rettilineo a velocità costante: se in 20 s percorre 100 m, quanto vale la sua velocità?

$\Delta s = 100$ m

$\Delta t = 20$ s

$v = \dfrac{\Delta s}{\Delta t} = \dfrac{100 \text{ m}}{20 \text{ s}} = \ldots\ldots\ldots\ldots\ldots$ m/s

Se vogliamo avere il valore di velocità nell'unità di misura più usata, potremo convertire i valori:

$$\frac{100 \text{ m}}{20 \text{ s}} = \frac{\frac{100}{1000}\text{ km}}{\frac{20}{3600}\text{ h}} = \frac{100}{1000} \times \frac{3600}{20}\text{ km/h} = \ldots\ldots \text{ km/h.}$$

Il ciclista ha una velocità di .... km/h.

«Quanta» strada ha percorso?

Un'automobile percorre un tratto rettilineo di autostrada a una velocità costante di 120 km/h. Di quanto si sarà spostata in un intervallo di tempo di 4 minuti? Nell'operazione che svolgerai, è importante usare le stesse unità di misura per i valori di tempo.

$v = 120$ km/h

$\Delta t = 4 \text{ min} = \dfrac{4}{60}$ h

$\Delta s = v \times \Delta t = \ldots\ldots\ldots\ldots \text{ km/h} \times \dfrac{4}{60} \text{ h} = \ldots\ldots\ldots\ldots$ km

In 4 minuti, l'auto ha percorso .... km.

Quanto tempo impiega?

Un maratoneta ben allenato è in grado di mantenere a lungo una velocità costante di circa 10 km/h. Quanto tempo impiega a portare a termine una gara denominata «la 100 km del Passatore»?

$v = 10$ km/h

$\Delta s = 100$ km

$\Delta t = \dfrac{\Delta s}{v} = \ldots\ldots\ldots\ldots$ h

La volata finale

In vista della volata finale di una tappa del Giro d'Italia, un giudice di gara fa partire il suo cronometro nell'istante in cui il gruppo è a 600 m dal traguardo. Dopo 10 s, ha inizio la volata: il primo ciclista si è spostato in avanti di 100 m (punto A del grafico) e taglierà il traguardo all'istante $t = 40$ s (punto B).

Il grafico descrive il moto rettilineo uniforme del vincitore: lungo l'asse orizzontale sono riportati gli istanti di tempo t, invece l'asse verticale descrive la posizione s.

La volata inizia nel punto A e finisce nel punto B, che rappresenta l'arrivo.

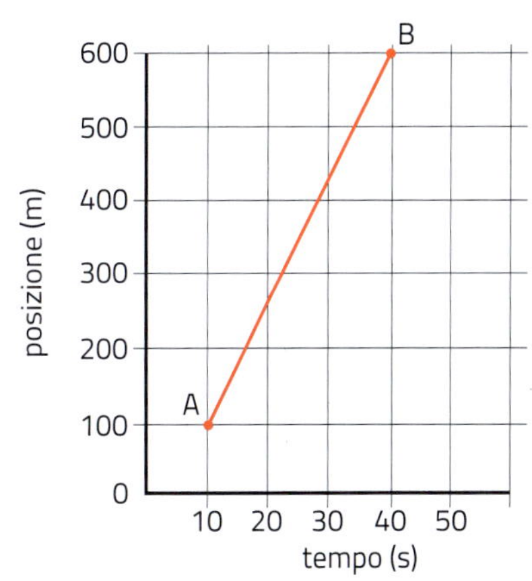

a) Quanto è durata la volata?

$\Delta t = \ldots\ldots\ldots\ldots\ldots$ s

b) Quanto spazio ha percorso il ciclista durante la volata?

$\Delta s = \ldots\ldots\ldots\ldots\ldots$ m

c) Qual è la velocità media del ciclista durante la volata?

$v = \ldots\ldots\ldots\ldots\ldots$ m/s

Per rispondere alle prime due domande, usa le coordinate dei punti A e B: i dati così ricavati ti saranno utili anche per calcolare la velocità media del ciclista.

Lezione

3

Il movimento dei fluidi

Il termine **flusso** deriva dal verbo latino *flŭere*, che significa «scorrere, fluire».

Le **nuvole** sono formate da goccioline di acqua, che si muovono senza sosta urtandosi e respingendosi in modo caotico.

Le particelle dell'acqua di un **fiume** non si muovono mantenendo distanze fisse tra loro: ognuna può spostarsi, spingendo le particelle più lente o rallentando quelle più veloci.

8. Una nuova grandezza: la portata

Al contrario dei corpi solidi, i fluidi sono costituiti da particelle che non sono legate rigidamente tra loro, ma si muovono continuamente una rispetto all'altra. Questo accade anche quando, nel suo insieme, il fluido è fermo, come l'acqua contenuta in un bicchiere.

Quando tutto il fluido è in movimento, come l'acqua che scorre nell'alveo di un fiume o le goccioline di acqua che formano le nuvole, studiare il movimento delle particelle diventa ancora più complesso, poiché al movimento reciproco delle particelle si aggiunge quello che avviene nella direzione del flusso.

Per superare la difficoltà di seguire il moto di ogni singola particella, i fisici hanno definito la portata, una grandezza che permette di studiare il movimento di un fluido considerandolo nel suo insieme.

La **portata** esprime il flusso di un fluido ed è uguale al rapporto tra il volume di fluido che attraversa una determinata area e l'intervallo di tempo impiegato ad attraversarla.

$$\text{portata} = \frac{\text{volume del fluido}}{\text{intervallo di tempo}}$$

L'unità di misura della portata nel Sistema Internazionale è il **metro cubo al secondo** (m^3/s), ma più spesso viene usata l'unità di misura litro al secondo (L/s): 1 m^3/s corrisponde a 1000 L/s.

9. Dalla portata alla velocità di un fluido

Se conosciamo la portata di un fluido e la sezione della conduttura all'interno della quale esso scorre, possiamo calcolare la sua velocità media: essa viene intesa come il valore medio della velocità delle sue particelle, considerate come tanti corpi indipendenti.

La **velocità media di un fluido** è uguale al rapporto tra la portata e la sezione della conduttura.

$$\text{velocità media} = \frac{\text{portata}}{\text{sezione}}$$

La **sezione** di una conduttura è l'area che si ottiene tagliando (sezionando) in modo immaginario la conduttura, con un piano perpendicolare alla direzione del flusso del fluido.

Velocità del liquido e portata non sono la stessa cosa. Se riduciamo la sezione di fuoriuscita dell'acqua, per esempio azionando la doccetta al posto del getto di un rubinetto, possiamo verificare che un contenitore si riempie sempre nello stesso tempo, cioè la portata rimane la stessa. Infatti per modificare la portata, occorre agire sulla maggiore o minore apertura del rubinetto. Ciò che cambia è la velocità dell'acqua che esce: osserva la formula e capirai che se diminuisci la sezione (che si trova al denominatore), a parità di portata, ci sarà un aumento della velocità.

Chiudendo progressivamente la sezione di un tubo per innaffiare, non modifichiamo la portata, ma aumentiamo la **velocità** del getto d'acqua.

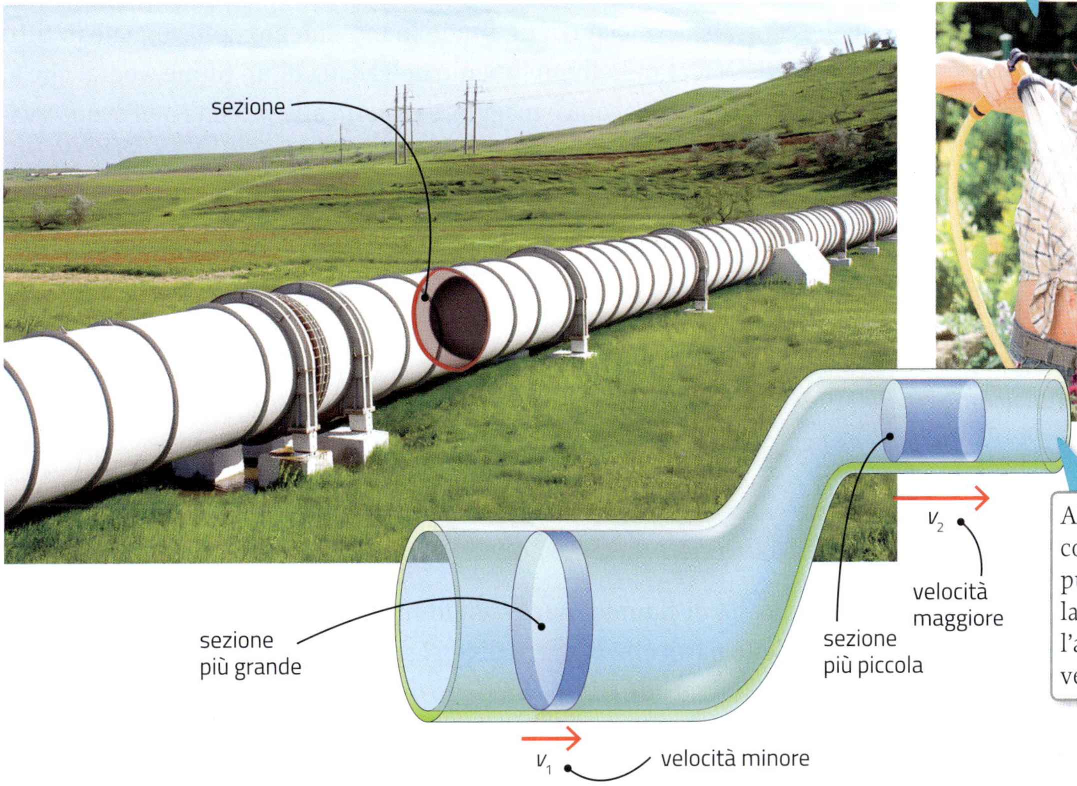

All'interno della stessa conduttura la **portata** non può cambiare, quindi dove la tubazione si restringe l'acqua dovrà passare più velocemente.

DALLA REALTÀ AL MODELLO

Come si muovono le particelle di un fluido?

Il movimento delle singole particelle di un fluido è meno ordinato di quanto possa sembrare: infatti una stessa particella non è in grado di mantenere sempre la stessa velocità in istanti diversi e in punti diversi e, allo stesso modo, in uno stesso istante particelle diverse possono spostarsi con velocità diverse.

Possiamo visualizzare il movimento delle particelle di un fluido, usando dei chicchi di riso. Versiamoli in una brocca, facendoli passare attraverso un imbuto. I chicchi di riso fluiranno con un movimento abbastanza ordinato, che può somigliare a quello delle particelle di un fluido in movimento. Il movimento dei chicchi di riso versati dall'imbuto alla brocca può essere un modello delle particelle dell'acqua di una **cascata**: nel complesso il movimento è ordinato, ma ogni particella si muove in modo indipendente dalle altre.

Il movimento di un liquido o di un gas dovrà essere considerato soltanto nel suo complesso: non sarà tanto importante conoscere il valore della velocità di una particella in un certo istante, ma avrà più significato sapere quanto fluido sta passando complessivamente in un certo intervallo di tempo.

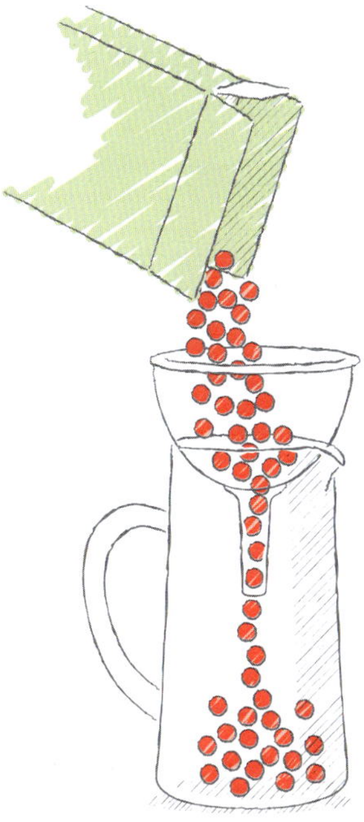

10. La velocità e la viscosità

Abbiamo visto che, misurando la portata e la sezione, è possibile calcolare la velocità media delle particelle di un fluido che attraversa un condotto. Si tratta realmente di una **velocità media** perché, soprattutto nel caso di grandi masse d'acqua o d'aria, le zone periferiche del fluido sono rallentate rispetto a quelle centrali: la velocità di un fluido in movimento non è uguale in tutti i suoi punti. Osservando il movimento dell'acqua di un fiume, vedrai che al centro la velocità dell'acqua è maggiore rispetto alla velocità dell'acqua vicina alle sponde.

Se fai partire delle **barchette di carta** dalla riva di un fiume, le devi posizionare in un punto abbastanza lontano dalle sponde per sfruttare la maggiore velocità del flusso del corso d'acqua.

Ogni particella di liquido, pur essendo libera di muoversi, risente del movimento delle particelle vicine. I diversi strati di liquido vengono rallentati da quelli più vicini alle pareti, che sono quasi fermi, e vengono accelerati da quelli centrali, che sono meno intralciati nel movimento, quindi scorrono più rapidamente. La difficoltà a procedere può essere pensata come una tendenza delle particelle a trascinarsi a vicenda, sfregando una contro l'altra. Ogni liquido ha un suo modo di lasciar scorrere o di trattenere gli strati uno rispetto all'altro.

La grandezza fisica che misura la difficoltà di un liquido a scorrere si chiama **viscosità**; i liquidi che scorrono più lentamente si dicono viscosi.

La velocità di un fluido in movimento non è uguale in tutti i suoi punti e dipende dalla viscosità del fluido. Spesso nel linguaggio comune la viscosità viene confusa con la densità, tuttavia si tratta di grandezze diverse.

Molti **oli** scorrono a fatica perché sono molto più viscosi dell'acqua, ma sono meno densi, infatti galleggiano.

LABORATORIO DELLE COMPETENZE

Il rubinetto di casa

Per calcolare la portata del rubinetto di casa tua, quando è aperto al massimo, hai bisogno di un secchio o una pentola della capacità di 5 L e di un cronometro.

Apri al massimo il rubinetto e misura con il cronometro quanto tempo impieghi a far uscire 5 L d'acqua. A questo punto, non ti resta che applicare la definizione di portata:

$$\text{portata} = \frac{\text{volume acqua}}{\text{intervallo di tempo}} = \frac{5\ \text{L}}{\Delta t} = \ldots\ldots\ldots\ldots\ \text{L/s}$$

Prima di procedere al calcolo, fai attenzione alle unità di misura delle grandezze.

Il Rio delle Amazzoni

Il Rio delle Amazzoni nasce in Perù e sfocia nell'oceano Atlantico, nel Nord del Brasile. È il fiume dei record: non solo è il più lungo al mondo (circa 7000 km), ma è anche quello con la portata d'acqua più grande, pari a 175 000 m^3/s alla foce.

Calcola il volume d'acqua immessa nell'oceano Atlantico nell'arco di un'ora.

Ricaviamo l'espressione per calcolare il volume d'acqua dalla definizione della portata:

volume dell'acqua = portata × intervallo di tempo

Per completare il calcolo, devi ricordare che 1 h = 3600 s.

In un acquedotto

La conduttura di un acquedotto ha una sezione di 0,1 m^2 e il flusso d'acqua ha una portata di 2 m^3/s.

Quanto vale la velocità media dell'acqua che scorre nella conduttura?

$v = \ldots\ldots\ldots\ldots\ldots\ \text{m/s}$

IMPARA A IMPARARE

1. Completa lo schema.

La portata di un fluido

- permette di studiare → il movimento di un ...., considerandolo nel suo insieme
- è uguale al → .... tra .... del fluido che attraversa una determinata area e intervallo di .... impiegato
- permette di calcolare → la velocità .... di un fluido che è uguale al .... tra .... e .... della conduttura

2. Correggi gli errori: ce n'è uno in ciascuna frase.

a) La velocità media di un fluido è uguale al prodotto tra la portata e la sezione della conduttura.

b) La portata esprime il flusso solo dei liquidi.

c) La densità è la grandezza fisica che misura la difficoltà di un liquido a scorrere.

Come si misurano l'intervallo di tempo e lo spostamento?

Le grandezze che contano | pag. A126

VETTORE SPOSTAMENTO

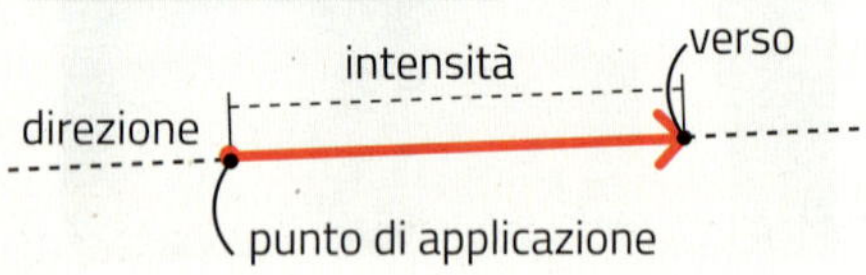

Il **tempo** è una grandezza fondamentale del Sistema Internazionale e la sua unità di misura è il secondo (s). Per indicare quanto dura un evento, si parla di **intervallo di tempo** che si indica con Δt.

Il movimento di un oggetto viene descritto fissando un **sistema di riferimento**.

Lo **spostamento** si indica con il simbolo Δs e si rappresenta con un vettore.

Nel caso dello spostamento, la lunghezza del vettore indica l'**intensità** dello spostamento, la retta che sostiene il vettore indica la sua **direzione** e la freccia il suo **verso**.

Che cos'è la velocità?

La velocità e i moti rettilinei | pag. A131

La rapidità con la quale un oggetto cambia posizione è rappresentata dalla **velocità**, che corrisponde al rapporto tra lo spostamento e l'intervallo di tempo impiegato per percorrerlo.

L'unità di misura della velocità nel SI è il **metro al secondo** (m/s).

$$\textbf{velocità media} = \frac{\textbf{spostamento}}{\textbf{intervallo di tempo}} \qquad v = \frac{\Delta s}{\Delta t}$$

Qual è la differenza fra velocità istantanea e velocità media?

La velocità e i moti rettilinei | pag. A132

Quando l'intervallo di tempo in cui viene misurato lo spostamento è così piccolo da poter essere considerato un istante, si parla di **velocità istantanea**; negli altri casi, si calcola la velocità **media**.

Come si rappresentano i moti in un grafico posizione/tempo?

La velocità e i moti rettilinei | pag. A134

MOTO RETTILINEO UNIFORME

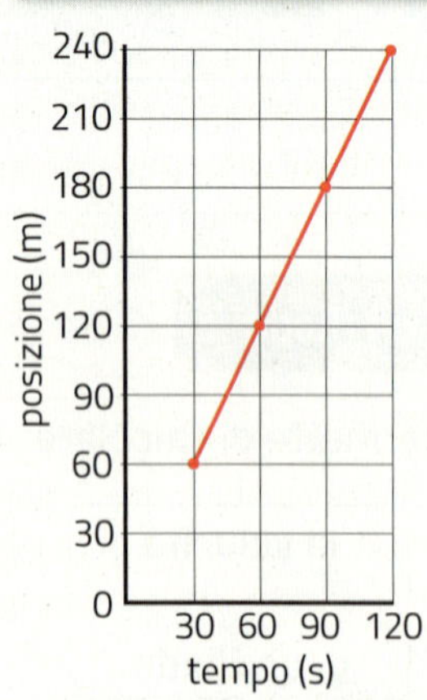

MOTO VARIO

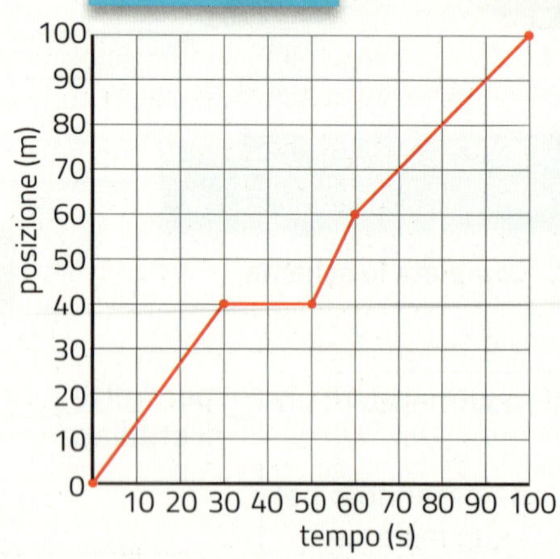

Quali grandezze ci permettono di studiare il movimento dei fluidi?

Il movimento dei fluidi | pag. A136

Per studiare il movimento dei fluidi si usa la **portata**, che esprime il volume del fluido che passa in un secondo attraverso una sezione della conduttura.

La **velocità media** di un fluido corrisponde al rapporto tra la sua portata e la sezione della conduttura.

Costruisci la tua mappa

ZTE ONLINE Mettiti alla prova con 20 esercizi interattivi

1. **Completa la mappa concettuale.**

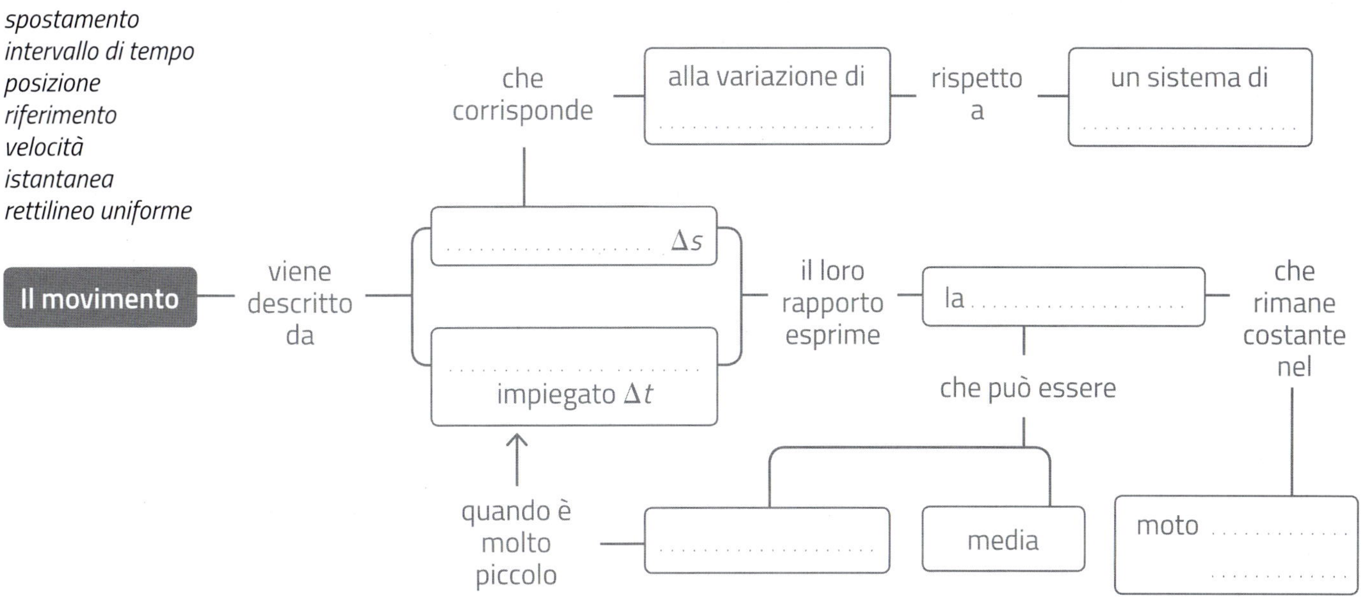

2. **Lo spostamento di un oggetto**

A è la variazione della posizione di tale oggetto.
B si rappresenta soltanto con un valore numerico.
C si può determinare senza fissare un sistema di riferimento.
D ha lo stesso significato della distanza.

3. **La portata è**

A il rapporto tra il volume di fluido che passa attraverso una determinata area e l'intervallo di tempo impiegato.
B la velocità media delle particelle di un fluido.
C la velocità alla quale si muovono le particelle di un fluido.
D una grandezza che caratterizza soltanto i liquidi.

4. **Tra due oggetti in movimento, il più veloce è quello che**

A a parità di spostamento ha impiegato un tempo maggiore.
B a parità di tempo impiegato ha fatto uno spostamento maggiore.
C ha impiegato il minor tempo.
D ha percorso uno spostamento maggiore.

5. **Se la sezione della tubatura diminuisce, il fluido**

A diminuisce la sua portata.
B aumenta la sua portata.
C diminuisce la sua velocità.
D aumenta la sua velocità.

6. **Vero o falso? Correggi le affermazioni errate sul tuo quaderno.**

a. La posizione è una grandezza scalare. V F
b. Per identificare la posizione di un oggetto, è indispensabile fissare un sistema di riferimento. V F
c. La massa è una grandezza vettoriale. V F
d. La velocità è una grandezza vettoriale. V F
e. Per indicare uno spostamento, è sufficiente soltanto un valore numerico. V F
f. Riducendo la sezione di una tubatura, a parità di portata, aumenta la velocità del fluido che vi scorre. V F
g. Un liquido viscoso è sempre molto denso. V F

7. **Rispondi alle domande sul tuo quaderno.**

a. Come si rappresenta un vettore?
b. Quali grandezze servono per definire la velocità?
c. Che differenza c'è tra la velocità media e la velocità istantanea?
d. Come si può modificare la velocità di un fluido, senza cambiare la sua portata?
e. Che differenza c'è tra un liquido molto viscoso e uno molto denso?

8. **La conoscenza dei termini è molto importante per comprendere un testo scientifico. Scrivi il significato dei seguenti termini, poi cerca sul dizionario e trascrivi la definizione che hai trovato; scrivi infine le differenze tra quello che hai scritto tu e ciò che dice il dizionario.**

a. **Posizione** secondo me significa:

....

....

Il dizionario dice:

....

....

Ci sono differenze?

....

....

b. **Spostamento** secondo me significa:

....

....

Il dizionario dice:

....

....

Ci sono differenze?

....

....

9. **Leggi il brano e rispondi alle domande.**

Lorenzo vuole cronometrare un compagno che percorre a piedi il viale d'ingresso alla scuola, che è rettilineo. Dopo aver azzerato il cronometro, lo fa partire nello stesso istante in cui viene dato il via e lo ferma quando l'amico arriva al cancello.

a. Sul display legge il tempo: 1:28. A quali unità di misura si riferiscono i due valori?

1 .... 28 ....

b. Con una cordella metrica, i due compagni misurano la distanza tra la posizione iniziale e quella finale: il percorso è di 240 m.

Come puoi calcolare la velocità della camminata? ....

....

c. Quale valore ottieni? ....

10. **Completa le equivalenze.**

a. 12 m/s = ... km/h

b. 250 km/h = ... m/s

c. 102 m/s = ... km/h

d. 50 km/h = ... m/s

e. 59 m/s = ... km/h

f. 112 km/h = ... m/s

11. **Osservando il seguente grafico, che descrive il movimento di un corpo, completa la tabella, individua il tipo di moto e calcola la velocità del moto.**

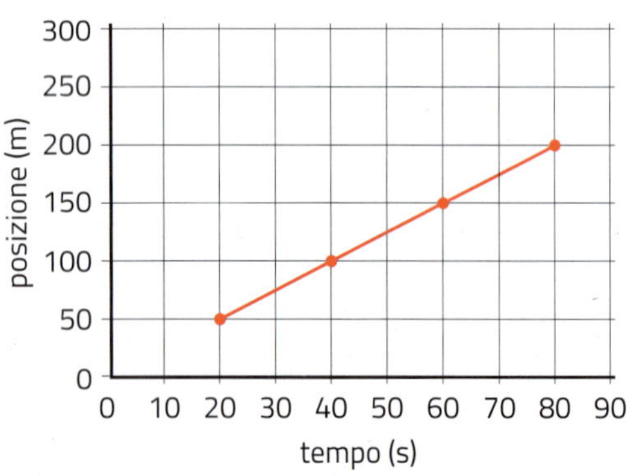

Tempo (s)	Posizione (m)

Il corpo si muove di moto ....

La sua velocità è pari a $v =$ ....

12. Sai spiegarti il perché?

Martina e Giulia stanno leggendo le notizie riportate dai giornali, sui record stabiliti nei mondiali di nuoto. In particolare, confrontano i dati riportati da due giornali diversi: nel primo si legge che nei 200 m stile libero è stato fatto un nuovo record in un minuto e 53 s; in un altro, è riportata la velocità media della nuotatrice, che corrisponde a 6,37 km/h. Giulia insiste nel dire che devono aver fatto qualche errore. Infatti, facendo il rapporto tra lo spostamento (200 m) e il tempo impiegato (113 s), ha ottenuto un valore differente. Calcola la velocità e trova una spiegazione.

13. Risolvi il cruciverba.

Orizzontali

3. Area che si ottiene tagliando in modo immaginario una conduttura.
5. Le grandezze che non sono scalari.
9. Variazione di posizione.

Verticali

1. Il moto in cui la velocità cambia nei diversi tratti percorsi.
2. La lettera greca Δ.
4. Il sistema che serve per identificare la posizione di un oggetto.
6. La grandezza fisica che misura la difficoltà di un fluido a scorrere.
7. La grandezza che esprime la rapidità con la quale un oggetto cambia la sua posizione.
8. La grandezza che esprime il flusso di un fluido.
9. L'unità di misura del tempo nel Sistema Internazionale.

14. **Negli ultimi anni sono stati costruiti nelle località di montagna numerosi impianti di «bob estivo» o slitte estive. Si tratta di percorsi i discesa che possono essere fatti su ciambelle di gomma, che scendono su uno scivolo o più spesso in veri e propri bob ancorati a rotaie. In quest'ultimo caso, i percorsi sono panoramici ed emozionanti e permettono di sfruttare per la risalita gli stessi impianti delle piste da sci.**
Prepara un poster o un opuscolo illustrato per pubblicizzare una di queste attrazioni: il tuo prodotto dovrà anche contenere un box con i dati del percorso (lunghezza, tempo di discesa, velocità media e/o massima, dislivello) e un disegno dove è evidenziato il vettore spostamento del percorso delle slitte.

Percorso guidato

1. Fai una ricerca su Internet per trovare informazioni sugli impianti dove è possibile praticare queste discese sull'erba. Poi scegli l'impianto e la località che preferisci.
2. Dove si trova l'impianto che hai scelto?
3. Come si può raggiungere l'impianto?
4. A chi è destinato? È predisposto per bambini, ragazzi o adulti?
5. Quali sono i prezzi del biglietto di ingresso? Ci sono degli sconti?
6. Oltre all'impianto, quali altre attrazioni turistiche ci sono in zona?
7. Quali sono i dati fisici del percorso, cioè lunghezza, tempo di discesa, velocità media e/o massima, dislivello?
8. Cerca fotografie dell'impianto per arricchire il tuo prodotto.
9. Fai un disegno esplicativo del percorso delle slitte, dove indichi il vettore spostamento relativo al percorso.
10. Usa i materiali che hai raccolto nei punti da 2 a 9 per costruire il tuo prodotto.

A7 ESERCIZI CLIL

15. **Speed is calculated by dividing the displacement travelled by the time taken. If you know the speed, you can work out the time or the distance by reformulating the following equation: speed = displacement / time**

.... = ... × time

time = ... / ....

Now answer the following questions.

a. If you run for 2 hours at an average speed of 9 km/h, how far will you have run?

b. If you travel 360 km in 3 hours, what is your average speed?

Parte A Capitolo 8

L'ACCELERAZIONE E LE FORZE

Di' la tua

Che titolo daresti alla vignetta? ....

Come interverresti nella discussione? Qual è la tua opinione?

....

....

....

....

....

....

....

....

....

....

....

....

....

....

Lezione

1

Il significato dell'accelerazione

1. Quando la velocità cambia

Pensiamo a un viaggio in autobus, una corsa al parco, un tuffo in piscina: non è difficile rendersi conto che la maggior parte degli spostamenti che compiamo ogni giorno non avviene con una velocità costante.

Per descrivere come varia la velocità al passare del tempo, in fisica si usa una grandezza chiamata **accelerazione**. Quando la velocità di un corpo cambia (non necessariamente di intensità, ma anche solo di direzione o verso), si dice che il corpo si muove di moto accelerato.

Un corpo che modifica la sua velocità nel tempo si muove di **moto accelerato**. Se «movimento» vuol dire cambiare posizione, «accelerazione» significa cambiare velocità.

Su alcune **giostre** dei luna park, il corpo è sottoposto a forti accelerazioni dovute ai cambiamenti di direzione della velocità.

Un **treno** che parte dalla stazione si muove di moto accelerato, perché aumenta nel tempo la sua velocità.

Un **calciatore** che scatta e si sposta per dribblare l'avversario modifica continuamente la sua velocità.

2. Calcolare l'accelerazione di un corpo

Che differenza c'è tra la partenza di un'utilitaria e quella di un'auto di Formula 1? Di certo la vettura di Formula 1 modifica la propria velocità più rapidamente nel tempo rispetto all'utilitaria, cioè ha un'accelerazione maggiore. Infatti l'accelerazione è tanto maggiore quanto più grande è la variazione di velocità in uno stesso intervallo di tempo o quanto più piccolo è l'intervallo di tempo nel quale un'identica variazione di velocità è avvenuta.

L'**accelerazione** è uguale al rapporto tra il cambiamento di velocità Δv e l'intervallo di tempo Δt.

$$a = \frac{\Delta v}{\Delta t}$$

La sua unità di misura nel SI è data dal rapporto tra l'unità di misura della velocità (m/s) e l'unità di misura del tempo (s):

$$\frac{\left(\frac{\text{m}}{\text{s}}\right)}{\text{s}} = \frac{\text{m}}{\text{s}} \times \frac{1}{\text{s}} = \frac{\text{m}}{\text{s}^2}$$

Si ottiene quindi un'unità di misura derivata, dove al denominatore il tempo è elevato al quadrato.

Così come la velocità corrisponde alla rapidità con cui avvengono i cambiamenti di posizione, l'accelerazione esprime la rapidità con cui avvengono i cambiamenti di velocità.

L'accelerazione è una grandezza vettoriale, che esprime quanto cambia la velocità al passare del tempo.

Come per la velocità, la formula definisce l'**accelerazione media**. Solo quando l'intervallo di tempo Δt è molto piccolo si parla di **accelerazione istantanea**.

Se un corpo sta rallentando, la sua velocità diminuisce nel tempo: in questo caso, il valore dell'accelerazione è negativo e si parla di **decelerazione** o accelerazione negativa.

Leggi la scheda
A che cosa serve conoscere l'accelerazione di un corpo?

IMPARA A IMPARARE

1. Completa lo schema.

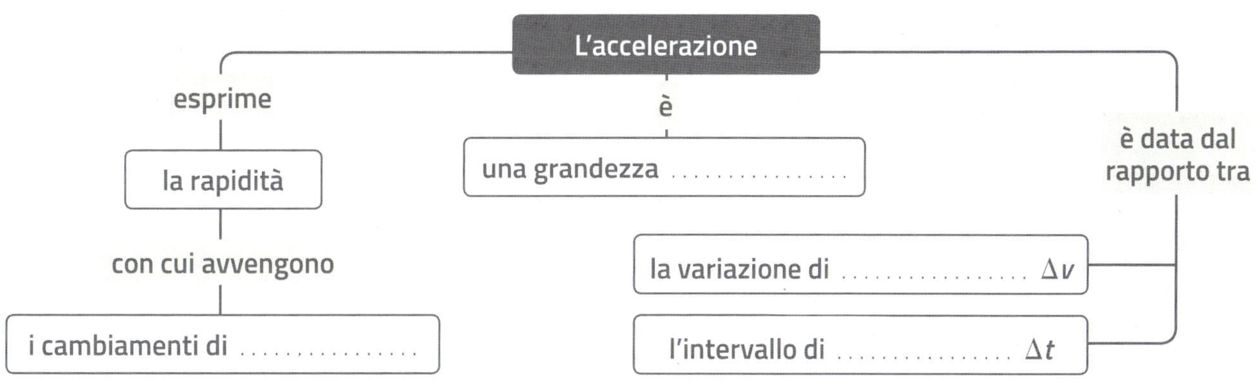

Lezione 2

I moti accelerati

3. Il moto uniformemente accelerato

Il moto accelerato più semplice da studiare è quello di un corpo che mantiene un'accelerazione costante nel tempo.

Un moto caratterizzato da un'accelerazione costante si dice **moto uniformemente accelerato**.

Nella vita di tutti i giorni, non è frequente muoversi di moto uniformemente accelerato. Per esempio, immaginiamo di percorrere un tratto rettilineo in bicicletta, partendo da fermi. Se vogliamo muoverci con un'accelerazione costante, dobbiamo dosare la pedalata in modo tale che a intervalli di tempo uguali corrisponda lo stesso aumento di velocità. Ma questa non è certamente un'operazione facile da compiere!

Il **tachimetro** della tua bicicletta non misura l'accelerazione, ma soltanto la velocità. L'accelerazione può essere calcolata valutando quanto cambia la velocità nell'unità di tempo.

Le torri a caduta libera dei parchi divertimento ti permettono di sperimentare in prima persona l'**accelerazione di gravità**.

4. Corpi in caduta libera

Se trascuriamo la resistenza dell'aria, quando un corpo cade liberamente verso la superficie terrestre, è soggetto all'azione della forza di gravità e aumenta la sua velocità in modo costante.

In assenza dell'aria, un corpo in caduta libera ha un'accelerazione costante pari a 9,8 m/s^2: questa accelerazione è chiamata **accelerazione di gravità** e si indica con la lettera *g*.

Il **moto di caduta libera** è un moto uniformemente accelerato nel quale, in ogni secondo successivo, un corpo aumenta la sua velocità e percorre spazi sempre maggiori.

Dunque un corpo che cade è un buon esempio per studiare il moto uniformemente accelerato. Analizzandone posizione e velocità, verifichiamo che la velocità del corpo aumenta ogni secondo che passa di 9,8 m/s (per semplificare i calcoli possiamo approssimare il valore a 10 m/s).

Consideriamo come esempio un vaso da fiori che viene spinto e fatto cadere dal davanzale di una finestra. La velocità iniziale del vaso è nulla, poiché è fermo.

1. Nel primo tratto, la velocità passa da 0 a 10 m/s, quindi la velocità media è 5 m/s. Di conseguenza, lo spostamento compiuto nel primo secondo è di circa 5 m.
2. Nel secondo tratto, la velocità passa da 10 a 20 m/s, quindi la velocità media è 15 m/s. Il vaso si è spostato di altri 15 m, cioè ha fatto un percorso triplo rispetto al primo.
3. Continuando di questo passo, ti accorgerai che gli spazi percorsi aumentano secondo dopo secondo, con una progressione che segue i multipli dispari di 5 (5 m, 15 m, 25 m, 35 m).

Questa analisi del moto, anche se è approssimata nei valori e non tiene conto degli effetti dell'aria, ci permette di fare calcoli realistici, rispetto al moto di caduta di un corpo. Per esempio, se un corpo raggiunge terra in 5 s, è caduto da un'altezza di circa 125 m (cioè 5 m + 15 m + 25 m + 35 m + 45 m), che è paragonabile a quella di un grattacielo di 40 piani.

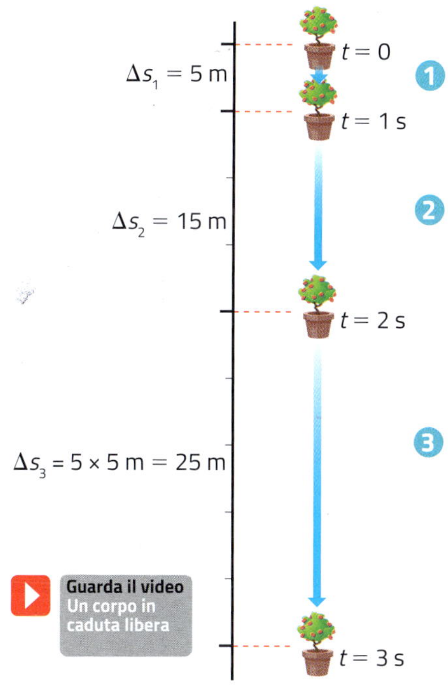

Guarda il video
Un corpo in caduta libera

SCIENZA E STORIA

Galileo e lo studio del moto di caduta dei corpi

Un allievo di Galileo raccontò di esperimenti durante i quali lo scienziato avrebbe lasciato cadere diversi corpi dall'alto della Torre di Pisa, misurandone i tempi di caduta. Si suppone che l'allievo abbia inventato tali esperimenti per confermare le idee sul **moto di caduta dei corpi**, che Galileo aveva costruito attraverso il ragionamento.

A quell'epoca, si riteneva che la velocità di caduta dipendesse esclusivamente dal **peso di un corpo**, quindi che un oggetto più pesante toccasse terra prima di un oggetto più leggero.

Tuttavia, studiando la caduta dei corpi attraverso un **liquido** come l'acqua, la differenza di velocità che si riscontra tra due oggetti di peso diverso è ancora più evidente.

Galileo comprese che queste differenze nella velocità di caduta dipendono dal **mezzo** nel quale gli oggetti si muovono. Quindi arrivò a ipotizzare che «se si levasse totalmente la resistenza del mezzo, tutte le materie discenderebbero con eguali velocità».

Per lui non era possibile verificare sperimentalmente questa ipotesi poiché l'aria è sempre presente. Qualche decennio più tardi, fu **Newton** a fare una prima dimostrazione di questa teoria, lasciando cadere oggetti di diversa massa in un tubo dove aveva tolto l'aria.

Soltanto nel 1971, durante la **missione Apollo 15**, si riuscì a verificare definitivamente l'ipotesi di Galileo: sulla Luna, in assenza di atmosfera, un martello e una piuma, lasciati cadere da una stessa altezza, hanno toccato il suolo contemporaneamente.

Galileo avrebbe eseguito gli esperimenti sulla caduta dei corpi dalla **Torre di Pisa.**

Le ipotesi di Galileo furono dimostrate durante la **missione Apollo 15** perché sulla Luna non è presente l'atmosfera.

Secondo l'ipotesi di Galileo, se la resistenza dell'aria non esistesse, un martello e una piuma cadrebbero con la **stessa velocità.**

5. Il moto circolare uniforme

Quando un oggetto segue una traiettoria circolare e percorre una circonferenza, senza aumentare né diminuire il valore della sua velocità, esso si muove di **moto circolare uniforme**.

Le **cabine della ruota panoramica** si muovono di moto circolare uniforme; infatti la ruota è sempre in movimento e i passeggeri salgono al volo.

I **satelliti geostazionari** usati per le telecomunicazioni ruotano intorno alla Terra seguendo un moto circolare uniforme. Il termine *geostazionario* deriva dal fatto che, impiegando esattamente un giorno a percorrere l'orbita, essi si trovano sempre sopra lo stesso punto della superficie terrestre.

Centripeta deriva dai termini latini: *centrum*, «centro» e *pètere*, «tendere a».

In questo tipo di moto, non si può dire che la velocità sia costante: percorrendo una curva, cambiano continuamente la direzione e il verso del vettore velocità.

Nel **moto circolare uniforme** soltanto il valore della velocità rimane costante, invece direzione e verso cambiano: per questo, è un moto accelerato.

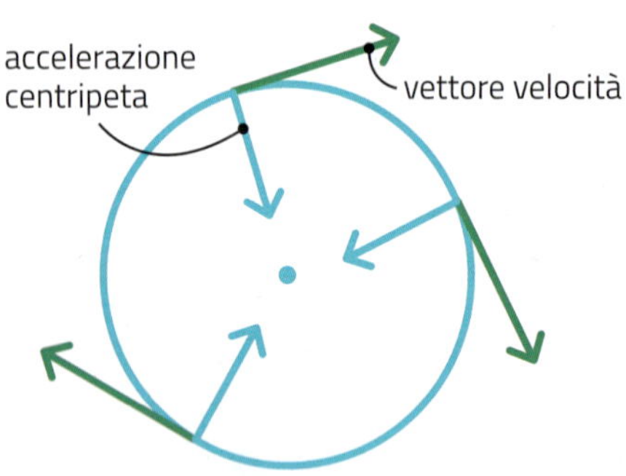

Quando un corpo si muove lungo una circonferenza, la direzione del suo spostamento cambia continuamente; allo stesso modo, cambia la direzione della velocità, che in ogni posizione rimane tangente alla circonferenza. Invece il vettore accelerazione è diretto lungo il raggio (direzione radiale) e punta verso il centro: per questo motivo, si chiama **accelerazione centripeta**.

Quindi nel moto circolare uniforme il **vettore velocità** e il **vettore accelerazione** sono perpendicolari.

IMPARA A IMPARARE

1. Completa lo schema.

Un moto accelerato
che presenta — un' .... costante
si chiama — moto .... accelerato
come quello — dei corpi in .... libera
che presenta — un'accelerazione diretta verso il centro di una ....
si chiama — moto .... uniforme

2. Completa le frasi.

a) Un moto uniformemente accelerato è caratterizzato da un' .... costante.

b) Il moto di caduta libera è un moto .... accelerato, nel quale in ogni secondo successivo un corpo aumenta la sua velocità di .... m/s.

c) Nel moto circolare uniforme il valore della .... rimane costante; invece direzione e verso cambiano.

LABORATORIO DELLE COMPETENZE

Una pedalata controllata

Supponi di essere sulla tua bicicletta e di leggere, secondo dopo secondo, il valore della velocità sul tachimetro. Come vedi dalle fotografie, in ogni secondo la tua velocità aumenta di 2 km/h. Di quanto è cambiata la tua velocità dopo 3 s di pedalata? ....

Se fosse possibile continuare indefinitamente con questo tipo di moto, di quanto cambierebbe la tua velocità dopo 30 s?

variazione di velocità = Δv = ...

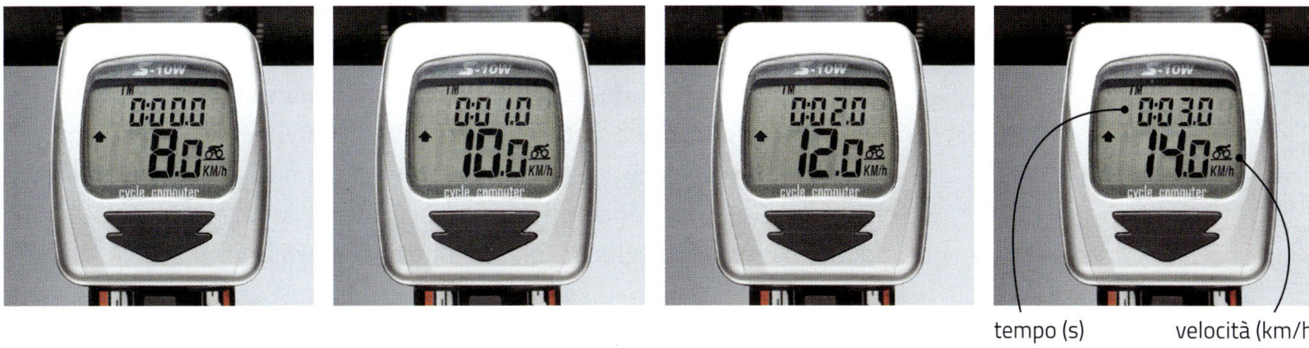

velocità iniziale = ...

velocità finale dopo 30 s = ...

L'airbag

In un crash test, un'automobile urta una parete a una velocità di 50 km/h. L'airbag si apre correttamente e il manichino frena la sua corsa in un intervallo di tempo $\Delta t = 0{,}3$ s.

a) Calcola il valore dell'accelerazione subita dal manichino applicando la formula:

$$a = \frac{\Delta v}{\Delta t}$$

Prima di eseguire i calcoli, trasforma la velocità in m/s.

$a =$ ....

b) Rifletti: qual è il segno dell'accelerazione? Perché?

....

c) Quante volte è più accelerato il manichino rispetto a un corpo in caduta libera?

....

Ops... è caduto!

Osserva la figura di pagina A149 e rifletti su che cosa succede quando un oggetto ti sfugge di mano da una certa altezza.

Supponi di avere a disposizione un oggetto abbastanza pesante e aerodinamico, così da non risentire troppo dell'effetto dell'aria durante la caduta. Per esempio, una sfera di legno ti cade da un ponte e, mentre la guardi cadere, riesci a contare fino a 4 prima che tocchi l'acqua, quindi supponi che siano passati circa 4 s.

Calcola la velocità con cui la sfera entra in acqua e l'altezza del ponte in modo approssimato (cioè considerando $g = 10$ m/s^2).

Lezione 3

Le forze in gioco

6. Che cos'è una forza?

Intuitivamente colleghiamo la parola *forza* alla capacità di usare i nostri muscoli per compiere azioni, come spostare un libro appoggiato su un tavolo o calciare un pallone. In questi casi, a seguito delle nostre azioni, la velocità degli oggetti è cambiata: sia il libro sia il pallone all'inizio erano fermi, poi si sono mossi con una certa velocità.

Tuttavia i corpi ai quali applichiamo una forza non sempre sono liberi di muoversi. In fisica, ogni impedimento al movimento viene chiamato **vincolo** e un corpo che sotto l'azione di una forza non può spostarsi si dice **vincolato**. Così, quando applichiamo una forza a un corpo vincolato, non modifichiamo la sua velocità, ma finiamo per deformarlo.

Vincolo significa «ciò che lega»; in senso tecnico si dice di qualcosa che genera un impedimento.

La **forza** è un'azione in grado di modificare la velocità di un corpo libero o di deformare un corpo vincolato.

L'entità della deformazione dipenderà ovviamente dalle caratteristiche del corpo: se per esempio appoggiamo le mani sul letto e spingiamo verso il basso, la deformazione del materasso sarà evidente, mentre se operiamo la stessa azione sul piano di un tavolo la deformazione sarà impercettibile.

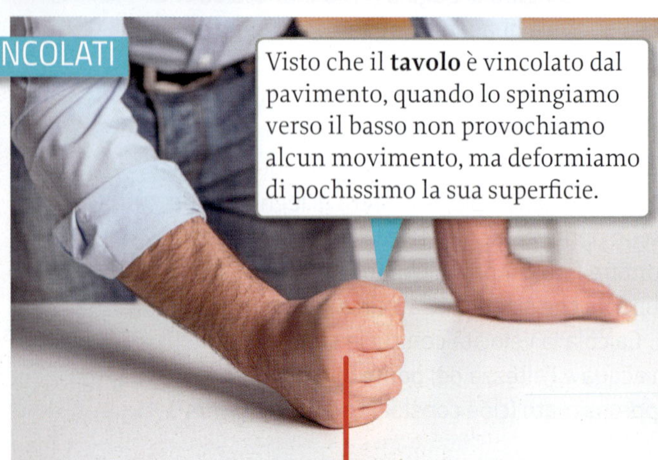

7. Come si misura una forza?

La deformazione di un corpo vincolato è direttamente proporzionale all'intensità della forza che l'ha prodotta. Quindi l'intensità di una forza può essere misurata indirettamente, attraverso la deformazione di un corpo: per esempio, una molla sollecitata con una forza si deforma, allungandosi o comprimendosi di una quantità Δl. Il **dinamometro** è lo strumento usato per misurare l'intensità di una forza e sfrutta proprio questa misura indiretta: non è altro che una molla munita di una scala graduata.

Nel Sistema Internazionale, l'unità di misura della forza è il **newton** (N).

Per ora ci basta sapere che una forza di 1 N dà gli stessi effetti di deformazione causati dal peso di un oggetto che ha una massa di circa 102 g. Nella prossima lezione, vedremo che il peso non è altro che una forza: in effetti, la bilancia pesapersone è uno strumento dotato di una molla opportunamente tarata.

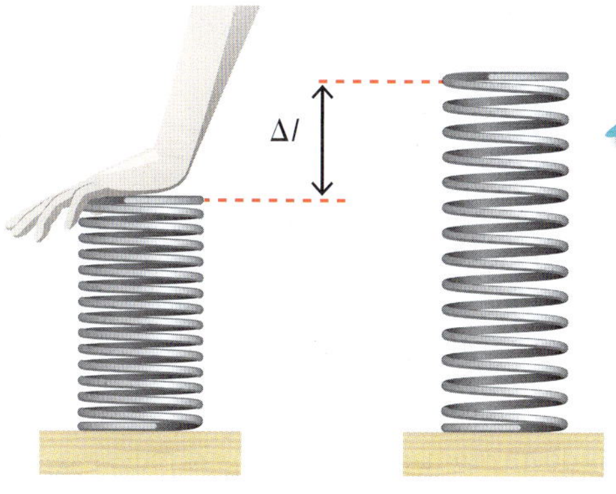

La misura della variazione di lunghezza Δl della **molla** indica l'intensità della forza applicata.

Guarda il video
La deformazione di una molla

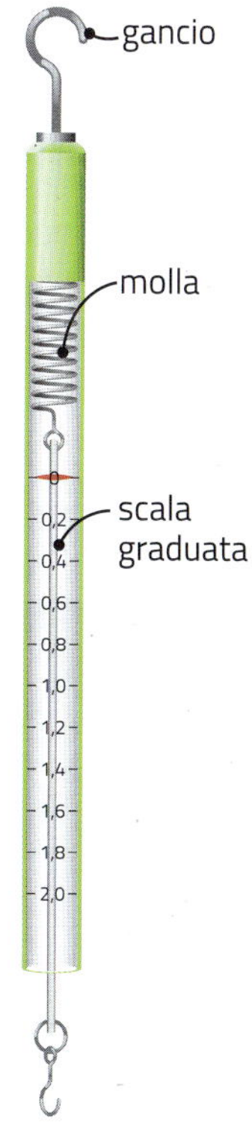

Il **dinamometro** è lo strumento che misura l'intensità di una forza.

8. Come si rappresenta una forza?

La forza è una **grandezza vettoriale** come lo spostamento, la velocità e l'accelerazione.

Il **vettore di una forza** descrive la sua intensità, la direzione lungo la quale agisce e il verso nel quale viene applicata.

Nel **tennis** l'intensità, la direzione e il verso della forza impressa alla pallina sono elementi fondamentali per la buona riuscita della battuta.

Nel **tiro alla fune** il risultato migliore si ottiene se la forza esercitata dagli atleti ha la maggiore intensità possibile, la direzione parallela al suolo e il verso rivolto verso chi la sta esercitando.

LABORATORIO DELLE COMPETENZE

Costruisci un dinamometro

Usando materiale di recupero, puoi costruire uno strumento per misurare piccole forze: se non trovi aste in legno o in cartoncino, usa delle barre metalliche.

Materiale

- molla
- sostegno
- pennarello
- asta di legno o di cartoncino
- alcune masse campione
- 2 ganci
- nastro adesivo

Procedimento

1 Prepara la scala dello strumento, fissando l'asta di legno o di cartoncino al sostegno con il nastro adesivo.

Guarda il video
La costruzione di un dinamometro

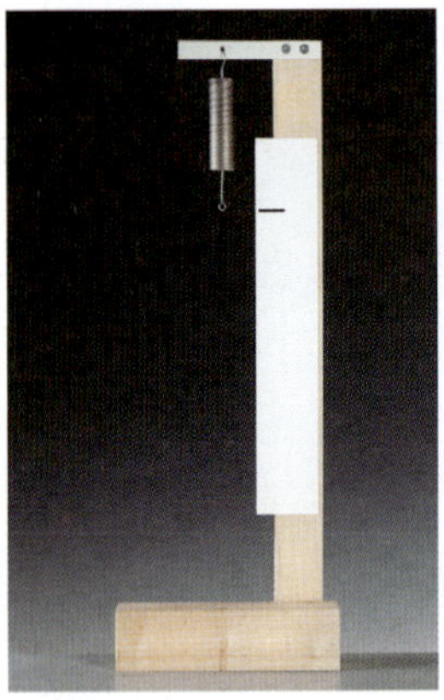

2 Con uno dei due ganci, appendi la molla al sostegno. Segna una tacca sull'asta in corrispondenza della posizione dell'estremità inferiore della molla.

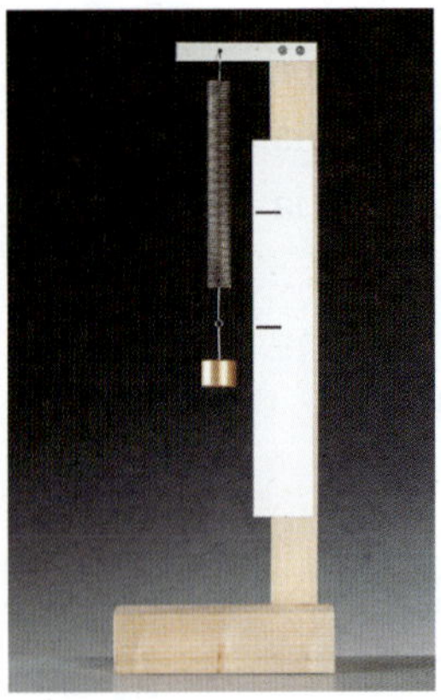

3 Usando l'altro gancio, appendi alla molla un gruppo di masse campione per un totale di 102 g e segna sull'asta la posizione raggiunta dalla molla.

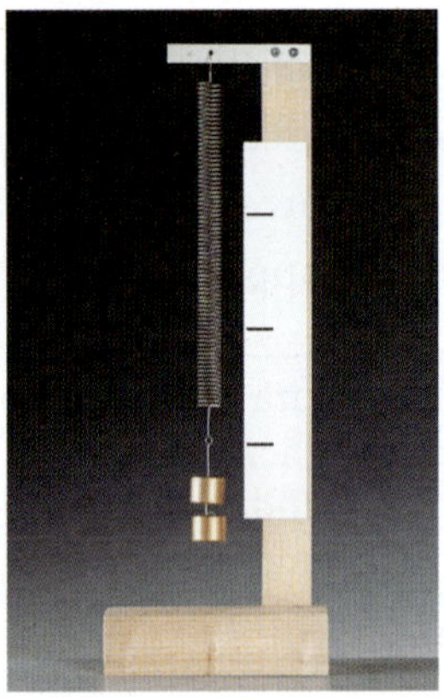

4 Aggiungi ora altre masse campione, in modo da avere un totale di 204 g e segna ancora la posizione dell'estremità inferiore della molla.

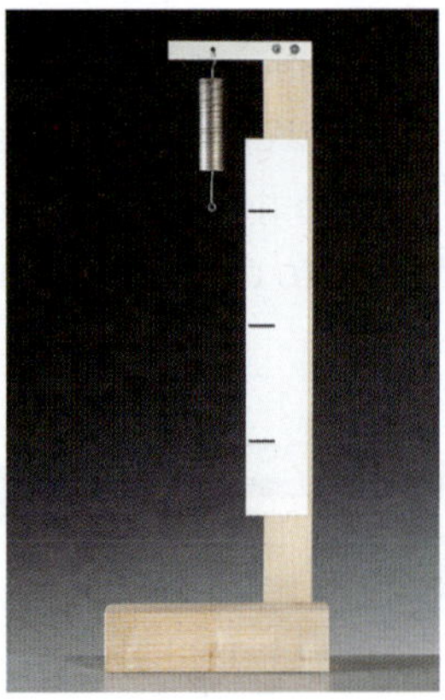

5 I due allungamenti dovranno essere uno il doppio dell'altro. Inoltre, togliendo le masse, la molla dovrà ritornare al punto di partenza.

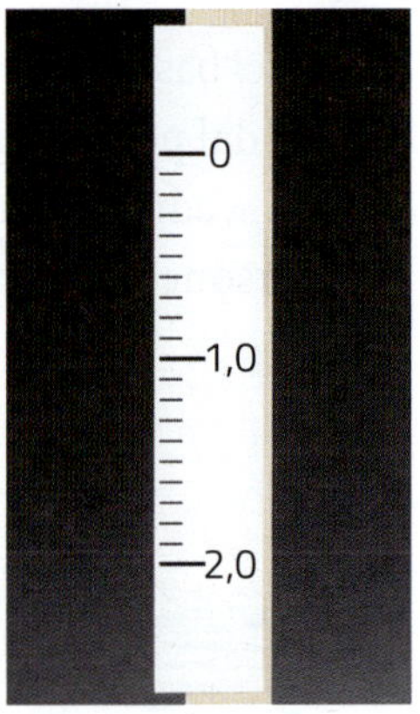

6 Suddividi ogni tratto in decimi e otterrai uno strumento dove ogni tacca vale 0,1 N e la forza massima misurabile è 2,0 N.

Che cosa concludi?

La deformazione di un corpo .... è direttamente proporzionale all'intensità della .... che l'ha prodotta.

IMPARA A IMPARARE

1. Completa lo schema.

La forza — è — una grandezza ....
- che si misura con — il ....
- la cui unità di misura è — il ....

La forza — ha l'effetto di
- modificare la .... di un corpo libero
- deformare un corpo ....

2. Vero o falso?

a) Quando applichiamo una forza a un corpo vincolato, lo deformiamo. V F

b) Quando applichiamo una forza a un corpo vincolato, modifichiamo la sua velocità. V F

c) Nel Sistema Internazionale, l'unità di misura della forza è il newton (N). V F

d) Le forze sono grandezza scalari. V F

Lezione 4

Molti tipi di forze

9. La forza di gravità e il peso

In natura esiste una forza alla quale tutti i corpi sono soggetti, per il solo fatto di essere dotati di una massa, cioè costituiti da materia: si tratta della forza di gravità.

La **forza di gravità** è la capacità che ogni corpo possiede di attrarre e contemporaneamente di essere attratto da altri corpi.

L'intensità di questa attrazione dipende dalle masse dei corpi coinvolti e dalla distanza che li separa.

Il peso di un corpo è un caso particolare della forza di gravità. Con questo termine, viene indicata la forza con la quale la Terra attira quel corpo verso il suo centro.

Leggi la scheda
Quanto pesa?

Il **peso** di un corpo è la forza con cui la Terra lo attrae. La sua intensità è direttamente proporzionale alla massa del corpo attratto.

PESO

Per **deformare il ramo di un albero**, basta appendersi a esso senza fare altri sforzi: ciò che produce l'effetto di deformazione non è altro che il peso.

Gli esperimenti mostrano che il peso di un oggetto è direttamente proporzionale alla massa dell'oggetto stesso. Perciò bisogna fare molta attenzione a non confondere queste due grandezze, concettualmente molto diverse:

- la massa si riferisce alla quantità di materia che costituisce un corpo.
- il peso è la forza con la quale la Terra lo attrae verso il suo centro.

La massa di un corpo è sempre la stessa in qualsiasi punto dell'Universo. Invece il peso, che dipende anche dalla distanza del corpo dal centro della Terra, può variare a seconda del punto della superficie terrestre (o dell'Universo) in cui viene misurato. Inoltre la forza di gravità dipende dalla massa del corpo celeste sul quale ci troviamo: per esempio sulla Luna, che ha massa minore della Terra, la gravità è minore, quindi anche il nostro peso sarà minore.

In effetti, la bilancia con la quale misuriamo il nostro peso è uno strumento dotato di una molla opportunamente tarata: anche se graduata in kg, è a tutti gli effetti un **dinamometro**.

Sulla **cima di una montagna** ci troviamo più lontani dal centro della Terra rispetto a quando siamo al livello del mare, quindi il nostro peso sarà minore.

10. La forza elastica

La forza elastica agisce per effetto di una deformazione subìta da un corpo, rispetto alla sua condizione iniziale.

Una **forza elastica** tende a riportare un corpo che è stato deformato nella sua condizione iniziale. L'intensità della forza è direttamente proporzionale alla deformazione che l'ha generata.

Nelle molle e negli elastici, la deformazione e la conseguente forza sono molto evidenti: quando tiri un elastico, la forza elastica tende a riaccorciarlo; quando schiacci una molla, la forza elastica tende ad allungarla per riportarla nella condizione iniziale.

Gli spericolati **atleti di bungee-jumping** si lanciano da ponti o cavalcavia, appesi a lunghi cavi elastici, che tendono ad allungarsi durante la caduta.

Le deformazioni delle **sospensioni della mountain bike** generano forze elastiche utili a sostenere il peso del ciclista e a compensare le sollecitazioni del terreno.

11. La forza di attrito

Quando spostiamo un oggetto appoggiato a terra, una forza chiamata attrito si oppone al suo moto, contrastando la forza che stiamo esercitando.

La forza di attrito (o semplicemente **attrito**) si genera nel contatto tra due corpi, a causa dell'interazione tra le loro superfici, e contrasta il loro movimento reciproco.

L'attrito si dice **radente**, quando le superfici a contatto strisciano una sull'altra. Invece, nel caso di attrito **volvente**, un corpo rotola su un altro.

Anche l'aria esercita una forza di attrito, contrastando il moto dei corpi che la attraversano: puoi rendertene conto mettendo una mano fuori dal finestrino, mentre stai viaggiando in macchina. Infatti il movimento in avanti è contrastato da una forza all'indietro, che percepisci sulla tua mano.

Un **paracadutista** in caduta viene frenato dalle forze di attrito dovute all'aria.

12. La forza magnetica

Guarda il video
Forze di attrazione e repulsione

Nel caso di una forza elastica o di attrito, gli oggetti che interagiscono si trovano a contatto. Tuttavia ci sono casi in cui gli effetti di una forza sono visibili a distanza, cioè gli oggetti che interagiscono possono non toccarsi. Questo è il caso delle forze esercitate da **magneti** o calamite.

In una calamita possiamo identificare due zone con proprietà diverse, che vengono chiamate **polo nord** e **polo sud**. Quando avviciniamo una calamita a un oggetto di ferro, essa lo attrae con una forza, dovuta al **materiale ferromagnetico** di cui è fatta.

Qualcosa di diverso accade quando avviciniamo tra loro due calamite: se avviciniamo i poli uguali, entrambi sud o nord, le calamite si respingono; se invece avviciniamo i poli opposti, le calamite si attraggono.

La **forza magnetica** si esercita tra corpi di materiale ferromagnetico e può essere attrattiva o repulsiva.

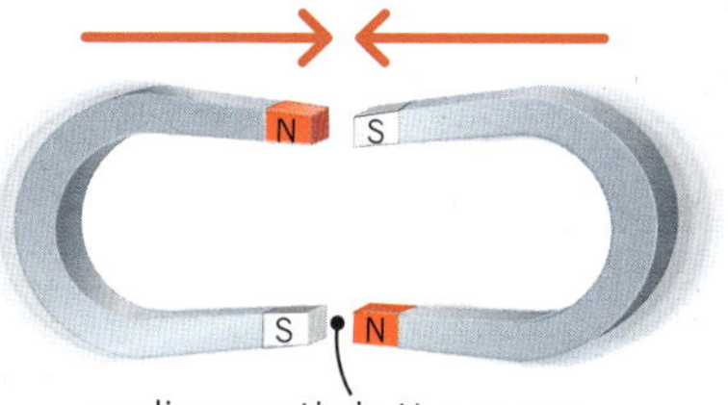

poli opposti si attraggono

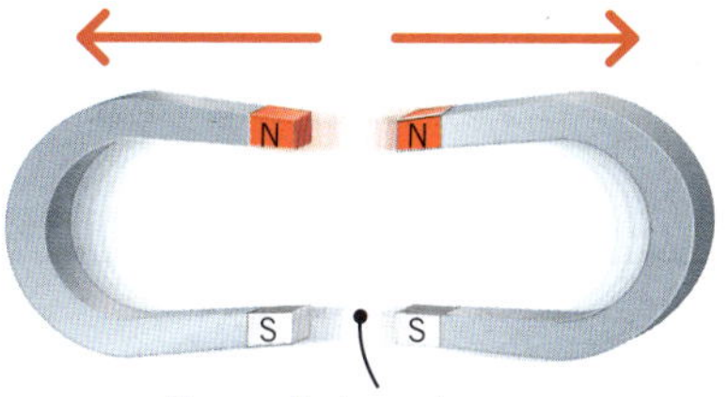

poli uguali si respingono

L'**ago di una bussola** è un debole magnete: in ogni momento il suo polo sud viene attratto dal Polo nord magnetico terrestre. Infatti anche la Terra è un debole magnete.

Un **magnete** molto potente è usato per spostare grandi quantità di metallo in una discarica.

13. La forza elettrica

Se strofiniamo la parte di plastica di una penna a sfera su un panno di lana, essa acquista la capacità di attrarre piccoli pezzetti di carta: si dice che la penna è **elettrizzata**, perché la forza di attrazione che esercita sui pezzetti di carta è dovuta alle **cariche elettriche** trasferite con lo strofinio.

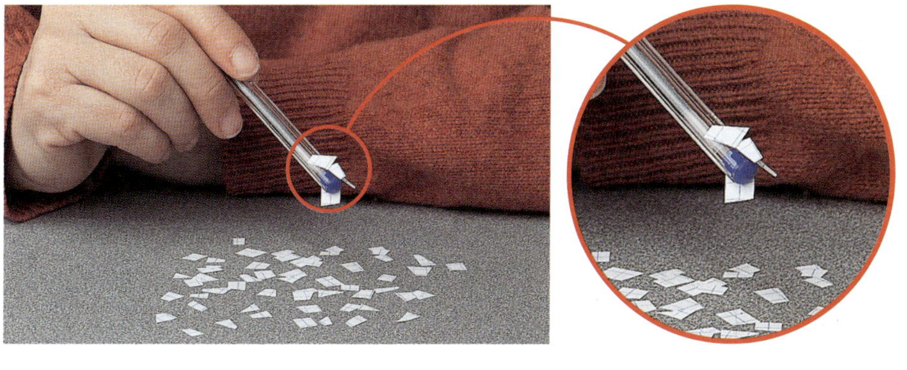

Possiamo verificare che bacchette dello stesso materiale, dopo essere state strofinate, si respingono, poiché sono elettrizzate con cariche elettriche dello stesso tipo. Invece bacchette diverse, come la plastica e il vetro, si attraggono, poiché sono elettrizzate con cariche diverse.

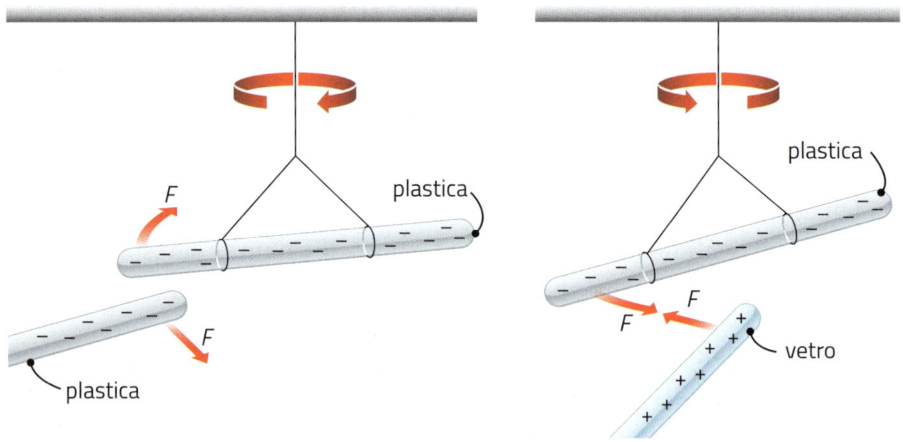

I **piumini di fibre sintetiche** si elettrizzano strofinandosi tra loro e «catturano» la polvere grazie alla forza elettrica di tipo attrattivo.

Questo esperimento mostra che esistono due tipi di cariche elettriche: si considerano **cariche elettriche negative** quelle che si trovano su una bacchetta di plastica che è stata elettrizzata; **cariche elettriche positive**, quelle che si trovano su una bacchetta di vetro che è stata elettrizzata.

Un po' come accade per i poli di una calamita, le cariche elettriche di segno opposto si attraggono, mentre quelle dello stesso segno si respingono.

La **forza elettrica** si genera nella zona che circonda le cariche elettriche e può essere attrattiva o repulsiva.

IMPARA A IMPARARE

1. Completa lo schema.

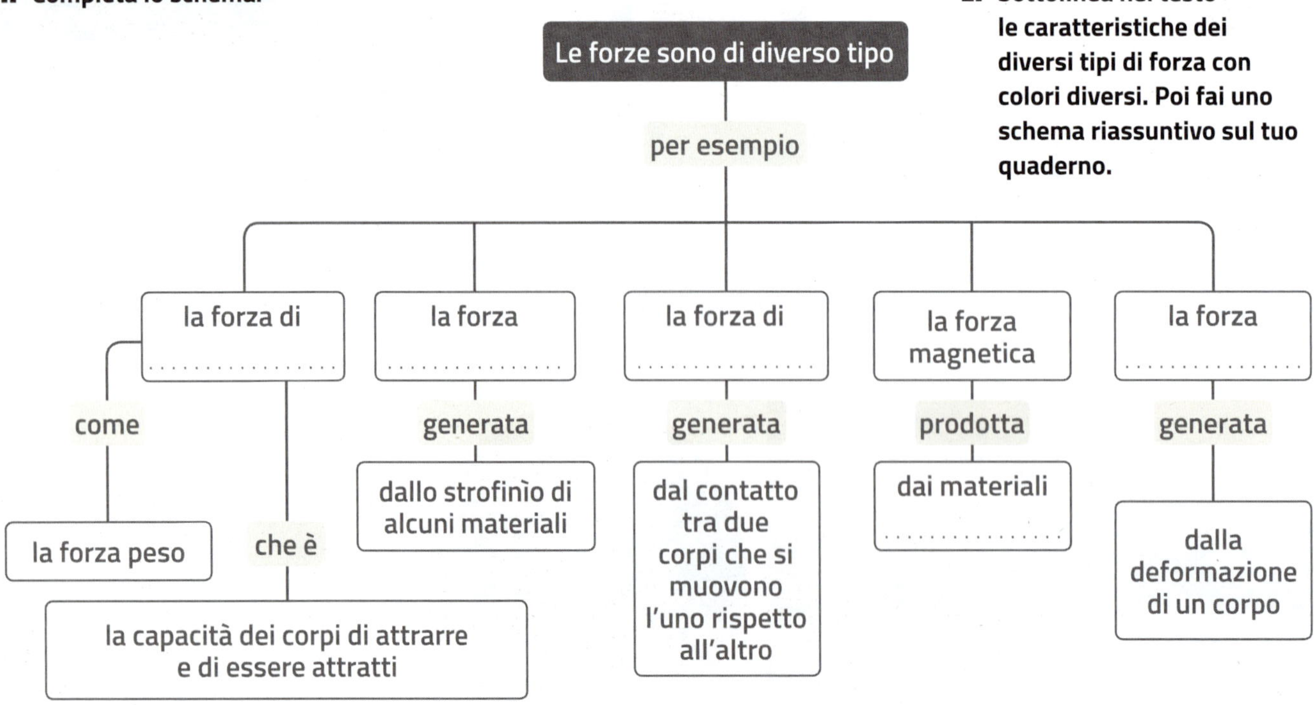

2. Sottolinea nel testo le caratteristiche dei diversi tipi di forza con colori diversi. Poi fai uno schema riassuntivo sul tuo quaderno.

Sommare le forze

14. La risultante delle forze

Nelle situazioni reali, difficilmente un corpo è soggetto a una sola forza. Nella maggior parte dei casi, ci troveremo dunque a studiare qual è l'effetto complessivo di due o più forze applicate contemporaneamente allo stesso corpo.

La caratteristica più importante di tutte le grandezze vettoriali è che non si sommano secondo una semplice addizione, come accade per esempio a due intervalli di tempo, ma il loro effetto complessivo dipende da tutte le caratteristiche dei vettori (intensità, direzione e verso).

La somma di due o più forze viene detta **risultante delle forze**: si tratta di una sola forza che produce lo stesso effetto delle singole forze messe insieme.

Quando sei fermo in piedi su una **bilancia pesapersone**, la forza elastica della molla presente nella bilancia ha esattamente la stessa intensità del tuo peso, ma verso opposto: la risultante delle forze che agiscono su di te è così uguale a zero.

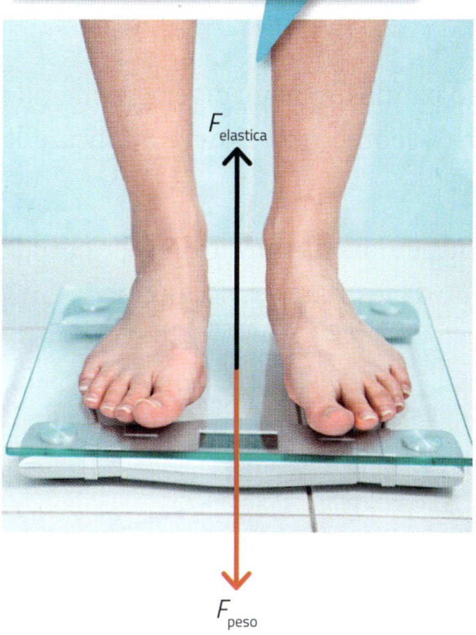

Nel rugby succede molto spesso di vedere una mischia immobile per diversi secondi: in questi frangenti, la forza totale prodotta dai giocatori di ogni squadra ha la stessa intensità ma verso opposto e nessuno dei due fronti riesce a spostare l'altro.

Quando su un corpo agiscono contemporaneamente più forze ma non si produce nessun effetto, significa che la somma delle forze, cioè la loro risultante, è nulla.

Tuttavia, quando abbiamo più forze in gioco, nella maggior parte dei casi vediamo un effetto non nullo. Per esempio, alla fine del gioco del tiro alla fune, la somma di tutte le forze darà una risultante non nulla, che permette a una squadra di vincere. In questi casi, possiamo sommare le diverse forze e rappresentare la risultante con un unico vettore.

15. Sommare forze con la stessa direzione

Per sommare i vettori forza, dobbiamo usare regole specifiche che si applicano alla **somma vettoriale**.

Per determinare la risultante di due o più forze possiamo procedere con un metodo grafico, disegnando segmenti e misurando lunghezze. Il procedimento è molto semplice quando le forze di partenza giacciono tutte sulla stessa retta, per esempio la forza con cui spingi un carrello e l'attrito.

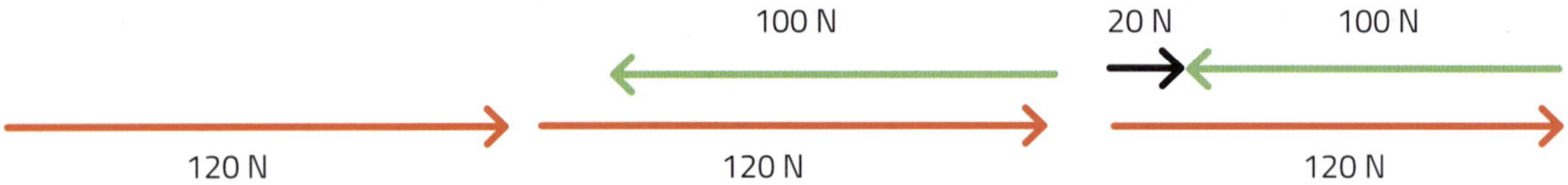

1 Disegniamo il vettore corrispondente alla forza muscolare.

2 A partire dall'estremità finale di questo vettore, disegniamo la forza di attrito, che avrà verso contrario.

3 Il vettore risultante è la freccia che parte dall'origine del primo vettore e termina sulla punta del secondo vettore.

Per far partire il carrello, la forza muscolare di chi spinge (freccia rossa) deve essere maggiore della forza di attrito del carrello (freccia verde); così la risultante (freccia nera) è diversa da zero.

16. Sommare forze con direzioni diverse

Quando le forze che agiscono su un corpo hanno direzioni diverse, il metodo è un po' più complesso dal punto di vista geometrico: si deve applicare la cosiddetta **regola del poligono**.

La somma di due o più vettori è rappresentata da un vettore, che chiude la serie di vettori consecutivi in modo da formare un poligono.

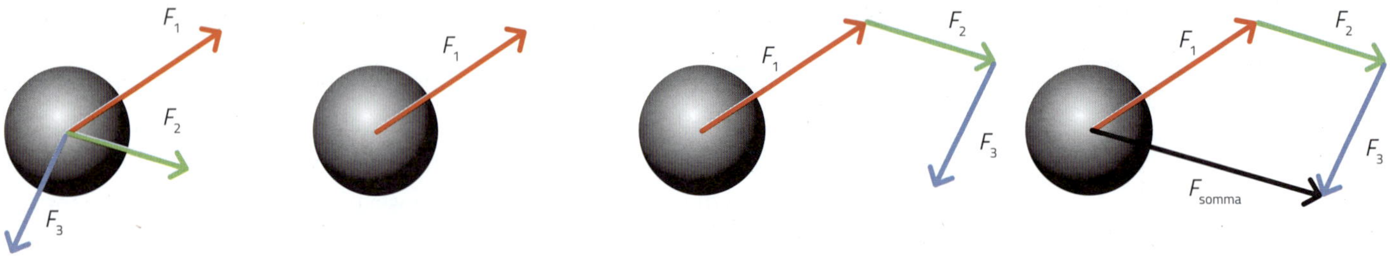

1 Applichiamo la regola del poligono per calcolare la somma vettoriale di 3 forze. Supponiamo che su un corpo si esercitino le forze F_1, F_2 e F_3 orientate su rette diverse.

2 Iniziamo con il primo vettore, riportandolo esattamente lungo la sua direzione, con il verso assegnato e la lunghezza in scala.

3 Disegniamo gli altri vettori, uno di seguito all'altro: ogni vettore va traslato, in modo tale che inizi nel punto in cui termina il vettore precedente.

4 Tracciamo il vettore somma, congiungendo il punto d'inizio del primo vettore con la freccia terminale dell'ultimo.

Dopo aver disegnato il vettore risultante usando questa regola, è possibile conoscere tutti i parametri della forza: dalla lunghezza del vettore si ricava l'intensità; la retta di sostegno del vettore corrisponde alla direzione; la punta della freccia indica il verso.

LABORATORIO DELLE COMPETENZE

Somma di vettori con la stessa direzione e con lo stesso verso

1 Disegna il vettore F_1.

2 A partire dall'estremità finale del vettore F_1, disegna il vettore F_2, che avrà lo stesso verso del primo vettore.

3 Il vettore risultante è la freccia che parte dall'origine del primo vettore e termina sulla punta del secondo. L'intensità del vettore risultante è uguale alla somma delle intensità dei due vettori F_1 e F_2.

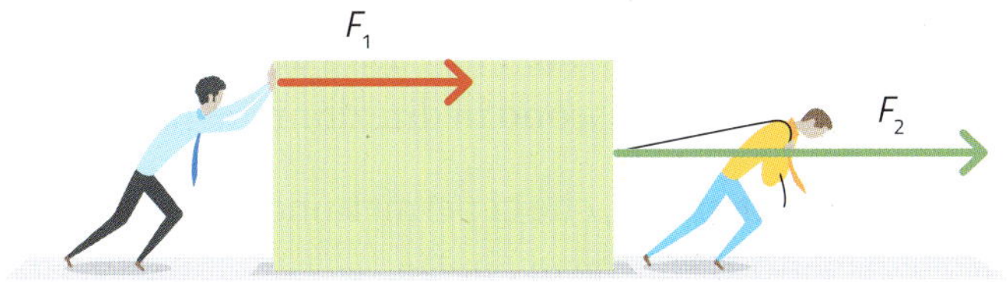

Somma di vettori con la stessa direzione e verso opposto

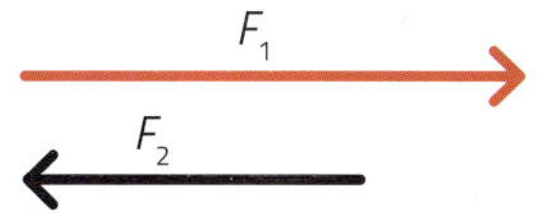

1 Disegna il vettore F_1.

2 A partire dall'estremità finale del vettore F_1, disegna il vettore F_2, che avrà verso contrario.

3 Il vettore risultante è la freccia che parte dall'origine del primo vettore e termina sulla punta del secondo. L'intensità del vettore risultante è uguale alla differenza delle intensità dei due vettori F_1 e F_2; il verso sarà quello del vettore che ha intensità maggiore (in questo caso, F_1)

Somma di vettori con direzioni diverse (regola del poligono)

1 Supponi che nello stesso punto di applicazione si esercitino tre forze F_1, F_2 e F_3 orientate su rette diverse.

2 Disegna il vettore F_1.

3 Disegna gli altri vettori uno di seguito all'altro, traslando l'inizio del successivo nel punto in cui termina il precedente.

4 Traccia il vettore somma, congiungendo il punto d'inizio del primo vettore con la freccia terminale dell'ultimo.

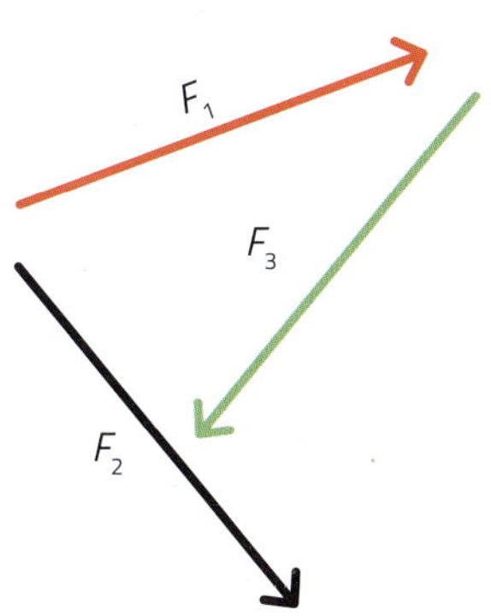

IMPARA A IMPARARE

1. Sottolinea il termine corretto.

a) Le grandezze *scalari/vettoriali* si sommano con una semplice addizione.

b) La somma delle grandezze *scalari/vettoriali* dipende da tutte le caratteristiche dei vettori.

c) La *risultante delle forze/regola del poligono* è una forza che produce lo stesso effetto delle singole forze messe insieme.

Lezione 6

Che cosa sono le leve?

17. La leva è una macchina semplice

L'uomo da sempre ha fabbricato degli utensili, per esempio i primi martelli, cunei, lame, per amplificare la propria forza muscolare o lavorare con maggiore velocità o precisione.

Le **macchine semplici** sono dispositivi che, per contrastare una forza, offrono una qualche utilità: diminuiscono l'intensità della forza necessaria, amplificano gli spostamenti, agiscono in direzioni più favorevoli.

Esistono diversi tipi di macchine semplici, che ci permettono di vincere una forza in modo più efficace rispetto al contrasto diretto.

1 Con una **carrucola fissa**, è possibile modificare il verso nel quale la forza deve agire: per sollevare un corpo, ci si può aiutare con il proprio peso o il peso di un altro oggetto.

2 L'**argano** e il **verricello** servono per trascinare e per sollevare oggetti pesanti, con una forza inferiore a quella che si userebbe con una fune.

3 Anche un **piano inclinato** è una macchina semplice: una superficie inclinata rende meno faticoso tirare, spingere o far rotolare carichi pesanti.

4 Anche le **leve** sono macchine che agevolano la forza muscolare. La leva più semplice è un'asse incardinata a un appoggio, come l'altalena del parco giochi.

Guarda il video
Le leve

La **leva** è un'asta rigida vincolata, cioè costretta a ruotare attorno a un asse, chiamato fulcro.

In una leva è usata una forza, chiamata **potenza**, per vincere un'altra forza, chiamata **resistenza**, sfruttando la reazione del **fulcro** che funge da perno.

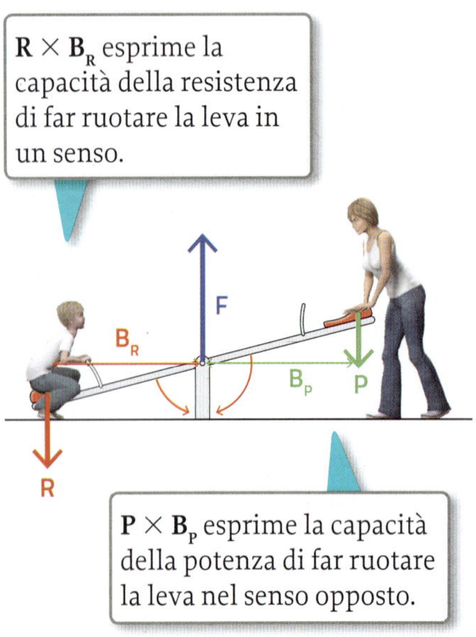

18. Le forze che agiscono sulle leve

Sulla leva agiscono sempre tre forze in tre diversi punti:

- la **resistenza** (**R**), cioè la forza da vincere;
- la **potenza** (**P**), cioè la forza che agisce;
- la forza del **fulcro** (**F**), che impedisce i movimenti diversi dalla rotazione.

Queste tre forze si contrastano due contro una: le due forze esterne hanno lo stesso verso, mentre quella centrale agisce in verso opposto.

La distanza tra il fulcro e la retta su cui agisce ciascuna forza è un segmento di perpendicolare che viene chiamato **braccio della forza**: il braccio della potenza è indicato con $\mathbf{B_P}$, quello della resistenza con $\mathbf{B_R}$.

19. La condizione di equilibrio

Per mettere in equilibrio la leva, è necessario che valga questa relazione:

$$R \times B_R = P \times B_P$$

Infatti soltanto in questo caso le rotazioni esercitate dalla potenza e dalla resistenza si compensano.

Il fatto che il prodotto dell'intensità della forza (potenza o resistenza) per il suo braccio sia un valore costante (espresso dall'uguaglianza) ci dice che forza e braccio sono grandezze inversamente proporzionali: questo significa che se raddoppiamo la lunghezza del braccio della potenza, sarà sufficiente una potenza di intensità dimezzata per vincere la stessa resistenza. In altre parole, allungare il braccio aumenta il **vantaggio meccanico**.

Per mettere in equilibrio una leva bisogna esercitare una potenza tanto minore quanto maggiore è il braccio della potenza.

Per esempio, supponiamo di dover mettere in equilibrio una leva in cui a un estremo sia collocato un peso (resistenza) di 40 N, che è distante 10 cm dal fulcro. Quindi ci serve una capacità di rotazione di 40 N × 10 cm = 400 N × cm. Compiliamo ora una tabella, nella quale indichiamo alcune possibili coppie di valori (potenza e braccio della potenza), che sono in grado di sviluppare tale capacità.

	1	2	3
Potenza (P)	80 N	40 N	20 N
Braccio della potenza (B_P)	5 cm	10 cm	20 cm
(N × cm)	400	400	400

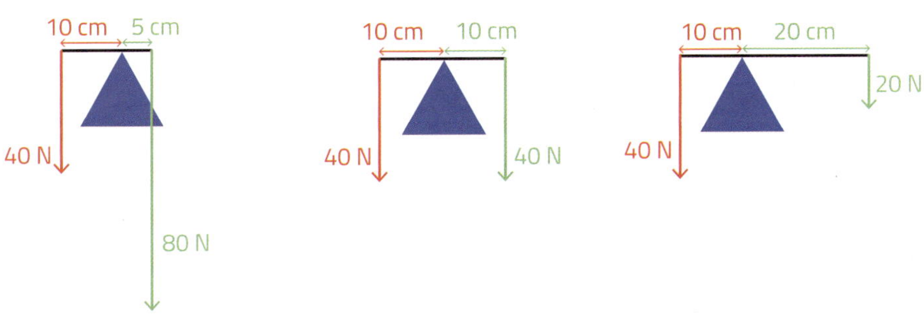

1 $B_P < B_R$
Per sollevare il peso, serve una forza maggiore di quella da vincere. Questa è una **leva svantaggiosa**.

2 $B_P = B_R$
Per sollevare il peso, serve una forza identica a quella da vincere. Questa è una **leva indifferente**.

3 $B_P > B_R$
Per sollevare il peso, serve una forza minore di quella da vincere. Questa è una **leva vantaggiosa**.

Dalla tabella risulta evidente che il vantaggio meccanico dipende dal rapporto tra i bracci di potenza e resistenza.

Una leva si dice **vantaggiosa** quando viene equilibrata da una potenza minore rispetto alla resistenza da vincere, **svantaggiosa** in caso contrario e **indifferente** quando potenza e resistenza hanno lo stesso valore.

La relazione fra le due forze (potenza e resistenza) e i rispettivi bracci si può esprimere anche con una proporzione:

$$P : R = B_R : B_P$$

20. Diversi tipi di leve

In una leva non sempre il fulcro si trova nella posizione intermedia.

In base alla posizione del fulcro rispetto alla potenza e alla resistenza, si distinguono **tre generi di leve**.

- Nella **leva interfissa** o **di primo genere**, il fulcro è al centro.
- Nella **leva interresistente** o **di secondo genere**, il fulcro è a un'estremità e la resistenza è al centro.
- Nella **leva interpotente** o **di terzo genere**, il fulcro si trova a un'estremità e la potenza è al centro.

21. La leva di primo genere

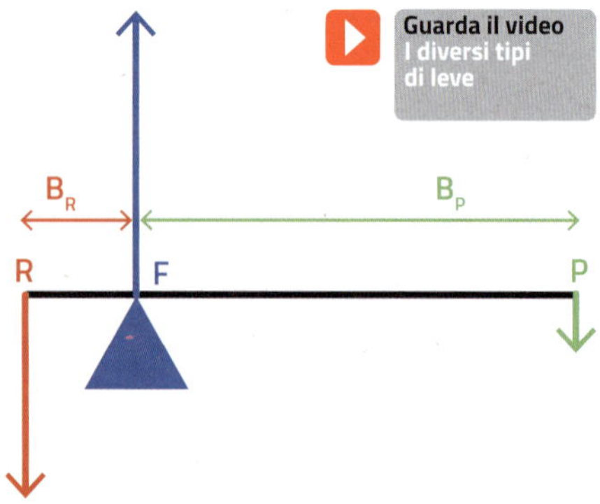

Guarda il video
I diversi tipi di leve

La leva di primo genere è la più comune: un'asta appoggiata su un perno.

A seconda della lunghezza dei bracci, la **leva di primo genere** può essere vantaggiosa, svantaggiosa oppure indifferente.

Come hai visto nella tabella a pagina precedente, il vantaggio della leva di primo genere dipende dalla distanza del fulcro dagli estremi.

La sua utilità è legata anche alla possibilità di usare come potenza una forza diretta verso il basso, come il peso di un oggetto appeso o appoggiato. È vantaggiosa quando il fulcro è più vicino alla resistenza ($B_P > B_R$) e svantaggiosa in caso contrario.

Questo **apribottiglie** è una leva di primo genere, perché la posizione del fulcro è al centro del tappo e si trova nella parte intermedia dell'asta. Tenendo la mano più lontana dal tappo, sarà necessaria una minore forza per aprirlo.

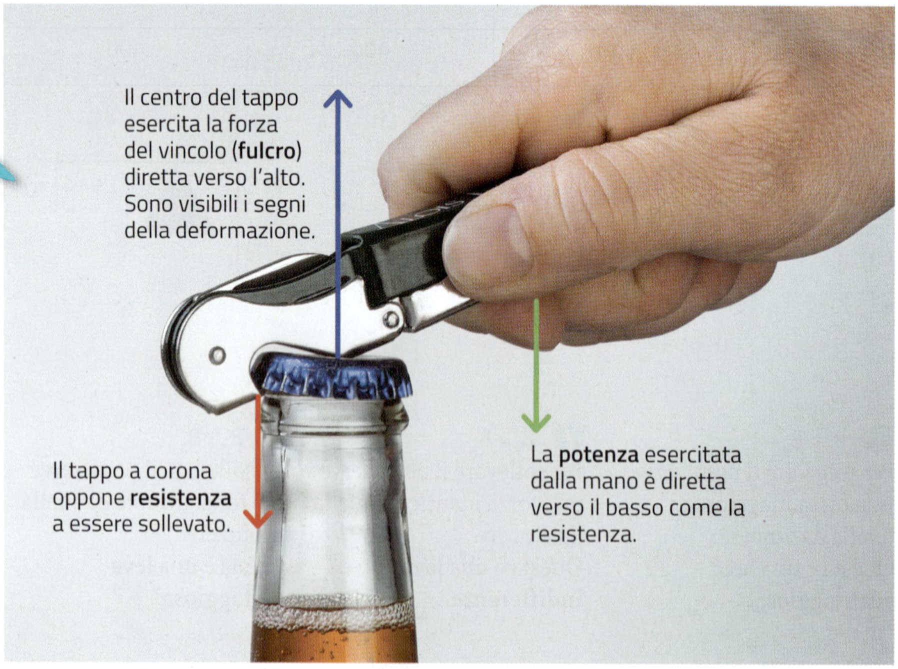

Nella vita quotidiana usiamo un gran numero di leve di primo genere (la bilancia a due piatti, l'altalena, i remi del pattìno), ma anche molti attrezzi che ci costruiamo in modo improvvisato, per vincere una determinata forza «facendo leva»: per esempio, il manico di una forchetta per aprire un barattolo o un'asse incardinata per sollevare un carico pesante.

22. La leva di secondo genere

Nella leva di secondo genere la resistenza è al centro.

Una **leva di secondo genere** è sempre vantaggiosa: visto che la resistenza si trova tra il fulcro e la potenza, il braccio della potenza è sempre maggiore del braccio della resistenza.

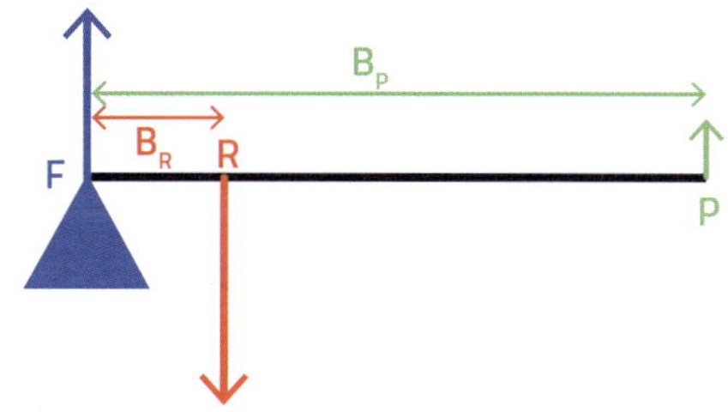

La sua utilità è legata soprattutto al vantaggio meccanico, che è tanto maggiore quanto più la resistenza è vicina al fulcro.

In un **apribottiglie** come questo, il punto attorno al quale avviene la rotazione, cioè il fulcro della leva, è sempre al centro del tappo, che però ora si trova a un estremità dell'asta.

23. La leva di terzo genere

Nella leva di terzo genere la potenza è al centro.

La **leva di terzo genere** è sempre svantaggiosa, perché il braccio della potenza è sempre minore del braccio della resistenza.

Nonostante questo, è utile perché lo svantaggio meccanico di dover impiegare una potenza maggiore della resistenza è compensato dalla possibilità di amplificare il movimento.

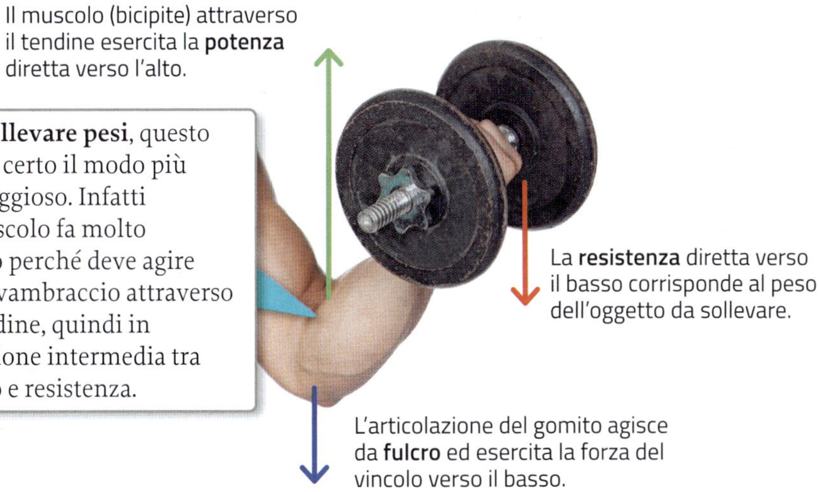

Per **sollevare pesi**, questo non è certo il modo più vantaggioso. Infatti il muscolo fa molto sforzo perché deve agire sull'avambraccio attraverso il tendine, quindi in posizione intermedia tra fulcro e resistenza.

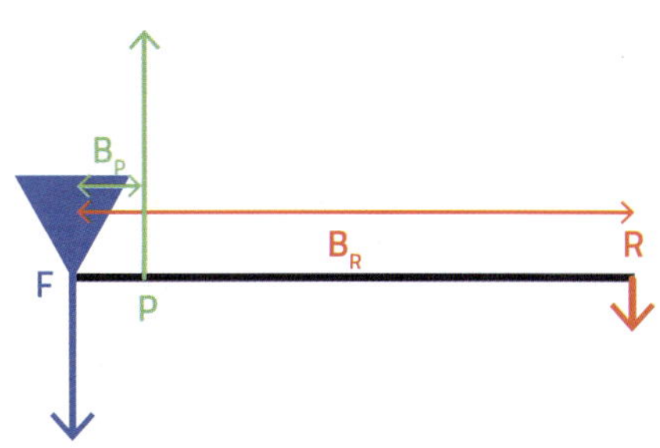

LABORATORIO DELLE COMPETENZE

L'unione fa la forza

Due fratelli che pesano 22 kg e 28 kg vogliono sollevare il papà, usando come leva l'altalena del parco giochi.

Sapendo che il papà pesa 75 kg e si è seduto a 120 cm dal centro dell'altalena, determina in quale seggiolino dovranno sedersi insieme i due ragazzi, per poterlo sollevare.

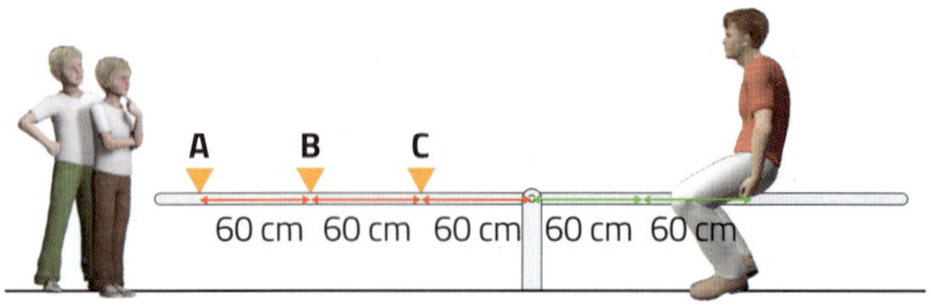

Riduci la forza

Per schiacciare una nocciola, è necessario caricarla con un oggetto di massa 20 kg. Se invece la rompi con lo schiaccianoci che vedi in figura, applicando la potenza nella posizione indicata dalla freccia, quale forza devi fare sulla leva? La leva è vantaggiosa o svantaggiosa?

Suggerimento

La resistenza opposta dalla nocciola è uguale alla forza peso esercitata dall'oggetto che riesce a romperla, quindi calcola per prima cosa il valore della forza peso dell'oggetto di cui conosci la massa.

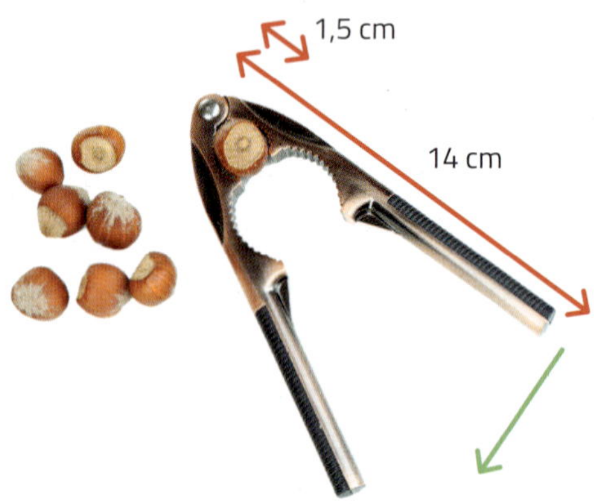

Allenamento muscolare

Supponi che nel tuo braccio la distanza tra l'attaccatura del bicipite e l'articolazione del gomito sia di 3 cm. Misura la distanza tra il gomito e il palmo della tua mano e calcola la forza che il tuo muscolo deve esercitare, ogni volta che in palestra sollevi un peso da 2 kg, che corrispondono a 19,6 N.

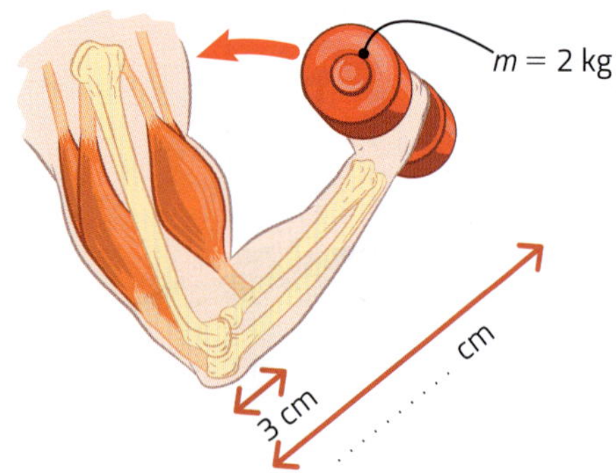

Usa il tuo peso

Immagina di dover muovere un grosso masso del peso di 200 kg, usando come leva una sbarra di metallo lunga 300 cm. Supponendo che la leva sia abbastanza robusta da non piegarsi e che tu possa esercitare come massima potenza una forza pari al tuo peso, determina in quale punto della leva dovrai fissare il fulcro.

Suggerimento

In questo caso, puoi mantenere potenza e resistenza espresse in kg. Per risolvere il problema, imposta una proporzione come quella a pagina A163, chiama x e y i due bracci e applica la regola del comporre.

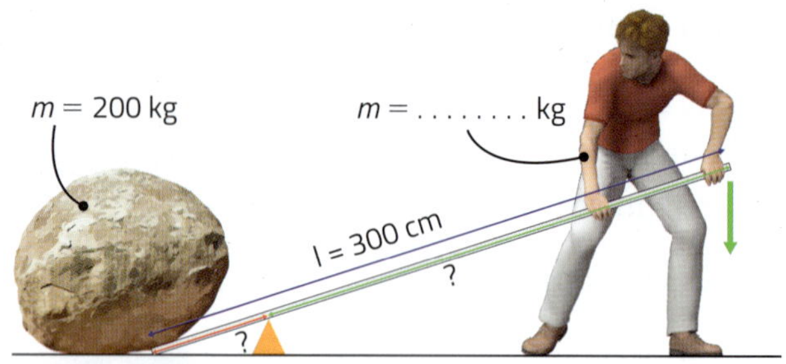

IMPARA A IMPARARE

1. Completa lo schema.

Le leve — sono — .... semplici

su cui

agiscono tre forze — che sono —

- la .... — cioè — la forza da vincere
- la .... — cioè — la forza che agisce
- la forza del .... — cioè — la forza che permette solo movimenti di rotazione

Che cos'è l'accelerazione?

Il significato dell'accelerazione | pag. A147

L'**accelerazione** è una grandezza che esprime la rapidità con cui avvengono i cambiamenti di velocità ed è uguale al rapporto tra la variazione di velocità e l'intervallo di tempo nel quale avviene il cambiamento.

$$a = \frac{\Delta v}{\Delta t}$$

L'accelerazione è una **grandezza vettoriale** e la sua unità di misura nel SI è $\mathbf{m/s^2}$.

Come per la velocità, la formula definisce l'**accelerazione media**.

Quando l'intervallo di tempo Δt è molto piccolo, si parla di **accelerazione istantanea**.

Quali moti accelerati conosci?

I moti accelerati | pag. A148

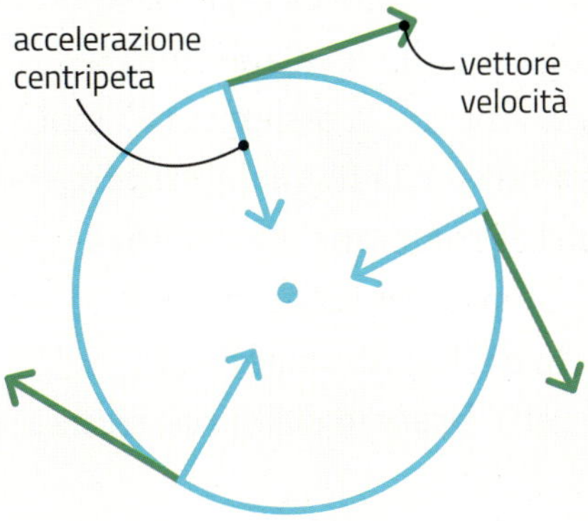

Quando la velocità di un corpo cambia della stessa quantità in intervalli di tempo uguali, cioè l'accelerazione è costante, esso sta compiendo un **moto uniformemente accelerato**.

Il **moto di caduta libera** è un moto uniformemente accelerato, nel quale un corpo aumenta gradualmente la sua velocità percorrendo spazi sempre maggiori. In assenza dell'aria, un corpo in caduta libera ha un'accelerazione costante pari a 9,8 m/s^2 (**accelerazione di gravità**, g).

Il vettore velocità di un corpo che si muove di **moto circolare uniforme** ha un'intensità costante, invece direzione e verso cambiano. Il vettore accelerazione è diretto lungo il raggio della circonferenza e punta verso il centro: per questo motivo, si chiama **accelerazione centripeta**.

Che cos'è una forza?

Le forze in gioco | pag. A152

REGOLA DEL POLIGONO

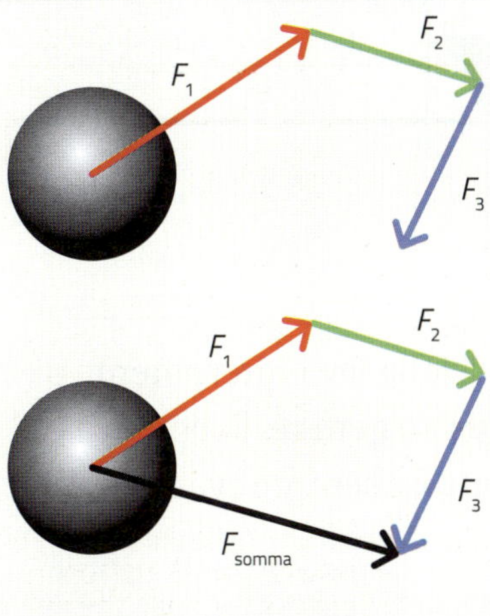

La **forza** è un'azione in grado di modificare la velocità di un corpo libero o di deformare un corpo vincolato. Tale deformazione è direttamente proporzionale all'intensità della forza che l'ha provocata. Il **dinamometro** è lo strumento con cui si misura una forza.

L'unità di misura delle forze nel SI è il **newton** (N).

Le forze si rappresentano con i **vettori**. Per sommare le forze, si usa il metodo grafico applicando la **regola del poligono**: la somma di due o più vettori è rappresentata da un vettore che chiude la serie di vettori consecutivi, in modo da formare un poligono.

VETTORE FORZA

Quali sono i tipi di forze?

Molti tipi di forze | pag. A155

Esistono molti tipi di forza.

- La **forza di gravità** è la capacità che ogni corpo possiede di attrarre e contemporaneamente di essere attratto da altri corpi. Per esempio, il **peso** di un corpo è la forza con cui la Terra lo attrae; la sua intensità è direttamente proporzionale alla massa del corpo attratto.
- La **forza elastica** tende a riportare un corpo che è stato deformato nella sua condizione iniziale.
- La **forza di attrito** si genera nel contatto tra due corpi e contrasta il loro movimento reciproco.
- **La forza magnetica** si esercita tra corpi di materiale ferromagnetico (come le calamite) e può essere attrattiva o repulsiva.
- La **forza elettrica** si genera nella zona che circonda le cariche elettriche e può essere attrattiva o repulsiva.

Che cos'è una leva?

Che cosa sono le leve? | pag. A162

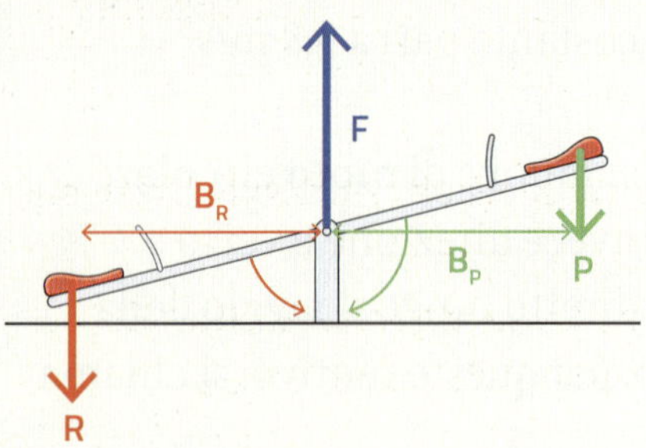

Una leva è una **macchina semplice** vincolata, che è costretta a ruotare attorno a un asse chiamato fulcro. Sulla leva agiscono tre forze: la **resistenza** (**R**), cioè la forza da vincere, la **potenza** (**P**), cioè la forza che agisce per vincere un'altra forza, e la forza del **fulcro** (**F**), che permette soltanto i movimenti di rotazione. La distanza fra il fulcro e la retta su cui agisce la potenza è un segmento di perpendicolare che è chiamato **braccio della potenza** (B_P); il corrispettivo per la resistenza, viene detto **braccio della resistenza** (B_R).

Per mettere in equilibrio la leva, deve valere la relazione:

$$R \times B_R = P \times B_P$$

Le leve possono essere svantaggiose ($B_P < B_R$), indifferenti ($B_P = B_R$) o vantaggiose ($B_P > B_R$).

In base alla posizione del fulcro rispetto alla potenza e alla resistenza, si distinguono **tre generi di leve**.

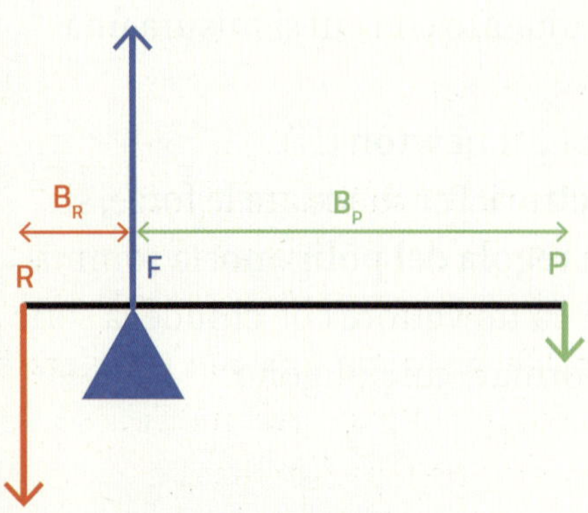

1 Nella leva interfissa o di **primo genere**, il fulcro è al centro; può essere vantaggiosa, svantaggiosa o indifferente.

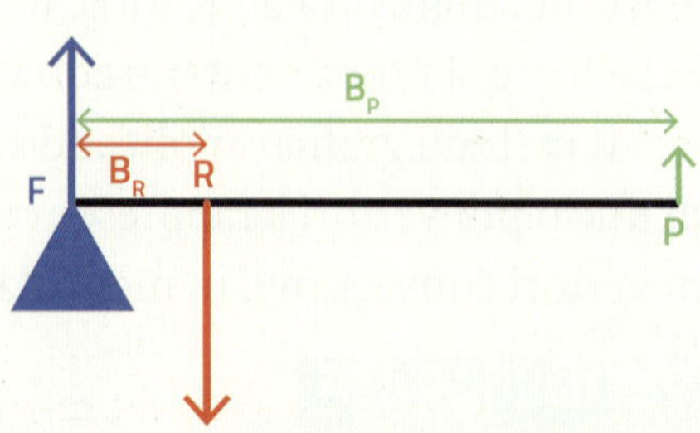

2 Nella leva interresistente o di **secondo genere**, la resistenza è al centro; è sempre vantaggiosa.

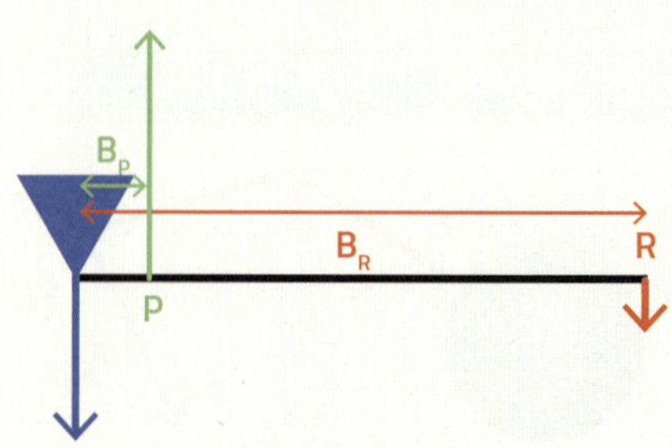

3 Nella leva interpotente o di **terzo genere**, la potenza è al centro; è sempre svantaggiosa.

Costruisci la tua mappa

ZTE ONLINE Mettiti alla prova con 20 esercizi interattivi

1. **Completa la mappa concettuale.**

interresistente
rapporto
vettoriale
uniformemente
macchine
leva
accelerati
forza
circolare
attrito
piano
elettrica

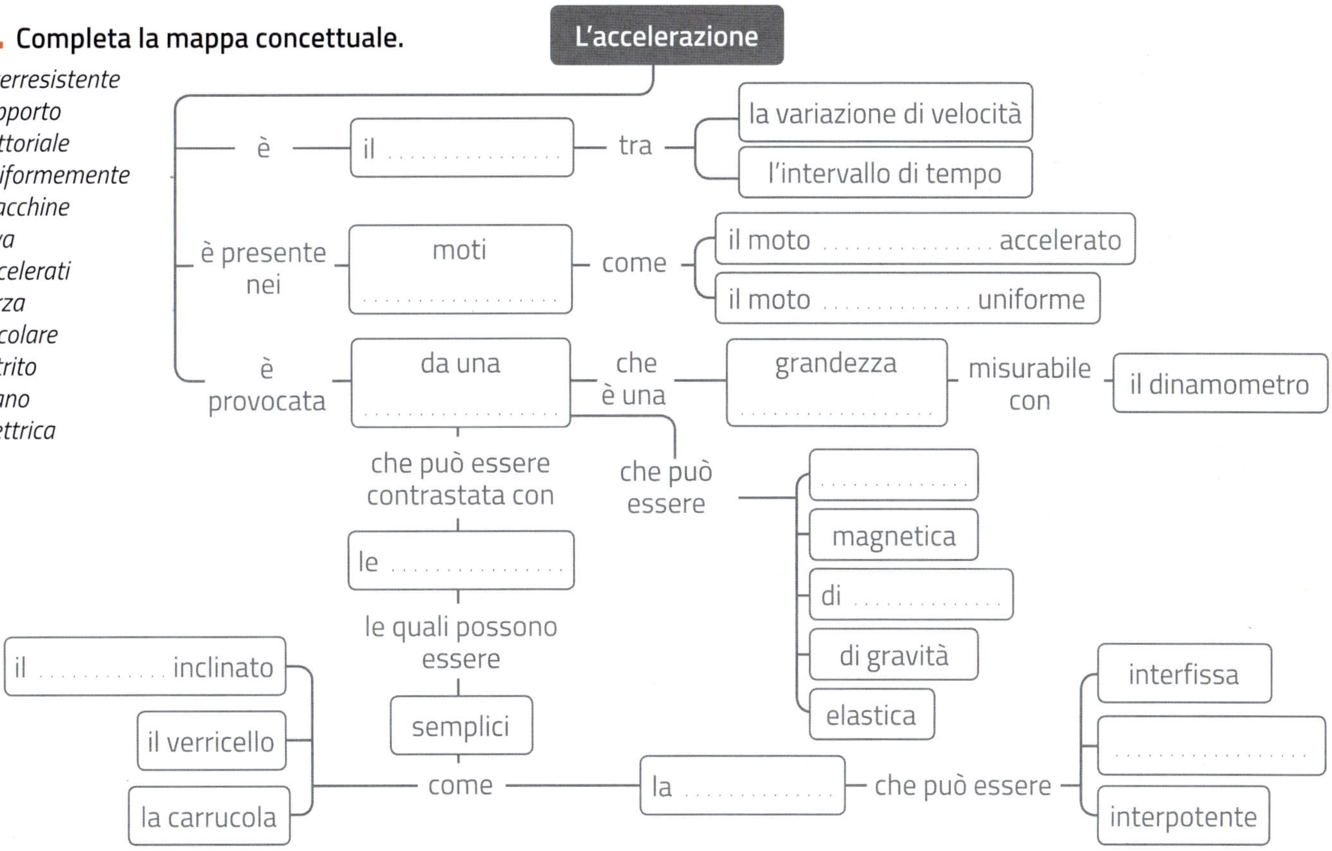

2. **L'accelerazione rappresenta**

A il tempo che impiega un corpo a cambiare la sua velocità.

B il tempo che impiega un corpo a cambiare la sua posizione.

C la variazione della velocità nel tempo.

D la variazione della posizione nel tempo.

3. **Una leva è**

A un braccio, lungo il quale agisce una forza.

B un esempio di forza.

C un'asta rigida costretta a ruotare attorno a un asse.

D una macchina semplice, che è sempre vantaggiosa.

4. **La risultante di due o più forze è una forza che**

A produce lo stesso effetto delle singole forze messe insieme.

B ha come intensità la somma delle intensità delle singole forze.

C ha come intensità il prodotto delle intensità delle singole forze.

D ha come intensità la media delle intensità delle singole forze.

5. **Vero o falso? Correggi le affermazioni errate sul tuo quaderno.**

a. L'accelerazione è una grandezza vettoriale. V F

b. La variazione di velocità corrisponde all'accelerazione. V F

c. Accelerazione e velocità sono sinonimi. V F

d. La velocità è la rapidità con cui cambia l'accelerazione di un corpo. V F

e. Per riconoscere se una leva è di primo, secondo o terzo genere, è fondamentale individuare la posizione del fulcro, della potenza e della resistenza. V F

6. **Rispondi alle domande sul tuo quaderno.**

a. Un'automobile che si muove in un circuito può farlo a velocità costante?

b. Il moto circolare uniforme è un moto accelerato?

c. In fisica, che cosa si intende per vincolo?

d. Che differenza c'è tra il peso e la massa?

e. In quale caso tra due calamite si instaura una forza magnetica di attrazione?

f. Come si ottiene la risultante di due o più forze?

g. Che cos'è una leva?

h. Che relazione c'è tra la resistenza di una leva e il braccio della resistenza?

7. **Osserva la tabella riferita a un corpo in caduta libera in assenza di aria e disegna il grafico.**
Dopo 5 s, quanti metri avrà percorso? Trova il valore aiutandoti con il grafico.

Suggerimento: ricorda che gli spostamenti in ogni secondo corrispondono ai multipli dispari di 4,9. Riporta i valori sul grafico approssimandoli al numero intero.

Tempo (s)	Posizione (m)
0	0
1	4,9
2	19,6
3	44,1
4	78,4
5	

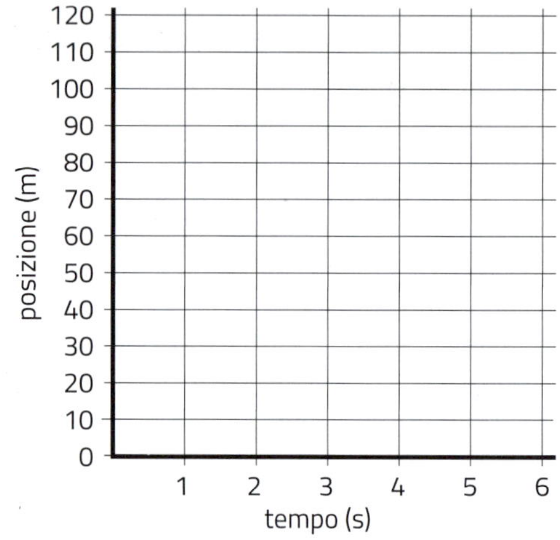

8. **Indica quali di queste azioni possono essere considerate effetti di forze.**

a. Scaldare un ferro fino a renderlo rovente. ☐
b. Flettere un arco. ☐
c. Battere il ferro. ☐
d. Schiacciare una noce. ☐
e. Far bollire l'acqua. ☐
f. Strappare un foglio di carta. ☐

9. **Leggi in tabella i risultati di una prova di accelerazione di un'auto. Osserva il disegno e poi esegui i calcoli.**

Spostamento	Intervallo di tempo	Velocità finale
400 m	21,0 s	100 km/h
1000 m	40,3 s	120 km/h

v = 0 km/h

0 m
t = 0 s

All'istante t = ... l'auto è ferma (v = ...) sulla linea di partenza (posizione s = ...)

v = 100 km/h

400 m
t = 21,0 s

All'istante t = ... s l'auto passa alla velocità di .... km/h (v = 27,8 m/s) sul primo traguardo, (posizione s = ... m)

v = 120 km/h

1000 m
t = 40,3 s

All'istante t = ... s l'auto passa alla velocità di .... km/h (v = 33,3 m/s) sul secondo traguardo, (posizione s = ... m)

Calcola l'accelerazione media sia nel primo tratto sia nel secondo tratto.

a. Accelerazione nel primo tratto:

$$a = \frac{\Delta v}{\Delta t} = \frac{100\,(\text{km/h}) - 0\,(\text{km/h})}{21{,}0\,\text{s} - 0\,\text{s}} = \frac{27{,}8\,(\text{m/s}) - 0\,(\text{m/s})}{21{,}0\,\text{s} - 0\,\text{s}} = \ldots\ldots\ldots\ldots\ldots = \ldots\ldots\ldots\ \text{m/s}^2$$

b. Accelerazione nel secondo tratto:

....

10. **Riconosci il tipo di leva e disegna per ciascuna le frecce che indicano le tre forze (potenza, resistenza e fulcro) con tre colori diversi.**

A leva di .... genere

B leva di .... genere

C leva di .... genere

D leva di .... genere

11. **Risolvi il cruciverba.**

Orizzontali

3. L'unità di misura della forza nel SI.
6. È data dal rapporto tra il cambiamento di velocità e l'intervallo di tempo.
8. L'attrito non radente.
9. Un tipo di macchina semplice.

Verticali

1. Il modo in cui è accelerato il moto di caduta libera.
2. Lo strumento che misura l'intensità di una forza.
4. La sua intensità è costante nel moto circolare uniforme.
5. Sta tra potenza e resistenza in una leva di primo genere.
7. L'accelerazione con Δt molto piccolo.

12. **Prepara un poster cartaceo o multimediale oppure un'immagine interattiva oppure un'animazione che spieghi il movimento di un paracadutista da quando si lancia dall'aereo a quando cade a terra.**

Percorso guidato

1. Riguarda il video introduttivo del capitolo «La caduta libera».
1. Leggi l'approfondimento sulla velocità massima di un corpo in caduta libera.

Qual è la massima velocità di un corpo che cade?

La velocità di un corpo durante la caduta non si modifica soltanto a causa della gravità, che ne provoca un aumento, ma dipende anche dalla presenza dell'aria. Infatti l'aria impedisce ai corpi in caduta libera di continuare ad aumentare la loro velocità in modo costante. Quando si raggiungono valori intorno ai 100 m/s (circa 360 km/h), l'effetto frenante dell'aria annulla completamente l'accelerazione dovuta alla gravità, anche per gli oggetti più aerodinamici. Dopo questo valore, un oggetto tende a cadere con velocità praticamente costante fino alla superficie terrestre; per raggiungere valori così elevati di velocità, un oggetto dovrà essere lasciato cadere da grandi altezze. Per esempio, a seconda della posizione che assumono, i paracadutisti raggiungono velocità tra i 50 e i 60 m/s, poi iniziano a cadere a velocità quasi costante fino a quando aprono il paracadute per rallentare.

1. Cerca immagini relative alla caduta con il paracadute.
2. Ipotizza spostamenti, tempi e velocità della caduta del paracadustista.

....

3. Qual è l'effetto dell'aria durante la caduta? E al momento di apertura del paracadute?

....

4. Usa le immagini e le informazioni che hai raccolto ai punti precedenti per costruire il tuo prodotto. Per costruire un poster multimediale, puoi usare Padlet; per un'immagine interattiva, ThingLink; per un'animazione, Stop Motion.

A8 ESERCIZI CLIL

13. **Complete the description of the different types of levers using the words given below.**

class (3x) / effort (3x) / fulcrum (3x) / load (3x) / scissors / tweezers /wheelbarrow

1. .... 1 lever
   This kind of lever has the .... placed between the .... and the .... Examples are: .... , catapults, tongs.
2. .... 2 lever
   This kind of lever has the .... placed between the .... and the .... Examples are: .... , nutcrackers, crowbars.
3. .... 3 lever
   This kind of lever has the .... placed between the .... and the .... Examples are: .... , fishing rods, brooms.

Load = resistance or output force
Effort = input force

Parte **A** Capitolo **9**

LE FORZE APPLICATE AI CORPI LIBERI

Di' la tua

Che titolo daresti alla vignetta? ....

Come interverresti nella discussione? Qual è la tua opinione?

....

Galileo e il primo principio della dinamica

1. Le forze modificano lo stato di moto dei corpi

Pensa a una mela appoggiata sopra un tavolo e a un disco da hockey che scivola sul ghiaccio con una velocità costante. A prima vista questi due oggetti sembrano avere poco in comune: la mela è ferma, invece il disco si muove.

Ciò che hanno in comune è che in entrambi i casi la forza risultante che agisce sui due oggetti è uguale a zero. Infatti, se non intervengono forze esterne, la mela rimarrà ferma nel suo stato di quiete e il disco continuerà a muoversi di moto rettilineo uniforme.

In fisica, la tendenza di un corpo a mantenere il proprio stato di moto viene chiamata **inerzia**.

Una **trottola**, dopo essere stata accelerata grazie a una forza, risente di un attrito molto debole perché la superficie di contatto sulla punta è irrilevante. Se non ci fosse l'attrito dell'aria, potrebbe ruotare per un tempo lunghissimo.

Galileo fu il primo a capire che le forze non sono necessarie per mantenere i corpi in movimento, ma che il loro unico effetto è quello di modificare la loro velocità.

L'**applicazione di una forza** su un corpo ha come effetto il cambiamento del suo stato di moto.

Per esempio, se spingi una mela, la tua forza modifica il suo stato di moto: all'inizio la mela era ferma, poi ha acquistato una certa velocità.

Anche per rallentare o fermare un disco da hockey occorre esercitare una forza. Tuttavia nell'esperienza comune non è facile osservare oggetti che si muovono in assenza di forze, perché le forze di **attrito**, per quanto ridotte, non si annullano mai del tutto e rallentano continuamente il moto dei corpi. Nel nostro esempio, tra il disco da hockey e il ghiaccio è presente una debole forza di attrito: per questo la sua velocità non è veramente costante, ma diminuisce a poco a poco fino a che il disco si ferma del tutto.

2. Il primo principio della dinamica

Appoggia una biglia sul pavimento e dalle una piccola spinta. Per quanto il pavimento possa essere levigato, dopo un certo intervallo di tempo la biglia si fermerà per effetto della forza di attrito.

Per cercare di eliminare l'effetto della forza di attrito e studiare il movimento di un corpo in assenza di forze, Galileo fece rotolare una biglia lungo un piano inclinato con una pendenza piccolissima. In questo modo l'effetto frenante della forza di attrito era compensato dalla «spinta in avanti» dovuta alla pendenza del piano, quindi la risultante delle forze che agivano sulla biglia era uguale a zero. In questa situazione, Galileo poté verificare che, dopo averle dato una piccola spinta, la biglia si muoveva di moto rettilineo uniforme, quindi a velocità costante.

Numerosi esperimenti portarono Galileo a formulare il primo principio della dinamica, detto anche **principio d'inerzia**.

Il **primo principio della dinamica** afferma che un corpo permane nel suo stato di quiete (con velocità pari a zero) o di moto rettilineo uniforme (con velocità costante) se non interviene una forza esterna a variare il suo stato.

I **paracadutisti** raggiungono rapidamente una velocità alla quale la forza di attrito, causata dalla presenza dell'aria, è uguale alla loro forza peso. Da quel momento la forza totale che agisce sul paracadutista è uguale a zero e la sua caduta prosegue a velocità costante. Il valore di questa velocità può essere diminuito allargando braccia e gambe.

Per inerzia, le **navicelle** uscite dal Sistema solare proseguono a velocità costante, fino a quando entrano nella zona di attrazione gravitazionale di qualche altro corpo celeste.

Quando pedali lungo una **strada pianeggiante** e raggiungi la tua velocità massima, non sei più in grado di aumentarla perché a quella velocità la tua forza muscolare serve solo ad annullare la somma delle forze di attrito: viaggi a velocità costante perché la risultante delle forze è nulla.

3. I sistemi di riferimento

Per descrivere il movimento di un corpo, dobbiamo fissare un sistema di riferimento.

Un **sistema di riferimento** è l'insieme di un punto, detto **origine**, e delle rette fondamentali, chiamate **direzioni**, lungo le quali misurare le distanze.

Per esempio, in un sistema di riferimento terrestre, l'origine è un punto sulla Terra e le direzioni possono essere longitudine, latitudine, altitudine. Invece in un autobus il sistema di riferimento può essere costituito dalle direzioni longitudinale, trasversale e verticale e l'origine può essere fissata in un punto qualsiasi dell'autobus.

Quindi movimento e quiete sono concetti relativi, cioè dipendono dal sistema di riferimento nel quale si trova l'osservatore. Per semplicità, chiameremo **sistema di riferimento terrestre** ogni sistema di riferimento fermo rispetto alla Terra.

Quando osserviamo il moto dei corpi da un sistema di riferimento terrestre, oppure da un sistema di riferimento che si muove di moto rettilineo uniforme come un autobus che viaggia a velocità costante, il principio d'inerzia è sempre valido: per questo motivo i sistemi di riferimento di questo tipo vengono detti **sistemi inerziali**.

Al contrario, vengono detti **sistemi non inerziali** quelli che si muovono di moto accelerato, come un'automobile che accelera, o un autobus che frena bruscamente, o un qualunque mezzo durante una curva.

Per comprendere la differenza tra i due tipi di sistema, considera la situazione proposta e osserva le immagini.

SISTEMA A VELOCITÀ COSTANTE (INERZIALE)

1 Considera uno zaino appoggiato sul sedile di un autobus che si muove a velocità costante. Dal punto di vista del passeggero, lo zaino è fermo e continuerà a esserlo, se su di esso non intervengono forze.

2 Per un osservatore che si trova sulla strada, lo zaino si muove a velocità costante, ma il suo moto non cambia se non intervengono delle forze.

Che cosa succede quando l'autobus modifica la sua velocità, per esempio frenando bruscamente?

SISTEMA ACCELERATO (NON INERZIALE)

3 Il sistema di riferimento del passeggero, che rimane solidale con il movimento dell'autobus, non è più a velocità costante; invece lo zaino, che continua il suo moto nonostante la frenata dell'autobus, cade in avanti, senza che siano intervenute delle forze. Quindi all'interno dell'autobus in frenata, il principio d'inerzia non è valido.

4 Invece per l'osservatore alla fermata, il principio d'inerzia è rispettato: dal suo punto di vista, lo zaino (in assenza di forze) sta continuando a muoversi in avanti con la stessa velocità di prima, invece è l'autobus che si ferma per effetto della forza di attrito dei freni.

I sistemi di riferimento terrestri e quelli a velocità costante rispetto alla Terra possono essere considerati **inerziali** perché al loro interno vale il principio d'inerzia; i sistemi di riferimento accelerati rispetto alla Terra vengono detti **non inerziali**.

4. I problemi di un sistema non inerziale

Se ci troviamo all'interno di un'auto ferma o lungo il corridoio di un treno che sta percorrendo un tratto rettilineo a velocità costante, per mettere in movimento un oggetto dovremo sempre esercitare su di esso una forza, in accordo con il principio d'inerzia.

Trovarsi in un sistema non inerziale, invece, potrebbe riservare delle sorprese, perché i corpi e gli oggetti possono mettersi in movimento o fermarsi all'improvviso, anche se su di essi non vengono esercitate delle forze.

I **sistemi accelerati** sono sistemi non inerziali perché al loro interno non vale il principio d'inerzia.

Per questa ragione, all'interno di un veicolo che sta accelerando, frenando o curvando, si possono creare situazioni di pericolo ed è indispensabile mettere in sicurezza oggetti e persone, bloccando la loro posizione all'interno dell'abitacolo.

In caso di incidenti che comportano brusche decelerazioni della vettura, se gli occupanti non indossano la **cintura di sicurezza** possono addirittura essere sbalzati fuori dal veicolo.

Quando viaggi **in autobus**, se non ti tieni ben stretto alle maniglie, in partenza, in curva o in frenata è facile sbilanciarsi e cadere.

Invece **in aereo** le cinture di sicurezza devono essere allacciate soltanto in fase di decollo e di atterraggio, cioè quando l'aereo modifica la sua velocità. Durante il volo in condizioni normali il movimento del mezzo è praticamente rettilineo uniforme e possiamo considerarci in un sistema inerziale.

IMPARA A IMPARARE

1. Completa lo schema.

2. Vero o falso?

a) Quando la forza totale che agisce su un corpo è uguale a zero, il corpo è in quiete oppure si sta muovendo di moto rettilineo uniforme. V F

b) I sistemi che si muovono a velocità costante rispetto alla Terra sono sistemi non inerziali. V F

c) I sistemi accelerati sono sistemi non inerziali. V F

Lezione

2

L'effetto dinamico delle forze

5. Il secondo principio della dinamica

Quando la risultante delle forze che agisce su un corpo libero di muoversi è nulla, la velocità del corpo è costante, perché esso è fermo oppure si muove di moto rettilineo uniforme.

Invece che cosa succede a un corpo fermo, quando esercitiamo su di esso una forza? Per esempio, se spingi un tuo amico seduto su un'altalena, la sua velocità aumenta. Dunque l'applicazione di una forza su un corpo libero di muoversi determina un'accelerazione del corpo. Inoltre quanto maggiore è la forza con la quale spingi, tanto maggiore sarà l'accelerazione dell'altalena; allo stesso tempo, sai che per spingere un amico più pesante serve una forza maggiore.

Gli esperimenti condotti dagli scienziati a partire dal Seicento hanno portato a formulare il **secondo principio della dinamica**, enunciato dal fisico Isaac Newton nel 1687.

L'azione di una forza ***F*** su un corpo di massa ***m*** provoca un'accelerazione ***a*** direttamente proporzionale alla forza e inversamente proporzionale alla massa.

Le **grandezze vettoriali** si indicano con una piccola freccia in testa al simbolo.

Queste relazioni possono essere sintetizzate da una formula matematica:

$$\vec{F} = m \times \vec{a}$$

dove m è la massa del corpo, $\vec{F}$ è la forza applicata (o la risultante di più forze) e $\vec{a}$ è l'accelerazione impressa sul corpo, che ha la stessa direzione e lo stesso verso della forza applicata.

Abbiamo già visto che nel Sistema Internazionale l'unità di misura della forza è il newton (N). Quindi 1 N è la forza che, esercitata su un corpo di massa 1 kg, produce un'accelerazione di 1 m/s^2.

Tanto più grande è la massa di un corpo, tanto maggiore sarà la forza necessaria per modificare il suo stato.

Se, al posto della palla da bowling, il giocatore lanciasse con la stessa forza una pallina da tennis, questa subirebbe un'accelerazione molto maggiore perché la sua massa è molto più piccola.

SCIENZA E MATEMATICA

Corrispondenza tra massa e peso

Attraverso la formula del secondo principio della dinamica, calcoliamo il peso di un corpo che ha massa 1 kg e stabiliamo la corrispondenza tra queste due grandezze.

La formula che permette di ricavare il peso corrispondente alla massa di 1 kg è:

$$\vec{F} = m \times \vec{a}$$

dove:

$$\vec{a} = \text{accelerazione di gravità } (g) = 9{,}8\ \text{m/s}^2$$

$$peso = \text{forza di gravità} = m \times g = 1\ \text{kg} \times 9{,}8\ \text{m/s}^2 = 9{,}8\ \text{N}$$

Invece per calcolare la massa di un corpo che pesa 1 N, usiamo la formula inversa:

$$m = \frac{\vec{F}}{\vec{a}} = \frac{peso}{g} = \frac{1\ \text{N}}{9{,}8\ \text{m/s}^2} = 0{,}102\ \text{kg}$$

Quindi, per esercitare la forza di 1 N è sufficiente applicare il peso di un corpo che abbia una massa di 102 g; analogamente avremo che un corpo di massa 1 kg è sottoposto a una forza peso di 9,8 N.

Queste corrispondenze dipendono dal valore dell'**accelerazione di gravità**, che è diverso a seconda della posizione nell'Universo, quindi esse sono valide soltanto sulla Terra e si riferiscono a valori medi.

Un uomo di circa 70 kg è attratto dalla Terra con una forza peso di $70\ \text{kg} \times 9{,}8\ \text{m/s}^2 = 686\ \text{N}$.

IMPARA A IMPARARE

1. Completa lo schema.

- **L'accelerazione di un corpo** — è prodotta dall'azione di una ....
- **L'accelerazione di un corpo** — è:
  - .... proporzionale — alla — intensità — della — ....
  - inversamente proporzionale — alla — .... del corpo

2. Applica la formula $F = m \times a$ e le formule inverse per calcolare i valori richiesti.

a) $F = 6$ N, $a = 10$ m/s^2,
$m =$ .... kg

b) $m = 3$ kg, $a = 6$ m/s^2,
$F =$ .... N

c) $m = 25$ kg, $F = 50$ N,
$a =$ .... m/s^2

LABORATORIO DELLE COMPETENZE

Quanto pesa la tuta di un astronauta?

Il peso di un corpo corrisponde alla forza con la quale quel corpo viene attratto verso il centro della Terra. Questa forza (il peso) è responsabile dell'accelerazione g, che è uguale a 9,8 m/s^2, con la quale tutti i corpi liberi, indipendentemente dalla loro massa, cadono verso la superficie terrestre. Attraverso la formula del secondo principio della dinamica, calcola il peso di un corpo del quale conosci la massa.
Una tuta da astronauta ha una massa di circa 80 kg.

a) Quanto vale il peso della tuta sulla Terra?

F_p = ... N

b) Visto che sulla Luna l'accelerazione di gravità g vale circa 1/6 di quella terrestre, qual è il peso della tuta che un astronauta deve sostenere durante una passeggiata lunare?

$F_{P\,(Luna)}$ = ... N

c) Pensi che l'astronauta sulla Luna si sentirà «appesantito», a causa della tuta che deve indossare? Giustifica la tua risposta.

....

....

....

Il sacco da pugilato

Un sacco da pugilato ha una massa di 30 kg. Con un pugno gli viene impressa un'accelerazione pari a 12 m/s^2. Se con la stessa forza muscolare si dà un pugno su un sacco di massa 20 kg, quale sarà la sua accelerazione?

Massa e accelerazione sono grandezze .... proporzionali.

Per risolvere il problema usa una tabella a due colonne.

m (kg)	*a* (m/s^2)

La forza esercitata da un airbag

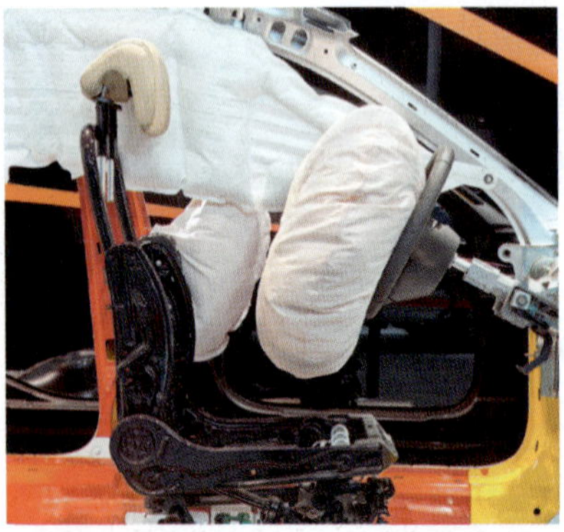

Grazie all'apertura dell'airbag, il corpo di un automobilista che ha una massa m = 70 kg riceve una decelerazione a, di intensità 40 m/s^2.

a) Quanto vale la forza esercitata sul corpo dell'automobilista durante l'impatto?

F = ... N

b) Se volessi confrontare la forza esercitata dall'airbag con la forza peso di un corpo, quanto varrebbe la massa di questo corpo?

m = ... kg

Lezione

3

Forze apparenti: i trucchi della fisica

6. Una forza immaginaria per spiegare l'inerzia

Per poter applicare le leggi della dinamica anche nei sistemi non inerziali, i fisici hanno introdotto forze speciali, che in realtà non esistono ma che risultano utili per descrivere l'inerzia dei corpi in ogni circostanza.

Riprendiamo l'esempio dello zaino sul sedile di un autobus in movimento. Visto che lo zaino è soltanto appoggiato al sedile, esso non è un corpo vincolato, quindi è libero di muoversi in avanti e persino di cadere in seguito a una brusca frenata.

In questo caso, un osservatore alla fermata dell'autobus riesce a spiegare il fenomeno con i due principi della dinamica: l'autobus frena perché una forza lo rallenta e lo zaino prosegue il suo movimento per inerzia, perché nessuna forza interviene su di lui.

Come lo spiega invece l'osservatore che si trova all'interno dell'autobus in frenata? Per spiegare il fenomeno, chi si trova sull'autobus è costretto a introdurre una forza virtuale, che agisce sullo zaino e produce su di esso un'accelerazione in avanti, di intensità uguale alla decelerazione dell'autobus. Questa forza immaginaria è una **forza apparente** ed è utile soltanto nei sistemi che si muovono di moto accelerato rispetto alla Terra: essa è detta forza d'inerzia.

La **forza d'inerzia** è una forza apparente che, in un sistema di riferimento non inerziale, spiega accelerazioni e decelerazioni di un corpo che non è soggetto a forze.

Con l'introduzione delle forze apparenti, anche un osservatore che si trova in un sistema di riferimento accelerato rispetto alla Terra è in grado di spiegare i fenomeni dovuti all'inerzia.

Per spiegare il fenomeno anche nel sistema non inerziale, è necessario immaginare che una forza abbia agito sullo **zaino**, spingendolo in avanti.

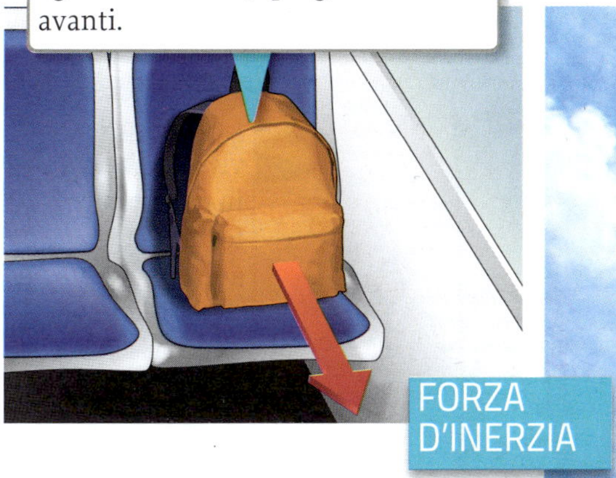

Quando sei sulle **montagne russe**, il tuo corpo viene spinto in varie direzioni dalla forza d'inerzia: sei all'interno di un sistema non inerziale.

7. Un'altra forza apparente: la forza centrifuga

Nel moto circolare, l'accelerazione centripeta è diretta lungo il raggio e verso il centro, quindi è generata da una forza, detta forza centripeta, che ha uguale direzione e verso. Per esempio, viaggiando in auto, la forza centripeta che mantiene la vettura nella giusta traiettoria quando affronta una curva è dovuta all'aderenza degli pneumatici all'asfalto.

La **forza centripeta** costringe un corpo a muoversi lungo una circonferenza o una curva.

Centrifuga significa letteralmente «che fugge dal centro».

Quando un'auto percorre una curva, i suoi passeggeri e gli oggetti al suo interno sono proiettati verso l'esterno senza che venga esercitata su di essi alcuna forza. Un osservatore esterno spiega il loro spostamento con l'inerzia, cioè la naturale tendenza dei corpi a proseguire il moto in linea retta e a velocità costante anche se l'auto sta curvando. Invece chi si trova all'interno dell'auto in curva dovrà immaginare di essere sottoposto all'azione di una forza apparente, detta centrifuga. Visto che la direzione della velocità cambia istante dopo istante, un'auto che percorre una curva sta accelerando rispetto al suolo e rappresenta un sistema di riferimento non inerziale.

La **forza centrifuga** ha un'intensità pari alla forza centripeta ed è diretta verso l'esterno della traiettoria circolare del corpo.

In un sistema di riferimento in rotazione rispetto alla Terra, è necessario introdurre la forza centrifuga (una forza apparente) per spiegare la tendenza dei corpi ad allontanarsi dal centro della curva.

I **passeggeri della giostra** si muovono di moto accelerato. L'accelerazione è diretta verso il centro ed è causata dalla forza centripeta, che in questo caso è dovuta alla forza elastica delle funi che trattengono i sedili.

Dal punto di vista dell'atleta in rotazione, è la forza centrifuga a spingere via il **martello** non appena lascia la presa.

SCIENZA E TECNOLOGIA

Per **scolare l'insalata** dall'acqua con cui l'abbiamo lavata, usiamo una piccola «centrifuga» che ruotiamo manualmente.

Il **cestello forato della lavatrice**, a fine lavaggio, ruota ad alta velocità per eliminare l'acqua dai panni bagnati.

Sfruttare l'inerzia nei movimenti circolari

Nell'esperienza quotidiana, ci sono molte situazioni nelle quali si usa l'inerzia dei corpi per proiettarli verso l'esterno in un movimento di rotazione: spesso i dispositivi che usiamo prendono proprio il nome di centrifuga.

In questi casi, parlerà di **forza centrifuga** soltanto un osservatore che si trovi sul sistema di riferimento in rotazione: i panni all'interno del cestello della lavatrice o l'insalata all'interno della centrifuga. Invece coloro che, come noi, si trovano a osservare il fenomeno dall'esterno non hanno necessità di individuare nessuna forza: l'acqua continua il suo moto lungo la tangente per inerzia.

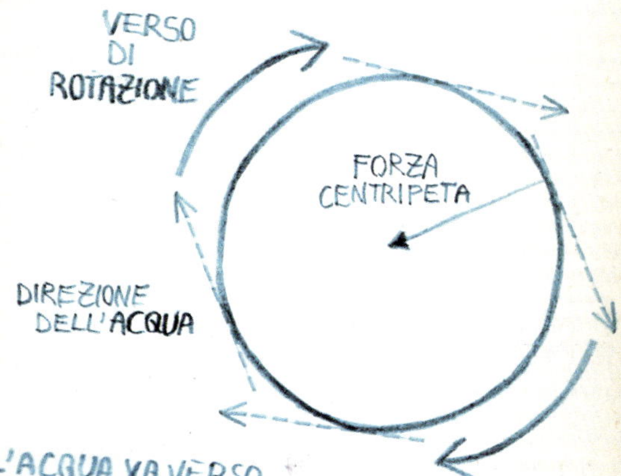

L'ACQUA VA VERSO L'ESTERNO PER INERZIA. LA SUA DIREZIONE DI USCITA E' TANGENTE ALLA CIRCONFERENZA E PERPENDICOLARE ALLA FORZA CENTRIPETA CHE TRATTIENE I PANNI ALL'INTERNO DEL CESTELLO.

IMPARA A IMPARARE

1. Completa lo schema.

- **Le forze apparenti**
  - come → la forza d' .... / la forza ....
  - sono definite → nei sistemi di riferimento ....
  - spiegano → l' .... dei corpi → in assenza di .... reali

2. Completa le frasi.

a) Le forze .... sono forze immaginarie, introdotte per poter applicare i principi della dinamica anche all'interno dei sistemi ....

b) Un sistema di riferimento in moto .... rispetto alla Terra è non inerziale, perché la sua .... cambia direzione istante dopo istante.

Lezione 4

Azione e reazione: due forze gemelle

8. Le forze tra due corpi

I principi della dinamica che Newton espone in maniera organica nel suo libro *Principia* sono tre: in questa lezione scopriremo anche il terzo, che analizza le forze che si generano nell'**interazione tra i corpi** e spiega molte situazioni con le quali ci confrontiamo ogni giorno.

Che cosa succede quando due corpi interagiscono tra loro? Questa situazione è più complessa, rispetto a quelle considerate nelle lezioni precedenti.

Nel primo principio della dinamica, abbiamo studiato il movimento di un solo corpo quando la risultante delle forze che agiscono su di esso è uguale a zero; nel secondo, abbiamo studiato il movimento di un solo corpo quando esso è sottoposto all'azione di una o più forze. Invece in questa lezione avremo a che fare con due o più corpi e bisognerà considerare quali forze intervengono nel punto di contatto tra di essi. Vediamo qualche esempio.

La **navicella spaziale** riesce a staccarsi da terra perché espelle verso il basso i gas di scarico, ricevendo in cambio una spinta verso l'alto.

Quando un **proiettile** parte prendendo la spinta contro l'arma che lo contiene, anche l'arma viene spinta all'indietro e deve compensare il contraccolpo.

Una **medusa** avanza spingendo all'indietro l'acqua contenuta all'interno dell'ombrella; il suo movimento viene detto di «propulsione a jet».

Quando una **boccia da biliardo** batte contro un'altra boccia, quest'ultima parte in avanti e contemporaneamente la prima rallenta o addirittura si ferma.

9. Il terzo principio della dinamica

Per quale ragione se diamo un pugno sul tavolo rischiamo di farci male? Chi è che sta esercitando una forza sulla nostra mano? Anche se a prima vista può sembrare strano, quando colpiamo il tavolo con una certa forza, esso esercita sulla nostra mano una forza uguale e contraria alla nostra: infatti più il pugno è forte, più ci facciamo male.

Da questa osservazione, si può concludere che nell'interazione tra due corpi si generano sempre due forze, una delle quali agisce sul primo corpo e l'altra sul secondo. L'esperienza mostra che le forze si originano sempre «a coppie»: entrambe agiscono sulla stessa linea d'azione e hanno la stessa intensità, ma versi opposti.

Il **terzo principio della dinamica** afferma che a ogni forza di azione corrisponde sempre una forza di reazione con la stessa intensità e la stessa direzione, ma verso opposto.

Azione e **reazione** sono due forze, che agiscono ciascuna su uno dei due corpi che sono venuti in contatto. Ognuno di essi, sotto l'azione di queste forze, si comporterà come abbiamo studiato nelle lezioni precedenti: se è vincolato, potrà deformarsi; se invece il corpo è libero di muoversi, subirà un'accelerazione.

Quando uno **scalatore** afferra una corda per l'arrampicata, esercita sulla corda una forza verso il basso pari al suo peso, così la corda esercita su di lui una forza di identica intensità, che agisce verso l'alto e lo sostiene.

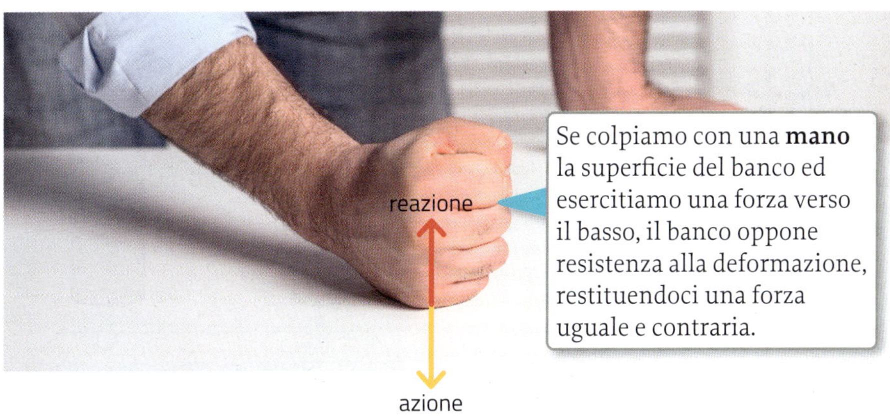

Se colpiamo con una **mano** la superficie del banco ed esercitiamo una forza verso il basso, il banco oppone resistenza alla deformazione, restituendoci una forza uguale e contraria.

Leggi la scheda
Muoversi grazie al terzo principio della dinamica

IMPARA A IMPARARE

1. Completa lo schema.

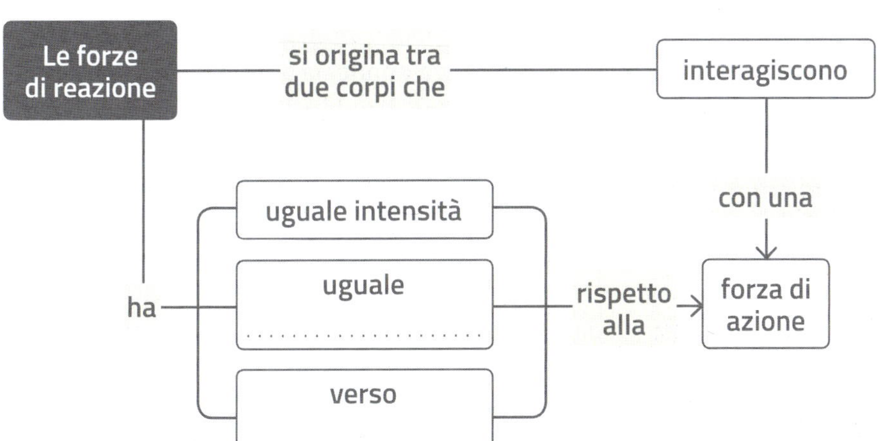

2. Sottolinea il termine corretto.

a) Il *secondo/ terzo* principio della dinamica si occupa delle forze che si generano nell'interazione tra i corpi e spiega molte situazioni che viviamo ogni giorno.

b) Il terzo principio della dinamica afferma che a ogni forza di azione corrisponde sempre una forza di *reazione/ propulsione*.

c) Le forze nascono sempre a coppie: a ogni forza di azione corrisponde sempre una forza di reazione *simile/ uguale* e contraria.

Lezione

5

Le forze nei fluidi

10. La pressione

In questa lezione, studieremo l'effetto delle forze sui fluidi, nei quali le particelle non sono rigidamente collegate una all'altra come nei corpi solidi, ma sono abbastanza libere e indipendenti nel movimento.

La forza esercitata in un punto di un fluido non può trasmettersi allo stesso modo a tutte le sue particelle, perciò se vogliamo esercitare una forza su un fluido dovremo prima confinarlo all'interno di un recipiente e poi applicare la forza su una superficie estesa.

Guarda il video
La pressione

Per esempio, possiamo studiare gli effetti della forza applicata sull'aria contenuta all'interno di alcune siringhe, dopo aver messo un tappo al posto dell'ago. Partiamo sempre da un volume iniziale di 10 mL e premiamo sullo stantuffo con un peso.

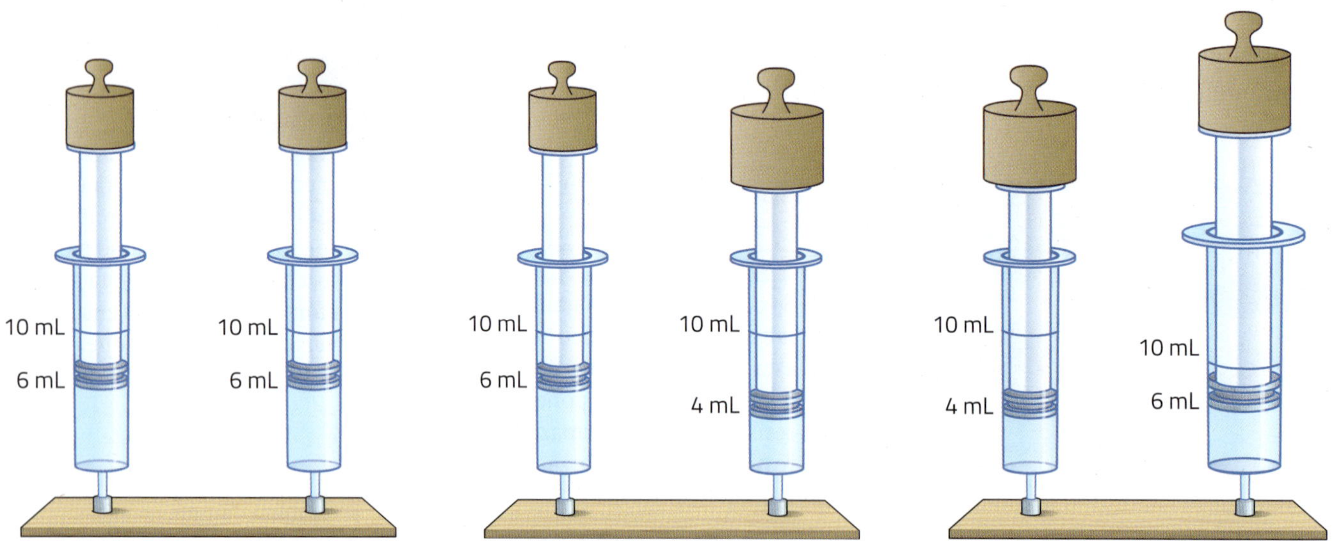

1 Consideriamo due siringhe uguali, sulle quali mettiamo pesi identici, cioè forze uguali applicate su superfici uguali. Lo stantuffo si abbassa allo stesso modo, quindi abbiamo un'identica diminuzione di volume.

2 Consideriamo due siringhe uguali, sulle quali mettiamo pesi diversi, cioè forze diverse applicate su superfici uguali. Lo stantuffo si abbassa di più dove la forza-peso è maggiore, producendo una maggiore diminuzione di volume.

3 Partendo sempre da un volume di 10 mL, carichiamo siringhe diverse con pesi uguali, cioè forze uguali applicate su superfici diverse. In questo caso, la diminuzione di volume è maggiore dove la superficie è minore.

Gli esperimenti mostrano che una forza applicata a un gas chiuso in un recipiente rigido produce una diminuzione di volume tanto maggiore, quanto più intensa è la **forza esercitata**. Invece quando la stessa forza viene esercitata su superfici diverse della stessa quantità di gas, la diminuzione del volume è tanto maggiore, quanto minore è la **superficie**.

A causa della forza applicata, il volume dell'aria diminuisce di un valore che dipende sia dall'intensità della forza, sia dalla superficie sulla quale viene applicata.

Per questo motivo, nel caso dei fluidi non è possibile parlare soltanto di forze, ma occorre introdurre una nuova grandezza: la pressione.

La **pressione** corrisponde al rapporto tra l'intensità della forza e la superficie sulla quale viene applicata.

$$\text{pressione} = \frac{\text{forza}}{\text{superficie}}$$

L'unità di misura della pressione nel Sistema Internazionale è il **pascal** (Pa), che corrisponde alla pressione esercitata da una forza di 1 N su una superficie di 1 m^2.

Soltanto per esprimere la pressione arteriosa del sangue, il SI accetta come unità di misura della pressione il **millimetro di mercurio** (mmHg), che corrisponde al valore di pressione capace di sollevare un millimetro di mercurio in una colonna barometrica.

11. La pressione nei liquidi

L'aria presente sopra di noi fino agli strati più alti dell'atmosfera esercita una forza (la sua forza peso) su qualunque superficie, originando quella che chiamiamo **pressione atmosferica**. Allo stesso modo, ogni fluido eserciterà, a causa del suo peso, una pressione sulle pareti del recipiente nel quale è contenuto.

La pressione che un liquido esercita sul fondo del recipiente che lo contiene, ma anche in qualunque punto a diverse profondità, viene chiamata pressione idrostatica, cioè caratteristica di un liquido fermo. Proprio come avviene nell'aria, la pressione dei liquidi agisce anche sui corpi che vi sono immersi.

La **pressione idrostatica** generata in un punto dipende, in modo direttamente proporzionale, dalla densità del liquido e dall'altezza della colonna di liquido che si trova sopra a quel punto.

Per esempio, un subacqueo è soggetto a pressioni molto maggiori di quelle che il nostro corpo subisce a causa dell'aria: la pressione che sopporta è tanto maggiore, quanto più si immerge in profondità.

LABORATORIO DELLE COMPETENZE

Studia la pressione idrostatica

Per studiare la pressione idrostatica, osserva come l'acqua zampilla dai fori praticati a diverse altezze su una bottiglia di plastica.

Materiale

- bottiglia di plastica piena d'acqua con tappo
- cavatappi

Procedimento

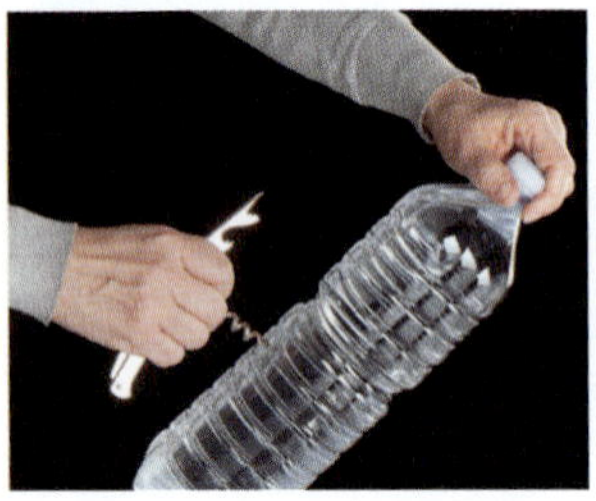

1 Con il cavatappi fai tre o quattro fori equidistanti tra loro e a diverse altezze lungo il dorso della bottiglia.

2 Metti poi la bottiglia nel lavandino o sistemala all'interno di un catino, togli il tappo e fai ben attenzione a quel che vedi.

Che cosa osservi?

Come ti spieghi ciò che hai osservato?

....

....

Che cosa concludi?

La pressione idrostatica di un liquido in un punto è .... proporzionale all'altezza della colonna di liquido che si trova al di sopra di quel punto.

Guarda il video
La pressione nei liquidi

12. Il principio dei vasi comunicanti

Versiamo una certa quantità d'acqua o di qualunque altro liquido in un apparecchio dimostrativo di vasi comunicanti.

Guarda il video
Il principio dei vasi comunicanti

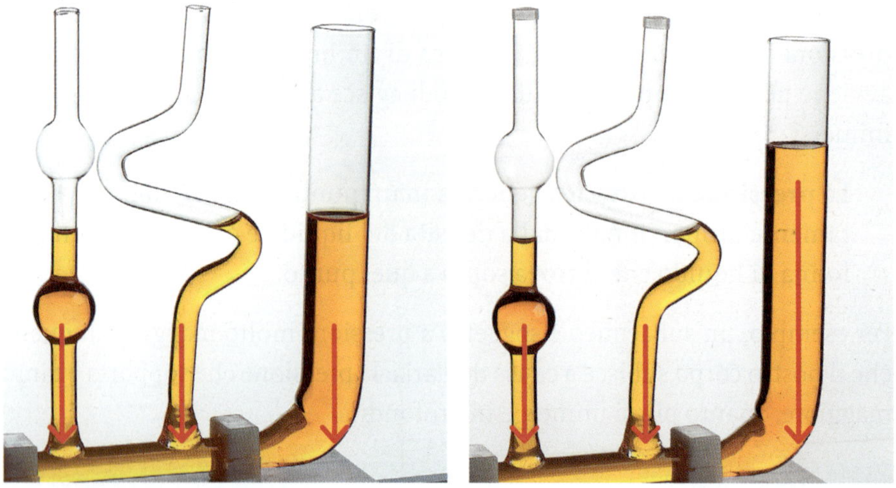

1 Il livello del liquido in tutti i vasi è lo stesso, perché è identica la pressione idrostatica sul fondo.

2 Aggiungendo acqua in un vaso, la maggior pressione spinge il liquido negli altri fino a tornare allo stesso livello.

Leggi la scheda
Le applicazioni del principio dei vasi comunicanti

La forma del recipiente non influisce in alcun modo sul valore della pressione idrostatica: se consideriamo recipienti con sezione, forma e volume differenti, ma riempiti con lo stesso liquido per un'identica altezza, sul fondo di questi recipienti si registra lo stesso valore di pressione idrostatica.

Per il **principio dei vasi comunicanti**, mettendo in comunicazione due o più vasi (recipienti) contenenti lo stesso liquido, si determina un movimento del liquido che lo porterà alla stessa altezza nei recipienti comunicanti.

13. Il principio di Pascal

Finora abbiamo considerato liquidi in quiete nei loro recipienti e la pressione che essi producono per effetto del loro peso. Proviamo ora a pensare che cosa accade quando siamo noi a esercitare una pressione su un fluido, comprimendolo mediante l'azione di una forza. Come si distribuisce la nostra pressione nei diversi punti del liquido? Per capirlo, possiamo riempire d'acqua una bottiglia di plastica e chiuderla bene con il tappo.

Guarda il video
Il principio di Pascal

1 Con un cavatappi pratichiamo molti fori, in tutte le direzioni e a diverse altezze. Teniamo il tappo ben chiuso, per evitare la fuoriuscita del liquido.

2 Se schiacciamo la bottiglia premendo sulle pareti, l'acqua esce in direzioni diverse zampillando allo stesso modo da tutti i fori.

Per il **principio di Pascal**, la pressione esercitata su un fluido da una forza esterna si trasmette con la stessa intensità in ogni punto del fluido e in ogni direzione.

Leggi la scheda
I freni idraulici

IMPARA A IMPARARE

1. Completa lo schema.

La pressione — ha origine da — una .... — applicata su — una superficie

La pressione — esercitata da — un liquido fermo — si chiama — pressione ....

pressione .... — che è presente — in ogni .... del liquido

pressione .... — che è direttamente proporzionale — alla .... del liquido; all'.................. della colonna di liquido

pressione .... — che è responsabile del — principio dei .... comunicanti

2. Vero o falso?

a) La pressione è definita dal prodotto tra l'intensità della forza e la superficie sulla quale essa viene applicata. V F

b) La pressione esercitata su un fluido da una forza esterna si trasmette con la stessa intensità in ogni punto del fluido. V F

Galleggiare o andare a fondo?

14. La spinta di Archimede

Immaginiamo di immergere un mattone in una vasca d'acqua: l'esperienza ci insegna che il peso del mattone lo trascina verso il basso, facendolo affondare completamente.

Mentre il mattone affonda, su tutte le sue superfici agiscono forze dovute alla pressione idrostatica esercitata dall'acqua: tali forze sono diverse in ciascun punto, a seconda della profondità.

Sulle **facce laterali**, la pressione aumenta a mano a mano che aumenta la profondità, ma le forze vengono annullate da forze uguali e contrarie esercitate sulla faccia opposta: tali forze non avranno nessun effetto sul mattone.

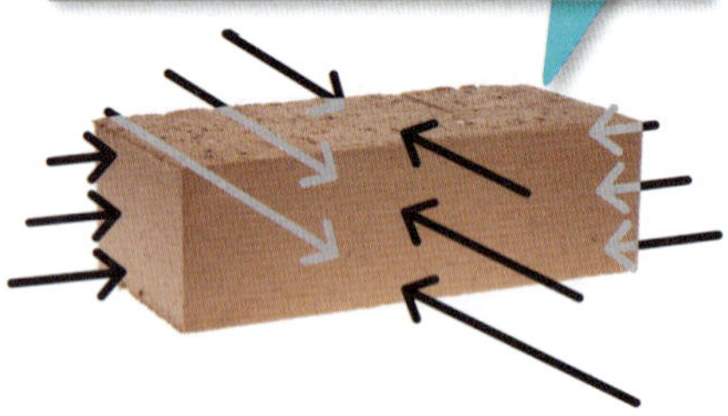

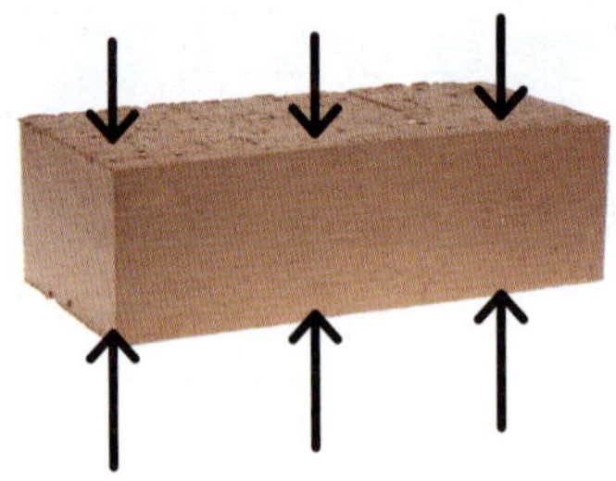

1 La forza esercitata sulla **faccia inferiore**, che si trova a maggiore profondità, sarà sempre maggiore di quella esercitata sulla **faccia superiore**. La somma di queste forze è diretta verso l'alto e contrasta la forza peso.

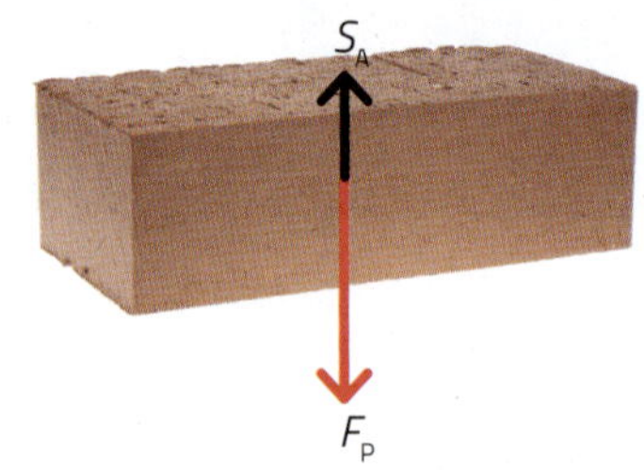

2 La forza che spinge verso l'alto il corpo viene detta **spinta di Archimede**. L'oggetto immerso è ora sottoposto a una forza, detta **peso apparente**, uguale alla somma della forza peso F_p e della spinta di Archimede S_A (di verso opposto).

Il **principio di Archimede** afferma che un corpo immerso in un fluido riceve una spinta dal basso verso l'alto pari al peso del fluido spostato. La quantità di fluido spostato corrisponde al volume della parte del corpo che rimane immersa.

La spinta verso l'alto dipende dal peso del fluido, quindi dalla sua densità:

$$\textbf{spinta}_{\text{Archimede}} = \textbf{peso}_{\text{fluido spostato}} = \textbf{massa}_{\text{fluido spostato}} \times g$$

$$S_A = \textbf{volume}_{\text{immerso}} \times \textbf{densità}_{\text{fluido}} \times g$$

dove il prodotto densità per volume corrisponde alla massa del fluido spostato e g è l'accelerazione di gravità.

15. Galleggiare è una questione di equilibrio

Quando un corpo è completamente immerso in un fluido, può accadere che la spinta di Archimede che riceve verso l'alto sia maggiore del suo peso: in questo caso, il corpo risale in superficie e finisce per stare a galla. Se invece la spinta di Archimede è minore del peso del corpo, esso affonda.

Consideriamo ora un tappo di plastica immerso in un bicchiere d'acqua.

1 Il tappo di plastica è meno denso dell'acqua, quindi pesa meno del volume d'acqua spostato. Se spingi il tappo verso il fondo e poi lo lasci andare, esso è soggetto a una forza complessiva diretta verso l'alto.

2 Raggiunta la superficie, il tappo rimane in equilibrio e galleggia: per far ciò, mantiene immersa soltanto una parte del suo volume, in modo che l'intensità della spinta sia esattamente uguale al suo peso. Il corpo è ora soggetto a due forze uguali e opposte: il peso diretto verso il basso e la spinta di Archimede diretta verso l'alto.

Quindi un corpo immerso in un fluido può **galleggiare o affondare**:

- se galleggia, la spinta di Archimede è uguale al suo peso e il volume immerso corrisponde solo a una parte del volume dell'oggetto;
- se affonda, la spinta di Archimede è minore del suo peso e il volume immerso corrisponde all'intero volume dell'oggetto.

Il confronto tra il peso di un corpo e la spinta che riceve quando è immerso in un fluido determina il fatto che tale corpo stia a galla o vada a fondo.

LABORATORIO DELLE COMPETENZE

Studia la spinta di Archimede

Se misuri con un dinamometro il peso di un qualunque oggetto, prima e dopo averlo immerso in acqua, ti accorgi che in acqua il peso è sempre minore. Questo vale anche per il nostro corpo, tanto più se immerso in acqua di mare, che ha una densità maggiore di quella dell'acqua dolce.

Materiale

- becher contenente acqua
- dinamometro
- cubetto o altro oggetto da pesare

Procedimento

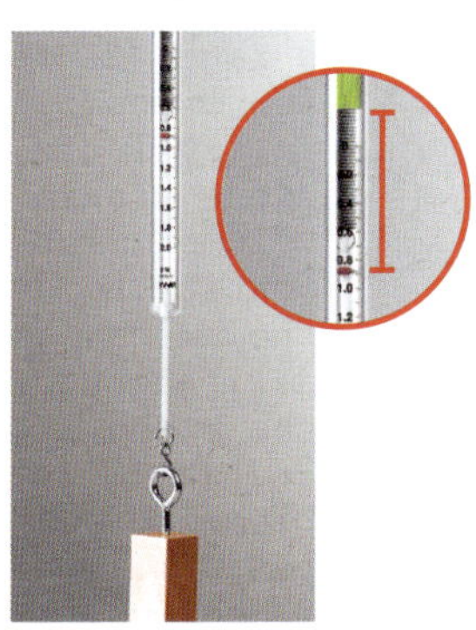

1 Con il dinamometro, misura il peso del cubetto.

Il dinamometro misura un peso

. . . .

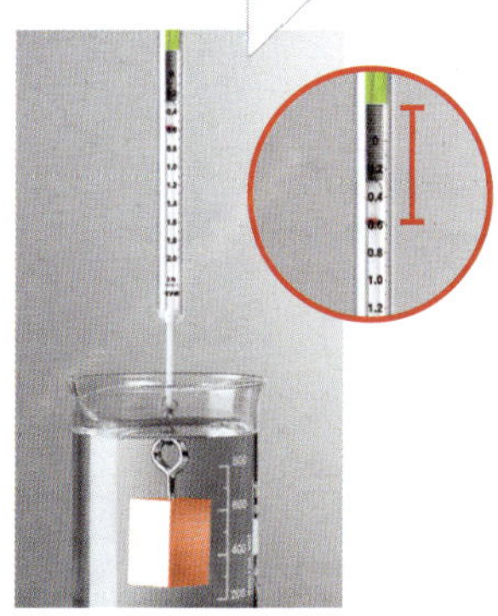

2 Immergi l'oggetto nell'acqua del becher e controlla il peso indicato dal dinamometro.

Che cosa concludi?

La differenza tra i due valori misurati corrisponde alla

. . . .

. . . .

Un liquido con elevata densità determina spinte maggiori: immergendo uno stesso oggetto in liquidi a diversa densità, vedremo differenza nel galleggiamento.

Consideriamo acqua, sciroppo e mercurio, che hanno densità diversa e crescente. Se immergiamo un tappo in ognuno di questi liquidi, esso galleggerà in ogni caso. Ciò che cambia nei tre diversi liquidi è il volume del tappo che rimane immerso: è esattamente il volume che serve per ricevere una spinta di Archimede uguale e opposta al suo peso, così da rimanere in equilibrio.

Il principio di Archimede vale anche quando un corpo è immerso in un **gas** come l'aria, che ha una densità circa 750 volte minore di quella dell'acqua, quindi la spinta che un corpo riceve verso l'alto quando è immerso nell'aria è davvero di piccola entità. La spinta dell'aria diventa significativa quando consideriamo oggetti o materiali di densità molto bassa, come i palloni riempiti di gas leggeri come l'elio.

SCIENZA E TECNOLOGIA

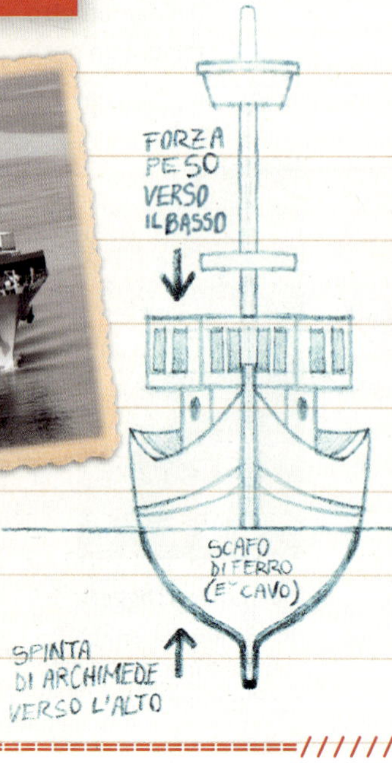

Perché una nave può galleggiare?

Come fa una nave a galleggiare, visto che è fatta di **ferro**? Ci riesce perché il ferro con il quale è costruita è soltanto un involucro, che racchiude tante cavità piene d'**aria** (stanze, saloni, stiva). Il volume immerso è soltanto in minima parte costituito di ferro, ma è soprattutto aria, che ha una densità molto minore di quella dell'acqua del mare: in pratica, è l'aria che tiene a galla la nave.

Infatti **le navi da carico** non possono riempire completamente la stiva di materiali pesanti, ma devono lasciare spazi vuoti tra il carico.

Invece le **petroliere** possono riempire completamente i serbatoi, perché il petrolio che trasportano è meno denso dell'acqua marina.

LABORATORIO DELLE COMPETENZE

Calcola la tua pressione!

Ecco come puoi fare per calcolare la pressione che eserciti sul pavimento:

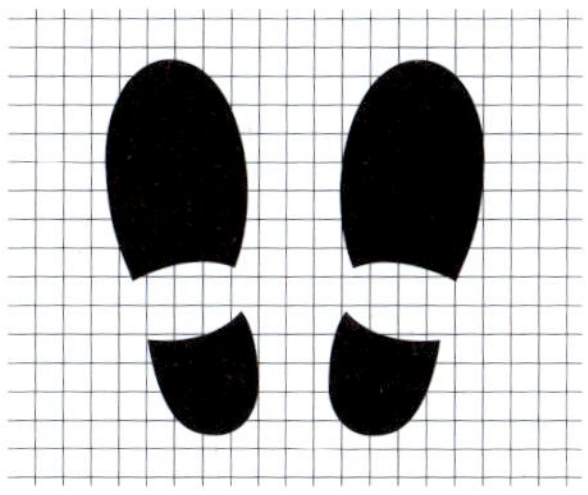

a) sali su una bilancia e misura la tua massa;

b) calcola la tua forza-peso:

F_p = ... N;

c) prendi un foglio protocollo con i quadretti di mezzo centimetro, appoggialo sul pavimento e salici sopra, tenendo i piedi uniti ($S_{quadretto} = (0{,}5\ cm) \times (0{,}5\ cm) = 0{,}25\ cm^2$);

d) usa una matita per disegnare sul foglio il perimetro della superficie occupata dai tuoi piedi;

e) conta il numero di quadretti che si trovano all'interno della curva che hai tracciato sul foglio;

f) fai una stima della superficie occupata dai tuoi piedi: S = numero quadretti $\times$ $(0{,}25\ cm^2)$ =

.... cm^2;

g) calcola la pressione che eserciti sul pavimento applicando la sua definizione, ricordando di trasformare i cm^2 in m^2:

p = ... Pa

Il cubo immerso

Confronta il peso apparente di un cubo con spigolo 10 cm e massa 4 kg, misurabile dopo averlo immerso in acqua ($d = 1000\ kg/m^3$), in alcol ($d = 806\ kg/m^3$) o in mercurio ($d = 13\,600\ kg/m^3$).

Potrebbe galleggiare in qualcuno dei tre liquidi? Motiva la tua risposta.

Il tronco galleggiante

L'acqua ha una densità $d = 1000\ kg/m^3$. Un tronco con una massa di 20 kg galleggia vicino alla riva di un fiume. Quanto vale il volume del tronco che si trova al di sotto della superficie dell'acqua?

Risolvi il problema passo dopo passo.

Se il tronco galleggia, questo significa che la spinta di Archimede è esattamente uguale alla forza peso del tronco:

$S_A = F_p$ = ... N

A questo punto, per calcolare il volume del tronco immerso devi invertire la formula del principio di Archimede:

V = ... m^3

IMPARA A IMPARARE

1. Completa lo schema.

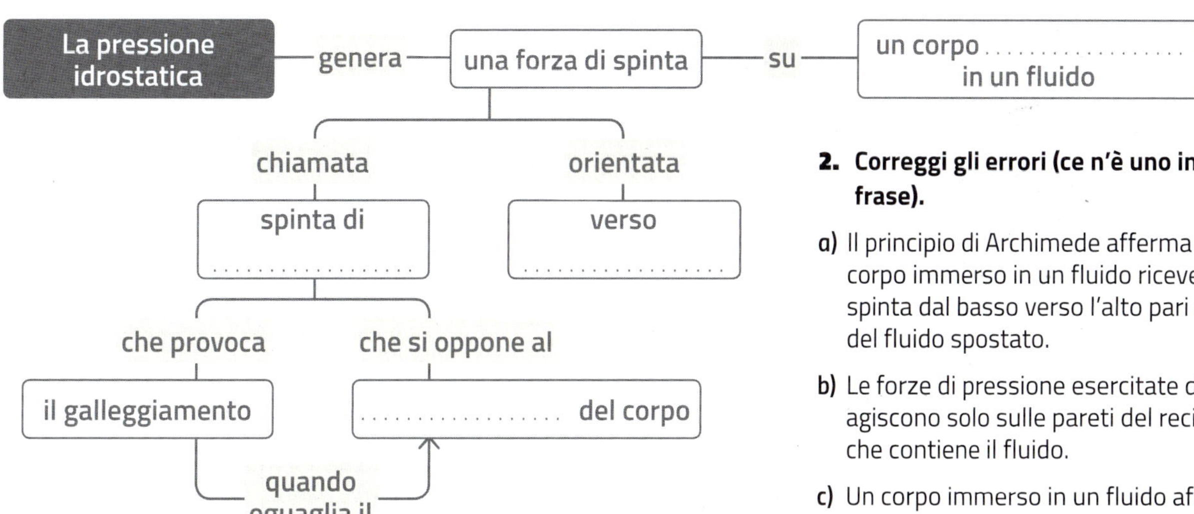

2. Correggi gli errori (ce n'è uno in ciascuna frase).

a) Il principio di Archimede afferma che un corpo immerso in un fluido riceve una spinta dal basso verso l'alto pari al volume del fluido spostato.

b) Le forze di pressione esercitate dai fluidi agiscono solo sulle pareti del recipiente che contiene il fluido.

c) Un corpo immerso in un fluido affonda, se la spinta di Archimede è uguale al suo peso.

SCIENZA E TECNOLOGIA

Galleggiare nell'aria

Come fanno gli uccelli a sostenersi in volo? Da sempre, gli esseri umani si pongono questa domanda e, fin dai tempi più remoti, hanno provato a inventare mezzi per volare, con conseguenze spesso nefaste.

La comprensione delle leggi della fisica ci ha aiutati in queste imprese e ci consente di costruire **oggetti volanti** sempre più pesanti, come gli aerei di linea o per il trasporto merci.

- Le macchine volanti

Grazie ai suoi numerosi studi sul volo degli uccelli, **Leonardo Da Vinci** comprese che un aspetto determinante era costituito dalla grandezza e dal profilo dell'ala. In base alle sue osservazioni, lo scienziato elaborò una vera e propria **teoria del volo.**

Inoltre progettò numerose macchine volanti, che imitavano la struttura alare di diversi uccelli o pipistrelli. Le sue macchine inizialmente erano **ad ala battente** e miravano a trasformare l'uomo in un essere volante, ma nessun uomo poteva battere le ali così velocemente da sostenersi nell'aria come gli uccelli.

- Come volano gli uccelli

In seguito, Leonardo osservò che soltanto gli uccelli piccoli come i colibrì battono le ali velocemente per sostenersi in volo, invece quelli più grandi e pesanti veleggiano sfruttando il sostegno dell'aria.

Imitando le ali dei grandi rapaci, Leonardo progettò macchine volanti con **ali fisse**, molto simili ai moderni deltaplani e alianti, che riescono a sostenere il peso di una o più persone.

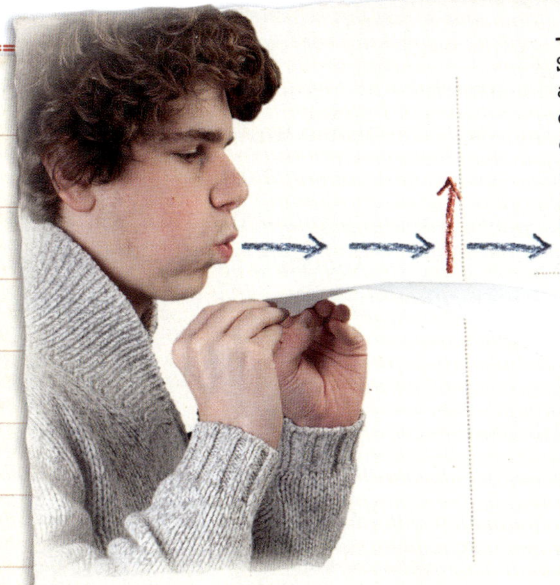

- La velocità dell'aria

Se soffiamo parallelamente alla superficie superiore di un foglio, la velocità delle particelle dell'aria sopra la superficie aumenta e provoca una diminuzione della pressione che l'aria esercita sopra il foglio: in un certo senso, stiamo spostando via le particelle dell'aria che premevano sulla superficie superiore del foglio. A causa della maggior pressione che l'aria esercita sulla sua superficie inferiore, il foglio si solleverà.

La diminuzione della pressione all'aumentare della velocità è un fenomeno noto come **effetto Venturi**.

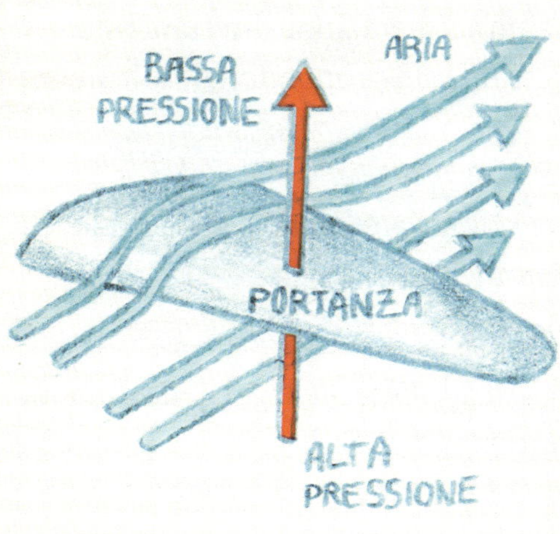

- Le forze del volo

Quando l'aereo si spinge in avanti, acquistando una buona velocità, l'aria scorre sia sulla superficie superiore delle sue ali, sia su quella inferiore.

Osserva la forma e **il profilo dell'ala di un aereo:** l'aria che passa sopra all'ala deve percorrere un tratto più lungo di quella che le passa sotto.

Poiché l'aria dovrà richiudersi dietro l'ala dopo il passaggio, l'aria che percorre la superficie superiore si muove più velocemente di quella che percorre la superficie inferiore; quindi si avranno **valori diversi di pressione** sulle due superfici.

La differenza di pressione tra le due superfici dell'ala determina una forza risultante verso l'alto, che può sostenere il peso dell'aereo ed è detta **portanza.**

Piccole differenze di pressione possono creare forze molto grandi: su una superficie di 1 m^2, la forza esercitata dall'aria è maggiore di quella del peso di un oggetto con una massa pari a 10 000 kg.

Per potersi alzare in volo, l'aereo necessita di una «**spinta**» **iniziale,** data generalmente da un motore. La velocità che un aeroplano deve raggiungere per decollare è quella che gli consente di avere una portanza maggiore del suo peso.

Il **profilo aerodinamico delle ali,** la grande superficie alare e la forte velocità generano notevoli forze verso l'alto, così da sollevare anche aerei molto pesanti.

Che cosa afferma il primo principio della dinamica, formulato da Galileo?

Galileo e il primo principio della dinamica | pag. A174

Il **primo principio della dinamica** afferma che un corpo permane nel suo stato di quiete o di moto rettilineo uniforme se non interviene una forza esterna a variare il suo stato.

Questa legge è anche chiamata principio di inerzia, infatti l'**inerzia** è la tendenza di un corpo a mantenere il proprio stato. Ciò che può cambiare lo stato di moto di un corpo è l'**applicazione di una forza**.

Che differenza c'è fra un sistema di riferimento inerziale e uno non inerziale?

Galileo e il primo principio della dinamica | pag. A175

Il sistema di riferimento terrestre e i sistemi a velocità costante rispetto alla Terra sono detti sistemi **inerziali**, perché al loro interno il principio d'inerzia è sempre verificato.

Un sistema che si muove di moto accelerato rispetto alla Terra si dice **sistema non inerziale**, perché al suo interno non vale il principio d'inerzia.

Che cosa afferma il secondo principio della dinamica?

L'effetto dinamico delle forze | pag. A178

Il **secondo principio della dinamica** afferma che l'azione di una forza su un corpo provoca un'accelerazione direttamente proporzionale alla forza e inversamente proporzionale alla massa del corpo:

$$\vec{F} = m \times \vec{a}$$

dove m è la massa del corpo, $\vec{F}$ è la forza applicata (o la risultante di più forze) e $\vec{a}$ è l'accelerazione impressa sul corpo.

Quali sono le forze apparenti?

Forze apparenti: i trucchi della fisica | pag. A181

Le **forze apparenti** consentono di applicare le leggi della dinamica anche nei sistemi di riferimento non inerziali.

In un sistema non inerziale, la **forza d'inerzia** spiega accelerazioni e decelerazioni di un corpo che non è soggetto a forze.

La **forza centrifuga** ha un'intensità pari alla forza centripeta ed è diretta verso l'esterno della traiettoria circolare del corpo: in un sistema di riferimento in rotazione rispetto alla Terra, essa spiega perché il corpo tende ad allontanarsi dal centro della curva.

Che cosa afferma il terzo principio della dinamica?

Azione e reazione: due forze gemelle | pag. A185

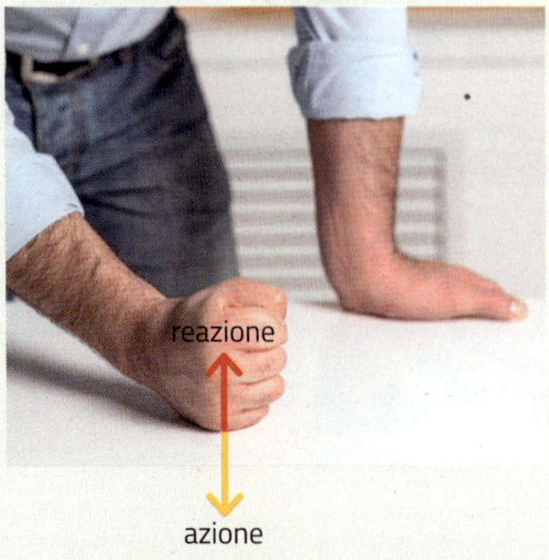

Il **terzo principio della dinamica** afferma che a ogni forza di azione corrisponde sempre una forza di reazione con la stessa intensità e la stessa direzione, ma verso opposto. **Azione** e **reazione** sono due forze, che agiscono ciascuna su uno dei due corpi che sono venuti in contatto.

Che cos'è la pressione idrostatica?

Le forze nei fluidi | pag. A186

La **pressione** corrisponde al rapporto tra l'intensità della forza e la superficie sulla quale viene applicata.

$$\textbf{pressione} = \frac{\textbf{forza}}{\textbf{superficie}}$$

L'unità di misura della pressione nel SI è il **pascal** (Pa).

La **pressione idrostatica** è caratteristica di un liquido fermo, che la esercita sulle superfici con cui è in contatto e sui corpi che sono immersi nel liquido. La pressione idrostatica di un liquido in un punto è direttamente proporzionale alla densità del liquido e all'altezza della colonna di liquido che si trova sopra a quel punto.

Come funzionano i vasi comunicanti?

Le forze nei fluidi | pag. A188

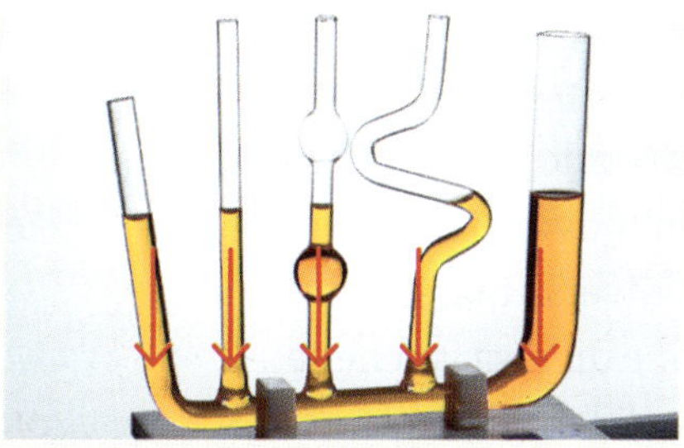

Per il **principio dei vasi comunicanti**, mettendo in comunicazione due o più vasi (recipienti) contenenti lo stesso liquido, si determina un movimento del liquido che lo porterà alla stessa altezza nei recipienti comunicanti.

Il liquido si dispone allo stesso livello in tutti i recipienti, perché l'equilibrio si raggiunge soltanto quando la **pressione idrostatica** sul fondo è identica in ciascun vaso.

Che cosa dice il principio di Pascal?

Le forze nei fluidi | pag. A189

Per il **principio di Pascal**, la pressione esercitata su un fluido da una forza esterna si trasmette con la stessa intensità in ogni punto del fluido e in ogni direzione.

Perché un corpo galleggia?

Galleggiare o andare a fondo? | pag. A190

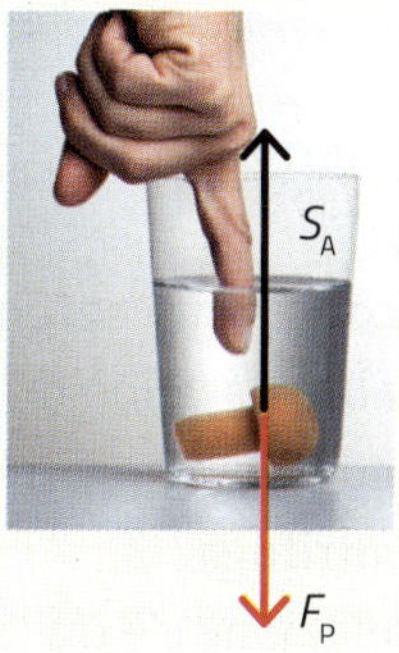

Il **principio di Archimede** afferma che un corpo immerso in un fluido riceve una spinta dal basso verso l'alto pari al peso del fluido spostato. La quantità di fluido spostato corrisponde al volume della parte del corpo che rimane immersa.

La spinta verso l'alto dipende dal peso del fluido, quindi dalla sua densità:

$$S_A = \textbf{volume}_{\text{immerso}} \times \textbf{densità}_{\text{fluido}} \times g$$

Il confronto tra il peso di un corpo e la spinta che esso riceve quando è immerso in un fluido (detta **spinta di Archimede**) determina il fatto che tale corpo stia a galla o vada a fondo:

- un corpo **galleggia**, se la spinta di Archimede è uguale al suo peso;
- un corpo **affonda**, se la spinta di Archimede è minore del suo peso.

1. Completa la mappa concettuale.

Pascal
apparenti
forze
inerziali
Archimede
idrostatica
inerzia
reazione

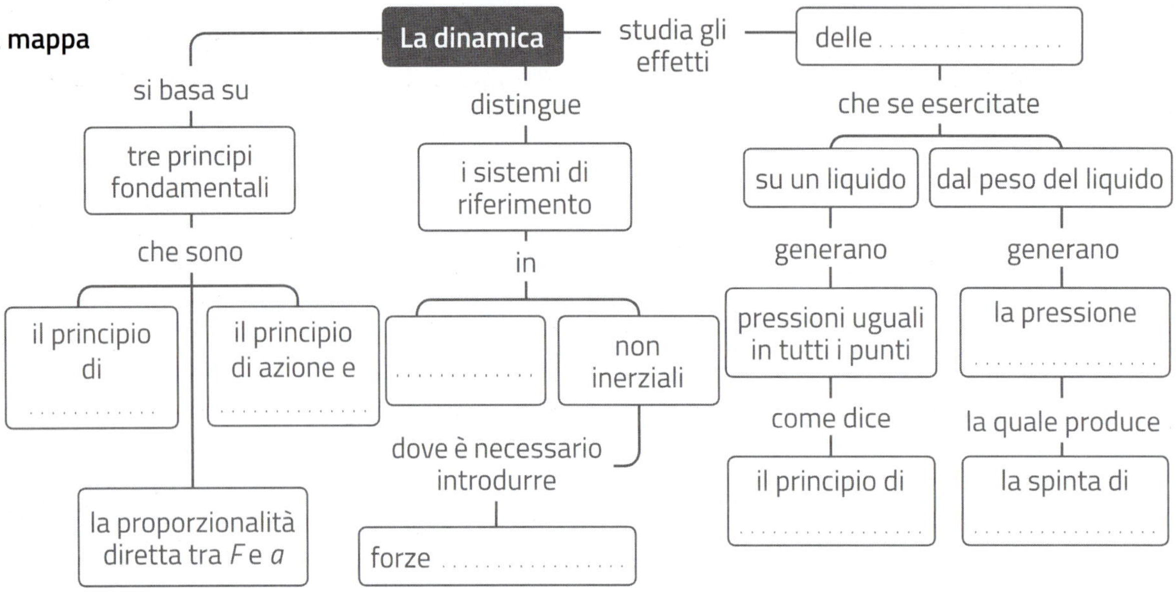

2. Il primo principio della dinamica afferma che

A un corpo mantiene il suo stato, se non intervengono forze esterne.
B un corpo non può muoversi per un tempo infinito.
C la forza di inerzia mette un corpo in movimento.
D un corpo può mettersi in movimento, anche senza l'intervento di una forza.

3. Una forza applicata a un corpo non vincolato

A permette al corpo di continuare a muoversi.
B provoca in ogni caso il movimento del corpo.
C provoca un'accelerazione del corpo.
D se il corpo è fermo, non ne provoca il movimento.

4. La pressione in un fluido

A dimezza quando si raddoppia l'intensità della forza applicata.
B dimezza quando si raddoppia la superficie sulla quale agisce la forza.
C raddoppia quando si raddoppia la superficie sulla quale agisce la forza.
D raddoppia quando si dimezza l'intensità della forza applicata.

5. Esercitando una forza su un fluido, la pressione

A non dipende dall'intensità della forza.
B si suddivide nelle diverse zone del fluido.
C non dipende dalla superficie sulla quale viene esercitata la forza.
D si trasmette ugualmente in ogni punto del fluido.

6. Vero o falso? Correggi le affermazioni errate sul tuo quaderno.

a. Se su un corpo fermo non agiscono forze, esso si mette in movimento. V F
b. Due corpi con diversa massa subiscono un'accelerazione diversa, anche se provocata da un'identica forza. V F
c. La pressione idrostatica aumenta all'aumentare della profondità alla quale la misuriamo. V F
d. Un sistema inerziale si muove di moto accelerato, rispetto alla Terra. V F
e. La pressione esercitata su un fluido da una forza esterna si trasmette identica in ogni punto del fluido. V F
f. Un liquido con elevata densità, come il mercurio, determina spinte di Archimede minori rispetto all'acqua. V F

7. Rispondi alle domande sul tuo quaderno.

a. Che cosa si intende per «inerzia»?
b. Se la somma delle forze che agiscono su un corpo è uguale a zero, che cosa accade alla sua velocità?
c. Quali sono i sistemi di riferimento non inerziali?
d. Come puoi descrivere la forza centrifuga?
e. A parità di forza esercitata, che relazione c'è tra la pressione e la superficie?
f. Spiega perché nei vasi comunicanti il liquido raggiunge sempre lo stesso livello.
g. In quali casi la spinta generata dal fluido permette a un corpo di galleggiare?

8. **Ipotizziamo di avere a disposizione tre oggetti fermi, che vogliamo accelerare. Supponendo trascurabili le forze di attrito, quale dovrà essere l'intensità della forza applicata a ciascuno, se vogliamo ottenere per tutti la stessa accelerazione di 1,2 m/s²?**

$m_1 = 1$ kg

$F_1 =$ .... N

$m_2 = 20$ kg

$F_2 =$ .... N

$m_3 = 100$ kg

$F_3 =$ .... N

9. **Rifletti e rispondi.**

Ti sarà capitato di fare il bagno in piscina o al mare. Perché il corpo umano galleggia nell'acqua?

....

....

....

È vero che nell'acqua salata del mare si galleggia meglio? Perché?

....

....

....

Che cosa puoi fare, mentre sei in acqua, per modificare il volume emerso del tuo corpo?

....

....

....

Che cosa puoi fare per raggiungere il fondo del mare o della piscina?

....

....

....

10. **Risolvi il cruciverba.**

Orizzontali

2. Formulò il primo principio della dinamica.
6. È data dal rapporto tra l'intensità della forza e la superficie sulla quale viene applicata.
7. I sistemi di riferimento al cui interno il principio d'inerzia è sempre verificato.

Verticali

1. La forza che si oppone all'azione nel terzo principio della dinamica.
3. Una forza apparente diretta verso l'esterno della traiettoria circolare di un corpo.
4. Porta il suo nome la spinta che permette ai corpi di galleggiare.
5. Formulò il secondo principio della dinamica.
6. L'unità di misura della pressione nel SI.
8. Tendenza di un corpo a mantenere il proprio stato di moto.

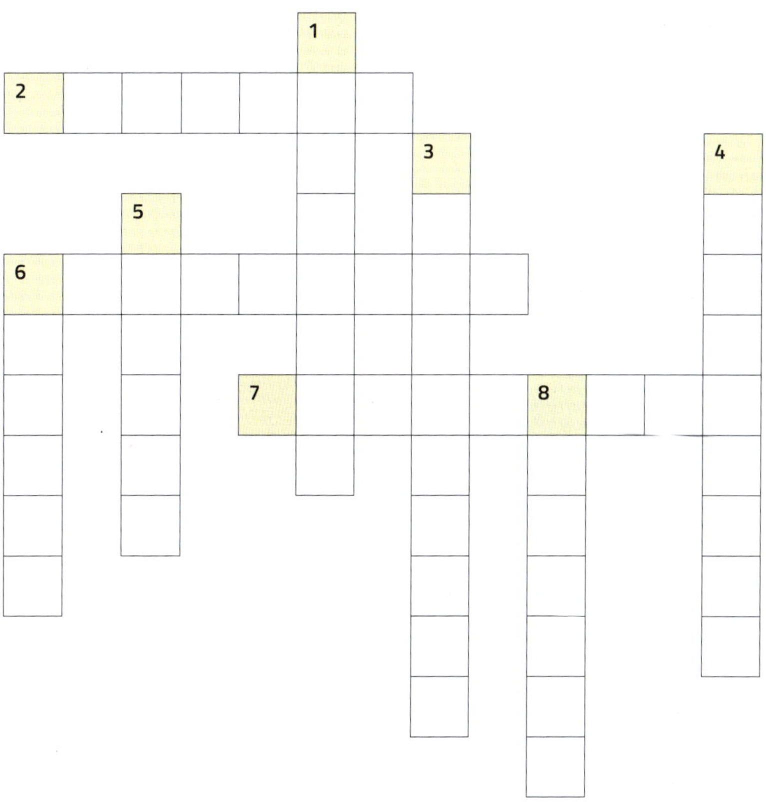

11. **In una mostra scientifica destinata agli alunni delle scuole primarie, gli organizzatori vogliono allestire una sezione sperimentale dedicata al galleggiamento dei corpi e ti contattano per collaborare alla preparazione di questa parte interattiva della mostra.**

Percorso guidato

1. Ripassa le lezioni 5 e 6.
2. Fai una ricerca su Internet per trovare esperimenti che possano essere realizzati con materiale di recupero o facilmente reperibile.
3. Procedi all'ideazione di un esperimento sul galleggiamento, in cui potresti comparare corpi di diversa densità immersi in uno stesso liquido o liquidi a diversa densità nei quali immergere uno stesso oggetto.
4. Prova a fare l'esperimento. Puoi anche farti filmare durante l'esecuzione dell'esperimento. Nel video, puoi immaginare di mostrare il fenomeno ai visitatori della mostra (quindi usando un linguaggio adatto agli alunni della scuola primaria) e spiegare anche il procedimento e le conclusioni.
5. Compila una scheda di documentazione dove scriverai:
   - l'elenco del materiale occorrente;
   - il procedimento corredato di fotografie;
   - la spiegazione del fenomeno osservato;
   - le conclusioni.

Materiale

Procedimento

Spiegazione

Conclusioni

A9 ESERCIZI CLIL

12. **Match each term of the glossary to its definition.**

1. friction
2. newton
3. centripetal
4. force
5. acceleration
6. stationary
7. mass
8. thrust

a. a push or a pull
b. not moving
c. the rate of change in velocity (or speed)
d. a force that opposes motion
e. a force used to move a body forwards or up
f. the amount of matter contained by an object
g. the unit of force
h. moving towards the centre

Parte **B** Capitolo **8**

L'ECOLOGIA E IL COMPORTAMENTO ANIMALE

Di' la tua

Che titolo daresti alla vignetta? ....

Come interverresti nella discussione? Qual è la tua opinione?

....

Ciak, si impara!
La catena alimentare

Lezione

1

L'ecologia

1. L'ecologia studia le interazioni tra organismi e ambiente

Dalle profondità degli abissi oceanici fino agli strati dell'atmosfera, il pianeta Terra ospita la vita in tutte le sue forme.

La parola **ambiente** definisce il luogo fisico in cui vivono gli organismi e tutti i fattori che lo caratterizzano.

Ogni ambiente ha caratteristiche che lo rendono adatto ad alcune specie di organismi e non ad altre; nello stesso ambiente convivono diverse specie di organismi che interagiscono fra loro. Ci sono ambienti come la savana, che presentano una grande varietà di specie, e altri come il lago salato Chott el-Jerid, in Tunisia, in cui pochi organismi riescono a sopravvivere.

Un **ambiente biologico** è costituito da una componente *biotica*, gli organismi viventi, animali e piante, e da una componente *abiotica*, cioè non vivente, rappresentata da luce, acqua, aria e suolo.

Il **lago salato Chott el-Jerid** è un ambiente estremo, a cui pochi organismi sono riusciti ad adattarsi: la temperatura raggiunge spesso i 50°C e le piogge sono scarse, tanto che d'estate il terreno si ricopre di cristalli di sale.

L'ambiente della savana, come quello del **cratere di Ngorongoro** in Tanzania, presenta una straordinaria varietà di specie.

Ecologia deriva dai termini greci che significano «casa» e «studio»: l'ecologia è «lo studio di casa nostra». Lo scienziato che si occupa dello studio dell'ecologia è l'ecologo.

L'ecologia è la disciplina che studia le interazioni tra gli organismi e il loro ambiente.

L'ecologia costituisce un campo di ricerca molto complesso, perché le interazioni tra gli organismi e l'ambiente in cui vivono sono bidirezionali: gli organismi sono influenzati dall'ambiente ma, a loro volta, interagiscono con esso. Per esempio, mentre compiono la fotosintesi, le piante consumano diossido di carbonio e liberano ossigeno, modificando la composizione dell'atmosfera; allo stesso tempo, esse sintetizzano sostanze nutrienti, che possono essere consumate dagli animali.

Gli ecologi studiano le interazioni ambientali a diversi livelli: a livello di **organismo** analizzano il modo in cui esso si adatta per sopravvivere in un certo ambiente; quindi studiano la **popolazione**, cioè il gruppo di individui della stessa specie che vivono in una certa area; il livello successivo è la **comunità**, l'insieme delle popolazioni di tutte le specie; infine si studia l'**ecosistema** nel suo complesso, in particolare le interazioni tra le componenti biotica e abiotica.

Per capire che cosa studiano gli ecologi, prendiamo una pianta di trifoglio come esempio di organismo e analizziamo i livelli di interazione nell'ambiente, fino a risalire all'ecosistema in cui è inserito.

1 A livello di **organismo**, un ecologo può studiare gli adattamenti che permettono alla pianta di trifoglio di crescere a una determinata altitudine.

2 A livello di **popolazione**, un ecologo potrebbe studiare la crescita della popolazione di trifogli in seguito a un cambiamento climatico.

3 A livello di **comunità**, un ecologo può occuparsi delle interazioni tra gli organismi appartenenti a specie diverse, come la relazione tra i trifogli e gli insetti impollinatori presenti in un prato.

4 Gli studi a livello di **ecosistema** riguardano, per esempio, gli scambi di energia tra la pianta di trifoglio e l'ambiente montano.

SCIENZA E AMBIENTE

Un esempio di ecosistema: la siepe

Le **siepi** sono piccoli ecosistemi molto comuni in città e in campagna: quelle che circondano le abitazioni hanno scopo ornamentale e in genere sono formate da un'unica specie vegetale. Invece lungo le strade che delimitano campi, zone incolte o corsi d'acqua, osserviamo siepi spontanee costituite da più specie vegetali.

Le **siepi ornamentali** derivano dall'azione diretta dell'uomo, che decide il luogo in cui piantarle, quali piante usare e come farle crescere.

Le **siepi spontanee** si formano lungo recinzioni, strade o canali abbandonati. In assenza di interventi umani, le piante si sviluppano e germinano semi di nuove specie. Quindi la composizione vegetale di questo tipo di siepe è molto varia.

La **quantità di luce** è un elemento fondamentale: i lati della siepe rivolti a nord e a est ricevono una quantità di luce minore rispetto a quelli esposti a sud e a ovest, che presenteranno un maggiore sviluppo in altezza e in larghezza.

Gli arbusti più comuni nelle siepi sono il **prugnolo** e il biancospino, che hanno una ricca e precoce fioritura primaverile. In estate e in autunno producono i loro frutti i rovi, il nocciolo e la rosa selvatica.

La **disponibilità di acqua** è un altro elemento importante. Se osserviamo lo sviluppo di una siepe lungo l'argine di un corso d'acqua, vedremo che esso segue il tracciato del letto del fiume. Le variazioni stagionali della **temperatura** e il **tipo di suolo** sono altri fattori che influenzano lo sviluppo e le specie vegetali presenti.

La siepe favorisce la **biodiversità**, cioè la varietà delle specie presenti nel territorio, offrendo protezione e nutrimento a molti animali. Inoltre frena le raffiche di vento, riducendo gli effetti delle bufere di pioggia e di grandine, e riduce l'evaporazione dal suolo, favorendo la formazione della rugiada. Infine le radici delle piante che la compongono consolidano il suolo, limitando il dilavamento e il rischio di frane.

Il **topolino di campagna** si nutre soprattutto di frutti e semi. È attivo dopo il tramonto e riesce a sopravvivere anche a climi freddi.

L'**avèrla** è uno degli abitanti della siepe. Questo uccellino è lungo circa 18 cm e si nutre di insetti, piccoli mammiferi, lucertole e rane, che infilza sulle spine dei rovi.

Il **riccio** è un piccolo mammifero rivestito di aculei, che si nutre di insetti, lumache, rane, uova e frutta. Durante i mesi invernali va in letargo, appallottolandosi in una tana o fra le foglie, e sopravvive sfruttando le riserve di grasso accumulate durante l'estate.

La **donnola** è un piccolo carnivoro lungo circa 30 cm, che vive nelle cavità del terreno o degli alberi. Va a caccia di notte, alla ricerca di topi, lepri, rane e piccoli uccelli.

2. Gli ecosistemi

L'ecosistema può quindi essere considerato un'unità ecologica fondamentale, costituita da un ambiente, dagli organismi che ci vivono e dalle relazioni che esistono fra loro.

> **L'ecosistema** è l'insieme di tutte le forme di vita e di tutti i fattori non viventi di una certa zona.

Gli ecosistemi si dividono in due grandi gruppi: gli **ecosistemi acquatici**, come il lago, il mare o lo stagno, e gli **ecosistemi terrestri**, come il bosco, il prato o il deserto.

All'interno di un ecosistema vivono numerosi individui appartenenti a specie diverse: nel loro insieme, costituiscono la **biodiversità** o diversità biologica di un determinato ambiente. Ogni individuo è in relazione più o meno diretta con gli altri individui che appartengono allo stesso ecosistema; la biodiversità dipende sia dal numero totale di specie presenti, sia dal numero di individui di ogni specie.

IMPARA A IMPARARE

1. Completa lo schema.

L'ecologia
- deriva da due parole greche che significano: studio; ....
- studia: le .... ambientali
- è la disciplina di cui si occupano gli scienziati chiamati: ....
- a livello di: organismo; ....; comunità; ....
  - che è l'insieme di: tutte le forme di vita; tutti i fattori non viventi

2. Rileggi la lezione e scrivi sul quaderno le definizioni dei termini seguenti.

ambiente – ambiente biologico – componente abiotica – componente biotica – ecologia – popolazione – comunità – ecosistema

Lezione

2

Le interazioni tra gli organismi

3. Le popolazioni interagiscono tra loro

Nell'ambiente, ci sono fattori che influenzano la vita degli organismi.

Un gruppo di individui della stessa specie che vive nello stesso territorio costituisce una **popolazione**.

In condizioni ambientali favorevoli, le popolazioni tendono a crescere sempre di più. Per esempio, se c'è abbastanza erba da mangiare, una popolazione di conigli selvatici che vive in un bosco diventa sempre più numerosa a mano a mano che i conigli si riproducono.

Tuttavia in natura esistono fattori che limitano la crescita di una popolazione: le malattie, l'esaurimento delle risorse alimentari, il clima sfavorevole.

I **fattori limitanti** contribuiscono a mantenere stabili nel tempo le dimensioni di una popolazione.

4. La predazione è un esempio di interazione tra popolazioni

Uno dei fattori limitanti è rappresentato dall'interazione con un'altra popolazione: per esempio, le volpi che uccidono i conigli per nutrirsene. In questo esempio, i conigli sono le **prede** e le volpi sono i **predatori**.

L'interazione tra una popolazione di prede e una di predatori è detta **predazione**.

In un ecosistema, il numero delle prede e dei predatori varia nel tempo, seguendo un andamento ciclico. Quando la popolazione di conigli aumenta, anche le volpi diventano più numerose, perché hanno molto cibo a disposizione. Tuttavia a mano a mano che i predatori aumentano, i conigli diminuiscono. Quando le prede iniziano a scarseggiare, anche la popolazione delle volpi si riduce; questo permette alla popolazione di conigli di ricominciare a crescere e il ciclo ricomincia.

In questo modo, la predazione contribuisce a mantenere in equilibrio le popolazioni di volpi e conigli.

L'interazione tra prede e predatori è uno dei fattori che portano alla **selezione naturale** degli individui che hanno le caratteristiche più vantaggiose: soltanto le prede più veloci nella fuga o con una colorazione che aiuta a mimetizzarsi con l'ambiente riusciranno a riprodursi; i predatori saranno favoriti da un corpo agile e scattante e da denti e artigli affilati.

I **predatori**, come questa volpe, sono un fattore limitante per la crescita di altre popolazioni, in questo caso dei conigli.

5. Altri tipi di interazioni: competizione e simbiosi

Un meccanismo che contribuisce a mantenere stabili le dimensioni di una popolazione è la **competizione** per una risorsa, per esempio il cibo, l'acqua o il territorio. La competizione può essere **intraspecifica** (tra organismi della stessa specie) oppure **interspecifica** (tra individui di specie diverse).

Un altro esempio di relazione che può modificare la struttura di un ecosistema è la **simbiosi**, che coinvolge due o più specie che vivono a stretto contatto tra loro. Le relazioni simbiotiche possono essere più o meno vantaggiose.

- Nel **parassitismo**, il parassita si nutre a spese dell'ospite. Sono parassiti zecche e pulci, che si nutrono del sangue degli animali.
- Nei casi di **mutualismo**, entrambe le specie coinvolte traggono vantaggio dalla convivenza. Per esempio, le bufaghe sono uccelli che si nutrono di parassiti presenti sulla pelle dei mammiferi: mentre loro si nutrono, aiutano i mammiferi a liberarsi dei parassiti.
- Nel **commensalismo**, solo uno dei due organismi trae vantaggio, ma non danneggia l'altro. Per esempio, alcune specie di orchidee si appoggiano al tronco di altre piante per avere una migliore illuminazione.

COMPETIZIONE INTRASPECIFICA

In questa popolazione di **gabbiani**, gli individui competono tra loro per i siti di nidificazione.

COMPETIZIONE INTERSPECIFICA

In una foresta tropicale, tutte le **specie vegetali** competono per la disponibilità di luce.

PARASSITISMO

Le **zecche** sono artropodi parassiti che vivono sulla pelle dei vertebrati, nutrendosi del loro sangue.

MUTUALISMO

Le **bufaghe** si nutrono dei parassiti dell'**impala**, che in questo modo se ne libera; è un esempio di mutualismo.

COMMENSALISMO

Alcune specie di **orchidea** si sviluppano sul tronco di altre piante, ma non sottraggono alcuna sostanza nutritiva all'altro organismo.

Simbiosi deriva dal greco *syn*, che significa «insieme», e *bios*, che significa «vita»: indica un rapporto di associazione tra due specie diverse.

6. Le catene alimentari

Le comunità di organismi che vivono all'interno di un ecosistema sono legate da relazioni alimentari, che i biologi chiamano **relazioni trofiche**: una specie costituisce il cibo di un'altra specie, che viene a sua volta mangiata da un'altra e così via.

Trofico deriva dal greco *trophé*, che significa «nutrimento».

In base alle sue relazioni alimentari, ogni specie occupa una precisa posizione nell'ecosistema, che viene chiamata **livello trofico**.

Gli organismi fotosintetici occupano il livello di **produttori**: essi usano l'energia luminosa per produrre sostanze nutrienti (zuccheri) a partire dall'acqua e dal diossido di carbonio presente nell'aria. Le piante sono i principali produttori sulla terraferma, invece nell'acqua i produttori più importanti sono le alghe unicellulari e i cianobatteri, che costituiscono il fitoplancton. Poiché forniscono il cibo alla maggior parte degli organismi, i produttori costituiscono il livello trofico su cui poggiano tutti gli altri.

Gli animali e i microrganismi acquatici dello zooplancton sono i **consumatori**: essi non sono in grado di produrre da sé il proprio nutrimento, ma si cibano di piante (erbivori), di altri animali (carnivori) oppure di entrambi (onnivori, come gli esseri umani).

Il livello trofico dei **decompositori** comprende gli organismi che trasformano i detriti organici (come prodotti di rifiuto, foglie cadute e organismi morti) in sostanze semplici, che vengono restituite al terreno, per essere nuovamente assimilate dai produttori. I decompositori più importanti sono i batteri e i funghi, ma esiste una grande varietà di animali, come lombrichi, avvoltoi, alcuni insetti e pesci, che si nutrono di sostanze in decomposizione: questi organismi sono detti **saprofagi**.

La sequenza dei passaggi di cibo da un livello all'altro costituisce la **catena alimentare** di un ecosistema.

SCIENZA E AMBIENTE

La catena alimentare di un bosco

Il **bosco** è un ecosistema molto complesso, costituito da un'ampia superficie di terreno coperto di cespugli e alberi. Il bosco può avere caratteristiche diverse a seconda del luogo in cui è situato, in base all'**altitudine**, al tipo di **suolo**, all'esposizione alla **luce**. Inoltre è in stretto rapporto con gli altri ecosistemi con i quali confina (prati, stagni, fiumi, campi).

Gli alberi, i cespugli e le piante come questo trifoglio, sono i **produttori**. Questi organismi costituiscono il livello trofico di base: essendo fotosintetici, producono cibo per sé e per gli altri.

Produttore: IL TRIFOGLIO

Decompositori: I FUNGHI

Nella lettiera e nel sottobosco vivono molti **organismi decompositori**, come questi funghi. Essi demoliscono le sostanze organiche in composti più semplici, che restituiscono al suolo.

Consumatore terziario: L'AQUILA

Ai livelli trofici più alti si trovano i **consumatori terziari** come le aquile, che predano le volpi.

La stabilità dell'ecosistema bosco si basa sulle relazioni tra gli organismi che lo popolano. Grazie a tali relazioni, sono garantite la disponibilità di **sostanze nutritive,** la regolarità del flusso di **energia** all'interno dell'ecosistema e il **riciclo dei rifiuti.**

Le **relazioni di dipendenza** che esistono tra i vari organismi sono molto strette. Per esempio, la scomparsa dei consumatori terziari o secondari come l'aquila, la volpe, l'orso e il lupo provoca un aumento incontrollato della popolazione degli erbivori, e la conseguente diminuzione delle specie vegetali di cui essi si nutrono.

Consumatore primario: LA LEPRE

I **consumatori primari** occupano un livello superiore rispetto ai produttori. Per esempio, la lepre è un erbivoro che si nutre di erba, trifoglio e altri vegetali.

Consumatore secondario: LA VOLPE

Il livello trofico successivo è quello dei **consumatori secondari,** che si nutrono dei consumatori primari. Per esempio, questa volpe ha appena catturato una lepre.

7. Le reti alimentari

Nella realtà, le interazioni alimentari all'interno di un ecosistema sono più complesse delle semplici catene alimentari. Infatti una specie animale può occupare contemporaneamente livelli trofici diversi. Per esempio, nel disegno sottostante il lupo occupa due diversi livelli trofici: secondario nella catena costituita da carota e cinghiale e terziario in quella formata da foglia, bruco e fagiano. Per questo motivo, per descrivere i rapporti tra gli organismi è più corretto parlare di reti alimentari.

Una **rete alimentare** è un insieme di catene alimentari interconnesse tra loro.

Possiamo rappresentare le relazioni alimentari tra gli abitanti di uno stesso ecosistema con una rete formata da frecce, che indicano «è mangiato da».

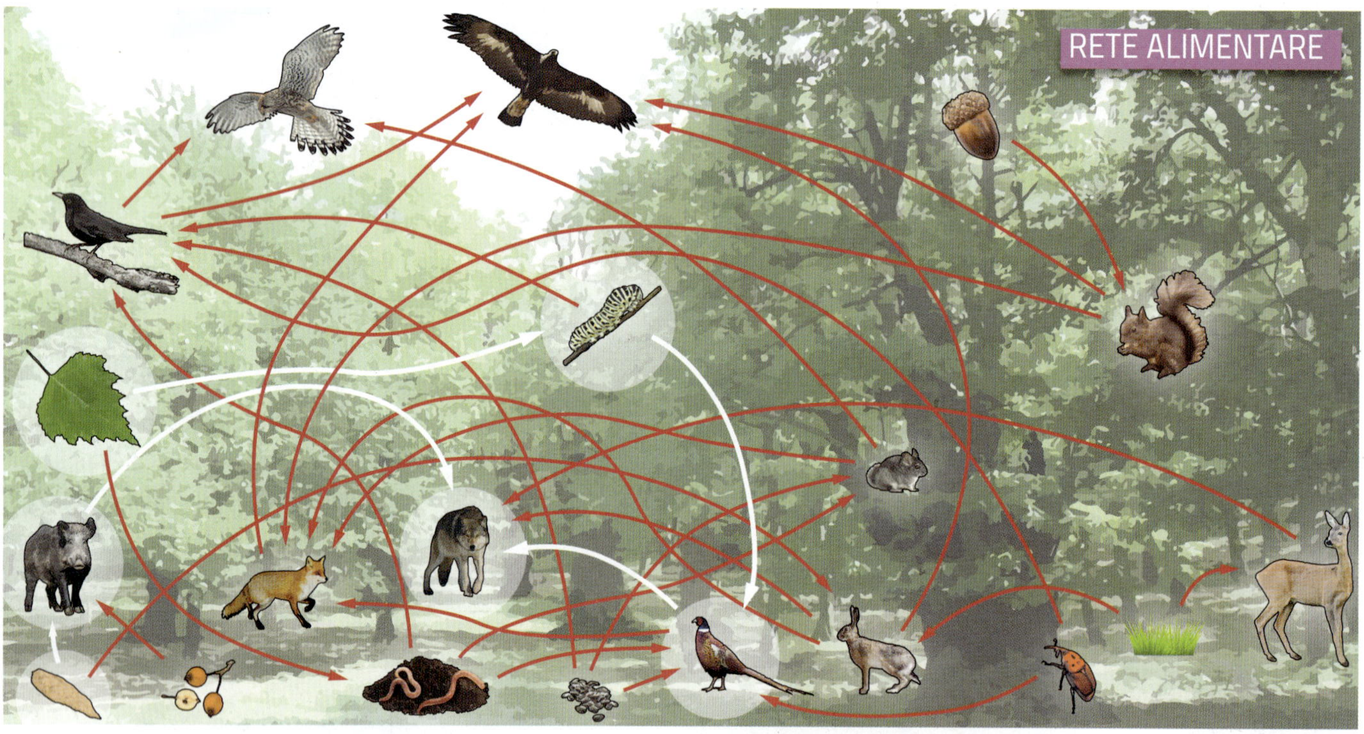

8. Decompositori: il ciclo si chiude

Il ciclo vitale di tutti gli esseri viventi ha una fine, per morte naturale o perché l'individuo viene mangiato da un altro organismo. Così le foglie di un albero possono depositarsi sul suolo o diventare nutrimento per larve e insetti. Perché il **ciclo biologico** si chiuda, le sostanze organiche morte devono essere trasformate in sostanze inorganiche riutilizzabili dalle piante.

I **decompositori** sono gli esseri viventi che si nutrono dei rifiuti e dei resti di altri organismi, trasformando la materia organica in sostanze inorganiche.

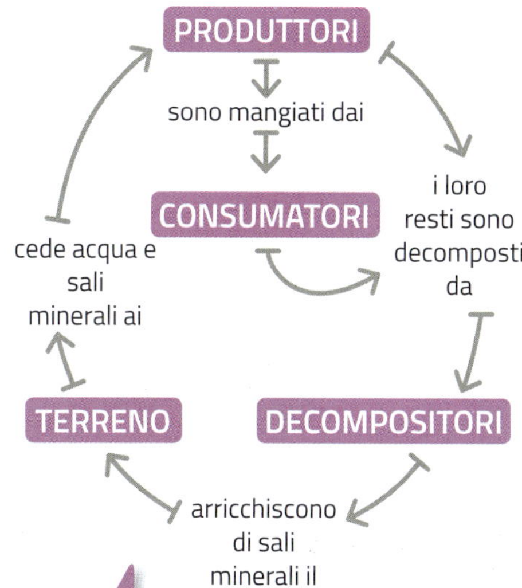

Il **ciclo biologico** segue le direzioni indicate dalle frecce.

I decompositori, svolgendo il loro ciclo vitale, permettono una sorta di riciclo della materia. In questo modo, chiudono il ciclo biologico: le sostanze inorganiche, provenienti dal suolo e dall'aria, sono trasformate in sostanze organiche dai produttori e, alla fine, ritornano al suolo e all'aria grazie all'azione dei decompositori.

In ogni ambiente osserviamo **catene di decompositori**, che agiscono sui detriti organici a diversi livelli.

Per esempio, in un prato i resti vegetali (legno, foglie morte e frutti caduti al suolo) e animali (cadaveri, rifiuti ed escrementi) vengono demoliti da diversi organismi. I *lombrichi* mangiano le foglie morte, ingerendo anche grandi quantità di terra, che passa attraverso l'apparato digerente del lombrico e viene espulsa, formando le caratteristiche «montagnole» che osserviamo nei prati. Il movimento dei lombrichi e le loro tane sotterranee contribuiscono a mantenere il suolo aerato e rimescolato. I *funghi* e le *muffe* sono organismi eterotrofi e traggono le sostanze organiche per il loro sviluppo soprattutto dai resti vegetali. Infine gli organismi unicellulari come *batteri* e *protozoi* sono l'ultimo anello della catena dei decompositori.

In un prato, agiscono diversi **organismi decompositori**.

In un albero ci sono più **nicchie ecologiche**.

PICCHIO

AYE-AYE

9. Le nicchie ecologiche

Il ciclo vitale degli esseri viventi dipende dalle **risorse** disponibili nell'ambiente in cui vivono: la disponibilità di acqua, aria, luce e nutrimento ma anche la possibilità di costruire nidi o tane sicure.

L'insieme di tutte le relazioni che ci sono tra una specie e le risorse dell'ambiente in cui vive e mediante le quali si nutre, sopravvive e si riproduce è indicato con il termine **nicchia ecologica**.

Nello stesso luogo fisico, per esempio un albero, ci sono più nicchie ecologiche, i cui occupanti convivono tra loro perché non usano le stesse risorse. Le foglie di un albero vengono mangiate da molte specie di insetti e, allo stesso tempo, offrono rifugio a uccelli e scoiattoli. Sulla corteccia, si sviluppano licheni e funghi. Sotto la corteccia vivono larve di insetti, di cui si cibano molti uccelli.

Spesso si scatena una lotta tra individui della stessa specie o di specie affini, per occupare la stessa nicchia ecologica. Per esempio, due piante di quercia germinate vicino alla pianta madre competono tra di loro e con la pianta adulta per la stessa nicchia ecologica perché hanno bisogno delle stesse risorse: acqua, luce, nutrienti nel suolo. La **competizione tra due specie** è tanto maggiore quanto più esse hanno esigenze simili; se le risorse sono limitate, la competizione potrebbe determinare l'estinzione di una delle due.

In natura ci sono individui che hanno sviluppato adattamenti simili e occupano la stessa nicchia ecologica, ma vivono in ambienti molto diversi e geograficamente distanti, come il picchio e l'aye-aye. Entrambi si nutrono delle larve, che si trovano sotto la corteccia degli alberi: il picchio è un uccello arrampicatore con un becco appuntito, adatto a forare la corteccia, e con una lunga lingua, che gli permette di catturare le larve; invece l'aye-aye è un mammifero del Madagascar con dita lunghe e sottili, che gli permettono di estrarre le larve.

IMPARA A IMPARARE

1. Completa lo schema.

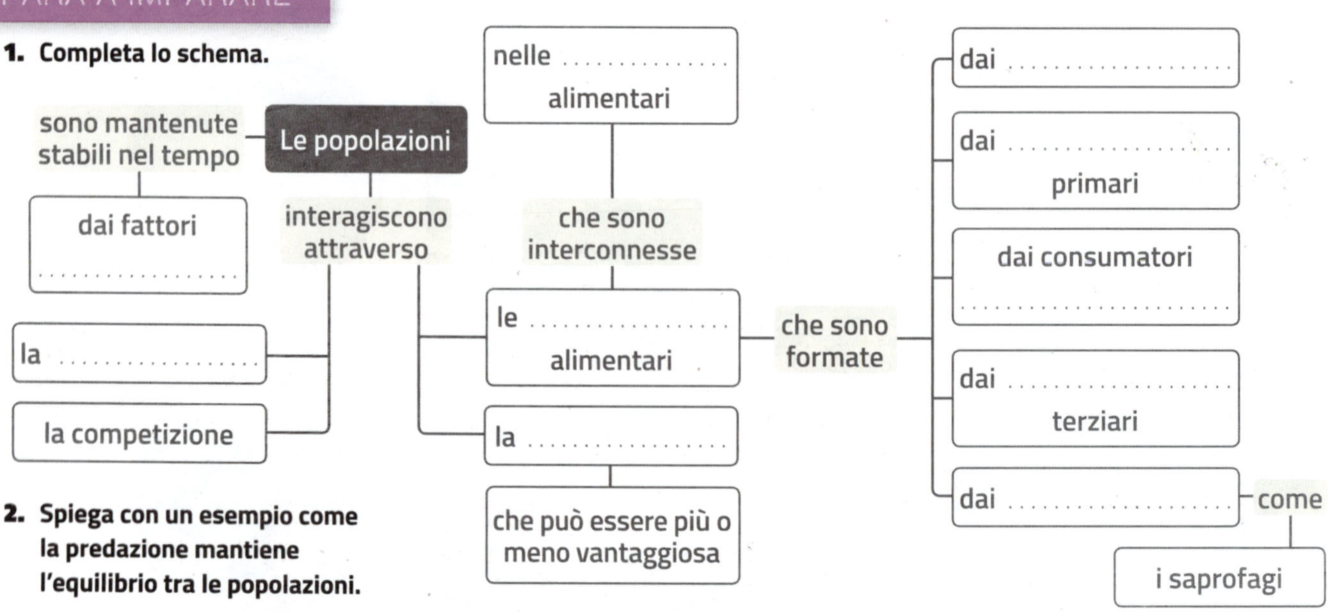

2. Spiega con un esempio come la predazione mantiene l'equilibrio tra le popolazioni.

Lezione

3

L'energia e la vita

10. Il ciclo della materia negli ecosistemi

Gli **elementi chimici** che costituiscono gli esseri viventi sono principalmente carbonio, idrogeno, ossigeno, azoto e fosforo. All'interno di un ecosistema, questi elementi passano continuamente dall'ambiente (aria, acqua e suolo) agli esseri viventi, poi di nuovo all'ambiente.

> Il trasferimento di sostanze tra gli organismi e l'ambiente prende il nome di **ciclo della materia**.

Il **carbonio** forma sia sostanze organiche come gli zuccheri, sia sostanze inorganiche come il diossido di carbonio, attraverso il *ciclo del carbonio*. Allo stesso modo l'**azoto** si trova sia nell'aria sotto forma di gas, sia nel suolo all'interno di composti come l'ammoniaca e i nitrati, costituendo così il *ciclo dell'azoto*. L'**ossigeno** e l'**idrogeno** sono gli elementi chimici che formano l'acqua, che si rinnova continuamente nel *ciclo dell'acqua*, svolgendo un ruolo indispensabile nella fotosintesi e per tutti gli esseri viventi.

> Gli elementi chimici compiono una serie di **cicli**, passando da sostanze semplici (nel suolo, nell'aria e nell'acqua) a sostanze organiche complesse (negli esseri viventi) e viceversa.

Per compiere questa serie di passaggi, il ruolo svolto da ogni organismo è fondamentale.

- I *produttori* prelevano dall'ambiente sostanze semplici, come diossido di carbonio, acqua e nitrati, e le trasformano in composti organici (zuccheri, grassi e proteine).
- I *consumatori* si nutrono dei produttori e rielaborano questi composti organici, liberandone altri nell'ambiente sotto forma di prodotti di rifiuto.
- I *decompositori* demoliscono sia le sostanze di rifiuto sia i tessuti degli organismi morti, restituendo all'ambiente le sostanze semplici, che possono essere nuovamente usate dai produttori.

Il **ciclo della materia** segue le direzioni indicate dalle frecce.

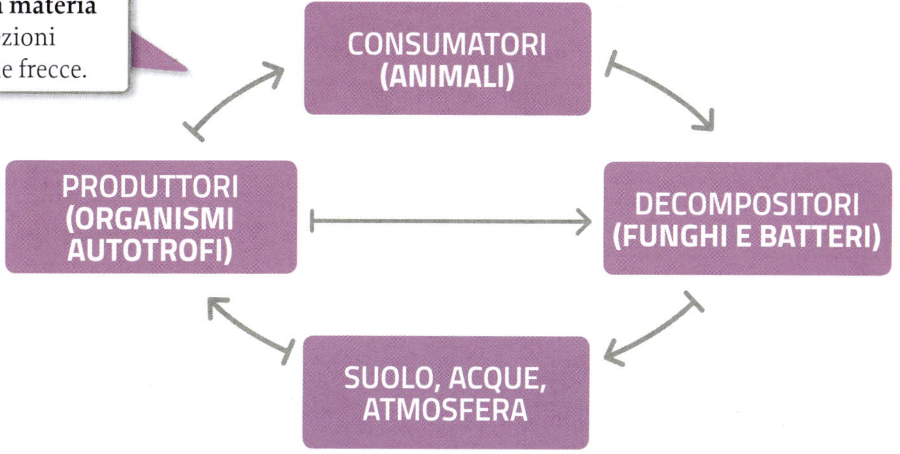

11. Il flusso di energia negli ecosistemi

Attraverso il cibo, la materia passa da un organismo all'altro. Le reazioni chimiche che trasformano il cibo permettono agli esseri viventi di ottenere **energia** per muoversi, accrescersi, riprodursi o semplicemente vivere.

> Il **flusso di energia** è il trasferimento di energia attraverso gli ecosistemi, dai produttori ai consumatori fino ai decompositori.

Il flusso di energia ha inizio dalla luce solare, che i produttori usano per costruire gli zuccheri, che sono i combustibili dei viventi: l'energia del Sole viene immagazzinata all'interno della materia organica. Nutrendosi delle piante, i consumatori trasformano gli zuccheri, ottenendo grandi quantità di energia che spendono per le loro funzioni vitali. Infine i decompositori producono energia da reazioni di trasformazione delle sostanze di rifiuto o delle sostanze che costituiscono i resti di piante e animali morti.

Tuttavia le trasformazioni di energia hanno una caratteristica: a ogni passaggio, una grande quantità di energia si trasforma in **calore**, che non può essere riusato, perché si disperde nell'ambiente.

Di conseguenza, passando da un livello trofico a quello successivo, la quantità di energia disponibile diminuisce notevolmente. Gli ecologi stimano che in ogni passaggio vada disperso circa il 90% dell'energia: soltanto il 10% rimane disponibile per il trasferimento al livello successivo.

FLUSSO DI ENERGIA

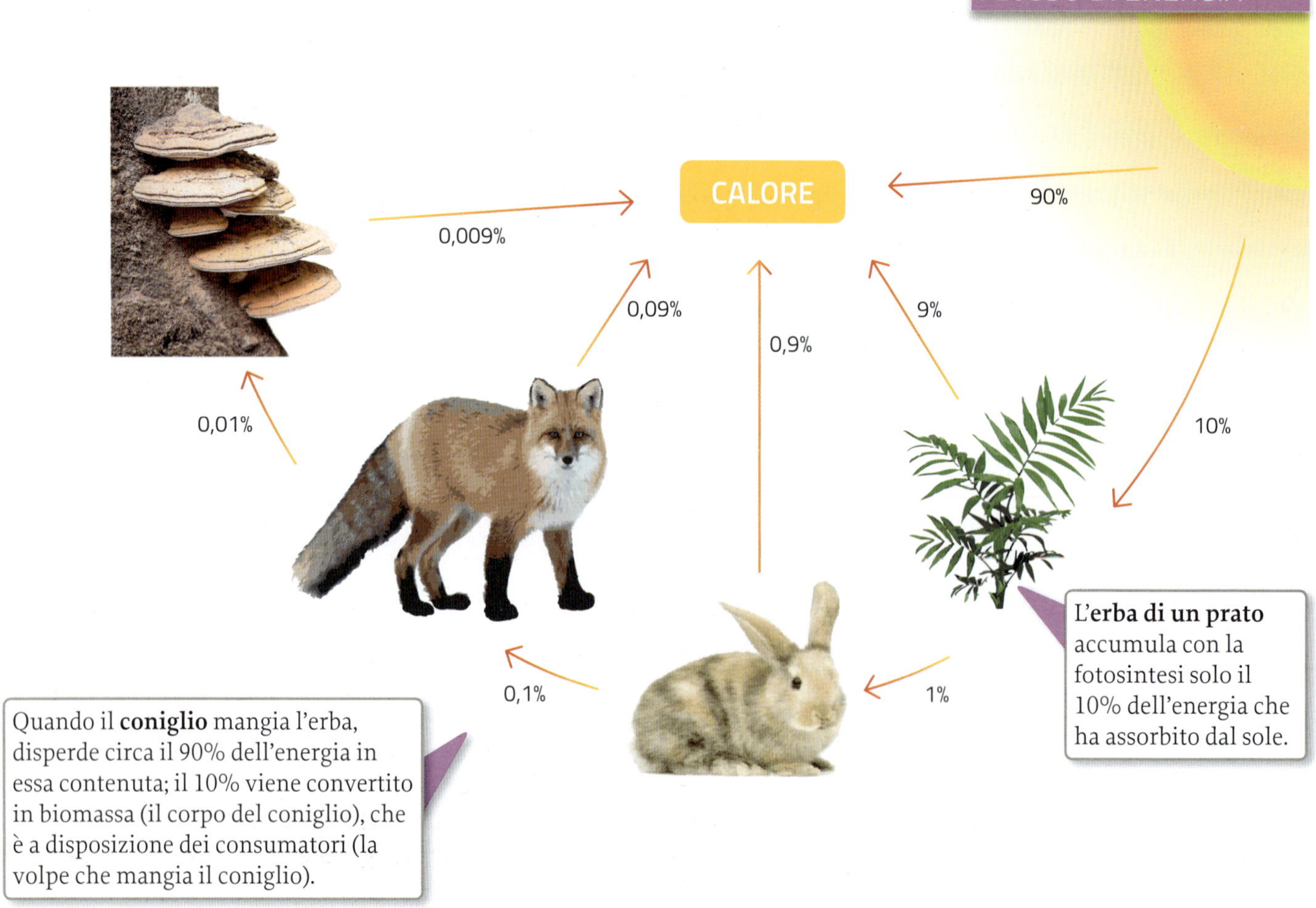

12. Le piramidi ecologiche

I biologi rappresentano la diminuzione di energia disponibile nei vari livelli con un diagramma.

La **piramide ecologica** mette in evidenza il fatto che, salendo di livello trofico, l'energia disponibile è sempre minore, quindi diminuisce anche il numero degli organismi che possono occupare tale livello.

I cicli della **materia** garantiscono un riciclo continuo degli elementi chimici fondamentali per la vita. Invece per quanto riguarda l'**energia** c'è una grande percentuale di dispersione in ogni passaggio, perché il calore non può essere recuperato. Per questo motivo, la biosfera terrestre non potrebbe esistere senza una fonte di energia esterna, costituita dal **Sole**, che garantisce un costante rifornimento.

Guarda il video
La piramide ecologica

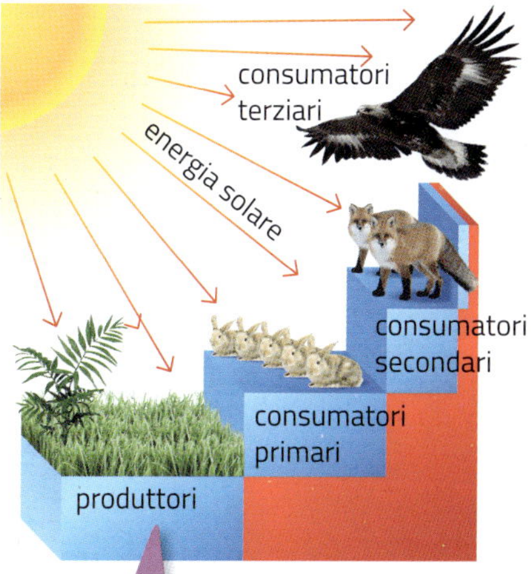

In blu è rappresentata l'**energia** che viene dispersa sotto forma di calore e in rosso quella che fluisce all'interno dell'ecosistema.

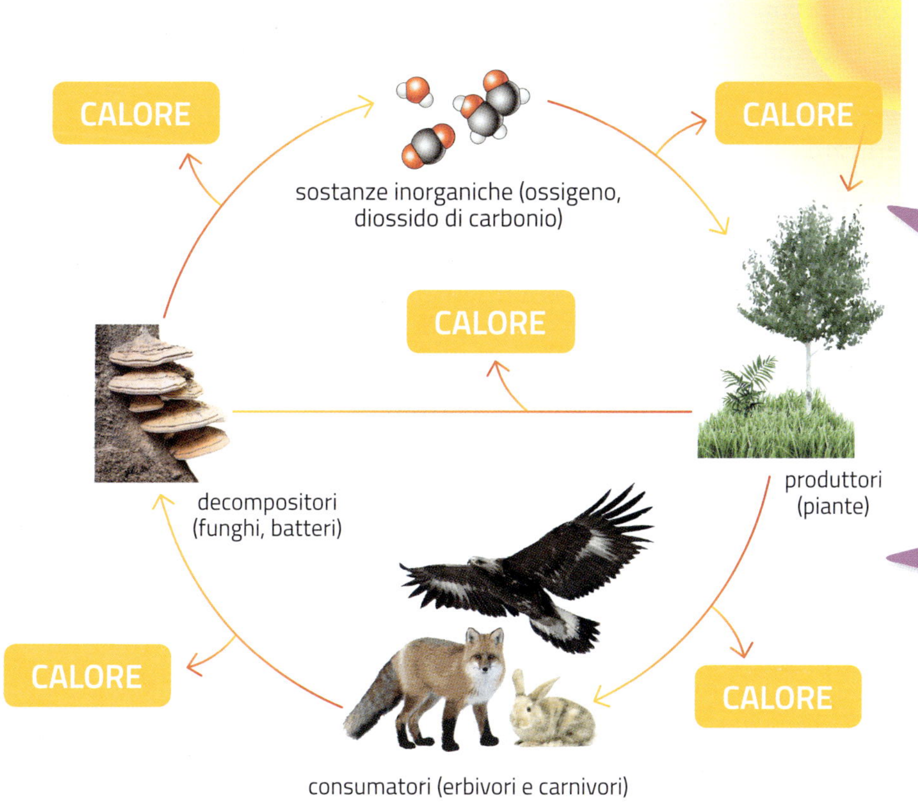

Solo il continuo apporto di energia derivante dal **Sole** permette la chiusura del ciclo della materia.

Mentre la **materia** si conserva, a ogni passaggio l'energia fluisce da un livello trofico all'altro, disperdendosi in parte come calore.

Guarda il video
Il flusso dell'energia e il ciclo della materia

IMPARA A IMPARARE

1. Completa lo schema.

Il flusso di energia negli ecosistemi — inizia dalla — [luce del ....] — che è usata — [dai .... (le piante)] — per costruire — [gli ....] — che vengono trasformati — [dai consumatori] — per ottenere — [l'..................]

2. Sul tuo quaderno fai un disegno della piramide ecologica, mettendo in evidenza ciò che succede all'energia disponibile a ogni livello trofico. Poi scrivi un testo di almeno 3 righe, come didascalia della tua rappresentazione.

Lezione

4

Lo studio del comportamento

15. L'etologia studia il comportamento animale

Come per le piante, anche per gli animali osserviamo un'enorme varietà di forme e strutture. Questa dipende dall'ambiente, dal modo di nutrirsi, dal tipo di movimenti, dalle modalità riproduttive.

Gli animali manifestano il loro adattamento all'ambiente, sviluppando **comportamenti** appropriati con cui rispondono agli **stimoli ambientali**, che ricevono attraverso i loro organi di senso.

Leggi la scheda
Il padre dell'etologia

L'**etologia** è la disciplina che studia il comportamento animale. I ricercatori che se ne occupano sono gli etologi.

Sappiamo che esistono animali che corrono, saltano, volano, nuotano, strisciano o scavano. Abbiamo osservato che per poter compiere questi movimenti, ogni animale ha una forma del corpo adatta al suo stile di vita.

Quando le condizioni ambientali sono sfavorevoli, diversi animali si ritirano in **letargo**: è uno stato di latenza, in cui i consumi vitali scendono al minimo. Invece altri animali, come molte specie di uccelli, scelgono di **migrare** per superare il periodo sfavorevole.

Tutti gli animali cercano gli ambienti più adatti per vivere, si procurano il cibo, cercano di sfuggire ai predatori, si riproducono: queste attività costituiscono risposte, che un animale dà alle sollecitazioni che provengono dall'ambiente e sono alla base del **comportamento**.

Il comportamento degli animali è un potente mezzo di **adattamento** e ha un'importanza fondamentale ai fini della **sopravvivenza** dell'individuo e della specie. Le caratteristiche comportamentali sono tanto diversificate quanto quelle morfologiche.

Il letargo e la migrazione sono **comportamenti stagionali**, che permettono agli animali di superare il periodo invernale.

16. I comportamenti possono essere innati o appresi

Per molti animali, la maggior parte dei comportamenti è innata: questo significa che il comportamento non deve essere appreso e si ripete sempre uguale. Il **comportamento innato** è spesso specie-specifico, nel senso che la maggior parte degli individui di una certa specie si comporta nello stesso modo. Un esempio è quello della tela dei ragni, il cui disegno è tanto caratteristico, da permettere di identificare la specie di un ragno dal disegno della sua tela.

Invece i **comportamenti appresi** sono dovuti all'applicazione di una qualche esperienza o tentativo; molto spesso sono acquisiti per imitazione di altri individui. Per esempio, i macachi giapponesi hanno imparato per imitazione a lavare la frutta e a immergersi nelle sorgenti termali durante l'inverno: queste consuetudini fanno parte di una serie di comportamenti legati all'acqua, che costituiscono una vera e propria **cultura**.

I ragni nascono con la capacità di fare un **disegno specifico della tela**, senza alcuna necessità di apprenderla per esperienza o per imitazione.

Una popolazione di **macachi giapponesi** che vive vicino ad alcune sorgenti termali ha acquisito in breve tempo l'abitudine a immergersi nelle acque calde durante i mesi più freddi.

IMPARA A IMPARARE

1. Completa lo schema.

Il comportamento degli animali
può essere
- .... che è specie-specifico
- .... che è l'applicazione di un'esperienza

2. Completa le frasi.

a) L'.................... è la disciplina che studia il comportamento animale.

b) Quando le condizioni ambientali sono sfavorevoli, gli animali vanno in .... o migrano.

c) I comportamenti possono essere .... o appresi.

3. Sul tuo quaderno, scrivi due esempi di comportamento innato e due di comportamento appreso.

SCIENZA E COMUNICAZIONE

Gli animali comunicano tra loro

Passeggiando per un bosco o nella campagna, dove i rumori della città sono attenuati, udiamo canti, frinii e altri suoni emessi dagli animali.

La comunicazione si basa sulla produzione da parte di un individuo di un **segnale**, che è capace di modificare il comportamento di un suo simile, inducendo una risposta.

comunicazione acustica

La comunicazione acustica avviene attraverso una grande varietà di suoni emessi in svariati modi.

Gli uccelli usano la **siringe:** è un organo di fonazione, posto tra la trachea e i bronchi, ed è costituito da un insieme di cartilagini a forma di anello, in cui si trovano due pieghe della mucosa. Queste membrane, che vibrano come le nostre corde vocali, sono collegate a muscoli che modificano l'ampiezza della siringe e quindi i suoni emessi.

Molte specie di uccelli si affidano a richiami sonori per **riconoscere membri della propria specie** e per evitare accoppiamenti tra specie diverse, che risulterebbero non fecondi.

Il gracidio delle rane ha lo stesso significato.

I babbuini della savana africana sfruttano la comunicazione acustica per difendersi dai loro **nemici:** i leopardi e i pitoni. Quando un babbuino ne avvista la presenza, lancia dei segnali acustici per avvisare i membri del gruppo. Per consentire ai compagni di mettersi al sicuro, i babbuini usano due tipi di urli: uno segnala la presenza del serpente, quindi la necessità di rifugiarsi sugli alberi; l'altro la presenza del leopardo, quindi comunica di allontanarsi dagli alberi.

I **linguaggi** usati dagli animali per comunicare sono innumerevoli.

Gli studi di etologia hanno permesso di interpretare varie forme di linguaggio basate sui **suoni**, sui **colori**, sugli **atteggiamenti del corpo** e sui **richiami olfattivi.**

La comunicazione tra animali può essere acustica, visiva o chimica. Emettendo segnali di vario tipo, gli animali si riconoscono oppure instaurano **relazioni di tipo sociale** nei gruppi o durante i **rituali di corteggiamento.**

comunicazione visiva

La comunicazione visiva avviene attraverso movimenti del corpo, particolari posizioni e colorazioni.

I maschi di pavone con le code più vistose **attirano più femmine.** In natura, essere così appariscenti non è sempre un vantaggio: la coda è un oggetto ingombrante, che ostacola la fuga dai predatori. Un maschio con una coda imponente dimostra alle femmine di essere così sano e robusto, da potersi permettere un accessorio tanto costoso.

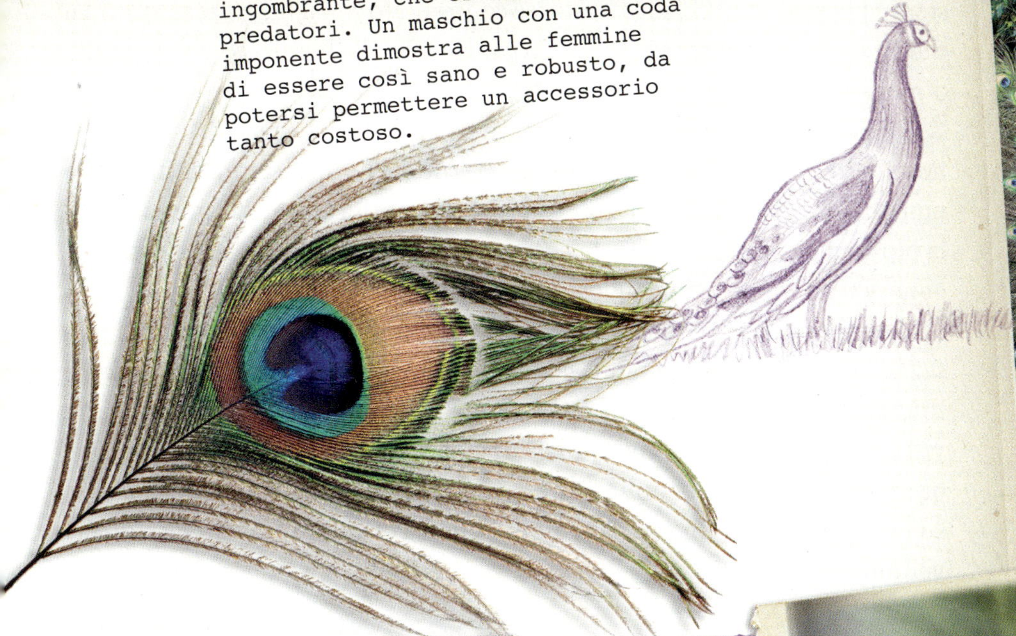

comunicazione olfattiva

Gli insetti sfruttano soprattutto la comunicazione chimica, tramite particolari sostanze che trasmettono le informazioni.

In generale, la comunicazione olfattiva si basa su segnali di tipo chimico. Le femmine degli insetti emettono i feromoni, sostanze molto particolari che **attraggono i maschi** per l'accoppiamento.

Le formiche **marcano la via verso una fonte di cibo**, per consentire alle compagne di raggiungerla.

La comunicazione olfattiva, per esempio attraverso l'odore emesso dall'urina, è importante anche per altri animali come cani e gatti, che in questo modo **segnano i confini del proprio territorio.**

Lezione

5

La biosfera

13. La Terra è un grande ecosistema

Con il termine *biosfera*, si intende l'insieme di tutti gli organismi viventi e delle zone della Terra nelle quali si sviluppa la vita.

La **biosfera** è il livello ecologico più complesso: i «luoghi della vita» comprendono l'atmosfera fino a circa 10 km di altitudine, il suolo e la parte di sottosuolo fino a 300 m sottoterra, i laghi, i corsi d'acqua e gli oceani fino a più di 8 km di profondità.

Nonostante i suoi punti più estremi, nel suo complesso lo spessore della biosfera è piuttosto sottile, soprattutto se confrontato con il raggio terrestre (che è di circa 6000 km): esso viene spesso paragonato alla buccia, confrontata alle dimensioni di una mela.

La biosfera riceve dal Sole sempre nuova energia, che permette il mantenersi della vita così come la conosciamo. Tuttavia è un **sistema chiuso**, cioè non può scambiare materia con l'esterno: la quantità di materia presente nella biosfera è complessivamente costante, perché i materiali che la compongono si trasformano riciclandosi continuamente.

Luca Parmitano è stato il primo astronauta italiano a compiere una passeggiata nello spazio, durante la sua permanenza sulla Stazione Spaziale Internazionale dal maggio al novembre 2013. Ecco come descrive la Terra vista dallo spazio: «affacciarsi alla Cupola, la grande finestra della stazione orbitale, è un'emozione unica: si ha il senso di fragilità del pianeta, con la sua atmosfera sottile, e dell'incredibile bellezza di questo gioiello sospeso nel velluto nero dello spazio.»

La **biosfera** è una specie di enorme astronave, che riceve dal Sole l'energia necessaria alle creature che la abitano.

14. Le risorse della biosfera

Dalle origini della vita, la biosfera si è modificata a causa dei **cambiamenti geologici e climatici** e, nell'epoca più vicina a noi, anche per l'**attività umana**.

> L'uomo ha sfruttato aria, acqua, alimenti, combustibili e in generale tutte le **risorse della biosfera**, senza tener conto dei tempi necessari per riottenere naturalmente tali risorse.

La crescente richiesta di cibo e di acqua e l'industrializzazione, che ha portato alle nostre attuali condizioni di vita, hanno influenzato in modo consistente gli equilibri della biosfera: disboscamento, urbanizzazione, sfruttamento intensivo di terreni agricoli sono alcune delle cause che hanno modificato l'**equilibrio della biosfera**.

All'inizio degli anni Settanta, si è raggiunta la consapevolezza del fatto che la biosfera non è in grado di sostenere i ritmi di sfruttamento imposti sia dal progressivo aumento della popolazione, sia dallo sviluppo tecnologico: da quel momento, l'uomo ha iniziato a preoccuparsi dei **problemi ambientali**.

Negli ultimi anni, l'Unione Europea e i principali Paesi industrializzati hanno promosso numerose iniziative per la tutela dell'ambiente, come la **valutazione dell'impatto ambientale**, cioè degli effetti che un certo intervento può avere sull'equilibrio di un ambiente, e la **riduzione delle emissioni di sostanze inquinanti nell'aria**.

IMPARA A IMPARARE

1. Completa lo schema.

La biosfera
- è → il livello .... più complesso
- è formata → dagli organismi viventti / dalle zone della .... dove si sviluppa la ....
- si è modificata a causa → dei cambiamenti .... e climatici / dell'attività ....

2. Sottolinea nel testo quali sono le risorse della biosfera.

Che cosa studia l'ecologia?

L'ecologia | pag. B186

L'**ecologia** è la disciplina che studia le relazioni tra gli organismi e l'ambiente in cui vivono.

L'ambiente è costituito da una componente **biotica**, rappresentata da piante e animali, e da una componente **abiotica**, rappresentata da luce, acqua, aria e suolo.

Che cos'è un ecosistema?

L'ecologia | pag. B190

Un **ecosistema** è l'insieme di tutte le forme di vita e di tutti i fattori non viventi presenti in una certa zona.

Gli ecosistemi si dividono in due grandi gruppi: **ecosistemi acquatici**, come lago, mare, fiume, ed **ecosistemi terrestri**, come bosco e prato.

Come interagiscono fra loro le popolazioni?

Le interazioni tra gli organismi | pag. B191

Il rapporto tra i carnivori e le loro prede si chiama **predazione**: da questo rapporto trae vantaggio solo il predatore.

La **simbiosi** invece coinvolge due o più specie che vivono a stretto contatto tra loro. Le relazioni simbiotiche possono essere più o meno vantaggiose: un **parassita** vive sul corpo di un ospite, danneggiandolo e traendo lui solo un vantaggio; un **commensale** trae vantaggio dalla convivenza, ma non danneggia l'ospite; nel **mutualismo**, entrambi gli organismi traggono un vantaggio dalla convivenza.

PARASSITISMO

COMMENSALISMO

MUTUALISMO

Quali sono le relazioni trofiche in un ecosistema?

Le interazioni tra gli organismi | pag. B193

Le comunità di organismi che vivono in un ecosistema sono legate da **relazioni trofiche**: una specie costituisce il cibo di un'altra specie. La sequenza di passaggi di cibo da un livello all'altro costituisce la **catena alimentare** di un ecosistema.

Le interazioni alimentari all'interno di un ecosistema sono molto complesse, per cui si parla spesso di **reti alimentari**.

Che cos'è il ciclo della materia?

L'energia e la vita | pag. B199

Il trasferimento di sostanze tra organismi e ambiente attraverso il cibo prende il nome di **ciclo della materia**. Le reazioni chimiche che trasformano il cibo permettono agli esseri viventi di ottenere energia per muoversi, accrescersi, riprodursi o semplicemente vivere.

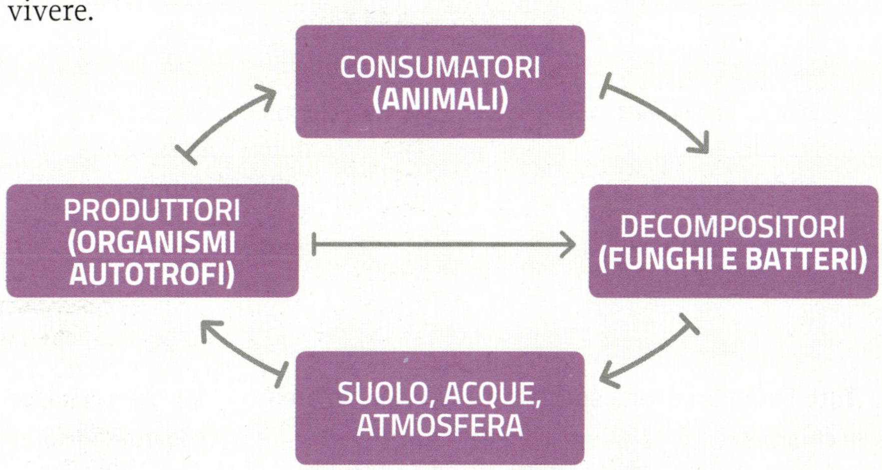

Che cos'è il flusso di energia?

L'energia e la vita | pag. B200

Il **flusso di energia** è il trasferimento di energia attraverso gli ecosistemi, dai produttori ai consumatori fino ai decompositori. In ogni passaggio una grande quantità di energia si trasforma in calore, che si disperde nell'ambiente.

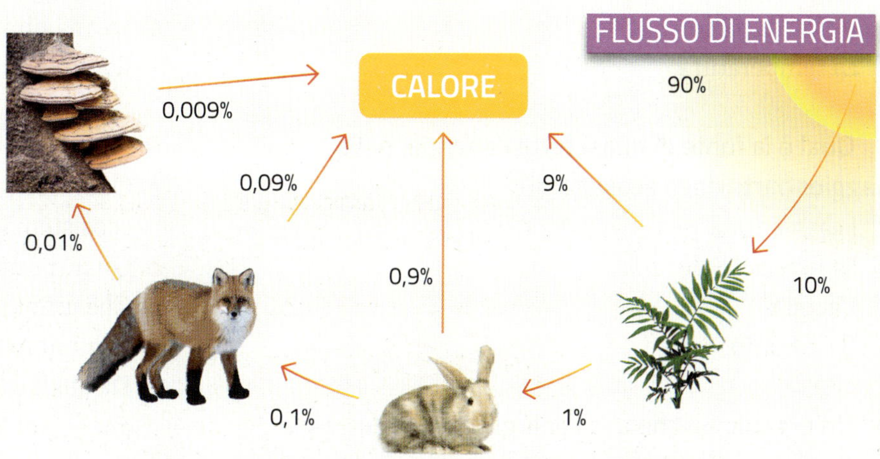

Che cosa studia l'etologia?

Lo studio del comportamento | pag. B202

L'**etologia** è la disciplina che studia il comportamento animale.

I **comportamenti** possono essere **innati**, cioè tutti gli individui di una certa specie si comportano allo stesso modo, o **appresi**, cioè dovuti a qualche esperienza o tentativo.

1. **Completa la mappa concettuale.**

organismi viventi
consumatori
produttori
energia
decompositori
popolazioni

2. **Tutti i membri di una specie che vivono in un'area sono chiamati**

A bioma.
B comunità.
C popolazione.
D ecosistema.

3. **Quale dei seguenti non è un fattore abiotico?**

A I vegetali.
B Le precipitazioni.
C Il tipo di suolo.
D La temperatura.

4. **Qual è la fonte di quasi tutta l'energia, nella maggior parte degli ecosistemi?**

A I carboidrati.
B La luce del Sole.
C L'acqua.
D Il carbonio.

5. **Un organismo che usa l'energia per produrre gli zuccheri, a partire da composti inorganici, è chiamato**

A eterotrofo.
B consumatore.
C detritivoro.
D produttore.

6. **Vero o falso? Correggi le affermazioni errate sul tuo quaderno.**

a. Soltanto in alcuni ambienti della biosfera, troviamo gli esseri viventi. V F
b. Gli organismi autotrofi sono quelli che si nutrono mangiando esclusivamente piante. V F
c. Funghi e batteri svolgono il ruolo di decompositori. V F
d. In una piramide ecologica, salendo di livello, l'energia disponibile è sempre meno. V F

7. **Rispondi alle domande sul tuo quaderno.**

a. Quali sono i fattori biotici e quelli abiotici di un ecosistema?
b. Quanti e quali sono i livelli trofici?
c. Che differenza c'è tra «catena alimentare» e «rete alimentare»?
d. Da quali organismi viventi è costituito il primo anello della catena alimentare?
e. Quali sono le risorse di una nicchia ecologica?
f. Che cosa si intende per «ciclo della materia»?
g. Da dove ha inizio il flusso di energia negli ecosistemi?
h. Che cosa significa che la biosfera è un sistema chiuso?

8. Osserva l'immagine e rispondi alle domande sul tuo quaderno.

a. Che cosa rappresenta l'immagine? Perché?
b. Che cosa significano le frecce?
c. Qual è il ruolo degli organismi produttori?
d. Che cosa succederebbe se scomparissero tutte le volpi artiche?

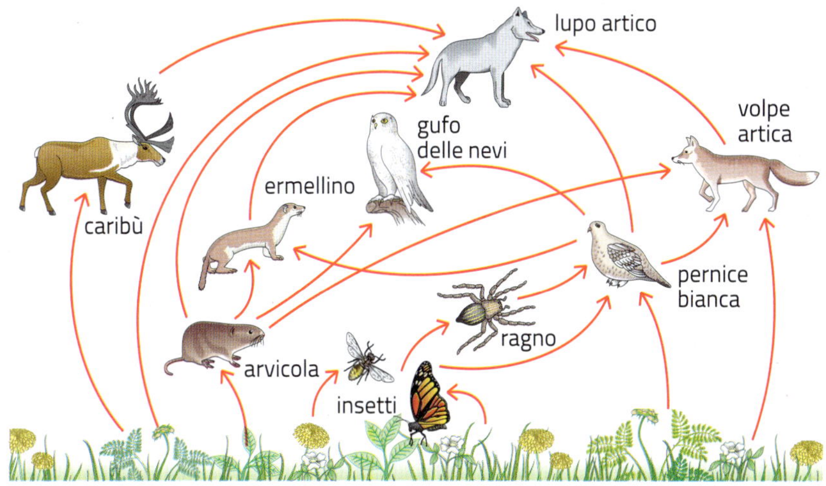

9. Durante un lungo periodo di siccità, un leone di montagna può temporaneamente lasciare il territorio di caccia per andare a bere da uno stagno di una fattoria. Questo comportamento è probabilmente dovuto

A al suo bisogno di trovare cibi diversi da mangiare.
B alla variazione di un fattore abiotico nel suo ambiente.
C al suo bisogno di trovare un nuovo habitat.
D al cambiamento di un fattore biotico nel suo ambiente.

Sul tuo quaderno, scrivi un testo di almeno 3 righe per spiegare la tua risposta e il motivo per cui hai escluso le altre.

10. Risolvi il cruciverba.

Orizzontali
1. Organismi unicellulari decompositori.
3. I conigli lo sono per le volpi.
6. Organismi fotosintetici.
7. La relazione che coinvolge due o più specie, che vivono a stretto contatto.
8. Un ecosistema come il bosco e il prato.
9. Lo sono le zecche e le pulci.

Verticali
2. La disciplina che studia le interazioni tra gli organismi e il loro ambiente.
4. L'insieme di tutte le forme di vita e di tutti i fattori non viventi in una certa zona.
5. Componente vivente di un ambiente.

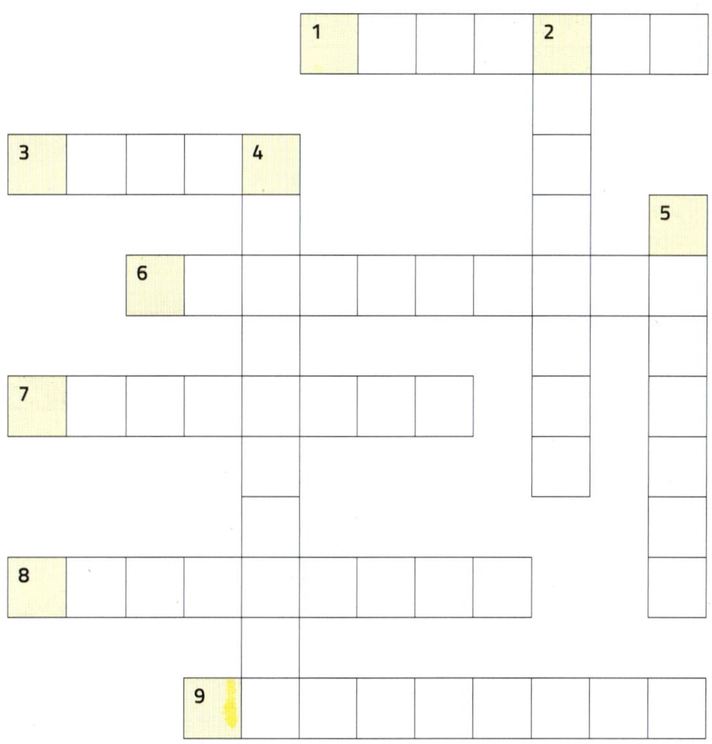

11. Il gruppo naturalistico al quale sei iscritto ti ha incaricato di presentare, alla prossima riunione mensile, un esempio di come una specie introdotta in un nuovo ambiente possa determinare enormi danni all'ambiente stesso. Hai deciso di occuparti di *Cryphonectria parasitica*.

Cryphonectria parasitica è un fungo parassita primario delle piante di castagno e di quercia. Questo organismo invade i tessuti vegetali fino al legno bloccando il trasporto della linfa. All'inizio del secolo scorso, il fungo *Cryphonectria parasitica* è arrivato per la prima volta sul suolo americano insieme a una pianta di castagno cinese, importata negli Stati Uniti a scopo ornamentale. Le sue spore sono state trasportate dalla pioggia, dal vento e dagli insetti; in questo nuovo ambiente, il fungo ha trovato numerose piante di castagno americano da parassitare, provocando la scomparsa totale della specie. Di conseguenza nei boschi sono radicalmente cambiate le associazioni vegetali e il suolo è stato esposto a una maggiore erosione. Gli alberi di castagno fornivano cibo a molti animali: dall'orso nero al tacchino, dallo scoiattolo al cervo. Questi animali per sopravvivere hanno dovuto compensare con altre fonti di cibo. Invece almeno sette specie di falene, che dipendendo esclusivamente dal castagno americano, si sono estinte con esso.

La diffusione in Europa e in Italia è probabilmente avvenuta per importazione dall'America di piante di castagno infettate. La prima segnalazione in Italia risale al 1938 ed è avvenuta in Liguria.
In poco tempo, la malattia si è diffusa in tutta Europa. *Cryphonectria parasitica* è stata inserita nell'elenco delle 100 specie esotiche invasive più dannose al mondo.

Percorso guidato

1. Ripassa la lezione 2, in cui si parla dei modi in cui gli organismi interagiscono fra loro.
2. Leggi una volta il brano, per capire di che organismo si parla.
3. Leggi una seconda volta il brano, sottolineando le informazioni che ritieni più importanti.
4. Usa le informazioni sottolineate al punto precedente come spunto per fare una ricerca più approfondita su Internet.
5. Prepara la presentazione, che potrebbe essere strutturata così:
   - nella prima diapositiva, descrivi le caratteristiche della specie;
   - nella seconda, spieghi dove si è diffuso e come è arrivato in Italia e in Europa;
   - nella terza, spieghi perché si è diffuso tanto rapidamente e soprattutto in certe zone;
   - nella quarta, illustri il tipo di impatto che la sua diffusione ha avuto sull'ambiente.
6. Per rendere più interessante la tua presentazione, potresti inserire anche altri esempi di specie introdotte in un ecosistema, che ne hanno alterato gli equilibri.

B8 ESERCIZI CLIL

12. Complete the text about behaviours in ethology with the words given below.

hibernation / hibernating / migration / migratory

1. The regular, traditionally seasonal, movement of all (or part of an) animal population to and from an area is called .... Examples of .... animals are zebras, monarch butterflies, whales, and salmons.
2. The extended period of deep sleep that allows animals to survive winter extreme conditions is called .... Examples of .... animals are squirrels, hedgehogs, bats, and polar bears.

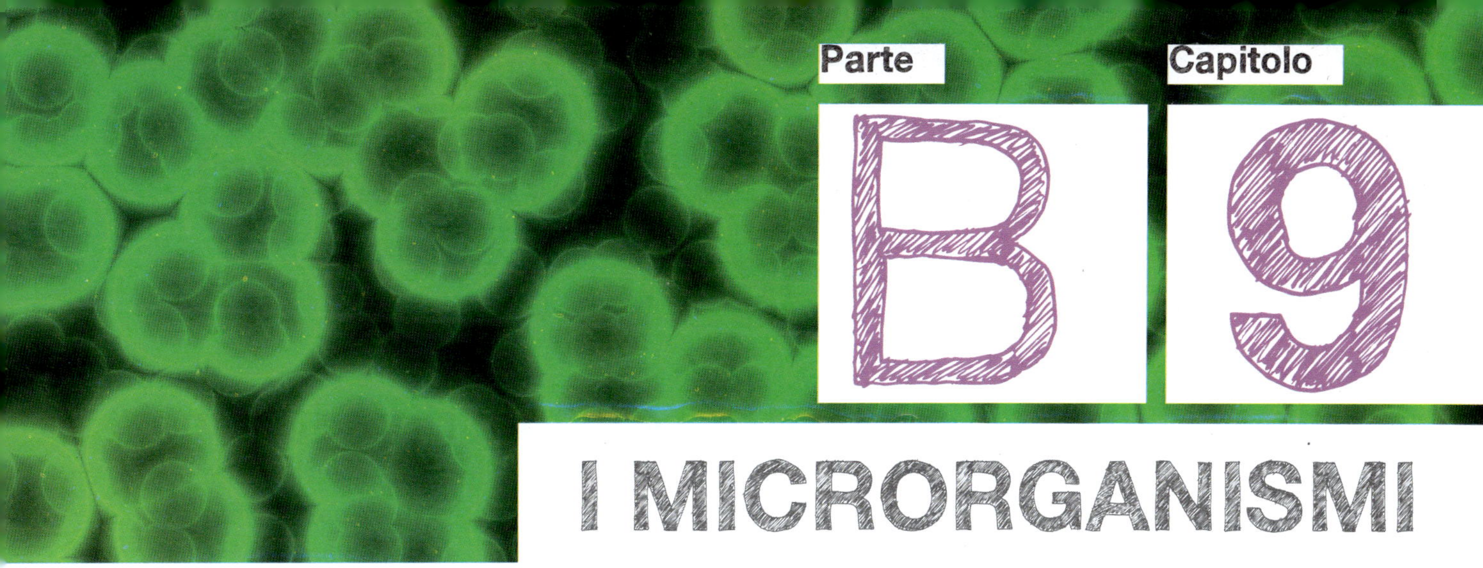

Parte **B** Capitolo **9**

I MICRORGANISMI E LA NOSTRA SALUTE

Di' la tua

Che titolo daresti alla vignetta? ....

Come interverresti nella discussione? Qual è la tua opinione?

....
....
....
....
....
....
....
....
....
....
....
....
....
....
....

Lezione

1

Batteri utili e batteri patogeni

1. I batteri e la loro riproduzione

I **batteri** sono organismi procarioti, cioè privi di un nucleo delimitato da una membrana. Hanno dimensioni molto piccole, che non ci permettono di osservarli a occhio nudo. Quando le condizioni ambientali sono sfavorevoli, per sopravvivere i batteri si trasformano in **spore**.

I batteri si riproducono mediante scissione binaria.

La **scissione binaria** è un tipo di riproduzione asessuata, da cui si formano due cellule identiche tra loro e anche alla cellula madre.

Al termine della divisione, le due cellule figlie aumentano le loro dimensioni e formano nuove strutture cellulari. Una volta completato l'accrescimento, inizia una nuova scissione binaria.

In condizioni favorevoli, i batteri si riproducono molto velocemente, cioè circa ogni 20-40 minuti, formando **colonie**. Questo è uno dei motivi per cui sono tanto numerosi: per esempio, all'interno del tuo corpo vivono normalmente circa 10 milioni di cellule batteriche; la maggior parte di questi batteri si trova nell'intestino, dove partecipa ai processi della digestione. In altri casi, i batteri provocano malattie o infezioni.

Guarda il video
La scissione binaria

Questa fotografia al microscopio elettronico mostra una **cellula batterica**, che sta ultimando la divisione.

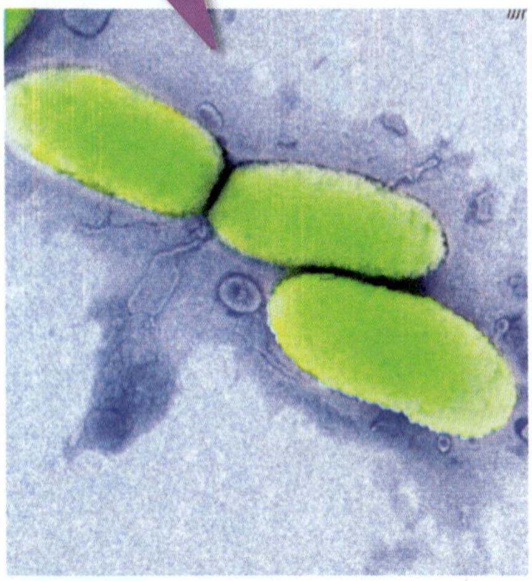

SCISSIONE BINARIA

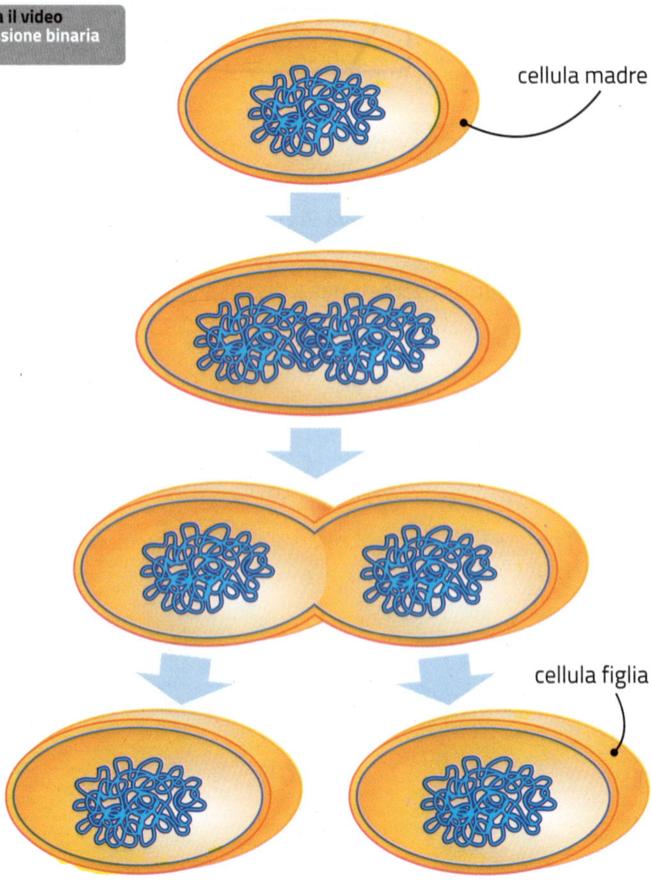

1 Il cromosoma batterico si duplica; ciascuna copia si sposta a una delle estremità della cellula.

2 La cellula in divisione si accresce e si allunga.

3 Quando la replicazione del DNA è stata completata, la membrana cellulare si ripiega verso l'interno e divide la cellula madre in due cellule figlie.

SCIENZA E MATEMATICA

Rappresentare la crescita di una colonia batterica

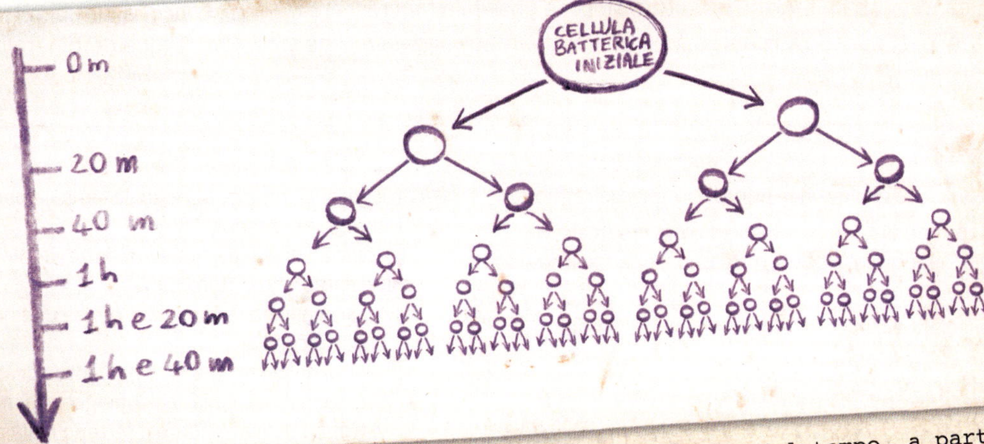

Lo schema rappresenta l'aumento del numero di batteri in funzione del tempo, a partire da un'unica cellula: ogni nuova cellula ne genera altre due.

Riportiamo i dati illustrati in una tabella. Supponendo una divisione ogni 20 minuti, dopo un'ora abbiamo 8 cellule batteriche, dopo due ore ne abbiamo 64 e dopo 3 ore 512.

TEMPO (MINUTI)	NUMERO DI CELLULE	POTENZA IN BASE 2 CORRISPONDENTE
0	1	2^0
20	2	2^1
40	4	2^2
60	8	2^3
80	16	2^4
100	32	2^5
120	64	2^6
140	128	2^7
160	256	2^8
180	512	2^9

È possibile rappresentare il numero delle cellule ottenute con potenze in base 2.

L'uso della **scrittura esponenziale** è utile quando dobbiamo indicare numeri molto grandi.

Se riportiamo in un grafico cartesiano i valori della tabella, facendo corrispondere a ogni valore del tempo (riportato sull'asse orizzontale) il numero di cellule (riportato sull'asse verticale), otteniamo una curva esponenziale che rappresenta la crescita del numero di batteri, la quale all'inizio è lenta, poi molto rapida.

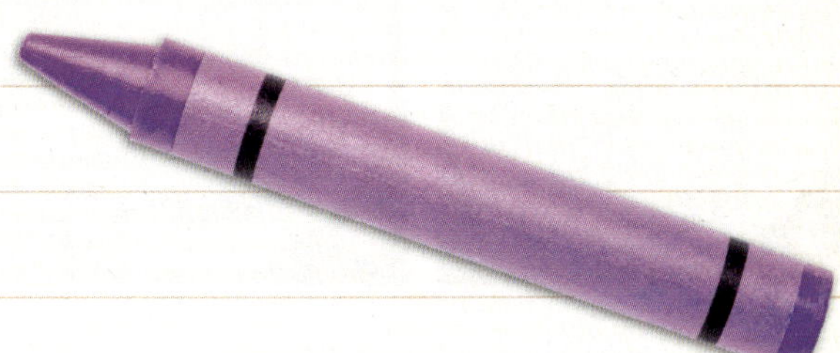

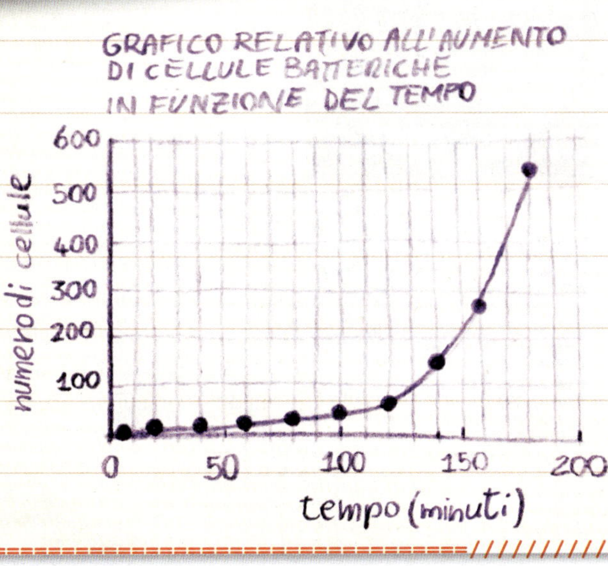

La curva indica che il numero delle cellule batteriche aumenta molto più velocemente rispetto al tempo: questo modello di crescita si chiama **crescita esponenziale**.

LABORATORIO DELLE COMPETENZE

Coltiva colonie batteriche

Per coltivare colonie batteriche, puoi usare alcune capsule Petri con coperchio trasparente, contenenti un terreno di coltura su cui è possibile far crescere i batteri. I terreni di coltura solidi contengono un gel chiamato *agar-agar*, che si ricava dalle alghe.

Materiale

- 6 capsule Petri
- *agar-agar* in polvere
- 200 mL di brodo di dado
- acqua di rubinetto
- acqua demineralizzata
- moneta

Procedimento

1. Contrassegna le capsule con le prime 6 lettere dell'alfabeto.
2. Prepara il terreno di coltura, sciogliendo nel brodo alcuni cucchiai di agar-agar e scaldando il tutto fino a quando il liquido diventa limpido.
3. Quando la gelatina è ancora calda, versane la stessa quantità in ciascuna capsula.
4. Chiudi accuratamente le capsule e attendi che il terreno sia perfettamente solidificato. Per verificarlo puoi dare alcuni delicati colpetti al coperchio e vedere se la superficie del terreno si increspa come un liquido oppure «vibra» come una gelatina.
5. Procedi alla semina, aprendo le capsule per il tempo strettamente necessario.
   - A Lascia chiusa la capsula A senza seminarla e conservala come campione di controllo.
   - B Lascia aperta la capsula B per alcune ore, in modo che venga a contatto con l'aria.
   - C Versa nella capsula C alcune gocce di acqua di rubinetto.
   - D Versa nella capsula D alcune gocce di acqua demineralizzata.
   - E Strofina delicatamente il terreno della capsula E con un polpastrello.
   - F Appoggia una moneta sulla superficie del terreno di coltura della capsula F per qualche secondo.
6. Le capsule devono essere conservate a temperatura ambiente.
7. Dopo alcuni giorni, procedi all'osservazione.

Che cosa osservi?

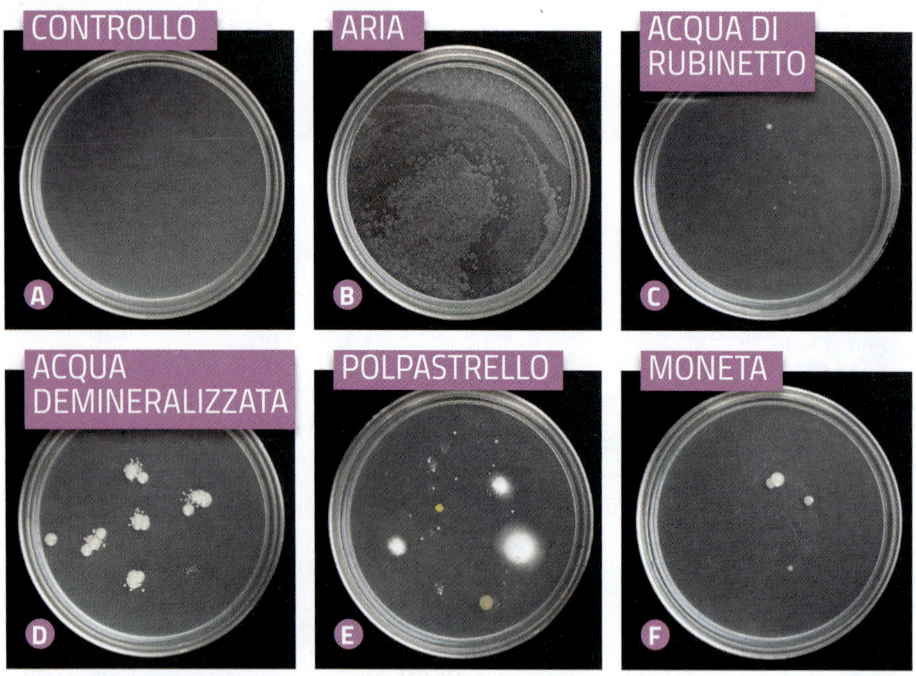

Nella capsula B, il cui terreno è stato a contatto con l'aria, osservi un'«opacità» del terreno, ma non si sono formate vere e proprie colonie: è perché, in genere, la carica batterica dell'aria è bassa.

Nei terreni seminati con l'acqua osservi delle piccole macchie opache, assenti nella capsula di controllo: ogni macchia opaca è una colonia batterica, costituita da miliardi di cellule.

Nella capsula C si sono formate poche colonie: infatti il numero dei batteri presenti nell'.......................... di rubinetto è molto piccolo.

Le .... sono più numerose nella capsula D, seminata con acqua demineralizzata.

Anche nelle capsule E e F si sono formate numerose colonie di batteri: più distribuite nella capsula E, più raggruppate nella F, nel punto in cui hai appoggiato la ....

LABORATORIO DELLE COMPETENZE

I fattori che influenzano la crescita dei batteri

Osserva capsule seminate con campioni dello stesso tipo, ma conservate in diverse condizioni di umidità, luce e temperatura. La crescita delle colonie batteriche dipende anche dalle condizioni in cui svolgi l'esperimento.

Materiale

- 6 capsule Petri seminate con campioni dello stesso tipo

Procedimento

1. Conserva due capsule a diverse condizioni di umidità: una in un luogo asciutto, l'altra in un luogo umido.
2. Conserva due capsule a una diversa illuminazione: una alla luce, l'altra al buio.
3. Conserva due capsule a diversa temperatura: una in frigorifero, l'altra a temperatura ambiente.
4. Dopo alcuni giorni, procedi all'osservazione.

Che cosa osservi?

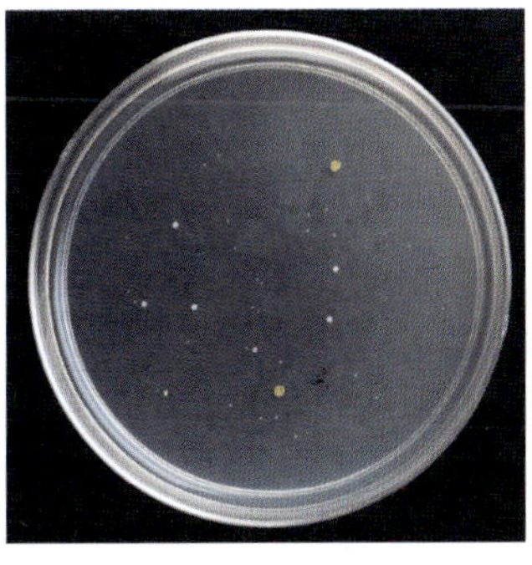
luogo asciutto

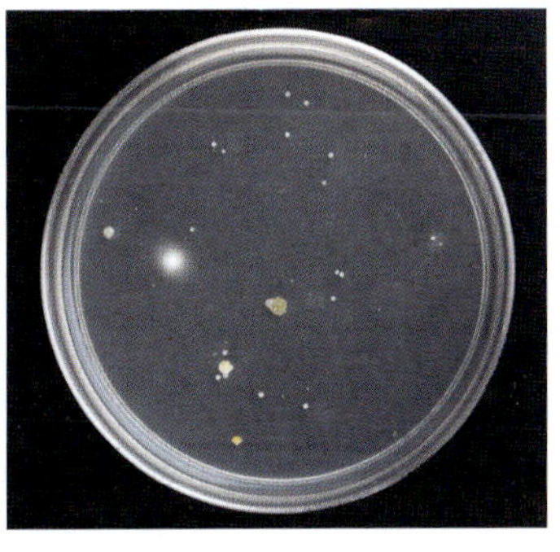
luogo umido

A. Fra le due capsule conservate a diverse condizioni di umidità non ci sono grandi differenze.

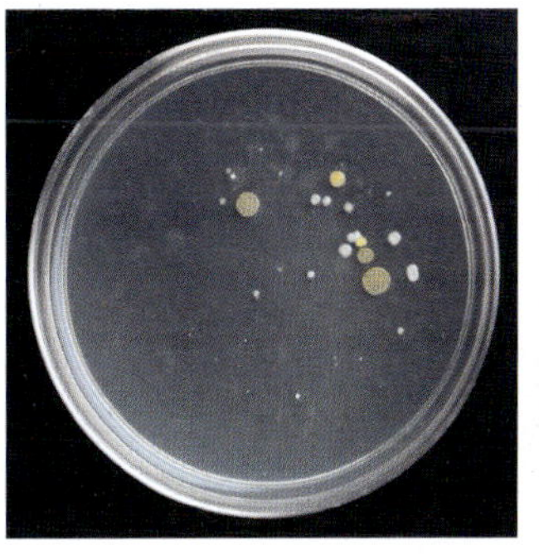
luce

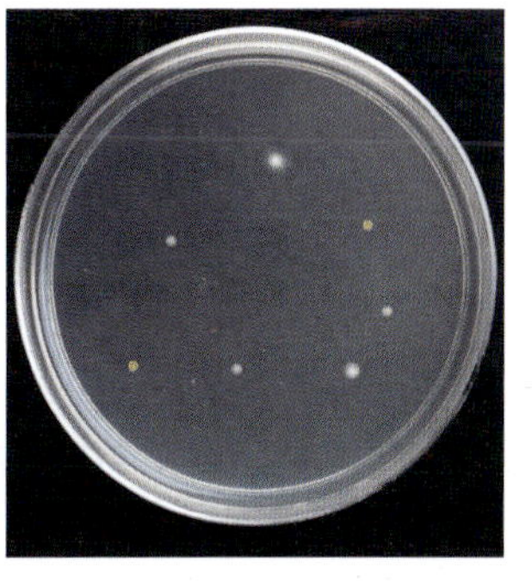
buio

B. Nemmeno la diversa esposizione alla luce fa rilevare differenze significative nella crescita delle .... di batteri.

in frigorifero

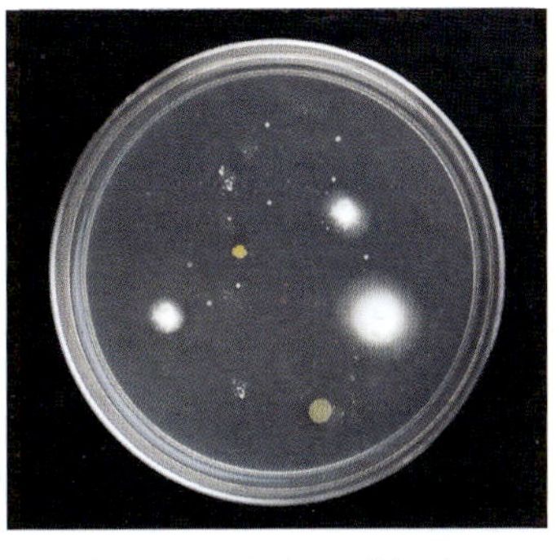
a temperatura ambiente

C. Invece osservi una grande differenza tra le due capsule conservate a diversa temperatura: nella capsula conservata in frigorifero non si sono sviluppate colonie.

Per capire se le basse temperature uccidono i batteri presenti nel terreno di coltura o ne rallentano soltanto la crescita, togli la capsula dal frigorifero e conservala in un luogo riscaldato.

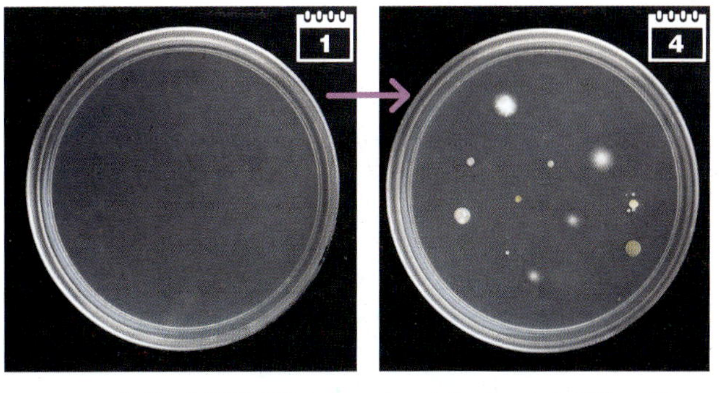

appena tolta dal frigorifero

lasciata fuori dal frigorifero per qualche giorno

D. Dopo alcuni giorni, noterai la comparsa di alcune colonie. Quindi potrai concludere che le basse temperature rallentano soltanto la crescita dei .... presenti nel terreno di coltura.

2. Batteri per i nostri alimenti

L'origine dello **yogurt** è antichissima e probabilmente casuale. Infatti in passato il latte veniva conservato in recipienti ricavati dalla pelle o dallo stomaco degli animali: conservandolo a temperatura ambiente, il latte veniva a contatto con alcuni tipi di batteri e si trasformava naturalmente in yogurt.

Questa trasformazione si chiama **fermentazione lattica** e avviene grazie a batteri appartenenti alle specie *Lactobacillus bulgaricus* e *Streptococcus termophilus*: trovi questi nomi tra gli ingredienti dello yogurt. Questi lattobacilli ricavano energia trasformando lo zucchero presente nel latte in acido lattico. Di conseguenza ne modificano sia l'aspetto, che diventa più cremoso, sia il sapore.

Un'altra reazione di fermentazione, che avviene grazie a diversi batteri (*Lactobacillus*, *Leuconostoc*, *Acetobacter*) e lieviti, è quella che produce il **kefir**: è una bevanda rinfrescante, ricca di fermenti utili per la flora intestinale.

Anche l'**aceto** si produce grazie a speciali batteri chiamati *Acetobacter*: essi agiscono sull'alcol contenuto nel vino e, attraverso la **fermentazione acetica**, lo trasformano in acido acetico.

Grazie alle **fermentazioni**, i batteri possono essere usati per produrre alimenti.

Il **kefir** è una bevanda di origine caucasica e può essere prodotto sia con il latte sia con acqua zuccherata e frutta: dalla loro fermentazione, si ottiene soprattutto *acido citrico*.

Ciascuno dei vasetti di **yogurt** che tieni in frigorifero ospita oltre 12 miliardi di lattobacilli, che hanno trasformato il lattosio presente nel latte in *acido lattico*.

Il sapore aspro dell'**aceto** è dovuto alla presenza dell'*acido acetico*.

SCIENZA E ALIMENTAZIONE

Conservare gli alimenti con il freddo

Conservare i cibi a basse temperature serve a evitare l'attacco da parte dei **batteri**, che alterano la consistenza e il sapore degli alimenti. Infatti al freddo i batteri si dividono molto più lentamente che a temperatura ambiente.

Gli alimenti **refrigerati** sono conservati in frigorifero tra 0 e 4 °C e devono essere consumati in pochi giorni.

I **surgelati** che trovi al supermercato si producono industrialmente, mediante una rapida congelazione a temperature molto basse (uguali o inferiori a –18 °C).

Anche i freezer domestici permettono di **congelare** gli alimenti. Tuttavia il processo è più lento e le temperature sono più elevate, rispetto alla surgelazione. Un cibo scongelato deve essere consumato entro poche ore.

3. I batteri patogeni

Molte specie di batteri possono causare malattie agli esseri umani, agli animali e alle piante, perciò sono dette **patogene**. Infatti il termine patogeno si usa per quegli organismi o fattori che causano malattie.

L'azione dannosa dei batteri patogeni può essere **diretta** oppure indiretta, cioè dovuta alla presenza di **tossine** prodotte dai batteri stessi.

Alcune malattie batteriche si trasmettono per via oro-fecale, cioè attraverso cibo o acqua contaminati da feci. Un esempio è la **salmonellosi**, che è causata dai batteri del genere *Salmonella* e colpisce l'apparato digerente.

I batteri ingeriti si moltiplicano all'interno della mucosa intestinale, provocando febbre alta, diarrea e vomito. Oggi queste malattie si curano facilmente con gli **antibiotici**, farmaci che agiscono in modo specifico contro i batteri.

Nei **Paesi in via di sviluppo**, dove gli antibiotici non sono disponibili, le malattie batteriche sono tra le principali cause di morte.

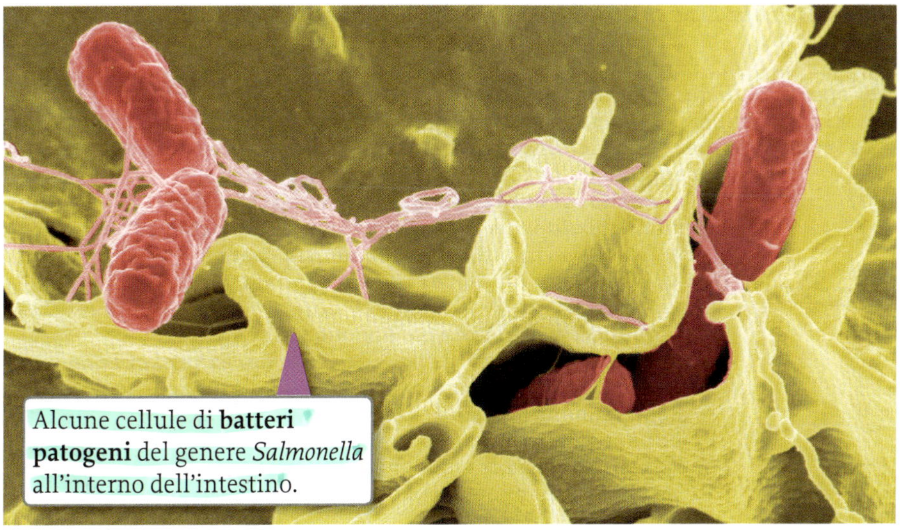

Alcune cellule di **batteri patogeni** del genere *Salmonella* all'interno dell'intestino.

L'azione indiretta si verifica nel **tetano**, una malattia causata dalla tossina del batterio *Clostridium tetani*, che vive nell'intestino di numerosi animali. Attraverso le feci, il batterio raggiunge il terreno, dove può sopravvivere per lunghi periodi sotto forma di spore. Una volta penetrate nel corpo attraverso una ferita, le spore germinano e i batteri producono la tossina tetanica che agisce bloccando i nervi e i muscoli. Se non viene curato rapidamente, il tetano può portare alla morte: per questo in Italia la vaccinazione antitetanica è obbligatoria per i neonati.

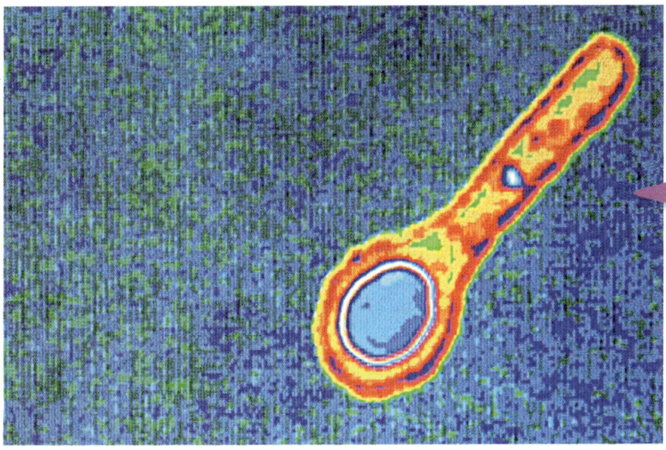

Questa cellula di *Clostridium tetani*, fotografata con il microscopio elettronico, sta formando una **spora** (la forma rotondeggiante).

SCIENZA E SALUTE

Il batterio del botulino

Spesso si leggono articoli che riportano episodi di intossicazione alimentare da **botulino** causata da *Clostridrium botulinum*, un batterio che produce una tossina molto pericolosa per la nostra salute.

Il batterio del botulino è un **batterio anaerobico**, cioè si sviluppa soltanto in assenza di ossigeno, condizione che si verifica nelle conserve sott'olio o sottovuoto. Quando il *Clostridium botulinum* si moltiplica, è in grado di produrre una **tossina** che, se ingerita, paralizza in brevissimo tempo i muscoli involontari e di conseguenza può causare il blocco della respirazione e l'arresto cardiaco, portando rapidamente alla morte.

Questo batterio può svilupparsi in diversi tipi di alimenti, come carne e pesce in scatola o verdure conservate sott'olio. Il rischio di contaminazione da botulino aumenta quando questi alimenti sono preparati in casa senza rispettare alcuni **comportamenti igienico-sanitari** fondamentali, come la sterilizzazione dei barattoli in cui sono conservati o la loro cottura prima della conservazione.

Infatti la tossina del botulino viene inattivata dall'**ossigeno**, dal calore e dall'acidità.

La **cottura** intorno ai 100 °C inattiva la tossina, rendendola innocua, ma non distrugge le spore che quindi potrebbero in seguito portare alla moltiplicazione del microrganismo e alla produzione di nuova tossina. Per distruggere anche le spore, è necessario superare i 120 °C: tale temperatura si raggiunge nelle pentole a pressione.

Anche l'**ambiente acido** impedisce la moltiplicazione del botulino e la produzione della tossina: il batterio non potrà svilupparsi negli alimenti conservati sottaceto.

Quando un alimento è contaminato dal batterio del botulino, le sue **caratteristiche organolettiche** (colore, odore e sapore) risultano alterate. Per questo, prima di consumare qualunque alimento, dobbiamo fare molta attenzione al suo aspetto, soprattutto se è stato preparato in casa.

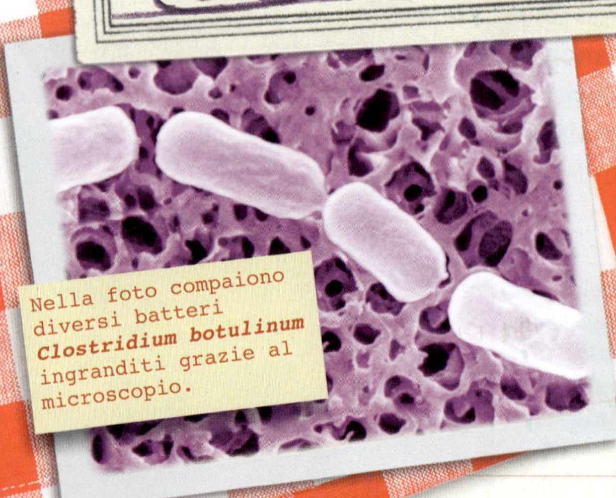

Nella foto compaiono diversi batteri ***Clostridium botulinum*** ingranditi grazie al microscopio.

4. I batteri svolgono ruoli ecologici diversi

I batteri hanno una straordinaria capacità di trarre nutrimento ed energia dalle fonti più diverse.

I batteri svolgono diversi **ruoli ecologici**: possono essere produttori (se sono autotrofi), decompositori (se sono eterotrofi) o simbionti.

Alcuni gruppi di batteri sono **autotrofi**, cioè sono capaci di fabbricare da soli il proprio nutrimento: i batteri autotrofi più diffusi sono i *cianobatteri*.

Il gruppo più numeroso di batteri **eterotrofi**, che cioè devono procurarsi il nutrimento dall'ambiente, è costituito dai *decompositori*. Essi vivono nel terreno e si nutrono di materiali di rifiuto, come le feci degli animali, o di organismi morti: quando una foglia o un animale muore, diventa cibo per i batteri che demoliscono le biomolecole in molecole più piccole e poi le assorbono. Tali batteri, detti anche *saprofiti*, sono essenziali per tutti gli ecosistemi, perché restituiscono al terreno le sostanze che verranno poi nuovamente usate dalle piante.

Alcuni batteri sono **simbionti**, cioè vivono a stretto contatto con un altro organismo: per esempio, nel *rumine* (una delle quattro camere dello stomaco dei ruminanti) ci sono batteri che si procurano energia demolendo le molecole di cellulosa: in questo modo, anche l'animale che li ospita riesce a nutrirsi con gli zuccheri che ne derivano.

I cianobatteri sono i produttori più abbondanti nelle acque dolci, dove costituiscono il **fitoplancton** insieme ad alghe microscopiche.

PRODUTTORI

SIMBIONTI

La digestione nei **ruminanti** avviene grazie ai batteri simbionti presenti nel loro rumine.

Alcune specie di batteri vivono in simbiosi con le **radici delle piante**: i batteri forniscono alla pianta i nitrati e, in cambio, ricevono gli zuccheri prodotti tramite la fotosintesi.

L'acronimo **BIC** significa Batteri IdrocarburoClastici, cioè batteri che demoliscono gli idrocarburi.

Spesso leggiamo sui giornali dei disastri ambientali dovuti al petrolio. Un gruppo di batteri marini, chiamati **BIC**, svolge un ruolo chiave nel recupero degli ambienti contaminati. Questi batteri popolano normalmente le acque marine, ma in presenza di petrolio il loro numero aumenta velocemente.

I batteri possono essere utili anche per **demolire le sostanze inquinanti** come quelle contenute nel petrolio.

Altri tipi di batteri sono fondamentali nei processi di **depurazione** delle acque dolci, come quelle dei laghi e dei fiumi, e delle acque inquinate dai prodotti di scarto civili e industriali.

I **BIC** ricavano energia degradando i composti chimici, come gli idrocarburi che costituiscono il petrolio.

IMPARA A IMPARARE

1. Completa lo schema.

I batteri
- producono alimenti attraverso
  - la fermentazione lattica
  - la fermentazione acetica
- si riproducono
  - per scissione binaria
- possono essere patogeni
  - ad azione diretta
    - come quelli che causano
    - la salmonella
    - che si cura con
    - gli antibiotici
  - ad azione indiretta
    - dovuta alla
    - presenza di tossine
    - come il tetano
- possono svolgere un ruolo ecologico di
  - produttori
    - quando sono organismi autotrofi
    - come i cianobatteri
  - decompositori
    - quando sono eterotrofi
  - simbionti
    - come
    - i batteri che vivono nel rumine

2. Correggi gli errori: ce n'è uno in ciascuna frase.

a) I BIC possono demolire gli ~~zuccheri~~ IDROCARBURI contenuti nel petrolio.

b) La trasformazione che avviene grazie a batteri appartenenti alla specie *Lactobacillus* è detta fermentazione acetica.

c) I batteri ~~simbionti~~ AUTOTROFI sono capaci di fabbricare ~~da soli~~ il proprio nutrimento.

Lezione 2

Protozoi patogeni

5. I protozoi possono provocare malattie

I **protozoi** sono protisti eterotrofi: alcuni ingeriscono il cibo come gli animali, altri lo assorbono dalla materia organica in decomposizione.

Questi microrganismi vivono in molti ambienti acquatici, compresi i fluidi corporei di organismi ospiti.

Per esempio, le amebe come *Entamoeba histolytica* possono provocare infezioni a livello intestinale chiamate **amebiasi**. Queste patologie sono comuni nei Paesi tropicali e subtropicali, perché sono favorite da climi caldi e umidi.

L'ameba *Entamoeba histolytica* è un parassita, che si insedia nel rivestimento dell'intestino umano e può provocare **infezioni** con quadri clinici anche gravi.

In molti Paesi con un clima caldo, è diffusa la **leishmaniosi**, che può manifestarsi attraverso ulcere della pelle oppure con febbre e dimagrimento, per i danni che il protozoo provoca a fegato e milza. È una malattia causata da protozoi parassiti, che vengono trasmessi agli esseri umani attraverso le punture di *flebotomi femmine*. Questi insetti sono noti come «pappataci». La leishmaniosi colpisce anche i cani: la **leishmaniosi canina** è una malattia molto grave, per la quale i cani a circa un anno devono essere vaccinati. Inoltre è necessario adottare misure preventive, per impedire le punture dei pappataci.

TRIPANOSOMA GAMBIENSE

Fra le malattie trasmesse da protozoi, c'è anche la **tripanosomiasi africana umana**, che è conosciuta come la «malattia del sonno». Questa patologia è diffusa soprattutto nell'Africa occidentale e centrale ed è causata da protozoi, che sono trasmessi agli esseri umani dalla puntura della *mosca tse-tse*.

LEISHMANIA DONOVANI

ENTAMEBA ISTOLITICA

IMPARA A IMPARARE

1. Completa lo schema.

I protozoi
- sono → protisti patogeni
- quando vivono in organismi ospiti → sono eterotrofi
- possono provocare malattie come
  - la leishmaniosi → che colpisce anche → i cani
  - la tripanosomiasi africana → detta anche → «malattia del sonno»

SCIENZA E SALUTE

La malaria è una malattia causata da un protozoo

La **malaria** è una malattia provocata da un protozoo chiamato **plasmodio**, che si trasmette attraverso le zanzare del genere *Anopheles*. Quando una zanzara infetta punge una persona, le inocula il plasmodio nel sangue; qui il protozoo si trasferisce all'interno dei globuli rossi e si moltiplica fino a farli scoppiare. A questo punto, la persona infettata manifesta febbre molto alta, brividi e mal di testa: se non viene curata, rischia la morte.

La malaria si trasmette quando un'altra zanzara punge la persona infetta e il ciclo ricomincia.

Questa malattia è molto diffusa soprattutto in Africa (dove provoca un milione di morti all'anno), in Asia e in Sudamerica: circa la **metà della popolazione mondiale** è a rischio.

Purtroppo non esiste un vaccino. Infatti le persone che viaggiano nei Paesi a rischio devono assumere un farmaco, che uccide il plasmodio appena entra nel sangue: questo tipo di prevenzione è detta **profilassi**.

Un altro modo per proteggersi è **evitare le punture** delle zanzare, per esempio dormendo sotto una zanzariera oppure eliminando le zone di acqua stagnante.

Il **ciclo vitale del plasmodio** della malaria prevede due ospiti: l'uomo, in cui si riproduce per via asessuata, e la zanzara, dove il protozoo si riproduce sessualmente.

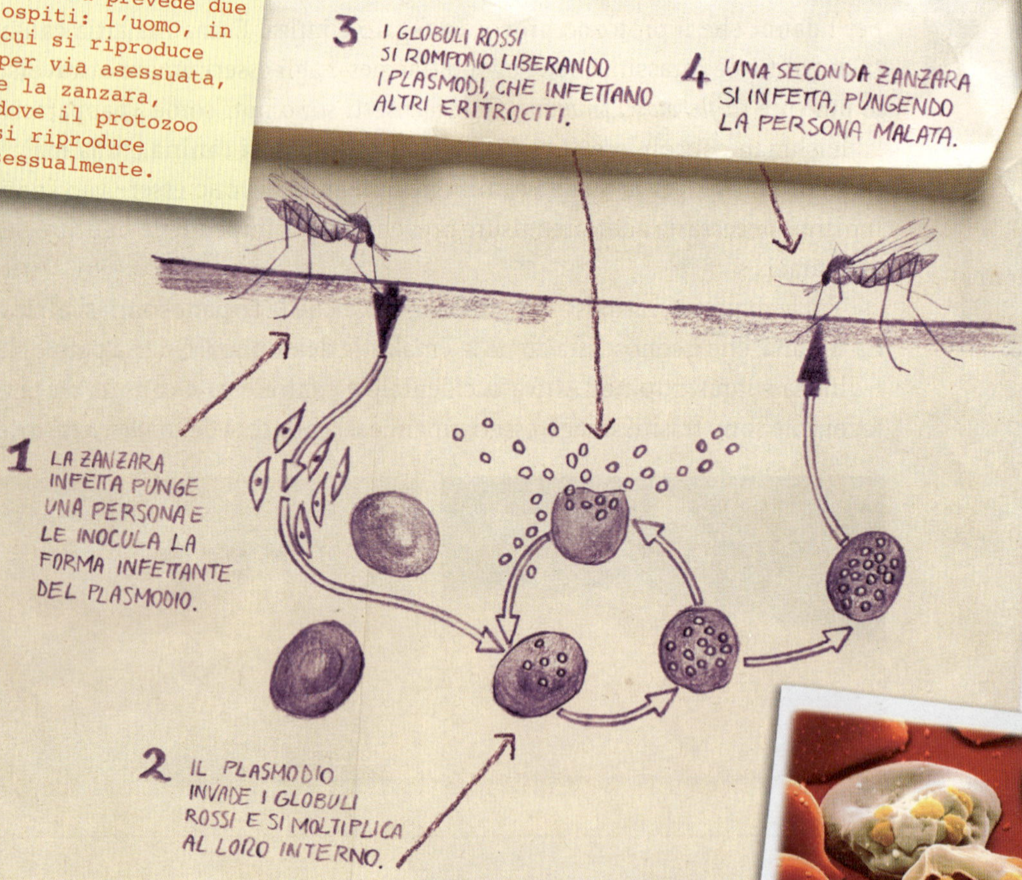

La foto al microscopio elettronico mostra un **plasmodio** (in verde) all'interno di un globulo rosso.

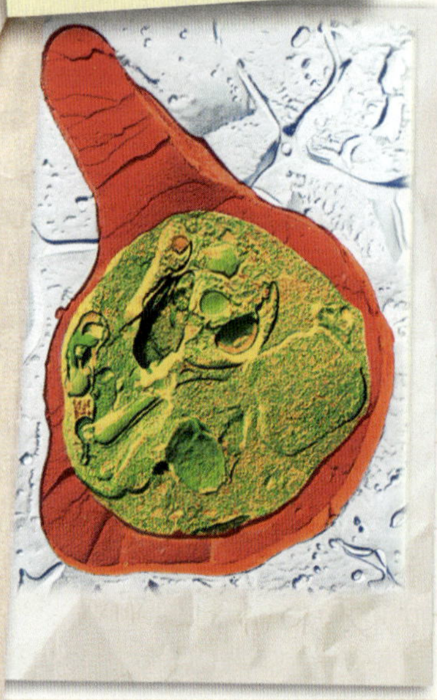

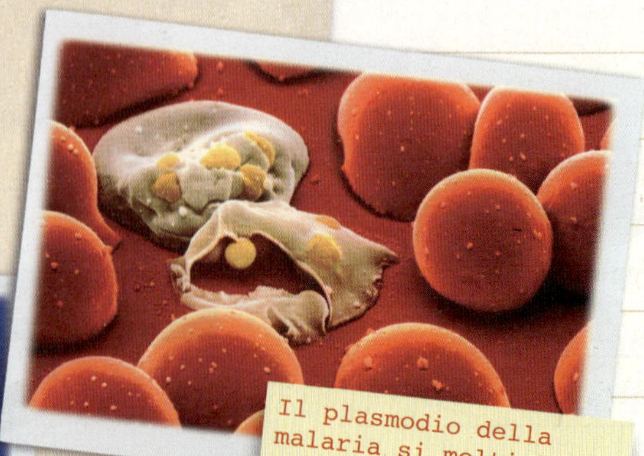

Il plasmodio della malaria si moltiplica nei **globuli rossi umani**, facendoli scoppiare.

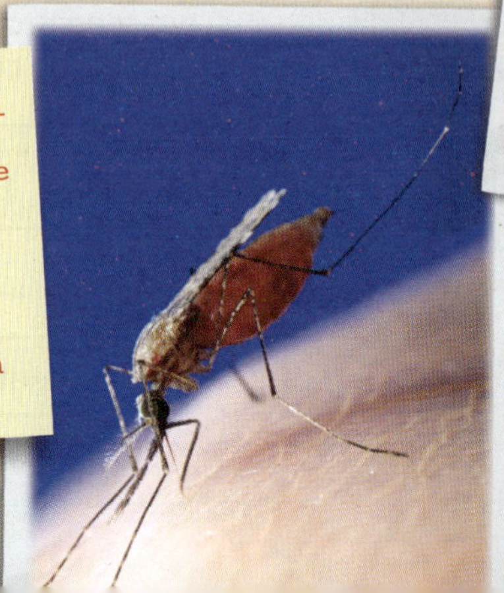

Le **zanzare** del genere *Anopheles* sono i vettori della malaria. Fino a cinquant'anni fa, queste zanzare infestavano anche l'Europa e gli Stati Uniti. In Italia erano presenti soprattutto nell'Agro Pontino, lungo il delta del Po e in Sardegna.

Lezione 3

Virus

6. I virus si trovano al confine tra viventi e non viventi

I virus sono gli organismi più numerosi sulla Terra, ma per quanto riguarda la loro classificazione, ancora oggi gli studiosi li descrivono come «organismi al confine tra viventi e non viventi».

I **virus** sono parassiti intracellulari, che possiedono un acido nucleico (DNA o RNA), ma non una struttura cellulare e un proprio metabolismo. Inoltre i virus non sono in grado di riprodursi in modo autonomo, cioè al di fuori di una cellula ospite.

I virus presentano una grande diversità di forme e dimensioni, sono molto più piccoli dei batteri e la maggior parte di loro può essere osservata solo con un microscopo elettronico. In genere, i virus hanno un involucro proteico, detto **capside**, che racchiude il materiale genetico (DNA o RNA).

1 nm corrisponde a un milionesimo di millimetro.

I virus sono in grado di infettare tutti i tipi di organismi: animali, piante, batteri e funghi. Gli individui infettati sono definiti **ospiti**.

Generalmente i virus sono **specie-specifici**, cioè infettano un solo tipo di ospite: come nel caso del virus del vaiolo, che può infettare solo l'uomo. Tuttavia esistono virus che possono infettare più specie. Per esempio, il virus della rabbia può essere trasmesso tra specie di mammiferi diversi: un uomo può essere contagiato dal morso di un cane affetto da rabbia.

I **modi di trasmissione** con cui i virus passano da un organismo all'altro sono molto diversi. Nelle piante, generalmente i *vettori* (cioè gli organismi che trasmettono il virus) sono gli insetti, invece negli animali il contagio può avvenire *per via aerea* (attraverso tosse e sternuti) o *per via oro-fecale* (attraverso l'assunzione di cibi o bevande contaminati). Alcuni virus possono essere trasmessi *per via sessuale* o *per contatto con sangue infetto*: è ciò che avviene con il virus HIV, che provoca l'AIDS.

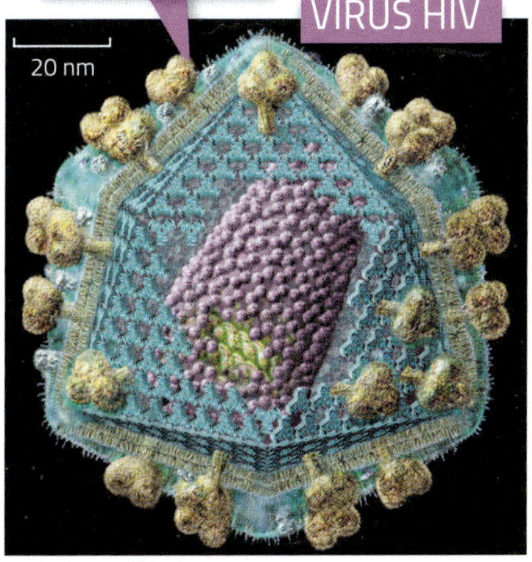

Il virus HIV provoca l'**AIDS**.

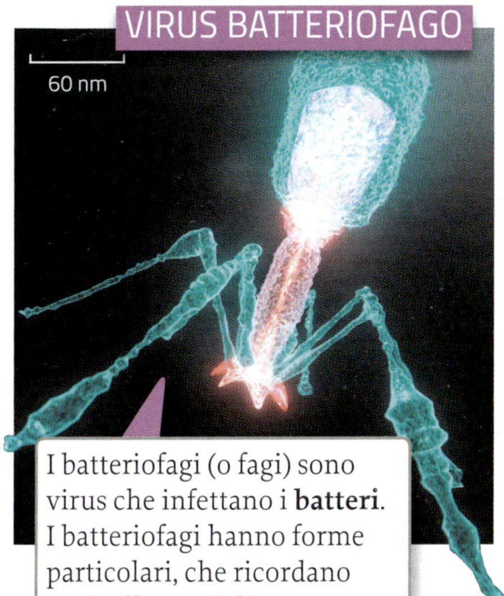

I batteriofagi (o fagi) sono virus che infettano i **batteri**. I batteriofagi hanno forme particolari, che ricordano navicelle spaziali.

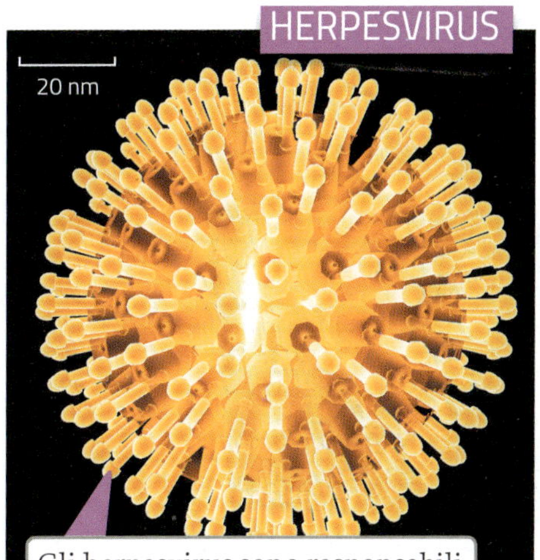

Gli herpesvirus sono responsabili di molte malattie, fra cui la **varicella** e l'**herpes labiale**.

Il mimivirus è il **virus più grande** che è stato scoperto finora. È probabile che causi alcune forme di polmonite.

Quando un individuo è infettato da un virus, il suo sistema immunitario produce degli **anticorpi** che, nella maggior parte dei casi, eliminano la causa dell'infezione. Per prevenire l'insorgenza della malattia possono essere utili i **vaccini**, che stimolano una risposta immunitaria efficace.

Per esempio, quando abbiamo l'*influenza*, che è una malattia di tipo virale, il nostro corpo produce una risposta immunitaria che ci permette di debellare il virus in tempi più o meno brevi.

Alcuni virus possono causare **infezioni croniche**, in cui la risposta del sistema immunitario è insufficiente e i virus continuano a replicarsi nell'ospite, che diventa esso stesso vettore della malattia.

Sono infezioni croniche quelle provocate dai virus dell'*epatite B* e dell'*epatite C*.

Alcune infezioni virali possono essere molto pericolose per la nostra salute, perché i virus sviluppano delle **mutazioni genetiche**: esse rendono meno efficaci alcuni vaccini, come quello dell'influenza, oppure rendono il virus resistente ai farmaci antivirali.

SCIENZA E SALUTE

Il vaccino per il morbillo

Il **morbillo** è una malattia virale, che provoca arrossamento cutaneo e sintomi simili all'influenza; in alcuni casi, fortunatamente non frequenti, può dare complicanze molto gravi. Inoltre è una delle malattie più contagiose che si conoscano: si trasmette **per via aerea**, attraverso le goccioline di saliva emesse attraverso la tosse, gli starnuti o semplicemente parlando.

Le **complicanze** più frequenti del morbillo sono l'otite dell'orecchio medio, la polmonite e la broncopolmonite. La complicanza più grave è l'encefalite, che è un'infiammazione del cervello e del midollo spinale.

Nei casi con complicanze, la **mortalità** del morbillo è alta. Inoltre molte delle persone che sopravvivono subiscono **conseguenze permanenti** a livello neurologico.

Grazie al **vaccino**, il morbillo oggi è poco diffuso in Italia. Infatti le vaccinazioni sono il mezzo più efficace per prevenire la comparsa di infezioni, che soprattutto in età adulta potrebbero causare serie conseguenze: per alcune malattie, sono obbligatorie per tutti i bambini; per altre, soltanto raccomandate.

Il **virus del morbillo** si può osservare con il microscopio elettronico.

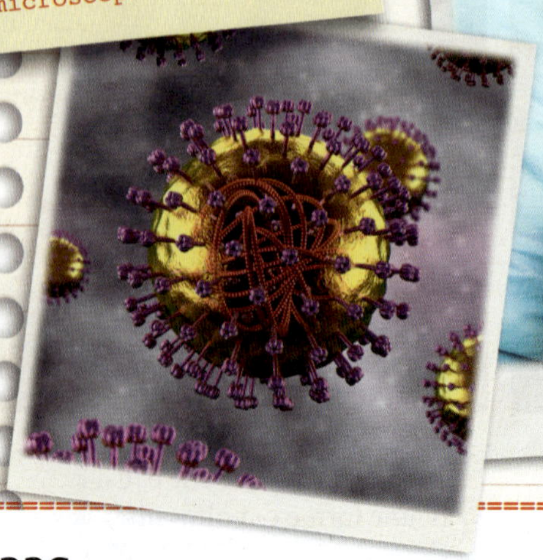

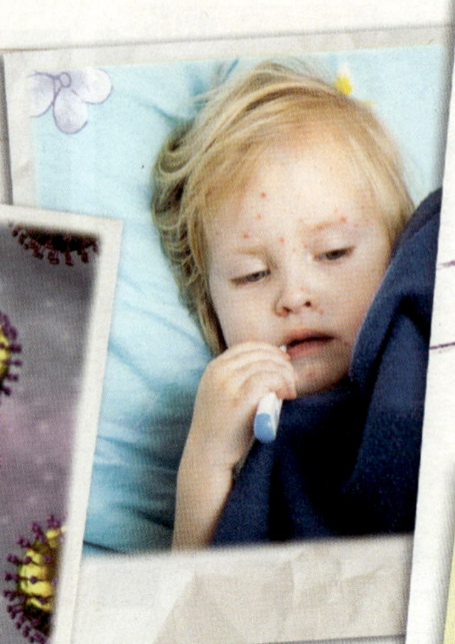

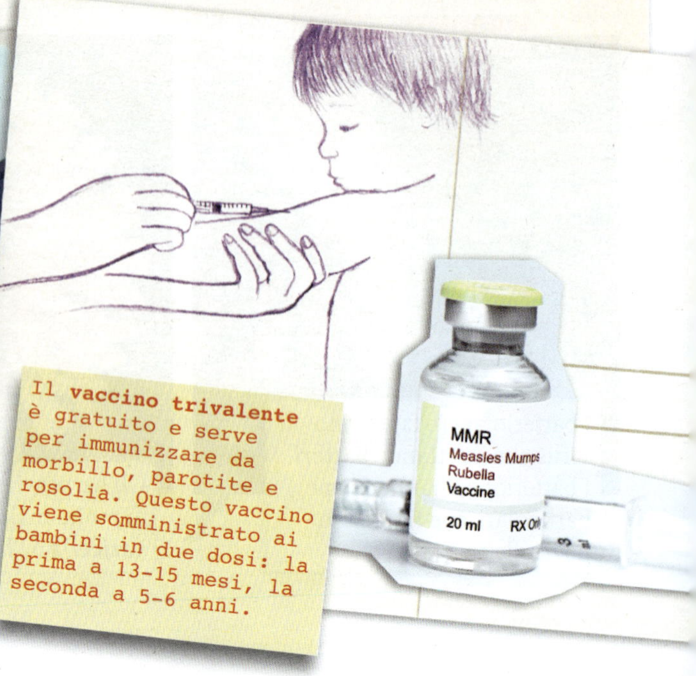

Il **vaccino trivalente** è gratuito e serve per immunizzare da morbillo, parotite e rosolia. Questo vaccino viene somministrato ai bambini in due dosi: la prima a 13-15 mesi, la seconda a 5-6 anni.

7. Il ciclo vitale dei virus

I virus non sono in grado di riprodursi in modo autonomo. Per farlo, devono infettare una cellula ospite.

Osserviamo il ciclo vitale di un virus: il batteriofago.

La parola **virus** deriva dal latino e significa «veleno». Infatti inizialmente i virus erano considerati veleni.

Guarda il video
Il ciclo vitale di un batteriofago

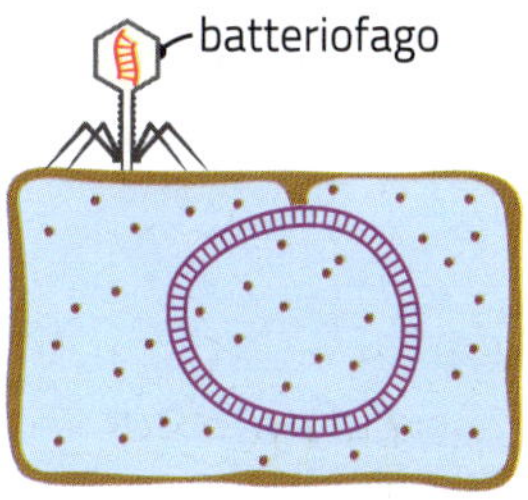

1 Il batteriofago aderisce alla membrana plasmatica della cellula ospite.

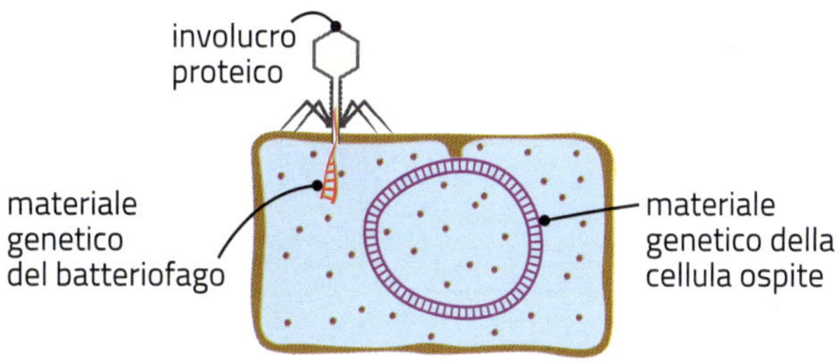

2 Il batteriofago inietta nella cellula il proprio materiale genetico.

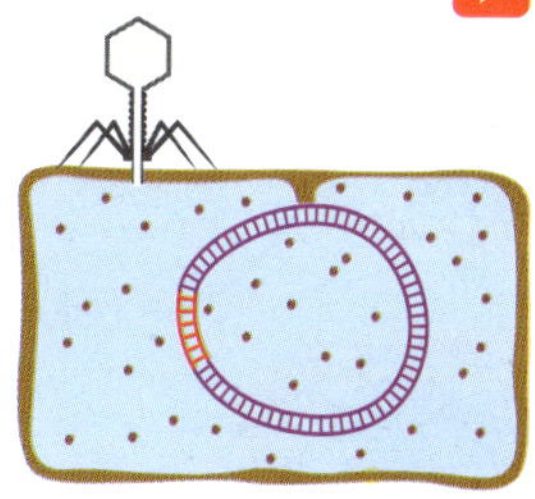

3 Il materiale genetico del batteriofago si integra con quello della cellula ospite.

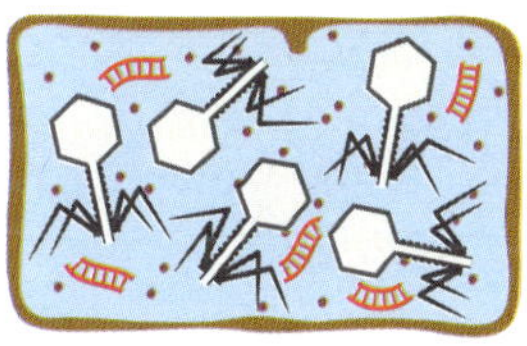

4 Il materiale genetico del batteriofago si replica e vengono fabbricate altre copie delle proteine virali.

5 Le particelle virali si assemblano, formando nuovi batteriofagi.

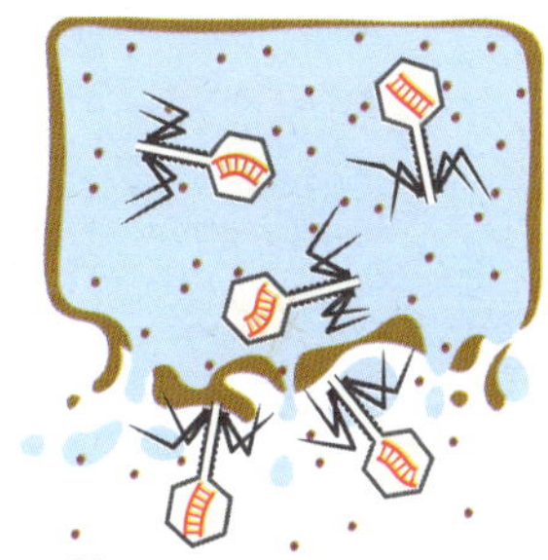

6 I nuovi batteriofagi rompono la cellula, da cui escono per andare a infettarne altre.

I virus si possono riprodurre solo all'interno di cellule viventi, provocando notevoli modificazioni che spesso determinano la morte delle cellule stesse.

A differenza delle malattie batteriche, le **malattie virali** non sono facili da debellare, poiché i virus non vengono uccisi dagli antibiotici e soltanto negli ultimi anni sono stati resi disponibili i primi farmaci antivirali.

IMPARA A IMPARARE

1. Completa lo schema.

I virus

- si riproducono → infettando una .... ospite
- provocano → la risposta .... degli anticorpi → che può anche essere stimolata → dai ....
- sono formati da → un involucro ....
  - che contiene → il materiale ....
  - detto → ....

2. Sul tuo quaderno, scrivi un testo di almeno 5 righe, in cui descrivi il meccanismo di riproduzione dei virus batteriofagi.

Che cosa sono e come si riproducono i batteri?

Batteri utili e batteri patogeni | pag. B214

I batteri sono organismi **procarioti**, cioè privi di un nucleo delimitato da membrana. Quando le condizioni ambientali sono sfavorevoli, per sopravvivere si trasformano in **spore**.

I batteri si riproducono mediante un tipo di riproduzione asessuata detta **scissione binaria**, da cui si formano due cellule figlie identiche tra loro e anche alla cellula madre.

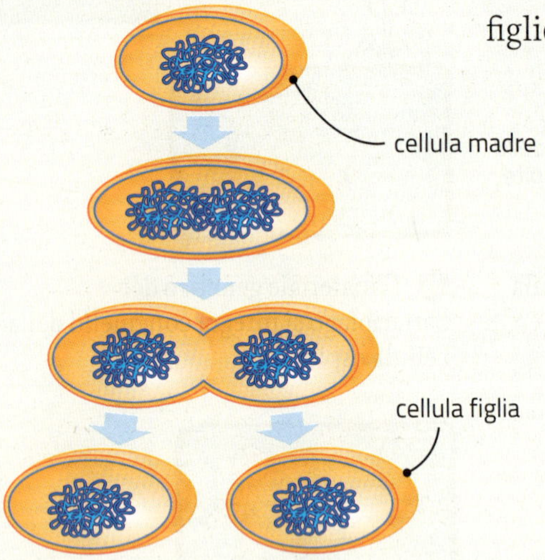

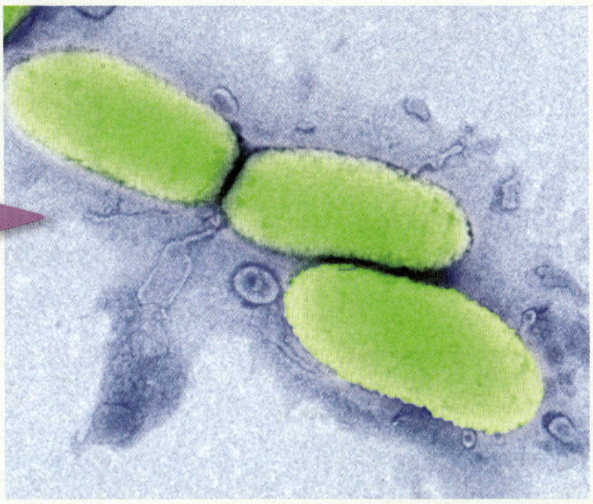

Questa fotografia al microscopio elettronico mostra una **cellula batterica** che sta ultimando la divisione.

Quali alimenti si producono grazie ai batteri?

Batteri utili e batteri patogeni | pag. B218

I batteri sono coinvolti nella produzione di alimenti come yogurt e aceto. Lo **yogurt** si forma grazie ai lattobacilli, che trasformano lo zucchero del latte in acido lattico. Questa trasformazione si chiama **fermentazione lattica**.

Invece l'**aceto** sfrutta gli *Acetobacter*, che trasformano l'alcol contenuto nel vino in acido acetico. Questa trasformazione è nota come **fermentazione acetica**.

Come agiscono i batteri patogeni?

Batteri utili e batteri patogeni | pag. B219

L'azione dannosa dei batteri patogeni può essere **diretta**, come nel caso della salmonellosi, o **indiretta**, cioè dovuta alla presenza di tossine prodotte dai batteri stessi, come nel caso del tetano.

Le malattie causate direttamente da batteri si curano con gli **antibiotici**.

Invece le **vaccinazioni** sono l'unico modo per prevenire le patologie causate dalla produzione di tossine da parte dei batteri.

Quali ruoli ecologici svolgono i batteri?

Batteri utili e batteri patogeni | pag. B221

I batteri svolgono diversi ruoli ecologici:

- i **produttori** (come i cianobatteri) sono *autotrofi*, cioè fabbricano da soli il proprio nutrimento;
- i **decompositori** sono anche detti *saprofiti* e formano il gruppo più numeroso di batteri *eterotrofi*, cioè che si procurano il nutrimento dall'ambiente;
- i **simbionti** (come la flora batterica del rumine) vivono a stretto contatto con un altro organismo;
- i **BIC** demoliscono gli idrocarburi, cioè le sostanze che costituiscono il petrolio.

Quali protozoi sono patogeni?

Protozoi patogeni | pag. B223

I protozoi patogeni come *Entamoeba histolytica* sono **parassiti**, che vivono nei fluidi corporei di **organismi ospiti**.

La **leishmaniosi** è una malattia causata da protozoi, che si trasmettono attraverso la puntura dei *flebotomi femmine*, detti anche *pappataci*. Per la **leishmaniosi canina**, i cani vengono vaccinati quando hanno circa un anno.

La **tripanosomiasi africana umana** (detta «malattia del sonno») è causata da protozoi, che si trasmettono attraverso la puntura della *mosca tse-tse*.

Che cosa sono i virus?

Virus | pag. B225

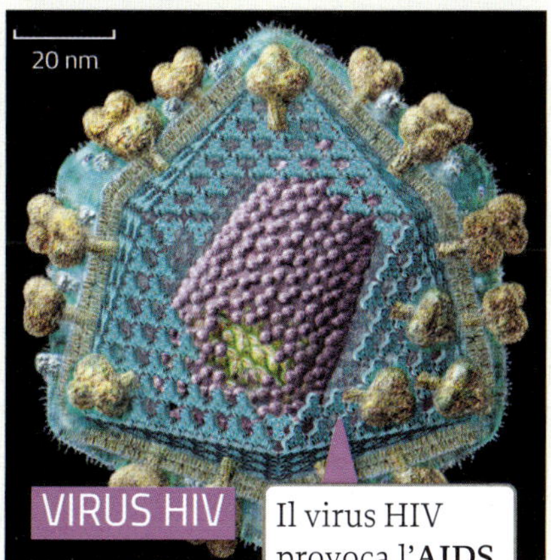

Il virus HIV provoca l'**AIDS**.

I virus sono considerati al confine tra viventi e non viventi, perché non sono capaci di vita autonoma. Infatti essi sono privi delle strutture necessarie per riprodursi e svolgere le attività vitali: sono **parassiti intracellulari**, che si possono riprodurre solo all'interno di cellule viventi.

I virus sono composti da un **acido nucleico** (DNA o RNA) racchiuso in un involucro di **proteine**.

I **modi di trasmissione** con cui i virus passano da un organismo all'altro sono molto diversi. Nelle piante generalmente i vettori sono gli insetti, invece negli animali il contagio può avvenire *per via aerea o per via oro-fecale*. Alcuni virus possono essere trasmessi *per via sessuale o per contatto con sangue infetto*, come nel caso del virus HIV.

Come si riproducono i batteriofagi?

Virus | pag. B227

Quando un batteriofago penetra in una cellula, il virus si libera dell'involucro proteico e induce gli organuli cellulari della cellula infettata a riprodurre il proprio materiale genetico e a fabbricare altre copie delle proteine virali. Quindi le particelle virali si assemblano per formare nuovi virus, che rompono la cellula per andare a infettarne altre.

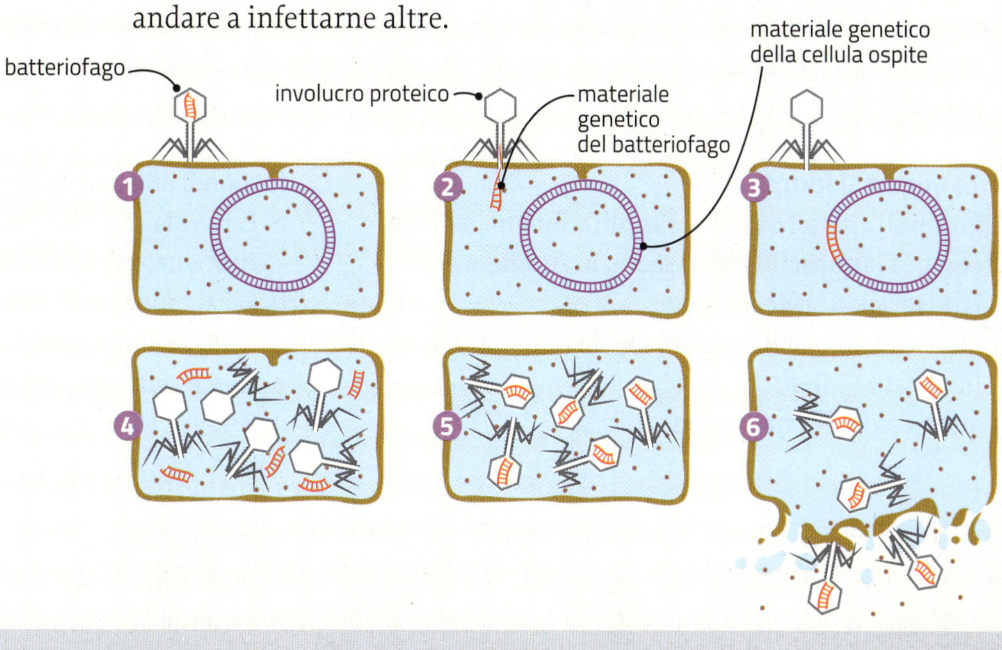

1. **Completa la mappa concettuale.**

scissione binaria
diretta
virus
pappataci
cellula ospite
ruoli ecologici
colonie
tossine
fermentazioni
protisti

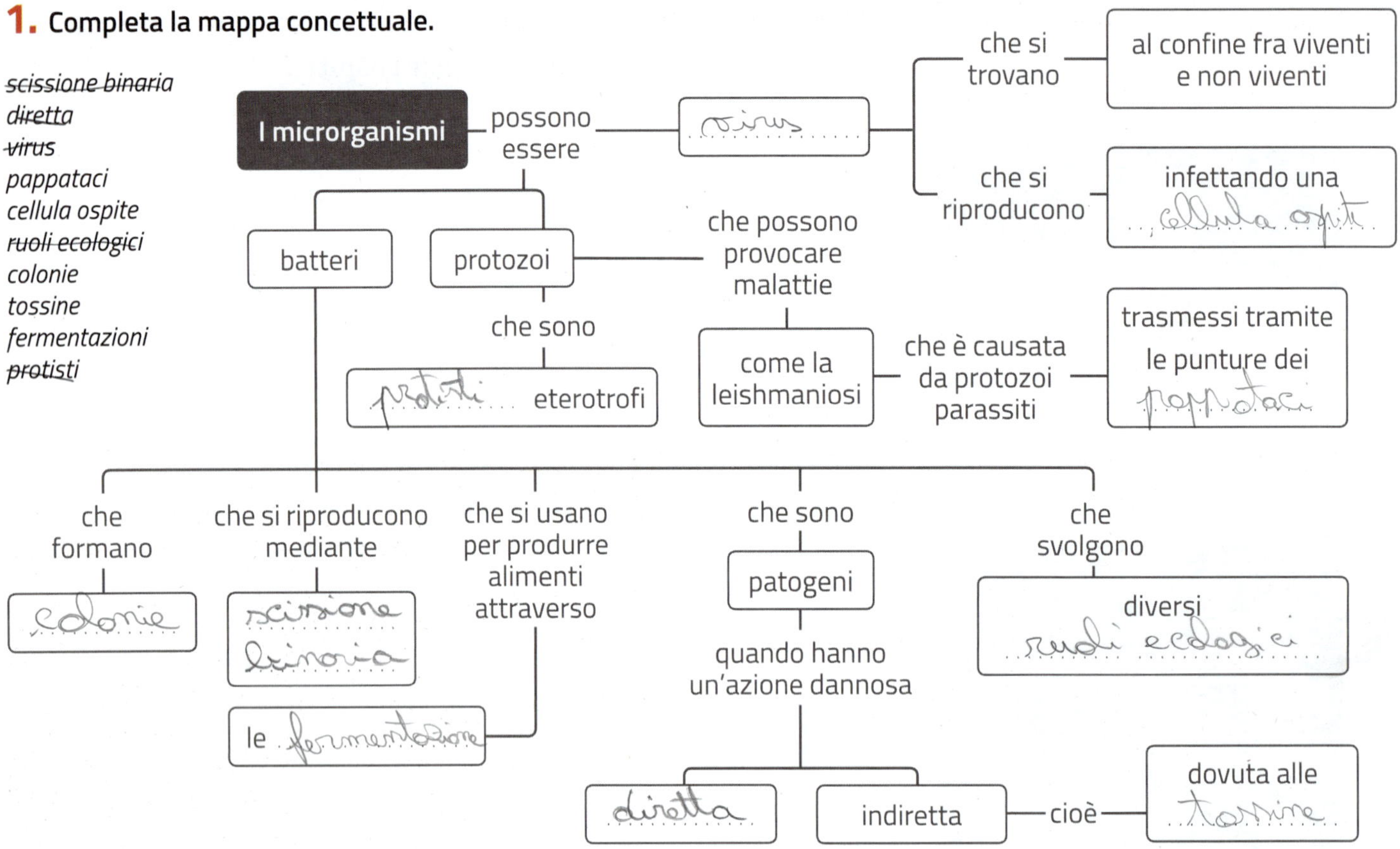

2. **Il batterio che produce la tossina del tetano si trasforma in spora per**

A favorire la dispersione.
B sopravvivere in condizioni sfavorevoli.
C formare le colonie.
D per riprodursi.

3. **I virus sono**

A saprofiti intracellulari.
B parassiti intracellulari.
C saprofiti extracellulari.
D parassiti extracellulari.

4. **Lo yogurt si forma**

A grazie alla presenza di lattobacilli e funghi nel latte.
B perché i lattobacilli trasformano lo zucchero del latte in acido lattico.
C perché i lattobacilli trasformano le proteine del latte in sostanze solide.
D attraverso la fermentazione acetica.

5. **Vero o falso? Correggi le affermazioni errate sul tuo quaderno.**

a. I batteri formano colonie. V F
b. I batteri si riproducono attraverso le spore. V F
c. I BIC svolgono un ruolo chiave nel recupero degli ambienti contaminati. V F
d. L'azione dannosa dei batteri patogeni può essere soltanto diretta. V F
e. I batteri saprofiti sono autotrofi. V F
f. I virus sono composti da un acido nucleico racchiuso da un involucro di cellulosa. V F

6. **Rispondi alle domande sul tuo quaderno.**

a. Perché la scissione binaria è un tipo di riproduzione asessuata?
b. Fai alcuni esempi di batteri utili per la tutela dell'ambiente e per la produzione di alimenti.
c. Come agiscono i batteri patogeni?
d. Perché i batteri saprofiti sono importanti?
e. Che cosa sono i BIC?
f. Quali sono i ruoli ecologici dei batteri?
g. Quali sono le principali caratteristiche dei protozoi?
h. Descrivi la struttura dei virus.

7. **Indica con una crocetta la caratteristica dei viventi elencati e spiega quale ruolo svolgono nell'ambiente.**

			Ruolo ecologico
a. batteri BIC	☒ utile	☐ patogeno	restituiscono al
b. plasmodi	☐ utile	☒ patogeno	causa la malaria
c. *Acetobacter*	☒ utile	☐ patogeno	
d. *Clostridium tetani*	☐ utile	☒ patogeno	
e. cianobatteri	☒ utile	☐ patogeno	
f. lattobacilli	☒ utile	☐ patogeno	

8. **Basandoti sulle informazioni contenute nel capitolo e ricercandone altre su Internet, suddividi in due classi gli alimenti che vedi su questa tavola imbandita.**

Alimenti non prodotti attraverso un processo di fermentazione	Alimenti prodotti attraverso un processo di fermentazione
pomodori	yogurt
salame	cornetto
broccoli	pane
latte	aceto
carne, uova	ciambella

9. **Risolvi il cruciverba.**

Orizzontali

2. La malattia trasmessa dalle zanzare *Anopheles.*
3. L'involucro proteico che riveste i virus.
6. Lo sono i batteri e i protozoi che causano malattie.
7. Virus che provoca l'AIDS.
8. Batteri IdrocarburoClastici.
9. Lo è la crescita dei batteri.

Verticali

1. Quella lattica produce lo yogurt.
4. La capsula in cui si coltivano le colonie batteriche.
5. Lo è la scissione dei batteri.

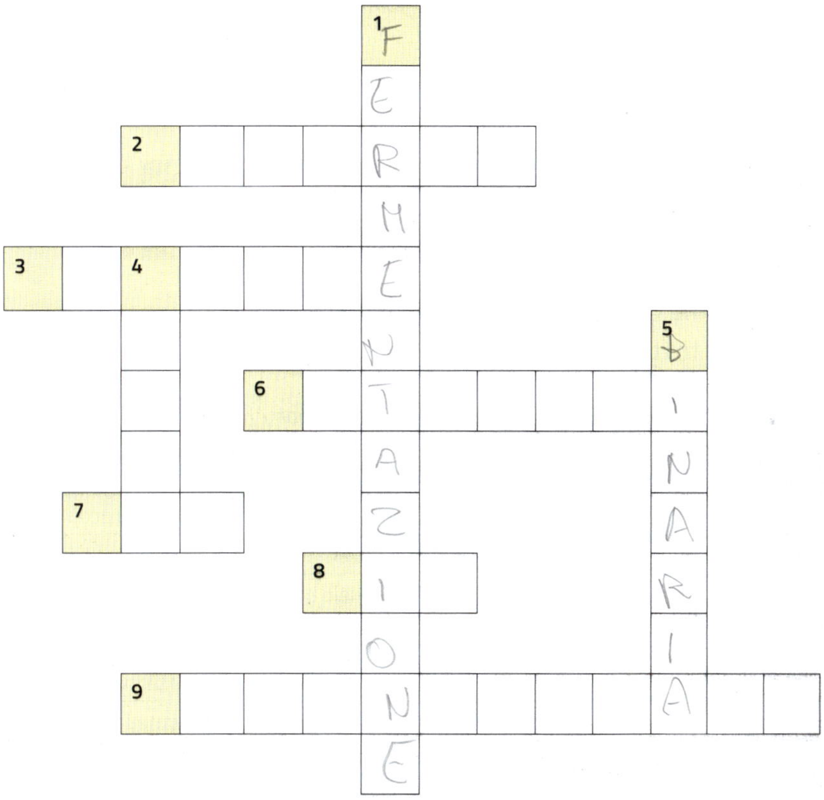

10. **Il tuo pediatra ha rilevato che sempre più spesso le mamme gli chiedono antibiotici per curare i loro bambini; a volte li somministrano di loro iniziativa, senza nemmeno l'intervento del medico. Quindi ti chiede di preparare un poster sull'antibiotico-resistenza da affiggere nella sala di attesa del suo ambulatorio.**

Percorso guidato

1. Leggi il brano seguente e sottolinea le parti che ti sembrano rilevanti per la costruzione del poster.

Batteri resistenti agli antibiotici

L'**antibiotico-resistenza** è la capacità che sviluppano alcuni batteri e alcuni virus di resistere all'azione curativa di alcuni farmaci. È un fenomeno diffuso in tutto il mondo e diventa sempre più preoccupante.

Gli antibiotici hanno diversi **meccanismi d'azione**: alcuni uccidono i batteri, causando la distruzione della loro parete cellulare o di componenti diversi della cellula batterica; altri impediscono la loro riproduzione.

L'antibiotico-resistenza è un fenomeno naturale, ma è accelerato e aggravato da un **uso scorretto dei farmaci antibiotici**. Uno dei principali fattori che contribuiscono alla resistenza è la pratica di trattare gli *animali da allevamento* con basse dosi di antibiotici, per favorirne la crescita. Questa pratica è vietata in Europa dal 2006, ma è ancora molto diffusa negli Stati Uniti d'America.

Tra le pratiche considerate più dannose, c'è l'abitudine di fare uso degli antibiotici anche per trattare **infezioni virali**, dove non hanno alcuna utilità. Anche prendere i farmaci in modo diverso dalle **prescrizioni** mediche può contribuire a sviluppare l'antibiotico-resistenza.

Alcune categorie di batteri hanno sviluppato una resistenza agli antibiotici: per esempio, *Escherichia coli* (che causa infezioni del tratto urinario), *Klebsiella pneumoniae* (che provoca polmoniti), *Staphylococcus aureus* (che infetta le ferite e può trasmettersi al sangue).

L'**Italia** è uno dei Paesi europei che usa più antibiotici. Secondo dati dell'Istituto superiore di sanità, quasi la metà degli italiani che assumono un antibiotico lo fanno senza la prescrizione del medico.

2. Ripassa la lezione 1, in cui si parla dei batteri.
3. Cerca informazioni sulla resistenza agli antibiotici sul sito dell'Istituto Superiore di Sanità.
4. Rispondi alle seguenti domande sul tuo quaderno.

Vai al sito
Istituto Superiore di Sanità – Resistenza agli antibiotici

5. Che cos'è l'antibiotico-resistenza?
   - **a.** Quali conseguenze può avere la diffusione di questo fenomeno?
   - **b.** Come agiscono gli antibiotici?
   - **c.** Quali comportamenti favoriscono la resistenza agli antibiotici?
   - **d.** Quali batteri sono diventati resistenti?
   - **e.** In quali luoghi questo fenomeno è particolarmente preoccupante? Perché?
   - **f.** In Italia facciamo un uso corretto degli antibiotici?
   - **g.** Scrivi tre comportamenti da seguire per evitare di sviluppare una antibiotico-resistenza.
6. Usa le risposte alle domande del punto precedente come base per costruire il tuo poster. Dovrai usare molte immagini e fare didascalie brevi, ben leggibili e facilmente comprensibili.

B9 ESERCIZI CLIL

11. **Complete the text about virus replication by putting the name of each stage next to its definition.**

maturity / synthesis of new components / attachment / penetration / release / assembly

Stage	***Description***
1.	Virus particles bind to a specific receptor on the surface of the host cell.
2.	The nucleic acid of the virus enters the cell.
3.	The nucleic acid of the virus takes over the cell metabolism and stops its normal nucleic acid and protein synthesis. The nucleic acid of the virus is replicated using nucleotides belonging to the host cell. Protein coats are produced using the host cell's amino-acids.
4.	Viral components and enzymes are manufactured and begin to assemble.
5.	Components of the virus complete their assembly and the virus fully develops.
6.	Several viral particles are released by leakage or when the cell bursts open (lysis).

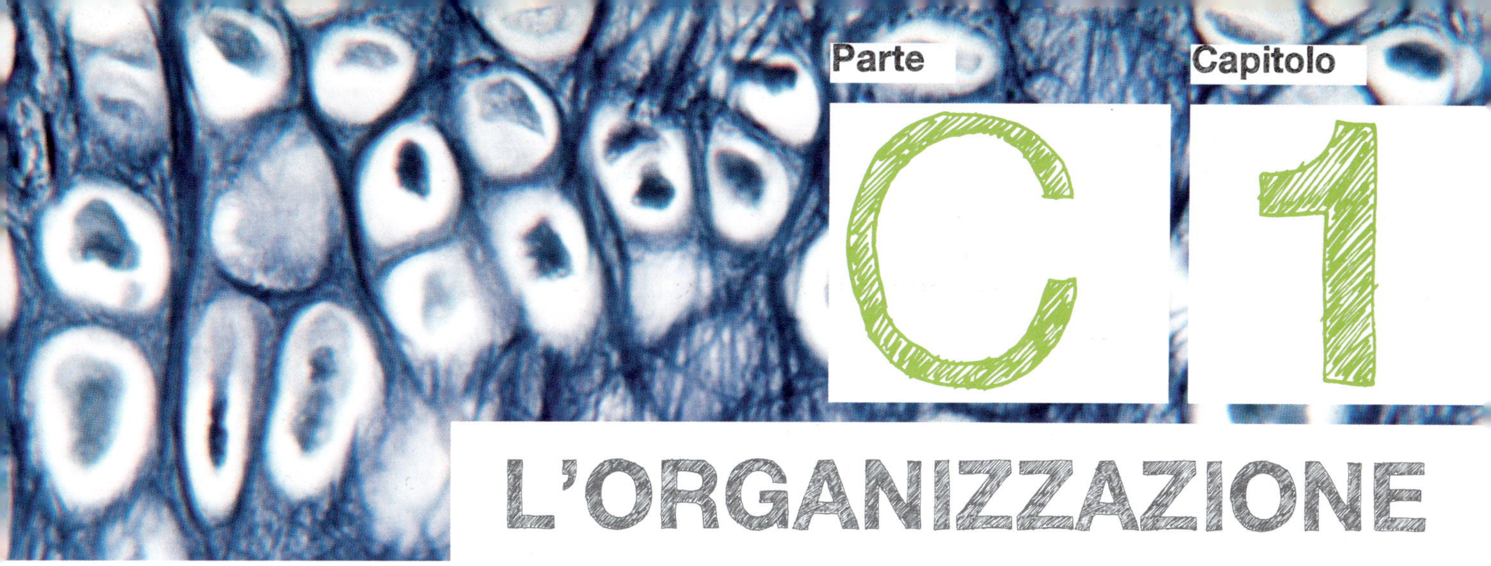

Parte C · Capitolo 1

L'ORGANIZZAZIONE DEL CORPO UMANO

Di' la tua

Che titolo daresti alla vignetta? ....

Come interverresti nella discussione? Qual è la tua opinione?

....
....
....
....
....
....
....
....
....
....
....
....
....
....

Lezione 1

Come è strutturato il corpo umano

1. La struttura del corpo umano

L'anatomia e la fisiologia sono le scienze che ci aiutano a capire com'è fatto e come funziona il corpo umano: l'**anatomia** studia la struttura di un organismo e le relazioni tra le sue parti, invece la **fisiologia** studia le sue funzioni.

Il corpo umano è costituito da **tre parti**: la testa, il tronco e gli arti.

La **testa** è formata dal cranio e dalla faccia: il cranio racchiude e protegge il cervello; la faccia è la parte frontale, che comprende la fronte, gli occhi, il naso, la bocca, le guance e il mento.

Il collo sostiene la testa e la collega al **tronco**, che è costituito dal torace, dall'addome e dal bacino.

Ogni arto è collegato al tronco: l'**arto superiore** comprende la spalla, l'ascella, il braccio, l'avambraccio, il polso e la mano; l'**arto inferiore** è costituito dall'anca, dalla coscia, dalla gamba, dalla caviglia e dal piede.

2. I piani di simmetria

Le parti del corpo si possono studiare anche in relazione a **tre piani di simmetria** perpendicolari tra loro: il piano trasversale, il piano frontale e il piano sagittale.

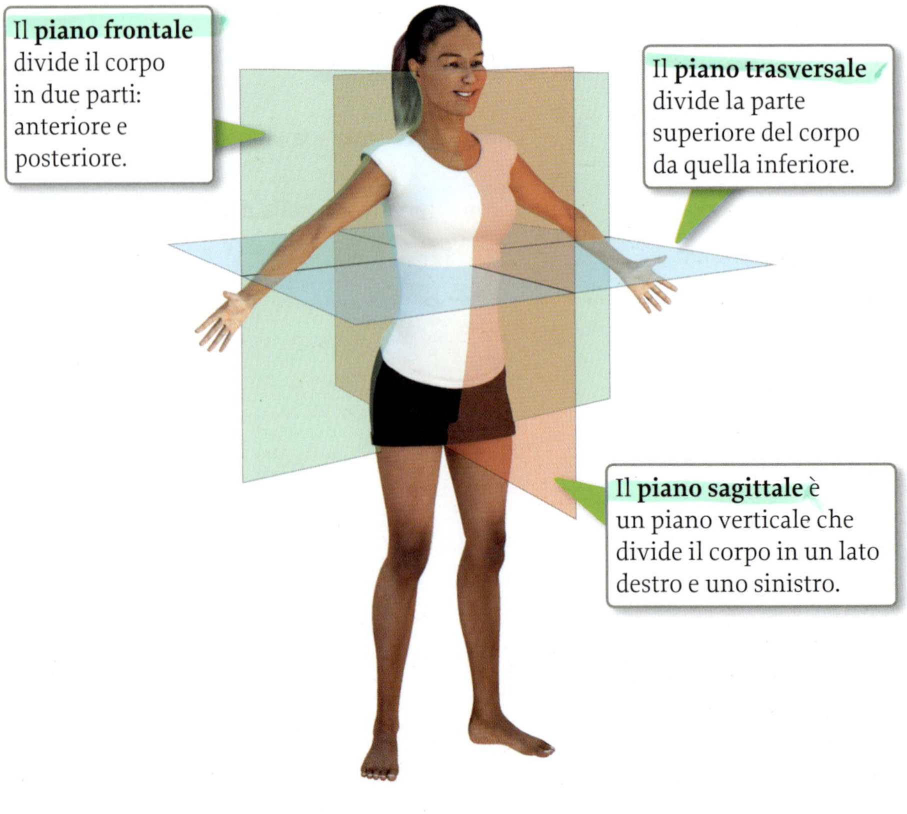

3. Le cavità del corpo

Il corpo umano presenta **due serie di cavità**: la cavità dorsale e la ventrale.

A sua volta, la **cavità dorsale** comprende altre due cavità, collegate fra loro:

- la *cavità cranica*, che ospita il cervello;
- la *cavità spinale*, che si estende lungo tutta la colonna vertebrale e che contiene il midollo spinale.

La **cavità ventrale** è suddivisa in due compartimenti dal *diaframma*, un sottile muscolo a forma di cupola. I due compartimenti sono:

- la *cavità toracica*, che contiene il cuore, i polmoni, la trachea e l'esofago;
- la *cavità addominale*, in cui si trovano lo stomaco, l'intestino, il fegato e il pancreas, che fanno parte dell'apparato digerente, ma anche i reni e la vescica, che costituiscono l'apparato escretore, e tutti gli organi dell'apparato riproduttore.

Queste due cavità non comunicano tra loro.

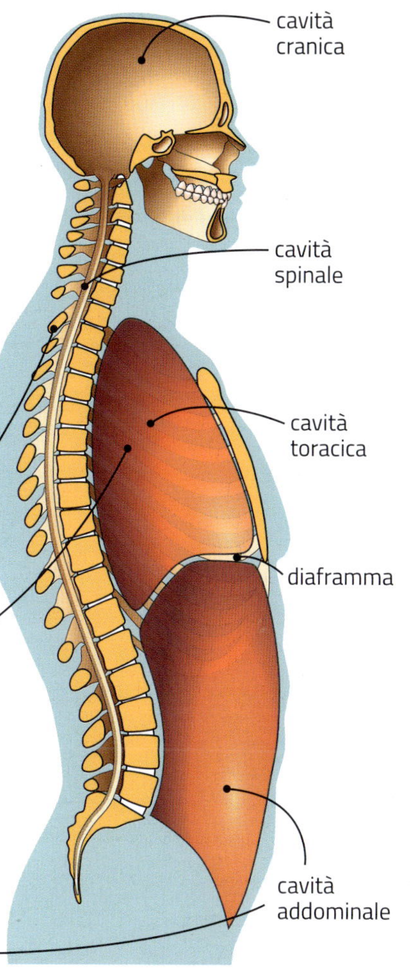

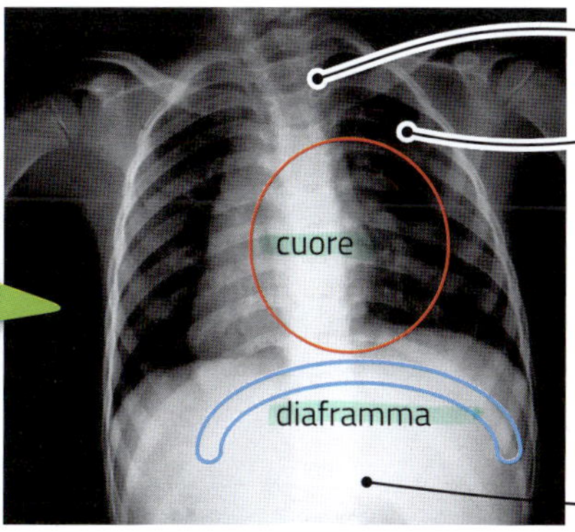

In questa **radiografia** puoi osservare dove si trova il diaframma, che separa la cavità toracica dalla cavità addominale.

IMPARA A IMPARARE

1. Completa lo schema.

Il corpo umano
- presenta — due serie di .... — dette
  - dorsale
  - ....
- è costituito da — tre parti che sono
  - la .... — che è costituita da
    - cranio
    - ....
  - il .... — che è costituito da
    - ....
    - addome
    - bacino
  - gli .... — che possono essere
    - superiori
    - ....

2. Completa le frasi.

a) Le scienze che studiano com'è fatto il corpo umano sono l'...................... , che studia la struttura di un organismo, e la .... , che studia le sue funzioni.

b) Le parti del corpo possono essere studiate anche in relazione a tre piani di .... perpendicolari tra loro: il piano .... , che divide il corpo in due parti, anteriore e .... , il piano .... , che divide il corpo in parte superiore e inferiore, e il piano .... , che divide il corpo in lato destro e sinistro.

Lezione

2

Come è organizzato il corpo umano

4. Il corpo umano è organizzato su diversi livelli strutturali

Il corpo umano è un'unità strutturale e funzionale, formata da unità più piccole organizzate secondo un ordine gerarchico, cioè dalle più piccole alle più grandi.

I cinque livelli di organizzazione del nostro corpo comprendono: le cellule, i tessuti, gli organi, gli apparati e i sistemi e, infine, l'intero organismo.

Cellule, tessuti, organi, apparati e sistemi sono le **unità gerarchiche**, in cui può essere scomposto il nostro corpo.

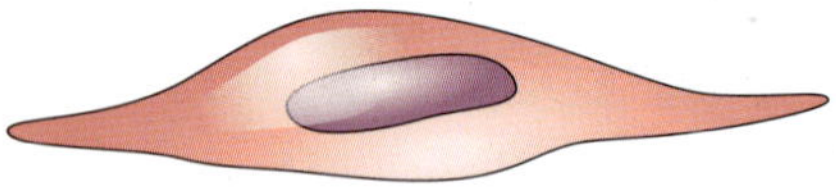

1 Le **cellule** sono gli elementi costitutivi più piccoli, cioè le unità di base del corpo.

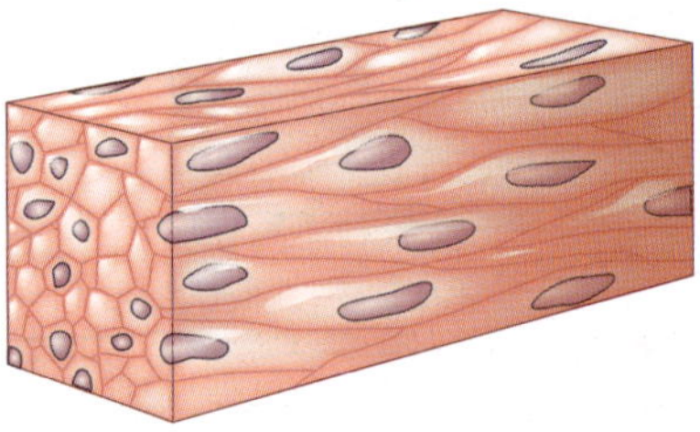

2 Nei **tessuti**, le cellule cooperano per svolgere la stessa funzione.

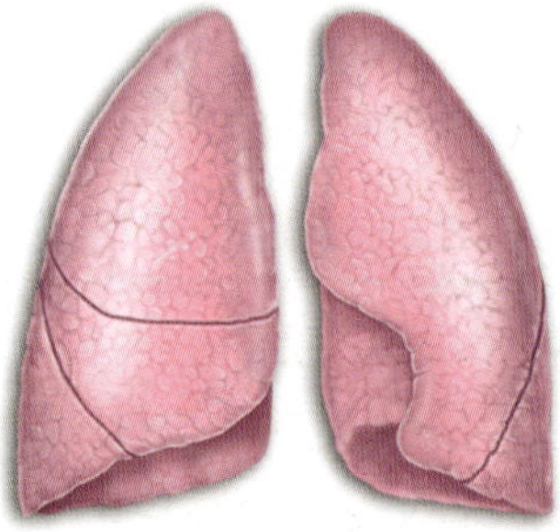

3 Negli **organi** come i polmoni, tessuti diversi si organizzano per svolgere funzioni specifiche.

Guarda il video
L'organizzazione del corpo umano

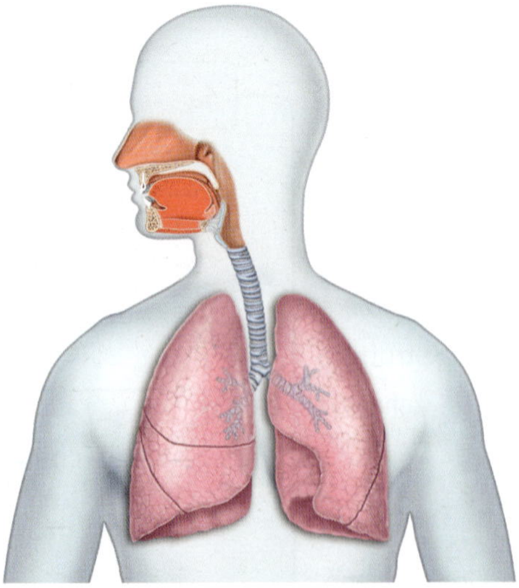

4 Gli organi formati dallo stesso tipo di tessuto formano un **sistema**, come il sistema scheletrico; invece negli **apparati** organi con strutture molto diverse cooperano per svolgere un compito complesso, come nell'apparato respiratorio.

5 L'intero **organismo** è formato dalle unità gerarchiche precedenti e costituisce il livello più alto di organizzazione.

5. Nel nostro corpo esistono quattro tipi principali di tessuti

Cellule simili, unite più o meno strettamente, formano un **tessuto**. Nel nostro corpo ci sono molti tipi di tessuti, che sono tutti riconducibili a 4 categorie fondamentali.

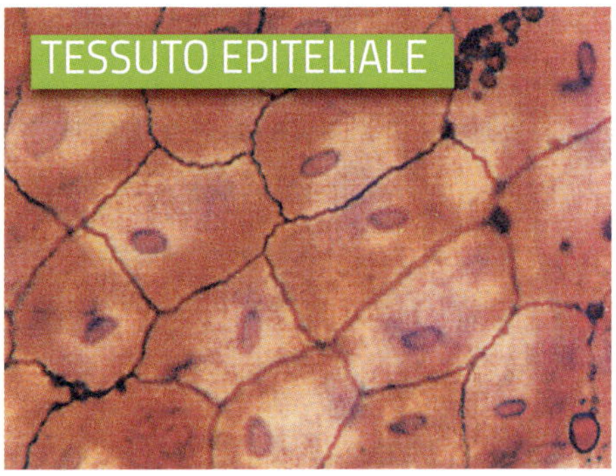

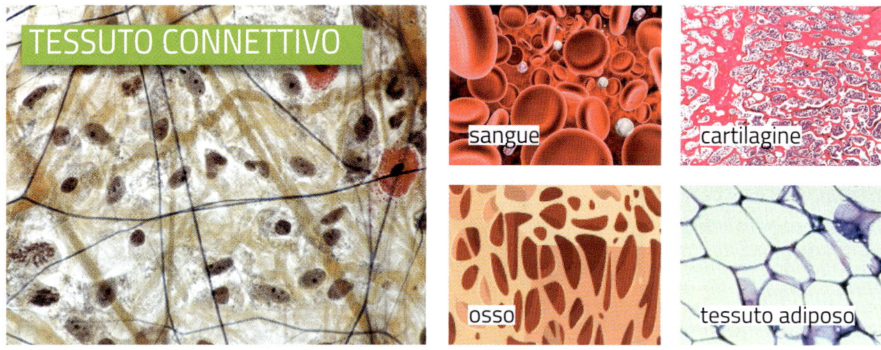

1 Il **tessuto epiteliale** è costituito da strati di cellule appiattite, che rivestono la superficie, gli organi e le cavità del corpo.

2 Il **tessuto connettivo** sostiene e protegge gli altri tessuti. Le cellule che lo formano non sono strettamente unite come quelle del tessuto epiteliale: gli spazi tra le cellule sono riempiti da una sostanza extracellulare, chiamata *matrice*, e da *fibre*. Il sangue, la cartilagine, l'osso e il tessuto adiposo sono tessuti connettivi.

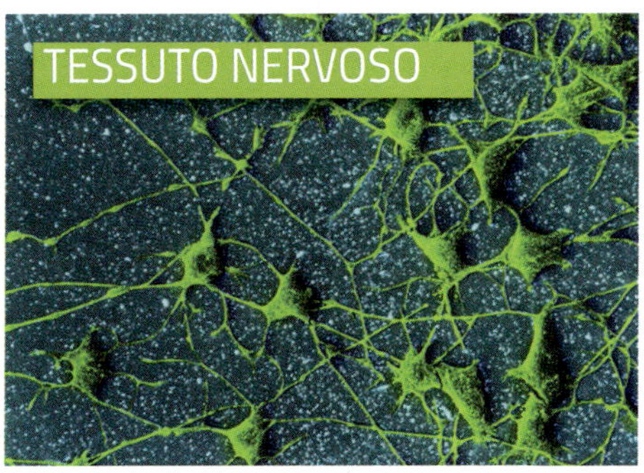

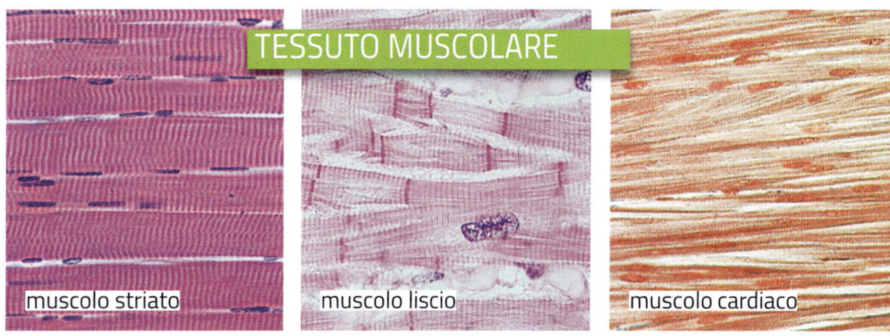

3 Il **tessuto nervoso** è formato da una rete di cellule specializzate, i *neuroni*, che trasformano gli stimoli in impulsi elettrici.

4 Il **tessuto muscolare** è formato da cellule di forma allungata, che sono capaci di accorciarsi e allungarsi e sono chiamate *fibre muscolari*. Nel nostro corpo troviamo il muscolo scheletrico (quello che ci fa correre e camminare), il muscolo liscio (che si trova negli organi interni) e il muscolo cardiaco.

IMPARA A IMPARARE

1. Completa lo schema.

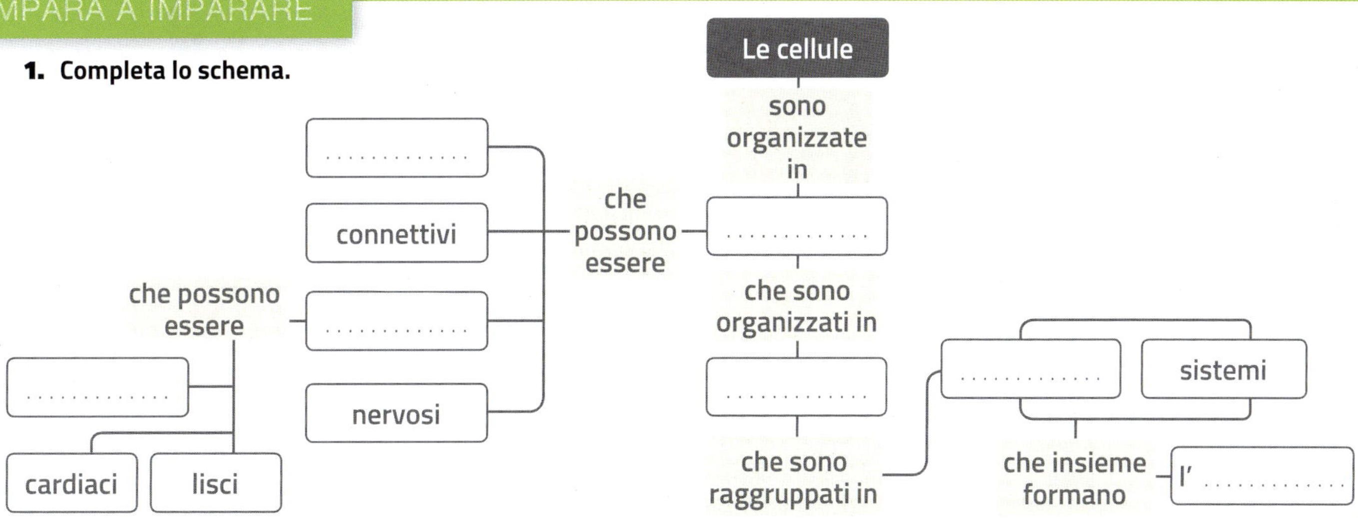

Leggi la scheda
Il disegno come strumento scientifico per lo studio dell'anatomia

6. Sistemi e apparati del corpo umano

Il nostro corpo è costituito da 11 sistemi e apparati, che interagiscono fra loro.

1

Funzione:
rivestimento

Comprende la pelle, le ghiandole, le unghie, i peli e i capelli.

Ricopre tutto il corpo e ha la funzione di isolare e preservare l'ambiente interno da quello esterno.

È l'interfaccia tra l'organismo e l'ambiente.

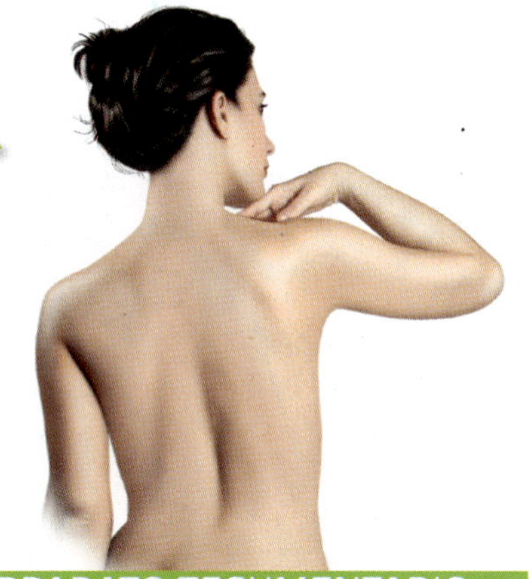

APPARATO TEGUMENTARIO

2

Funzione:
sostegno e protezione

È formato da ossa, legamenti e cartilagini.

Offre sostegno al corpo e protezione agli organi interni.

Fornisce supporto ai muscoli, rendendo possibile il movimento.

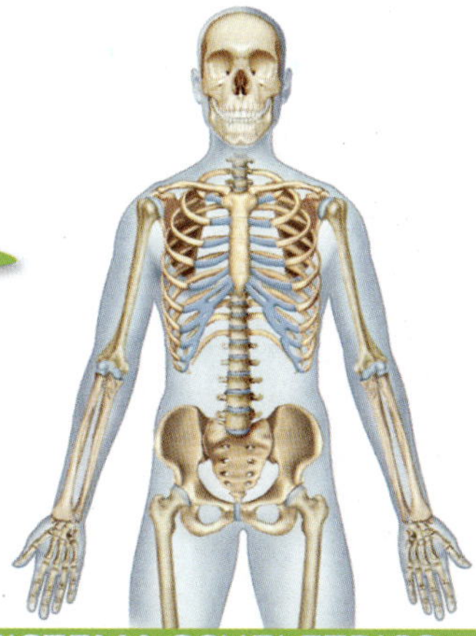

SISTEMA SCHELETRICO

3

Funzione:
movimento

È costituito da tessuto muscolare.

Permette i movimenti del corpo (muscolo scheletrico) e dei suoi organi interni (muscolo liscio e cardiaco).

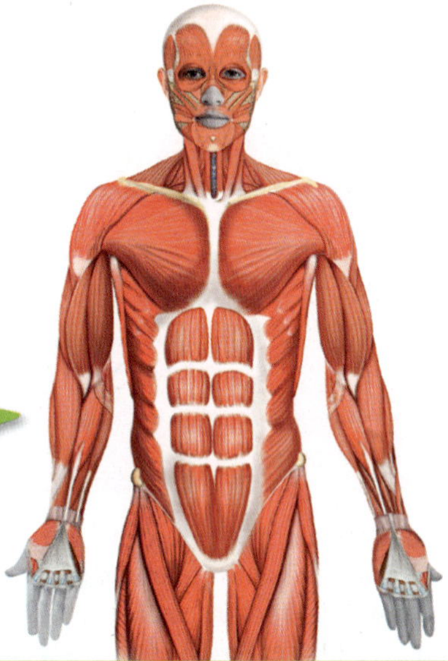

SISTEMA MUSCOLARE

4

Funzione:
nutrizione

Comprende la bocca, l'esofago, lo stomaco, l'intestino; include anche le ghiandole salivari, il fegato e il pancreas.

Consente l'introduzione del cibo e la sua demolizione, l'assorbimento delle sostanze nutritive e l'eliminazione di quelle non digerite.

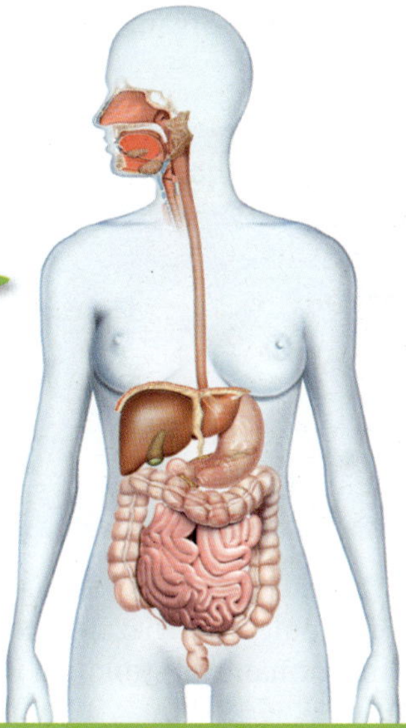

APPARATO DIGERENTE

5

Funzione:
respirazione

È costituito dai polmoni e dalle vie aeree.

Garantisce gli scambi respiratori, trasferendo l'ossigeno al sangue ed eliminando il diossido di carbonio.

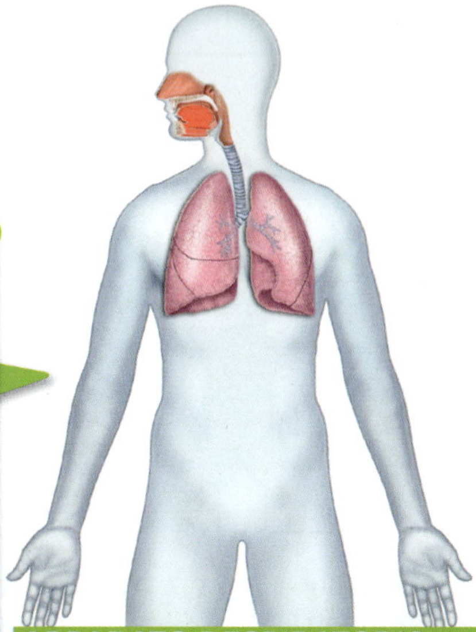

APPARATO RESPIRATORIO

6

Funzione:
circolazione

È composto da sangue, cuore e vasi sanguigni.

Trasporta le sostanze nutritive, e l'ossigeno alle cellule, da cui porta via le sostanze di rifiuto e il diossido di carbonio.

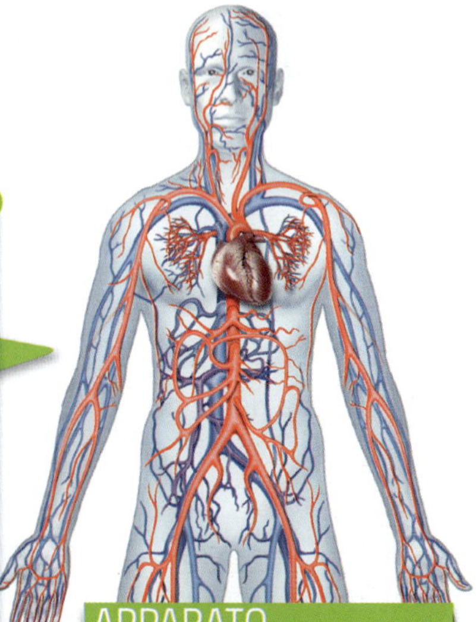

APPARATO CARDIOVASCOLARE

7

Funzione:
eliminazione dei rifiuti

È formato da reni, ureteri, vescica e uretra.

Produce ed elimina l'urina.

Elimina i rifiuti prodotti nelle reazioni chimiche che avvengono nelle cellule e regola la composizione del sangue.

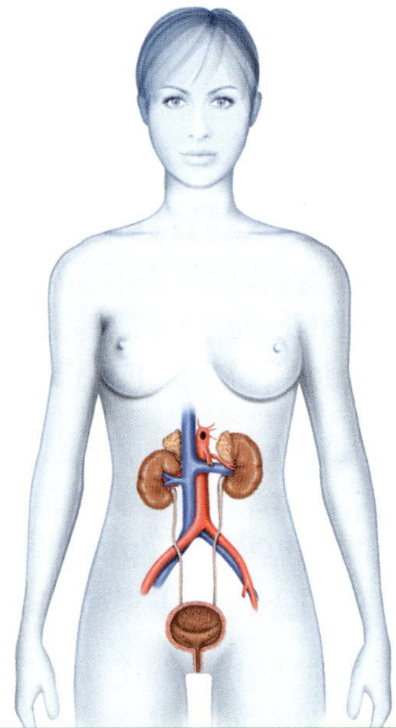

APPARATO ESCRETORE

8

Funzione:
regolazione

È composto da ghiandole endocrine e cellule endocrine. Esse producono gli ormoni, sostanze che regolano il funzionamento di uno o più organi specifici e anche dell'intero organismo.

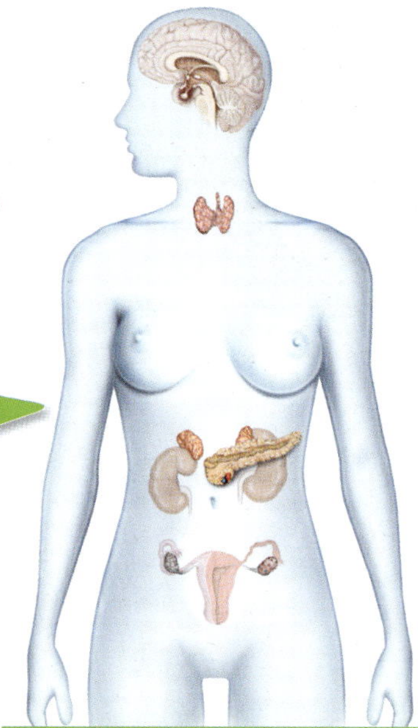

SISTEMA ENDOCRINO

9

Funzione:
coordinamento e relazione

È formato da encefalo, midollo spinale, nervi e organi di senso.

Coordina tutte le funzioni del corpo.

Riceve gli stimoli esterni e interni dal corpo ed elabora le risposte.

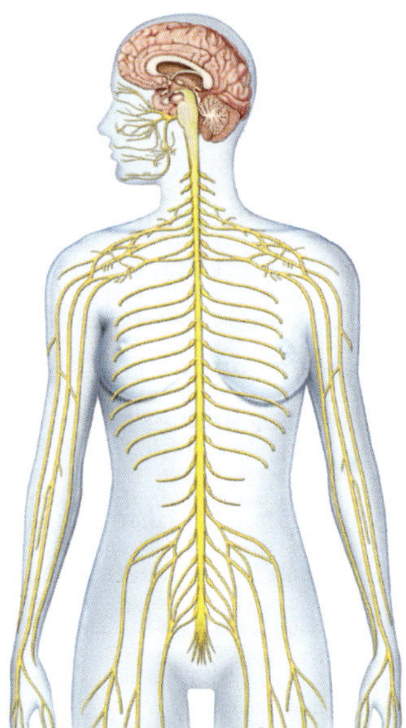

SISTEMA NERVOSO

10

Funzione:
difesa

È costituito dalla linfa e dai vasi linfatici, dal timo, dalle tonsille e dai linfonodi.

Difende l'organismo dall'attacco di agenti patogeni e contribuisce al trasporto dei liquidi.

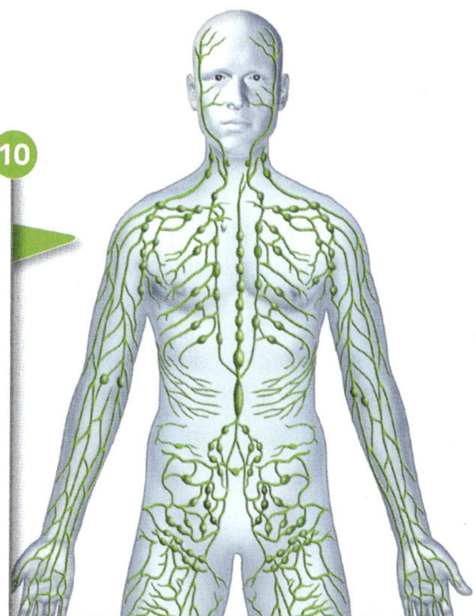

SISTEMA LINFATICO E IMMUNITARIO

11

Funzione:
riproduzione

Comprende le gonadi (ovaie e testicoli) e gli organi a esse associati.

Produce i gameti e consente la fecondazione e lo sviluppo di nuovi individui simili ai genitori.

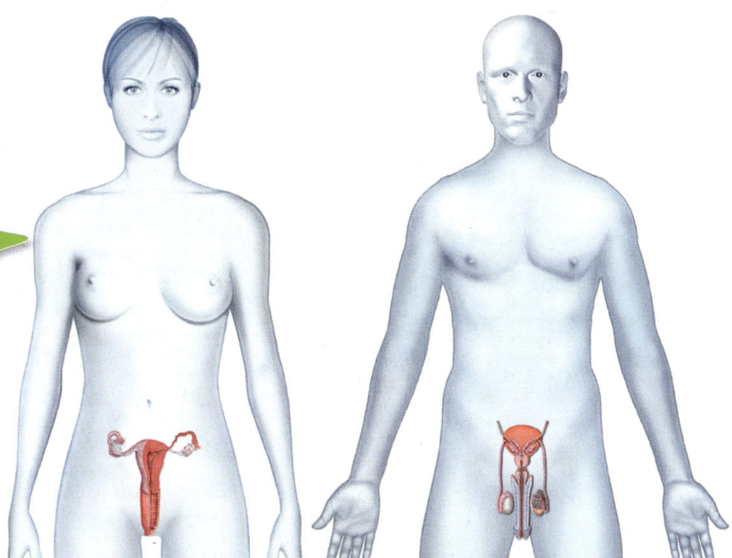

APPARATO RIPRODUTTORE

Lezione

3

L'apparato tegumentario

7. La pelle e gli annessi cutanei

L'**apparato tegumentario** ricopre tutto il corpo e ha la funzione primaria di isolarlo e proteggerlo dall'ambiente esterno; è costituito dalla **pelle** (o cute) e dagli **annessi cutanei** (unghie, peli, capelli, ghiandole).

La **pelle** è un organo complesso, che comprende tutti i quattro i tipi di tessuto: epiteliale, muscolare, nervoso e connettivo. La pelle è composta di tre strati: il più superficiale è l'**epidermide**; quello intermedio è il **derma**; il più profondo è detto sottocutaneo o **ipoderma**.

L'**epidermide** ha una struttura stratificata: i diversi strati sono formati da cellule in diversi momenti del loro ciclo vitale. Lo strato superiore dell'epidermide, detto *strato corneo*, è costituito da cellule epiteliali morte, appiattite e strettamente unite tra loro. Queste cellule contengono una grande quantità di *cheratina*, una proteina che forma una barriera protettiva contro la perdita di acqua e l'ingresso dei microrganismi. Le cellule morte dello strato corneo si distaccano dalla pelle e sono sostituite da nuove cellule, prodotte dallo strato più profondo dell'epidermide: lo *strato germinativo*.

Intorno ai follicoli piliferi si trovano piccoli fasci di muscolatura liscia, i muscoli erettori del pelo: quando sono stimolati, questi muscoli fanno rizzare i peli esercitando una trazione sui follicoli e conferendo alla cute quell'aspetto caratteristico noto come **pelle d'oca**.

Sotto l'epidermide si trova il **derma**, un tessuto connettivo ricco di vasi sanguigni, follicoli piliferi (ripiegamenti dell'epidermide a forma di sacco che producono i peli), ghiandole sudoripare e sebacee e recettori sensoriali. Dal derma dipendono l'elasticità, lo spessore e le capacità di sostegno della cute.

La cute si adagia sullo strato sottocutaneo o **ipoderma**, uno strato di tessuto connettivo e adiposo, che la tiene ancorata ai tessuti e alle strutture sottostanti. In questo strato si accumulano le riserve di grasso sottocutaneo.

Guarda il video
La struttura della pelle

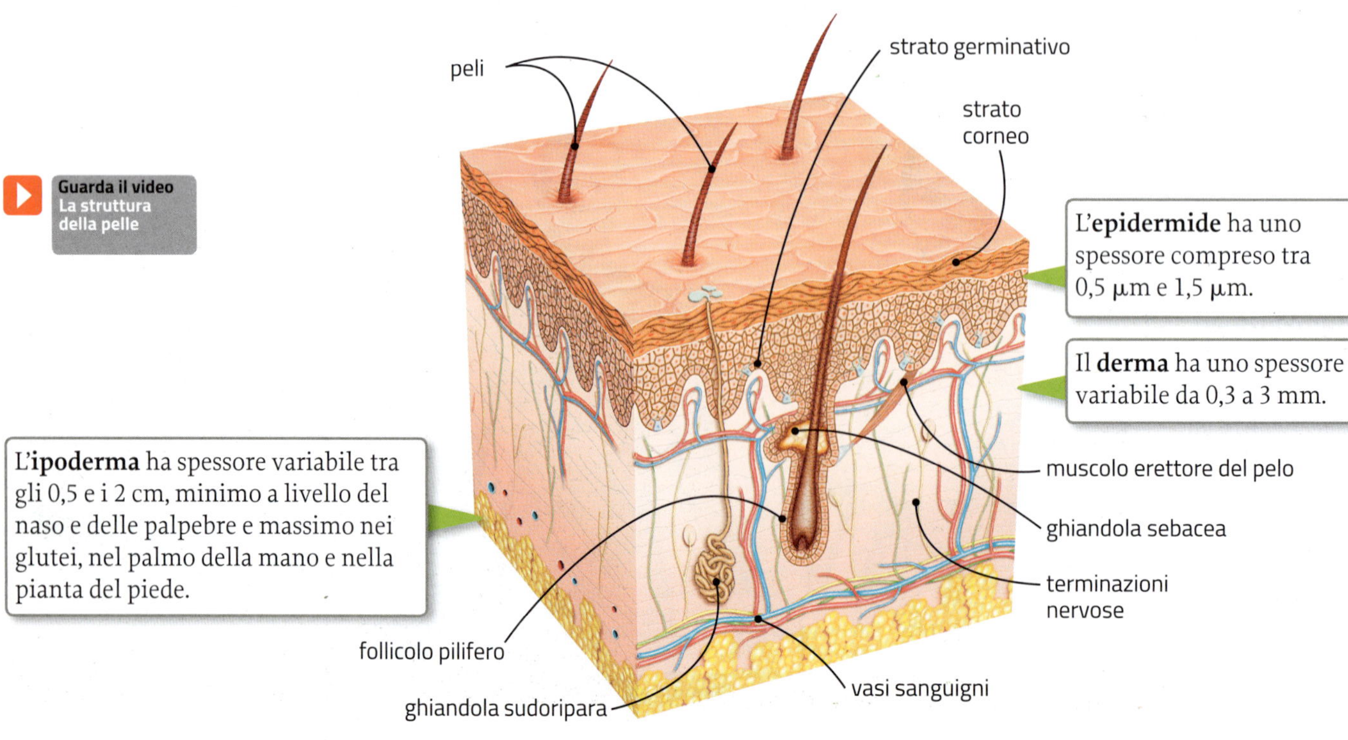

8. Le funzioni della pelle

La pelle è l'organo più esteso del nostro corpo: ha un'area di 2 m^2. Inoltre essa svolge molte funzioni.

La pelle, oltre a proteggere la superficie del nostro corpo, contribuisce a regolare la temperatura corporea, riceve stimoli, secerne e assorbe sostanze e sintetizza vitamine.

La regolazione della temperatura avviene prevalentemente grazie al *sudore*, prodotto dalle **ghiandole sudoripare** disseminate nel derma. Il sudore è una secrezione costituita per il 99% da acqua, che contiene anche sali minerali e prodotti di rifiuto.

Le **ghiandole sebacee** producono il *sebo*, una secrezione cerosa e oleosa che impermeabilizza la cute e impedisce la crescita dei batteri. Spesso queste ghiandole sono associate ai follicoli piliferi.

Infine le **ghiandole mammarie** sono ghiandole cutanee specializzate, presenti nei mammiferi, che servono a produrre il *latte*.

La cute è la sede della sintesi della **vitamina D**, che è fondamentale per la mineralizzazione delle ossa, ma è presente nel nostro corpo soltanto in forma inattiva. L'esposizione al sole ci consente di convertire la vitamina D nella sua forma attiva, che favorisce l'assorbimento intestinale del calcio e del fosforo.

Grazie a **terminazioni nervose specializzate**, la cute rileva stimoli sensoriali di varia natura come il caldo e il freddo, il dolore, la pressione e il tatto. La sensibilità tattile è particolarmente sviluppata sulla punta delle dita.

Il sudore non è l'unico sistema con cui regoliamo la **temperatura corporea**. Infatti per disperdere più velocemente il calore, i vasi sanguigni del derma si dilatano in modo da far circolare più sangue sulla superficie del corpo e far abbassare la temperatura corporea. Invece per mantenere costante la temperatura del corpo, quando il clima esterno è freddo, i vasi sanguigni del derma si restringono (*vasocostrizione*).

Il **sudore** è una secrezione che, evaporando, abbassa la temperatura corporea.

8. Il colore della pelle e la melanina

Nello strato germinativo dell'epidermide si trovano le cellule che producono la **melanina**: è un pigmento che, insieme al sangue, conferisce il colore alla pelle. La melanina protegge la cute e i tessuti sottostanti dalle radiazioni solari, in particolare dalle radiazioni UV. La sua produzione aumenta quando ci esponiamo al sole: questo è il motivo per cui ci abbronziamo.

Stare all'aperto e prendere il sole fa bene alla salute, ma allo stesso tempo favorisce la comparsa di macchie e rughe. Inoltre esporsi al sole senza un'adeguata protezione predispone a diversi tipi di cancro della pelle.

Melanina deriva dalla parola greca *mélas*, che significa «nero».

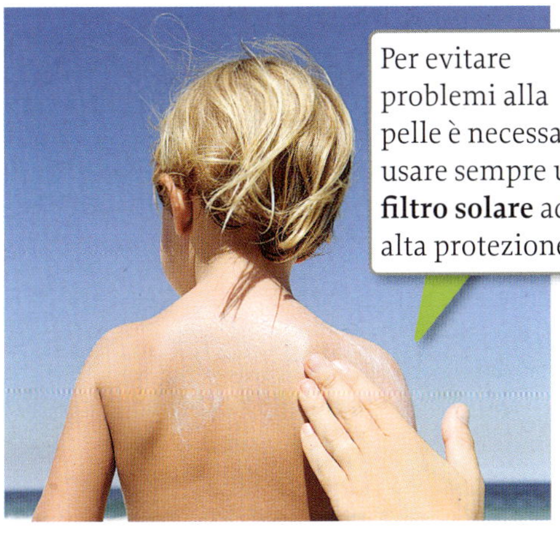

Per evitare problemi alla pelle è necessario usare sempre un **filtro solare** ad alta protezione.

Il numero di cellule che producono la melanina è più o meno lo stesso in tutte le persone; le differenze di **colore della pelle** sono dovute alla quantità di pigmento.

SCIENZA E SALUTE

L'albinismo: quando manca la melanina

L'albinismo è l'incapacità da parte di un individuo di produrre la **melanina.** Di conseguenza la pelle degli albini è chiarissima, gli occhi generalmente sono grigio-azzurri e i capelli bianchi. Si tratta di una condizione ereditaria, trasmessa dai genitori ai figli, che si manifesta in gradi diversi. L'albinismo totale è abbastanza raro e comporta sensibilità alla luce e problemi alla vista.

L'albinismo si può riscontrare nei mammiferi (a cui appartiene anche la specie umana), nei pesci, negli uccelli e nei rettili.

IMPARA A IMPARARE

1. Completa lo schema.

L'apparato tegumentario — ha la funzione di:
- rivestire e proteggere il corpo
- regolare la .... corporea
- ricevere ....
- secernere e assorbire sostanze
- sintetizzare ....

L'apparato tegumentario — è costituito da:
- pelle — che è composta da tre strati:
  - l'....................
  - il ....
  - l'ipoderma
- annessi cutanei

2. Rispondi alle domande.

a) La funzione principale della pelle è
- A dare sostegno al corpo.
- B rivestire e proteggere il corpo.
- C non farci percepire le variazioni di temperatura.
- D tenere lontani gli insetti.

b) Le ghiandole sudoripare si trovano
- A nell'epidermide.
- B nel derma.
- C nell'ipoderma.
- D nello strato corneo.

Come è strutturato il corpo umano?

Come è strutturato il corpo umano | pag. C2

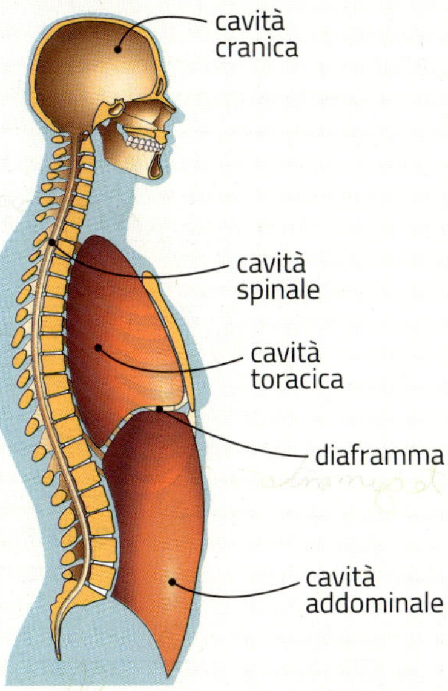

Il corpo umano è costituito da tre parti:
- la **testa**, che è formata dal cranio e dalla faccia;
- il **tronco**, che sostiene la testa per mezzo del collo ed è costituito da torace, addome e bacino;
- gli **arti** superiori e inferiori, che sono collegati al tronco.

Il nostro corpo presenta due serie di cavità:
- la **cavità dorsale**, che comprende la cavità cranica e la cavità spinale, le quali sono collegate tra loro;
- la **cavità ventrale**, che è suddivisa dal diaframma in cavità toracica e cavità addominale, le quali non comunicano tra loro.

Come sono organizzati i 5 livelli strutturali del corpo umano?

Come è organizzato il corpo umano | pag. C4

Le **cellule** del nostro corpo sono specializzate per svolgere diverse funzioni e sono organizzate a formare i **tessuti**, che a loro volta formano gli **organi**. Gli organi sono raggruppati in **apparati** e **sistemi**, che costituiscono l'intero **organismo**.

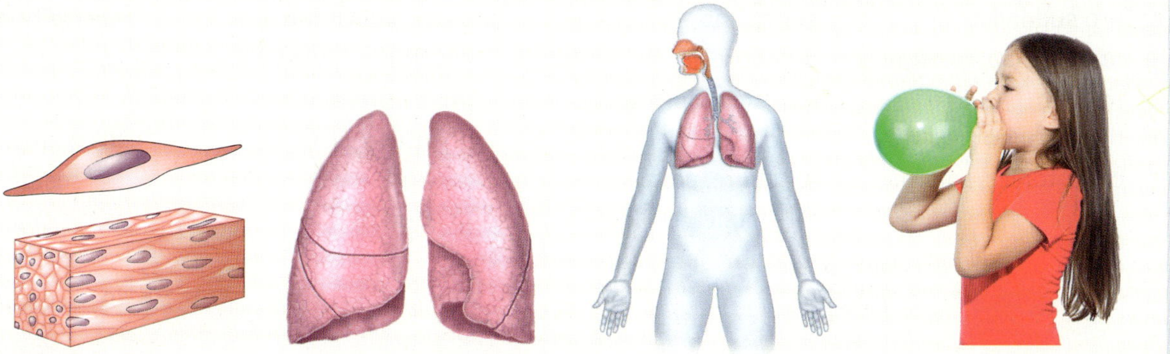

Come è fatto l'apparato tegumentario?

L'apparato tegumentario | pag. C8

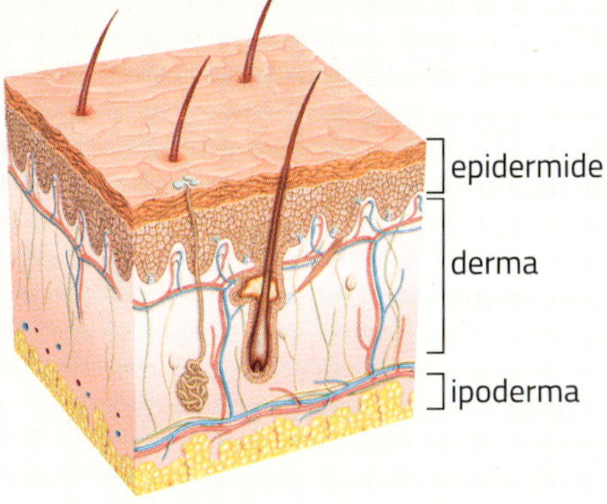

L'apparato tegumentario è costituito dalla **pelle** (o cute) e dagli **annessi cutanei**.

La pelle è costituita da uno strato superficiale chiamato **epidermide** e da una parte più profonda, il **derma**. Al di sotto del derma, si trova l'**ipoderma**.

L'apparato tegumentario ricopre tutto il corpo e lo protegge dall'ambiente esterno. Inoltre la pelle contribuisce a regolare la temperatura corporea, secerne e assorbe sostanze e sintetizza vitamine.

1. **Completa la mappa concettuale.**

fisiologia
arti
livelli strutturali
tegumentario
organi
pelle
struttura
sistemi

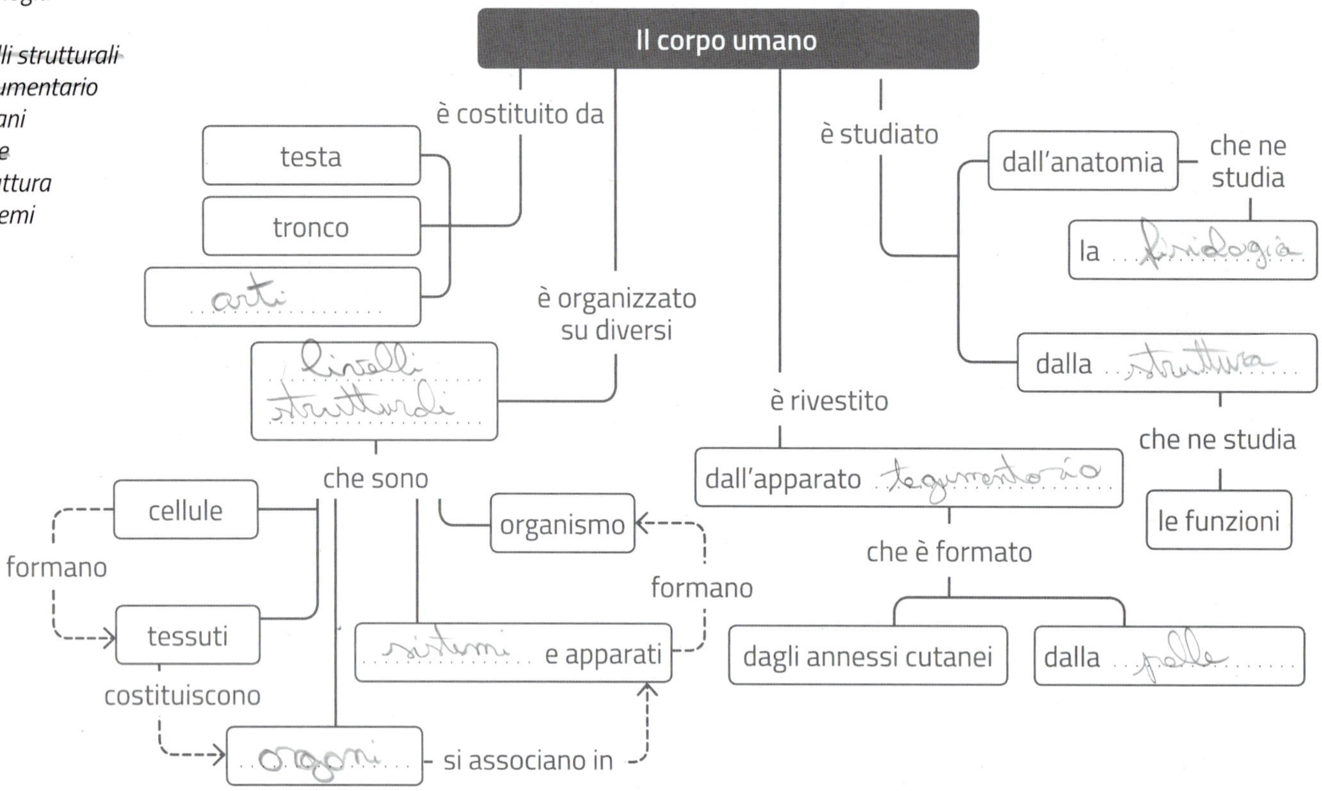

2. **Il corpo umano può essere suddiviso in**

A braccia, gambe, tronco.
B testa, arti, tronco.
C torace, addome, arti.
D capo, torace, addome.

3. **Nella cavità toracica si trovano**

A cuore, fegato, polmoni.
B intestino, fegato, pancreas.
C cuore, polmoni, trachea, esofago.
D cuore, polmoni, reni.

4. **Lo strato corneo dell'epidermide è costituito da tessuto**

A connettivo.
B muscolare.
C epiteliale.
D nervoso.

5. **Il sudore è una secrezione costituita da**

A sali minerali, sostanze di rifiuto e proteine.
B acqua, sali minerali e sostanze di rifiuto.
C acqua, batteri e sostanze di rifiuto.
D acqua, zucchero e sale.

6. **Vero o falso? Correggi le affermazioni errate sul tuo quaderno.**

a. Gli arti superiori e quelli inferiori sono collegati al tronco. V F
b. Il sangue è un tessuto connettivo. V F
c. L'epidermide ha uno spessore minore rispetto al derma. V F
d. Nell'ipoderma, si formano continuamente nuove cellule. V F
e. La produzione di sudore aiuta a regolare la temperatura corporea. V F
f. Le ghiandole salivari sono annessi cutanei. V F
g. La cheratina è una proteina che determina il colore della pelle. V F

7. **Rispondi alle domande sul tuo quaderno.**

a. Da quali parti è costituito il corpo umano?
b. Quali sono i piani di simmetria che suddividono il corpo umano?
c. Qual è l'unità di base degli organismi viventi?
d. Che cos'è un tessuto?
e. Che cosa sono i sistemi e gli apparati?
f. Quali sono i 4 principali tipi di tessuti presenti nel corpo? Descrivine le caratteristiche.
g. Quali sono gli strati della cute?
h. Quali funzioni svolge la cute?
i. Perché sudiamo?
j. Quali sono e quali funzioni svolgono gli annessi cutanei?

8. **Associa a ciascuna struttura il numero corrispondente.**

a. ☐ epidermide
b. ☐ ipoderma
c. ☐ ghiandola sudoripara
d. ☐ derma
e. ☐ ghiandola sebacea
f. ☐ follicolo pilifero
g. ☐ pelo
h. ☐ strato germinativo
i. ☐ strato corneo
j. ☐ terminazione nervosa
k. ☐ vasi sanguigni
l. ☐ muscolo erettore del pelo

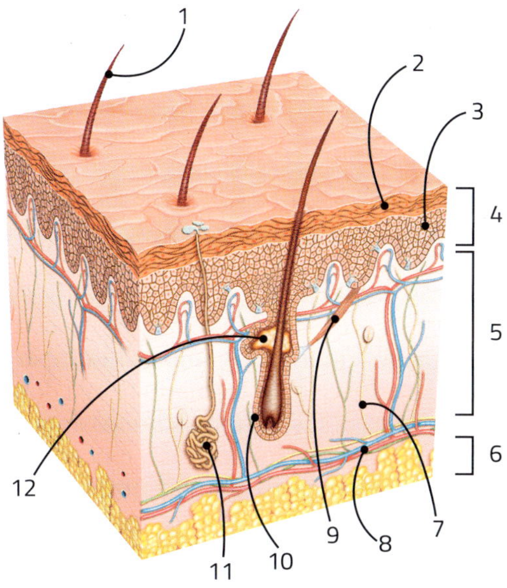

9. **Collega gli organi all'apparato o al sistema a cui appartengono.**

a. pelle	☐ sistema scheletrico
b. muscoli	☐ apparato escretore
c. gonadi	☐ apparato digerente
d. ossa	☐ sistema nervoso
e. polmoni	☐ apparato riproduttore
f. cuore	☐ apparato respiratorio
g. reni	☐ apparato cardiovascolare
h. cervello	☐ sistema muscolare
i. stomaco	☐ apparato tegumentario
j. ghiandole endocrine	☐ sistema endocrino

10. **Risolvi il cruciverba.**

Orizzontali

2. Lo strato superiore dell'epidermide.
5. Il pigmento che conferisce il colore alla pelle.
7. Costituito da torace, addome e bacino.
8. La cavità che si estende lungo tutta la colonna vertebrale.

Verticali

1. Si trova sotto l'epidermide.
2. L'unità di base del corpo.
3. Studia la struttura di un organismo.
4. È prodotto dalle ghiandole sudoripare.
6. Il tessuto formato da cellule capaci di trasmettere impulsi nervosi.
9. Nel corpo umano ce ne sono due superiori e due inferiori.

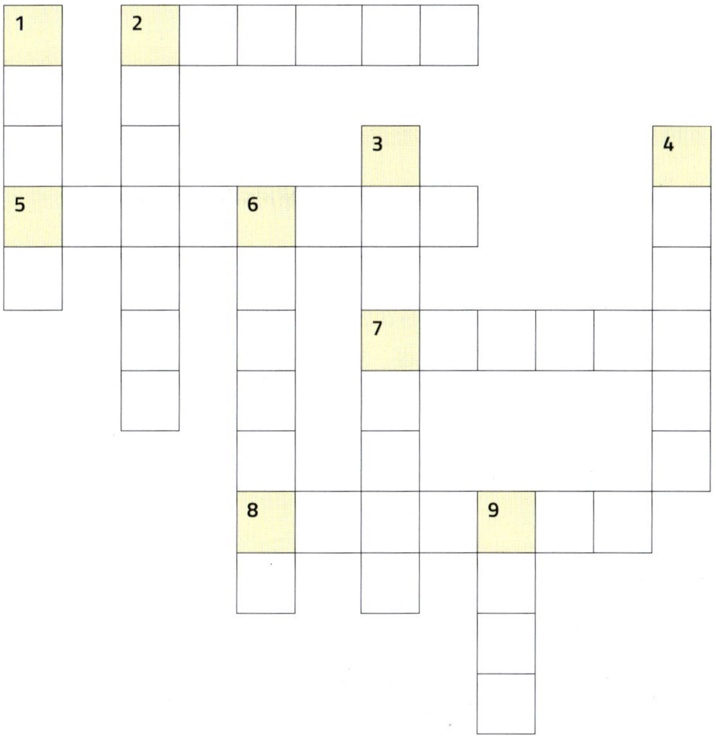

11. Scrivi un testo argomentativo sull'uso dei sistemi di riconoscimento biometrico (come le impronte digitali) in campo tecnologico.

Percorso guidato

1. Ripassa la lezione 3, in cui si parla dell'apparato tegumentario.
2. Leggi l'approfondimento sulle impronte digitali.

Le impronte digitali

Se osserviamo con una lente d'ingrandimento la cute del palmo della mano, notiamo che la superficie è incisa da **solchi e creste** che si formano prima della nascita.

Fra le creste, si susseguono a brevissima distanza dei pori. Questi pori costituiscono lo sbocco di ghiandole sudoripare e secernono una sostanza composta al 98% da acqua e per il restante 2% da minerali e sostanze grasse, sotto forma di un sottilissimo strato detto **film idrolipidico**. Questo strato serve a proteggere le mani dagli agenti chimico-fisici, ma è anche quello che, quando le dita toccano una qualsiasi superficie, lascia la caratteristica **impronta digitale**.

Per rilevare le impronte, la polizia scientifica fa uso di diverse polveri sottilissime, a base di alluminio, di carbone o di sostanze fluorescenti, che devono evidenziare i solchi.

3. Perché lasciamo le impronte sugli oggetti che tocchiamo?
4. Quali sostanze utilizza la polizia scientifica per rilevare le impronte digitali?
5. Fai una ricerca su Internet per scoprire perché la polizia scientifica rileva le impronte digitali.
6. Fai una ricerca sugli altri sistemi di riconoscimento biometrico: quali sono?
7. Elenca vantaggi e svantaggi dei sistemi di riconoscimento biometrico che hai trovato.
8. Usando le informazioni contenute nelle risposte ai punti 3-7, elabora il tuo testo argomentativo.

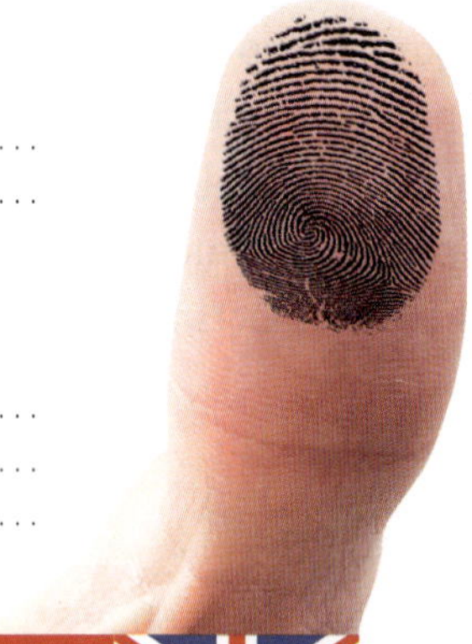

VANTAGGI
RICONOSCIMENTI

C1 ESERCIZI CLIL

12. Answer the multiple-choice questions about the integumentary system.

1. The layer of the epidermis that contains cells undergoing division is
   - A the stratum germinativum.
   - B the stratum corneum.
   - C the stratum spinosum.

2. What is sebum?
   - A It is a hormone.
   - B It is an oily or waxy substance.
   - C It is sweat.

3. Which layer of the skin does NOT contain blood vessels?
   - A Epidermis.
   - B Hypodermis.
   - C Dermis.

4. Sweat glands are located in
   - A the dermis.
   - B the epidermis.
   - C the hypodermis.

Parte C

Capitolo 2

IL CORPO UMANO E IL MOVIMENTO

Di' la tua

Che titolo daresti alla vignetta? ....

Come interverresti nella discussione? Qual è la tua opinione?

....

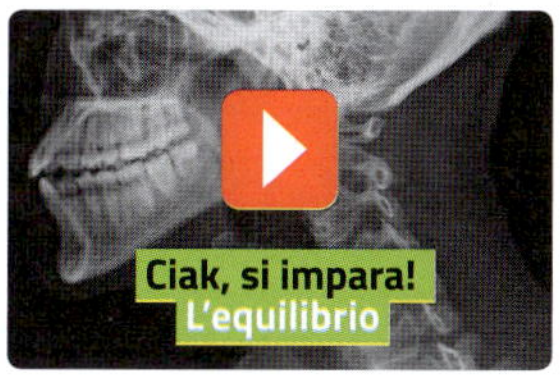

Lezione 1

Lo scheletro e le sue funzioni

1. Una visione d'insieme dello scheletro

Il sistema scheletrico forma l'impalcatura che sostiene il nostro corpo: coordinandosi con il sistema muscolare, esso permette agli esseri umani di mantenersi in equilibrio in posizione eretta e di muoversi.

Il **sistema scheletrico** è composto dalle **ossa**, dalle **cartilagini** e dalle **articolazioni**.

Nell'adulto lo scheletro umano comprende 206 ossa, che sono suddivise in due gruppi: le 80 ossa del cranio, della gabbia toracica e della colonna vertebrale formano lo **scheletro àssile**; le 126 degli arti, della cintura scapolare e della cintura pelvica formano lo **scheletro appendicolare**.

Guarda il video
Lo scheletro assile e lo scheletro appendicolare

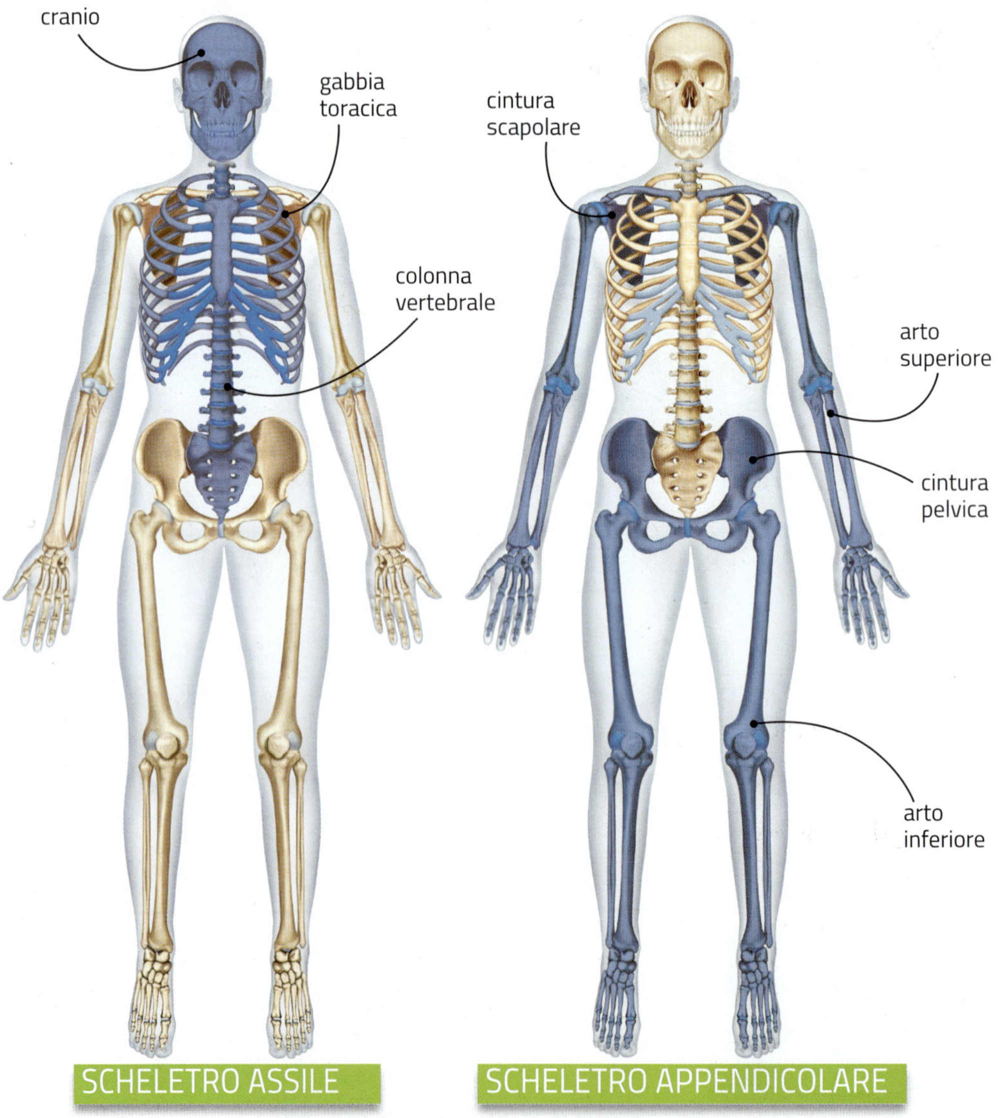

Le **articolazioni** permettono il movimento delle diverse ossa l'una rispetto all'altra. Le **cartilagini** rivestono le estremità delle ossa e sostengono il naso e le orecchie.

Lo scheletro maschile e quello femminile non presentano grandi differenze, se non per il fatto che le ossa femminili sono leggermente più sottili di quelle maschili. Inoltre il bacino della donna di solito è più ampio e allargato verso il basso rispetto a quello maschile: questo agevola il passaggio del feto al momento del parto.

Inoltre le parti dello scheletro di un neonato o di un bambino hanno proporzioni diverse rispetto a quelle di un adulto. Per permettere al corpo di un bambino di crescere, alcuni gruppi di ossa non si sono ancora fuse insieme, quindi il loro numero complessivo risulta maggiore.

2. Diversi tipi di ossa

Osservando lo scheletro, notiamo che è formato da ossa di dimensioni e forme molto differenti.

Quasi tutte le ossa rientrano in tre categorie: ossa piatte, corte e lunghe.

Guarda il video
I tipi di ossa

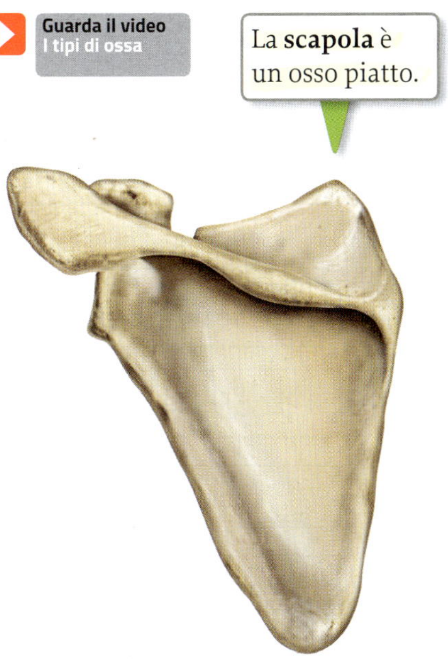

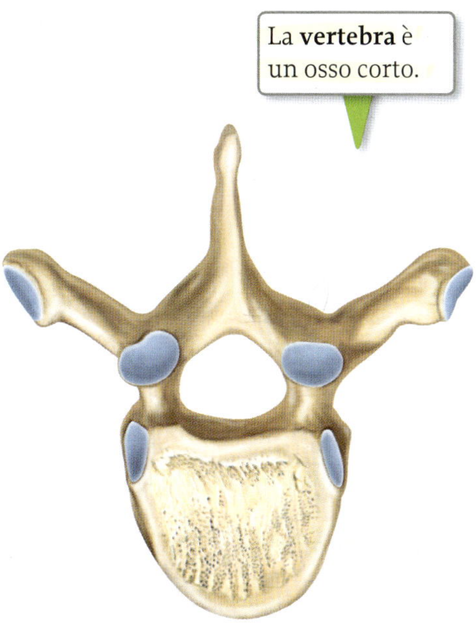

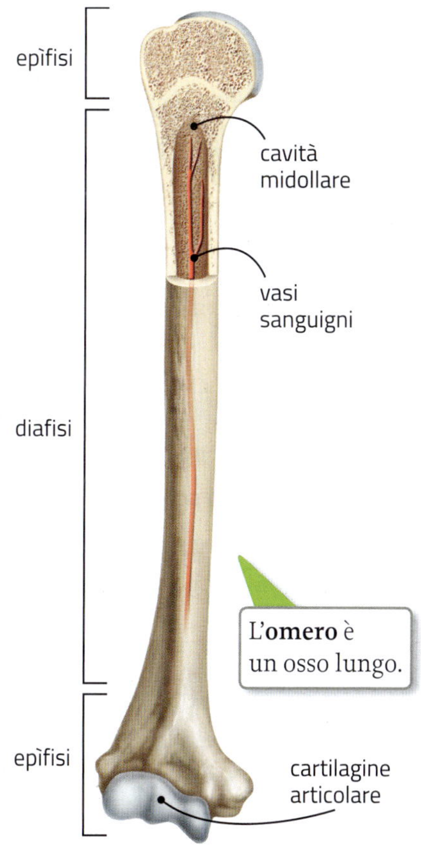

1 Le **ossa piatte** hanno uno spessore ridotto, inoltre lunghezza e larghezza sono molto simili. Sono ossa piatte quelle del *cranio*, che racchiude e protegge il cervello, lo *sterno* e le *costole*, che proteggono gli organi del torace, le ossa del *bacino* e le *scapole*.

2 Sono dette **ossa corte** quelle in cui le tre dimensioni (lunghezza, larghezza e spessore) si equivalgono. Ne sono un esempio le *vertebre*, il *calcagno* e le ossa che formano il *polso*.

I termini **diàfisi** ed **epìfisi** derivano dal greco *phyein*, che significa «crescere». Si differenziano per il prefisso *dìa*, «tra», ed *epì*, «sopra». Quindi letteralmente *diafisi* significa «crescere tra qualcosa» ed *epifisi* «crescere sopra qualcosa».

3 Le ossa degli arti superiori e inferiori sono **ossa lunghe**, perché la dimensione della lunghezza prevale sulle altre due. La parte cilindrica centrale è detta **diàfisi**, mentre le due estremità rotondeggianti si chiamano **epìfisi**. All'interno della diafisi è presente la **cavità midollare**, uno spazio cavo che contiene i vasi sanguigni.

3. Le funzioni dello scheletro

Lo scheletro svolge sei funzioni fondamentali.

1. **Sostegno**. Le ossa forniscono al corpo un'intelaiatura strutturale, che sostiene tutti gli altri tessuti.
2. **Protezione**. La rigidità dello scheletro protegge gli organi interni dalle lesioni: per esempio, la scatola cranica protegge il cervello, la colonna vertebrale racchiude il midollo spinale, la gabbia toracica abbraccia cuore e polmoni.
3. **Movimento**. Quasi tutti i muscoli scheletrici si inseriscono sulle ossa: accorciandosi e allungandosi, ci permettono di muoverci.
4. **Produzione delle cellule del sangue**. Molte ossa contengono uno speciale tessuto connettivo chiamato *midollo rosso*, che produce i corpuscoli del sangue, come i globuli rossi.
5. **Riserva di grassi**. Un altro tipo di midollo osseo, il *midollo giallo*, contiene cellule che immagazzinano energia sotto forma di grassi.
6. **Riserva di sali minerali**. Lo scheletro costituisce un'importante riserva di sostanze minerali essenziali per il corpo, come il calcio e il fosforo: per esempio, il calcio regola il battito cardiaco e la contrazione dei muscoli. In caso di necessità, l'osso si attiva e libera questi minerali nel sangue. Quando si invecchia, le ossa possono perdere questi sali minerali: la perdita del calcio presente nelle ossa provoca l'osteoporosi, che rende le ossa talmente fragili da provocare fratture spontanee.

Leggi la scheda
Anche le ossa invecchiano

IMPARA A IMPARARE

1. Completa lo schema.

Il sistema scheletrico — ha — ha sei funzioni fondamentali — che sono:
- sostegno
- protezione
- movimento
- produzione delle cellule del sangue
- riserva di grassi
- riserva di sali minerali

Il sistema scheletrico — è composto da:
- ossa — che possono essere:
  - piatte
  - corte
  - lunghe
- articolazioni
- cartilagini

2. Sul tuo quaderno, fai un elenco delle ossa che formano lo scheletro assile e lo scheletro appendicolare, poi dividile in ossa piatte, ossa corte e ossa lunghe.

Lezione 2

La struttura delle ossa

4. I costituenti dello scheletro

Le nostre ossa sono organi solidi e robusti, adatti a sostenere il peso del nostro corpo e a proteggere gli organi interni; allo stesso tempo, sono leggere e abbastanza elastiche per resistere agli urti.

Queste caratteristiche dipendono dai due tipi di tessuto connettivo di sostegno che costituiscono lo scheletro.

- Il **tessuto osseo** è formato per circa il 70% da *sali minerali di calcio*, che gli conferiscono durezza. Il restante 30% è costituito da una proteina detta *osseina*: questa componente elastica e fibrosa conferisce alla matrice l'elasticità necessaria a resistere alla rottura, almeno entro certi limiti.
- Il **tessuto cartilagineo** è formato da *cartilagine*; in questo tessuto, le cellule sono immerse in una matrice extracellulare gommosa e flessibile.

LABORATORIO DELLE COMPETENZE

Il tessuto osseo

Guarda il video
Il tessuto osseo

Materiale

- 2 ossa di pollo
- acqua
- sapone per piatti
- carta assorbente da cucina
- bilancia elettronica (con sensibilità pari ad almeno 1 g)
- ciotola
- aceto
- forno elettrico

Procedimento

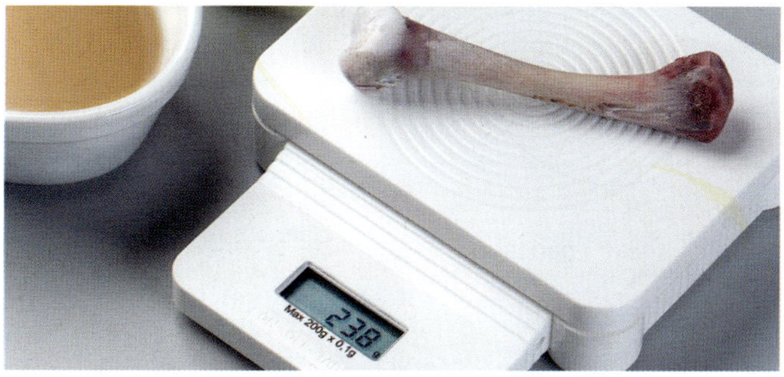

1. Pulisci le ossa di pollo dai residui di carne.
Lavale con acqua e sapone, poi asciugale con la carta da cucina. Pesale separatamente e annota la massa di ciascuna. Prova a piegare ciascun osso con le mani e annota che cosa accade.
2. Metti una delle due ossa in un contenitore e coprilo completamente con l'aceto.
3. Metti l'altro osso in un forno a 180 °C e lascialo cuocere per 3-4 ore.
4. Togli l'osso dal forno, lascialo raffreddare e pesalo. Annota la sua massa.
5. Dopo una settimana, estrai l'osso dall'aceto, lavalo con acqua e asciugalo con la carta da cucina. Poi pesalo e annota la sua massa.
6. Prendi in mano ciascun osso e prova a piegarlo.

Che cosa osservi?

a) Come è cambiato l'aspetto delle due ossa?

....

b) Che cosa succede quando cerchi di piegarle?

....

....

c) Com'è cambiata la loro massa?

....

Che cosa concludi?

a) A che cosa corrisponde la perdita di massa?

....

....

b) Sapendo che l'aceto corrode le parti calcaree come i sali di calcio, quale proprietà conferiscono tali sali al tessuto osseo?

....

....

....

c) Sapendo che il calore fa perdere acqua e fa avvenire una reazione chimica (verificabile anche dal cambiamento di colore avvenuto nell'osso), che modifica la struttura dell'osseina facendole perdere la sua funzione originaria, qual è la funzione di questa proteina?

....

....

....

5. Il tessuto osseo

Le ossa di un individuo adulto sono costituite da **tessuto osseo** e sono ricoperte da una membrana, anch'essa formata da tessuto connettivo, chiamata **periostio**, importante per l'accrescimento delle ossa e per la rigenerazione in caso di traumi.

Esistono due tipi di tessuto osseo: **compatto** e **spugnoso**.

Il **tessuto compatto** è molto resistente ed è adatto a sostenere il peso del corpo.

Il tessuto osseo compatto contiene pochi spazi vuoti ed è disposto in unità ripetute, dette **osteoni**. Ogni osteone è formato da lamelle disposte in modo concentrico, attorno a un canale centrale detto **canale di Havers** che contiene vasi sanguigni e nervi. Il tessuto osseo compatto si trova in tutte le ossa e costituisce gran parte della diafisi delle ossa lunghe.

Il **tessuto spugnoso** è più leggero e serve per diminuire il peso complessivo dello scheletro e per proteggere il midollo rosso.

Trabecola deriva dal latino *trabecula* e significa «piccola trave».

Il tessuto osseo spugnoso non contiene osteoni, ma è costituito da un reticolo irregolare di sottili **trabecole ossee**. Gli spazi tra le trabecole sono occupati dal **midollo osseo rosso**. Il tessuto spugnoso costituisce la maggior parte delle ossa corte, di quelle piatte e delle epifisi delle ossa lunghe.

Guarda il video
La struttura del tessuto osseo

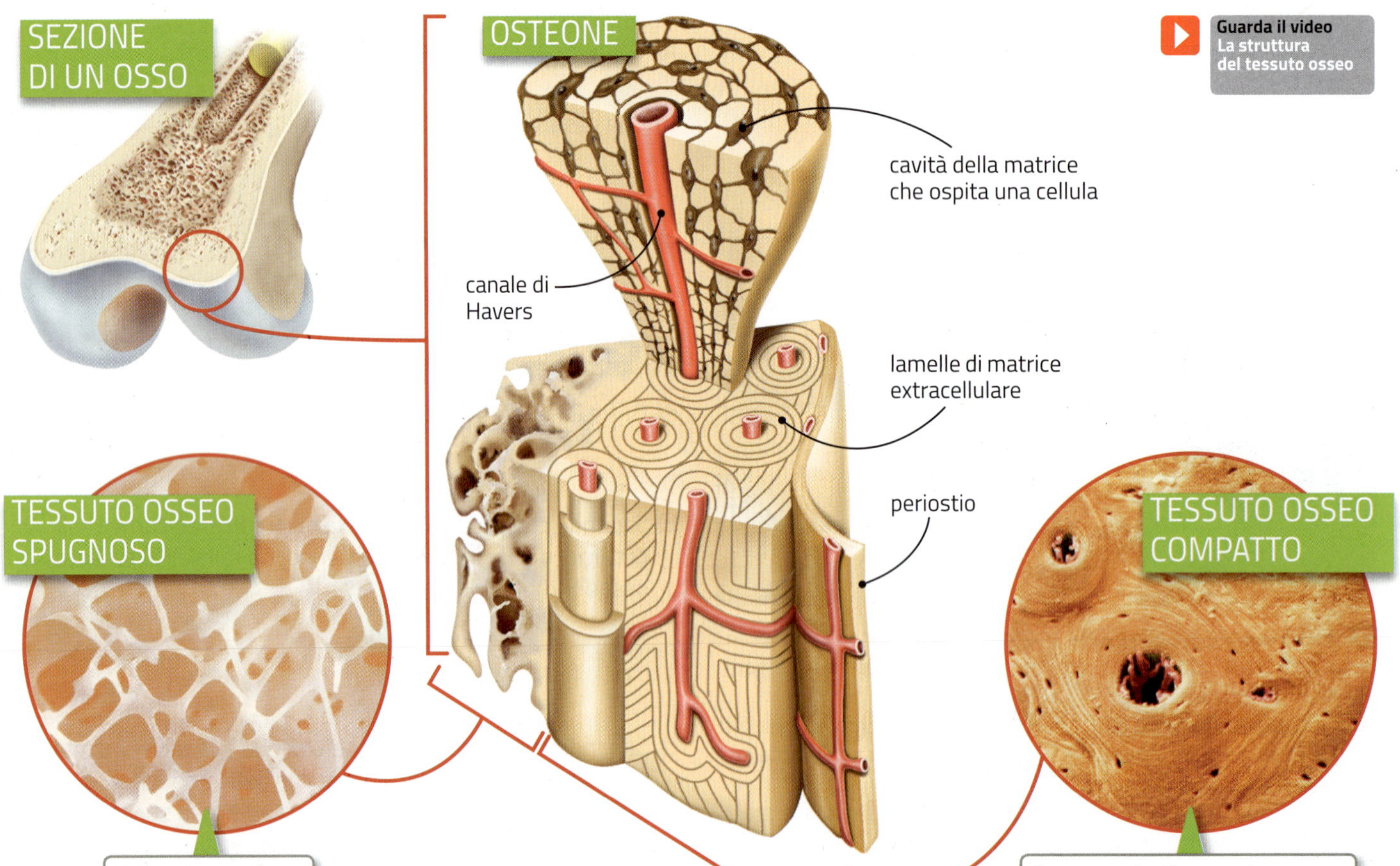

Nel tessuto osseo spugnoso sono presenti molti spazi vuoti fra le **trabecole**.

Osservando il tessuto osseo compatto con il microscopio elettronico si possono vedere le **lamelle** concentriche, che formano il **canale di Havers**.

6. Le cellule del tessuto osseo

Nonostante la sua mineralizzazione, l'osso è un tessuto vivo ed è sede di un'intensa attività cellulare.

Nel tessuto osseo ci sono tre tipi di cellule, che svolgono funzioni diverse: gli osteoblasti, gli osteociti e gli osteoclasti.

I termini **osteoblasto**, **osteocita** e **osteoclasto** contengono tutti la parola greca *ostéon*, che significa «osso», unita a *blastós* (che significa «germoglio»), *kytos* («cavità», inteso come «cellula») e *klastós* (dal verbo «spezzare»).

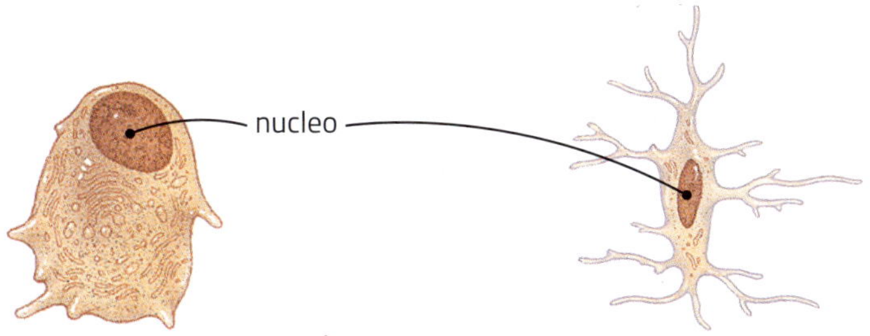

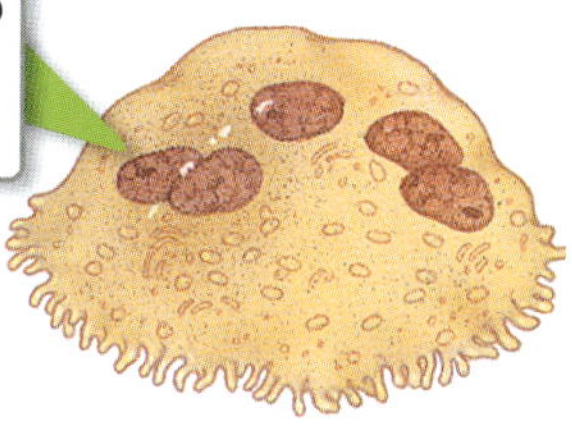

Gli osteoclasti sono cellule molto grandi dotate di **numerosi nuclei**.

1 Gli **osteoblasti** sono le cellule «costruttrici» dell'osso: esse infatti producono la matrice extracellulare. Man mano che la matrice si deposita, le cellule vengono circondate fino a rimanere intrappolate: a questo punto diventano osteociti.

2 Gli **osteociti** sono le cellule presenti nell'osso maturo e hanno la funzione di mantenerlo in vita. Hanno la stessa forma lenticolare delle lacune ossee in cui sono accolti. Il loro corpo cellulare è provvisto di sottili prolungamenti, che si insinuano nei canalicoli ossei.

3 Gli **osteoclasti** demoliscono l'osso «digerendo» la matrice e liberando nel sangue i sali minerali in essa contenuti: questo processo è detto **riassorbimento** e fa parte dei normali processi di crescita e di riparazione dell'osso.

SCIENZA E SALUTE

Le fratture

Si definisce **frattura** qualsiasi rottura di un osso: se la pelle è integra, la frattura si dice **chiusa**; invece quando i monconi dell'osso sporgono all'esterno, si dice **esposta**. Una frattura è **composta**, se i monconi di osso non si sono spostati dalla loro posizione; al contrario è **scomposta**, quando i monconi non sono allineati. In quest'ultimo caso si deve intervenire, spesso con un intervento chirurgico, per rimettere l'osso in posizione corretta.

L'organismo ripara una frattura in più stadi: una volta rimosso il tessuto osseo morto, le cellule del tessuto cartilagineo producono uno strato di **cartilagine** tra le estremità fratturate. Subito dopo, la cartilagine viene trasformata in **tessuto osseo spugnoso** dagli osteoblasti. Infine gli osteoclasti rimodellano la saldatura e l'osso spugnoso diventa **osso compatto**.

La **guarigione** di una frattura può richiedere anche mesi, perché i sali di calcio e fosforo si depositano gradualmente e perché gli osteoblasti si dividono molto lentamente.

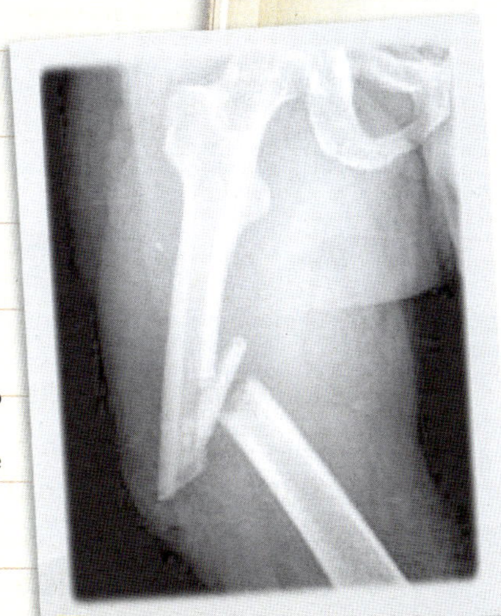

La **radiografia** mostra una frattura scomposta al femore.

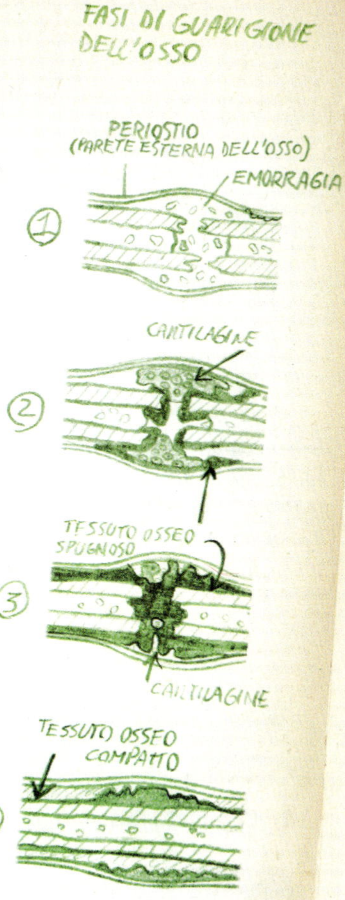

7. Il tessuto cartilagineo e la formazione delle ossa

La **cartilagine** è un tessuto connettivo più elastico dell'osso, perché è priva di sali minerali. Il tessuto cartilagineo è anche l'unico tessuto connettivo privo di vasi sanguigni.

Il tessuto cartilagineo è costituito da cellule chiamate condrociti, che sono immerse in una matrice extracellulare povera di minerali e costituita soprattutto da collagene, una sostanza proteica.

Nell'organismo adulto, la cartilagine ha una distribuzione ridotta: riveste le superfici esterne delle articolazioni e fornisce sostegno ad alcune parti dell'apparato respiratorio e al padiglione auricolare.

Invece nel feto, lo scheletro è completamente formato da cartilagine. A partire dal secondo mese di gravidanza, il tessuto cartilagineo inizia a essere sostituito da tessuto osseo, attraverso un processo detto **ossificazione**.

Nella cartilagine si formano, prima nella parte centrale dell'osso e successivamente alle estremità, dei *centri di ossificazione*. Nelle ossa lunghe delle braccia e delle gambe, queste cartilagini di accrescimento rimangono fino all'adolescenza, in modo da permettere alle ossa di allungarsi. Per esempio, in un femore il processo di ossificazione inizia in corrispondenza delle diafisi, con la formazione del tessuto osseo compatto; poi inizia l'ossificazione delle epifisi, con la formazione anche del tessuto osseo spugnoso.

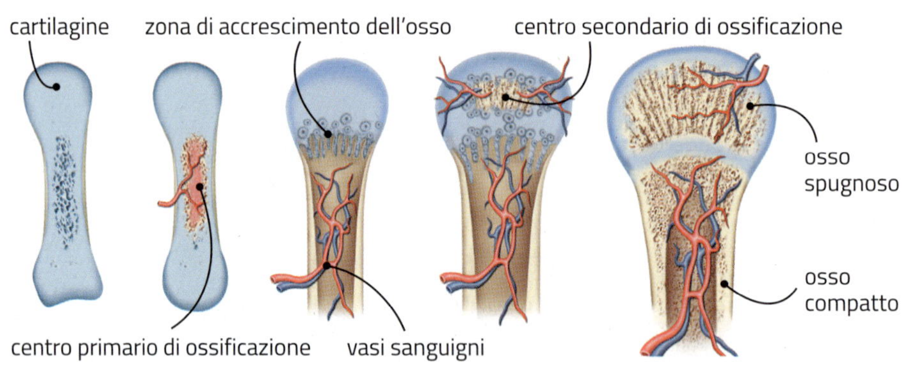

I neonati hanno sei **fontanelle**: la più grande è in posizione frontale e si ossifica completamente entro il terzo anno di età.

Al momento della nascita, molte parti delle ossa sono ancora costituite da cartilagine. Per esempio, le ossa del cranio non sono ancora saldate, ma tra di esse si trovano zone membranose dette **fontanelle**. L'elasticità di queste zone favorisce il passaggio del bambino durante il parto e permette la crescita del cervello. Tuttavia, essendo costituite da uno strato molto sottile, offrono scarsa protezione.

IMPARA A IMPARARE

1. Completa lo schema.

Il sistema scheletrico — è formato da —
- tessuto cartilagineo
- tessuto osseo — che può essere —
  - spugnoso
  - compatto

Lezione

3

Le parti dello scheletro

8. Le ossa del cranio

Il **cranio** è uno dei distretti che formano lo scheletro: contiene e protegge il cervello e gli organi della vista, dell'udito e dell'olfatto e si articola con la colonna vertebrale. È composto da ossa piatte, molto robuste, saldate fra loro.

Il cranio è formato da 22 ossa, suddivise in **craniche** e **facciali**.

Le 8 **ossa craniche** formano la scatola cranica, che protegge il cervello. Le 14 **ossa facciali** formano l'ossatura del viso, sostenendo gli organi di senso e i primi tratti delle vie respiratorie e delle vie digerenti.

L'unico osso mobile della testa è la **mandibola**, che si articola con l'osso temporale. I suoi movimenti ci permettono di aprire e chiudere la bocca, quindi di masticare e parlare. La coppia di ossa mascellari e la mandibola contengono gli **alveoli**, che ospitano i denti.

Il **cranio del bambino** è molto diverso da quello dell'adulto, in particolare è molto voluminoso rispetto alle dimensioni del corpo: alla nascita è circa 1/4 della statura; nell'adulto può ridursi fino a 1/8. Inoltre nei neonati il volume del cranio cerebrale prevale molto rispetto a quello del cranio facciale, soprattutto per l'imperfetto sviluppo della mandibola e delle mascelle, fino allo spuntare dei denti. Con il passare del tempo, il cervello e le ossa craniche si espandono, le fontanelle si ossificano e spuntano i denti.

La **crescita del cranio** termina a circa 16 anni.

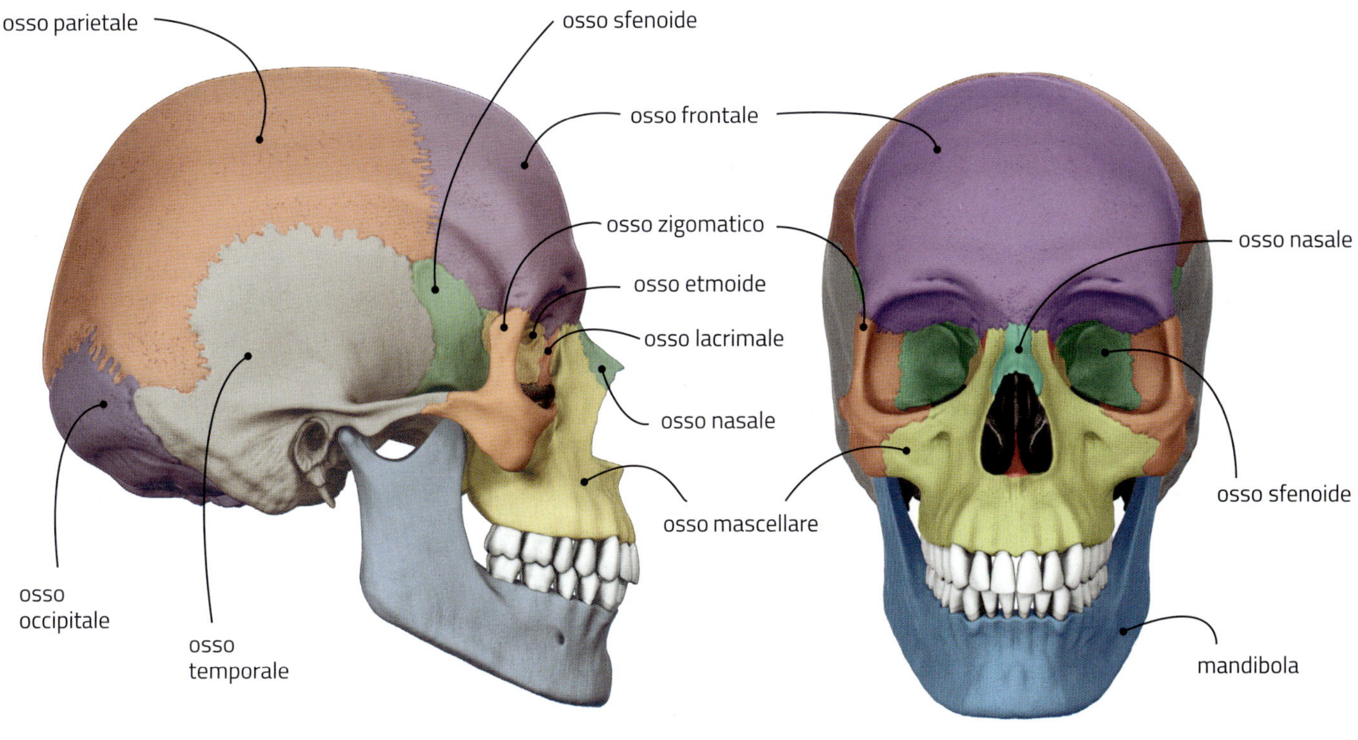

9. La colonna vertebrale

A causa della postura bipede, il nostro peso corporeo grava soprattutto sulla colonna vertebrale, chiamata anche *spina dorsale.*

La **colonna vertebrale** è costituita da 33 **vertebre** sovrapposte. Essa sostiene il cranio, la gabbia toracica e gli arti superiori e protegge il **midollo spinale**, che è contenuto nel canale vertebrale.

Ogni **vertebra** è costituita da un *corpo vertebrale*, da un *foro vertebrale*, che insieme agli altri, per sovrapposizione, forma il canale vertebrale che contiene il midollo spinale, e da sporgenze laterali e posteriori dette *processi vertebrali.*

Tra una vertebra e l'altra, si trovano dei cuscinetti cartilaginei, detti **dischi intervertebrali**, che ammortizzano gli urti ed evitano lo sfregamento tra le vertebre. Questi cuscinetti permettono alle vertebre di articolarsi fra loro e, nelle vertebre toraciche, con le costole.

Le vertebre hanno una forma diversa, a seconda della loro posizione.

- Le 7 vertebre **cervicali** sono le più piccole e tozze. Le prime due vertebre cervicali si chiamano *atlante* ed *epistrofeo*: esse hanno una forma diversa dalle altre, per consentirci di muovere la testa.
- Le 12 vertebre **toraciche** hanno una dimensione via via crescente e si articolano con le costole.
- Le 5 vertebre **lombari** hanno un corpo decisamente più grande delle altre.
- L'**osso sacro** è formato dalle 5 vertebre sacrali saldate fra loro.
- Il **coccige** è costituito dalle 4 vertebre coccigee fuse insieme.

La colonna vertebrale ci consente di mantenere una posizione eretta e di ammortizzare gli urti provenienti dagli arti inferiori e dal bacino, quando corriamo, saltiamo o camminiamo. Per svolgere queste funzioni, essa ha assunto un profilo a doppia S che ne aumenta la resistenza e la flessibilità. Infatti, vista di lato, la colonna vertebrale presenta quattro **curvature fisiologiche**: rispetto alla parte anteriore del corpo, la curva cervicale e la lombare sono convesse, cioè sporgono in avanti; invece la curva toracica e la sacrale sono concave, cioè sporgono all'indietro.

Guarda il video
La colonna vertebrale

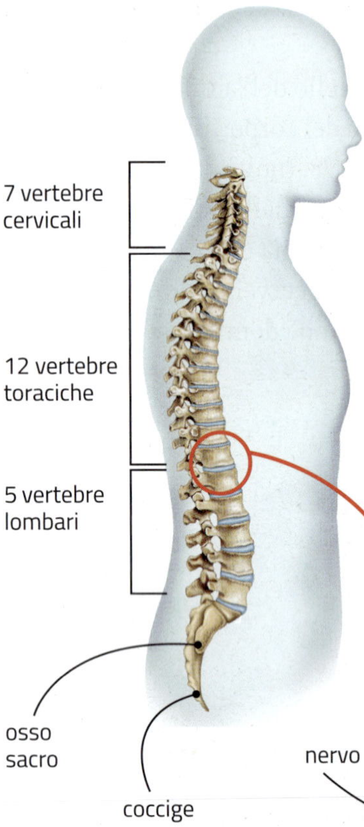

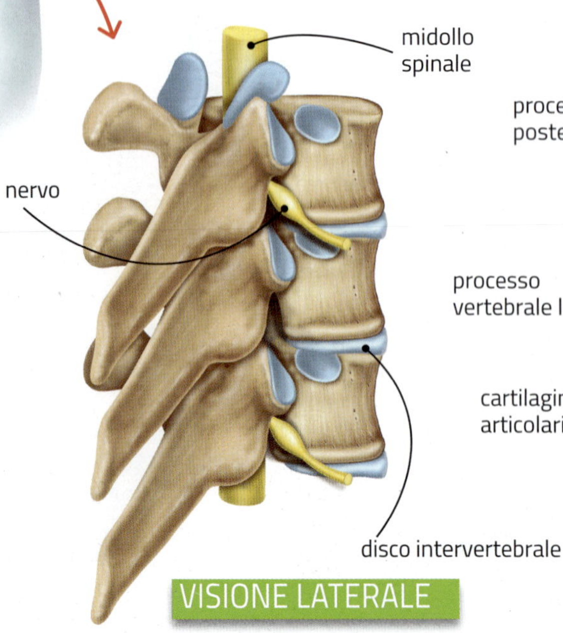

VISIONE LATERALE

Guarda il video
Le vertebre

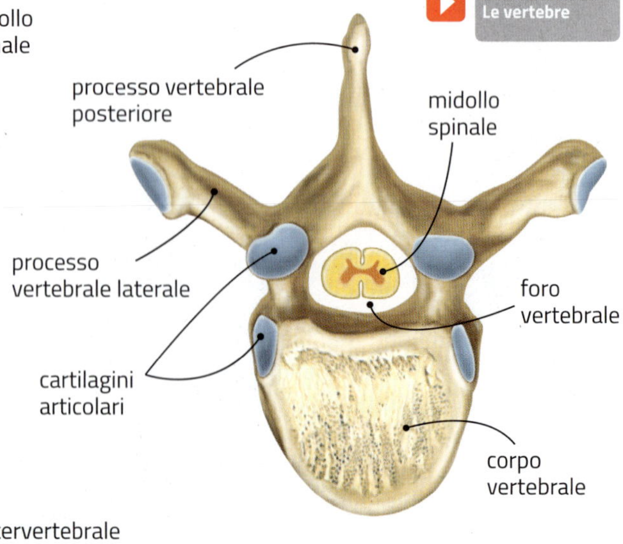

VISIONE DALL'ALTO

10. La gabbia toracica, la cintura scapolare e la cintura pelvica

Le vertebre toraciche si articolano con 12 paia di costole: insieme allo sterno, formano la struttura ossea del tronco.

La **gabbia toracica** contiene e protegge i polmoni, il cuore e gli altri organi a essi collegati.

Le prime 7 paia di costole si articolano anteriormente con lo **sterno**, un osso di forma piatta e allungata. Tra queste costole e lo sterno si trova un arco di cartilagine, che permette alla gabbia toracica di modificare il proprio volume, assecondando i movimenti respiratori. Le ultime 5 paia di costole, dette **false** o asternali, non raggiungono lo sterno: le prime 3 si collegano con la costola superiore; invece le ultime 2 coppie di costole sono collegate soltanto posteriormente alla colonna vertebrale, mentre l'altra estremità è libera (costole *fluttuanti*).

La **cintura scapolare** è costituita dalle ossa che formano le spalle (scapola e clavicola) e collega gli arti superiori allo scheletro assile.
La **cintura pelvica** o **bacino** è formata dalle ossa ileo, pube e ischio e collega gli arti inferiori con la colonna vertebrale.

La **gabbia toracica** è formata da 12 paia di costole.

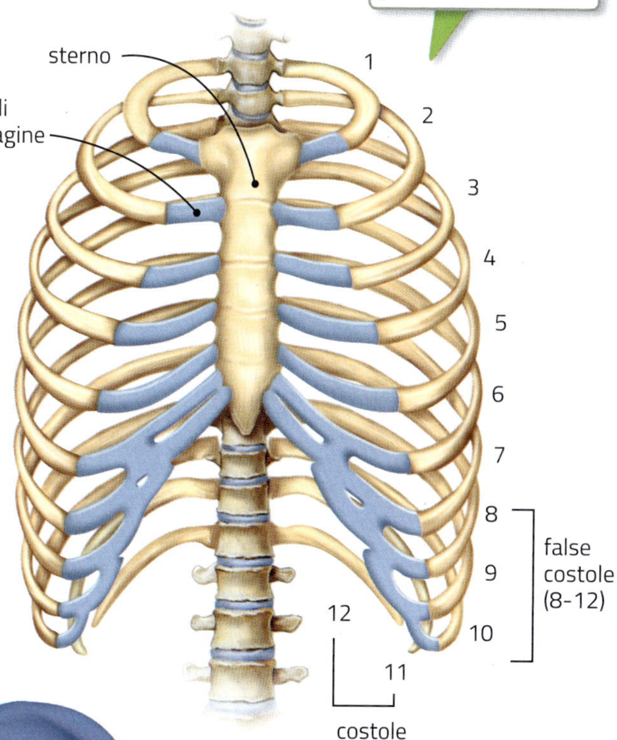

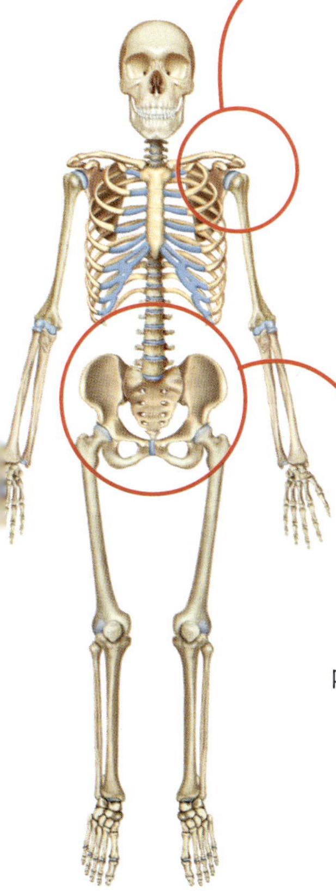

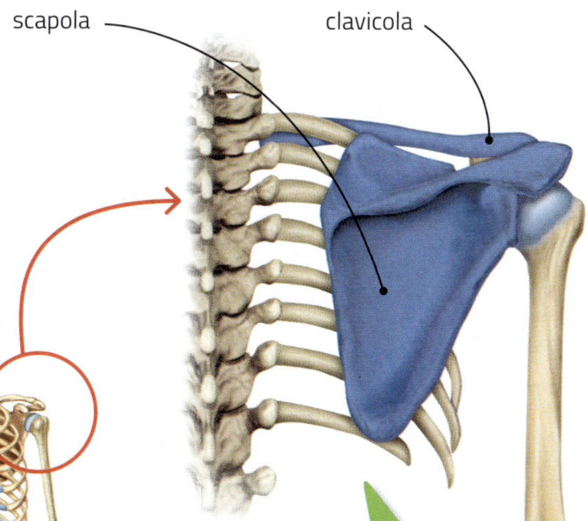

La **cintura scapolare** è formata dalle scapole e dalle clavicole.

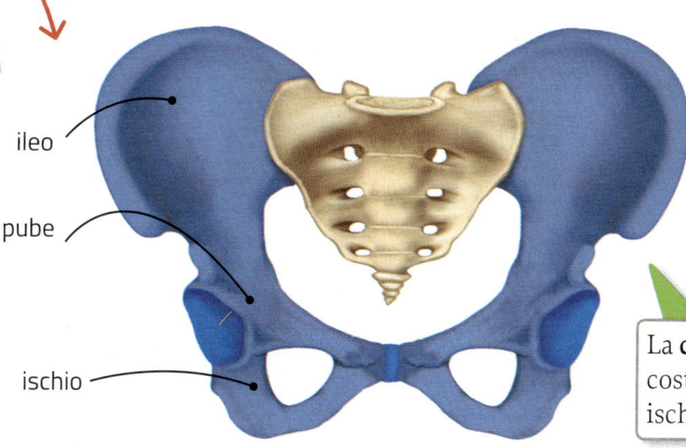

La **cintura pelvica** è costituita da ileo, pube e ischio, fusi insieme.

Guarda il video
Torace, cintura pelvica e cintura scapolare

11. Le ossa degli arti superiori e inferiori

L'arto superiore comprende braccio, avambraccio e mano; quello inferiore coscia, gamba e piede. Gli **arti** superiori e inferiori hanno una struttura simile, in cui si possono riconoscere tre segmenti principali.

1 Il primo segmento è quello più vicino al tronco ed è formato da un solo osso lungo: l'**omero** nel braccio e il **femore** nella coscia.

2 Il secondo segmento è costituito da una coppia di ossa lunghe parallele: **radio e ulna** nell'avambraccio, **tibia e pèrone** nella gamba.

3 L'ultimo segmento è formato da una serie di ossa corte: **carpo, metacarpo e falangi** nella mano, **tarso, metatarso e falangi** nel piede.

Guarda il video
Gli arti

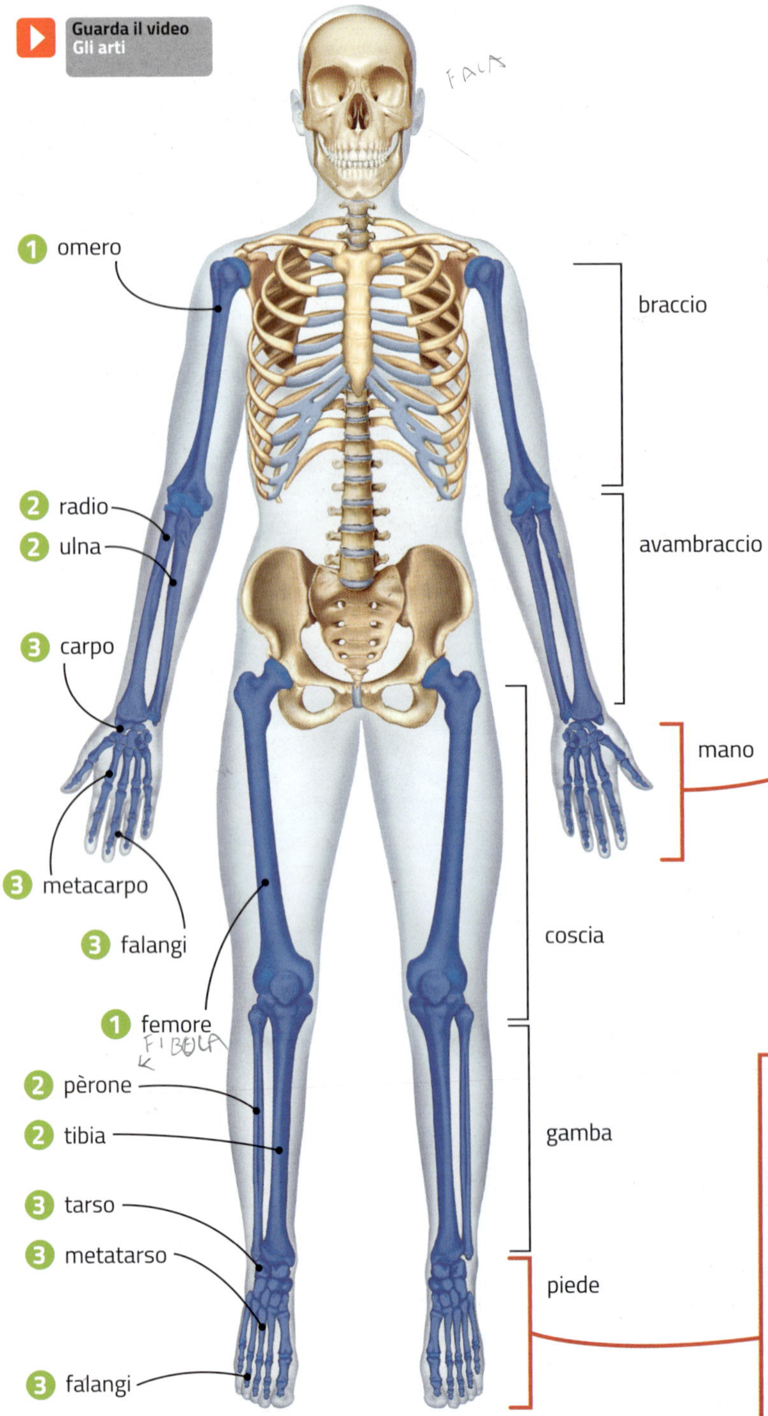

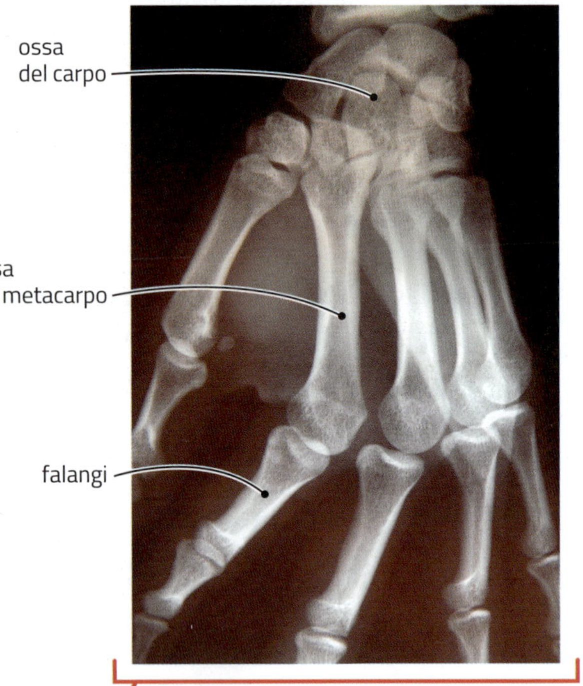

Negli esseri umani il piede è **arcuato**, per sostenere al meglio il peso del corpo; per questo l'osso astragalo è fondamentale.

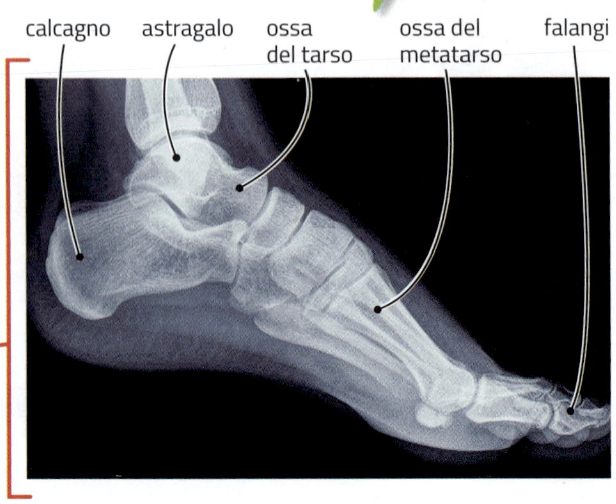

SCIENZA E SALUTE

Le deviazioni della colonna vertebrale

La colonna vertebrale presenta quattro **curvature fisiologiche**, che sono ben visibili lateralmente. Invece, se la osserviamo frontalmente, essa ci appare diritta.

Durante la crescita, può succedere che una postura sbagliata provochi **curvature anomale** nella colonna vertebrale. Pensiamo a quando stiamo seduti sui banchi di scuola o davanti alla TV o al computer. Ci sembra di essere più comodi se accavalliamo le gambe o se ci appoggiamo su un gomito.

Atteggiamenti di questo tipo possono causare **ipercifosi** e **iperlordosi**, cioè un aumento eccessivo della normale curvatura della colonna, oppure la **scoliosi**, caratterizzata da deviazioni laterali della colonna vertebrale.

Per **prevenire** le patologie della colonna è sufficiente seguire alcune semplici regole: assumere posizioni corrette quando siamo seduti, camminiamo o siamo in piedi; distribuire uniformemente i pesi su entrambe le spalle, per esempio usando uno zaino invece di una cartella; praticare attività fisica.

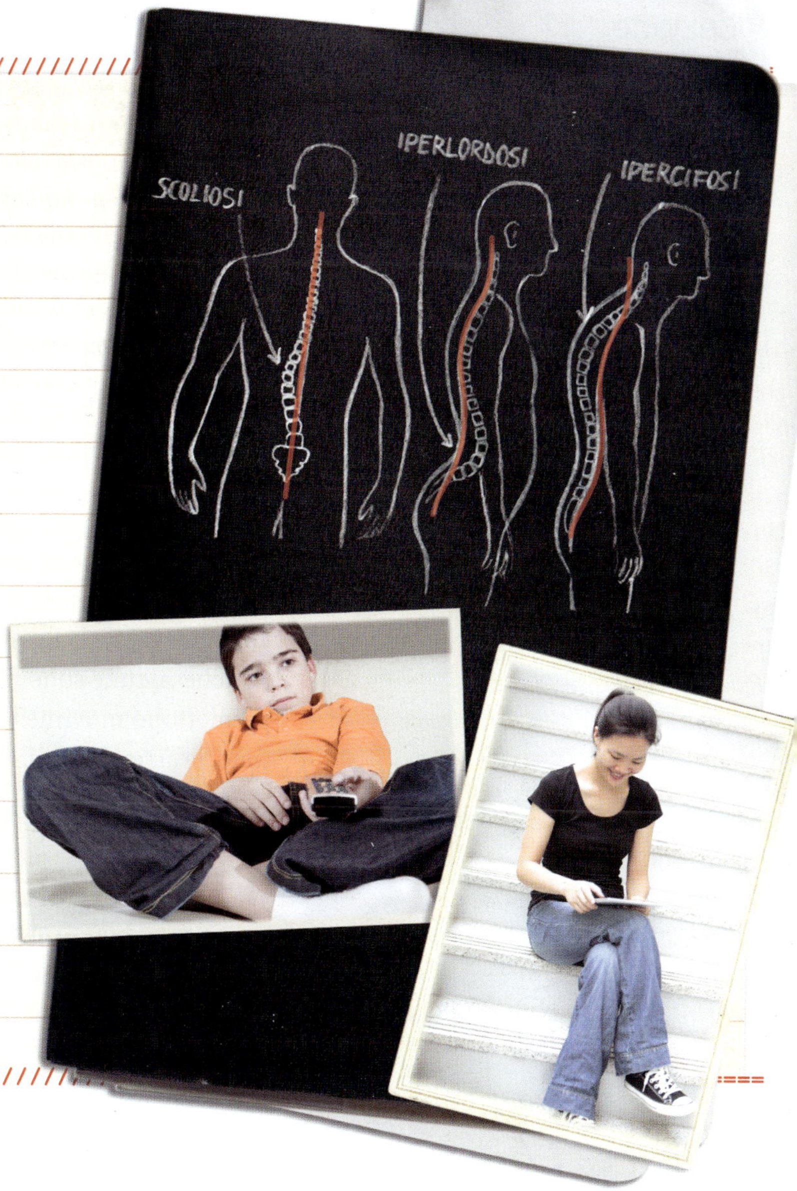

IMPARA A IMPARARE

1. Completa lo schema.

Lo scheletro è formato da:

- cranio, che è formato da 22 ossa ...., suddivise in:
  - CRANICHE
  - facciali
- COLONNA vertebrale, che è costituita da 33 VERTEBRA
- gabbia TORACICA, che è formata da:
  - FALSE
  - sterno
- OSSA, che possono essere:
  - SUPERIORI
  - inferiori
- in cui si riconoscono 3 SEGMENTI principali

2. Completa le frasi.

a) Il cranio è formato da 22 ossa, di cui 8 sono ossa craniche e proteggono il cervello; le altre 14 sono ossa facciali.

b) La colonna vertebrale protegge il midollo spinale.

Lezione 4

Ossa in movimento: le articolazioni

12. Le articolazioni

L'azione combinata di muscoli e ossa ci permette di muoverci, ma perché i muscoli possano svolgere il loro compito è necessario che le ossa siano collegate tra loro.

Le **articolazioni** sono le strutture che collegano le ossa e permettono loro di muoversi le une rispetto alle altre.

La robustezza e la flessibilità di un'articolazione dipendono dalle sue caratteristiche: alcune sono fisse e non permettono alcun movimento; altre invece permettono movimenti molto ampi. A seconda del movimento che consentono, le articolazioni si classificano in mobili, semimobili e fisse.

13. Le articolazioni mobili

Le **articolazioni mobili** (dette anche *sinoviali*) sono strutture molto complesse, perché devono permettere ampi movimenti.

Nell'*anca* e nella *spalla*, l'articolazione che permette di ruotare l'arto in tutte le direzioni è detta **sferica** perché la testa di un osso è arrotondata ed è accolta nella cavità di un altro osso.

Le articolazioni del *gomito*, del *ginocchio* e delle *dita* sono **a cardine** e permettono movimenti di flessione, estensione e leggera rotazione.

Guarda il video
Le articolazioni

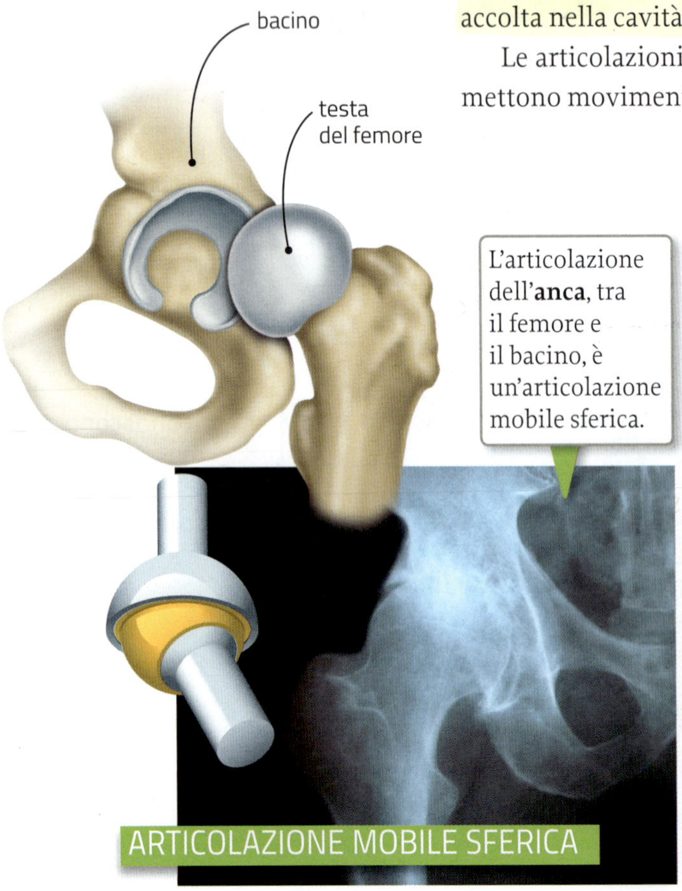

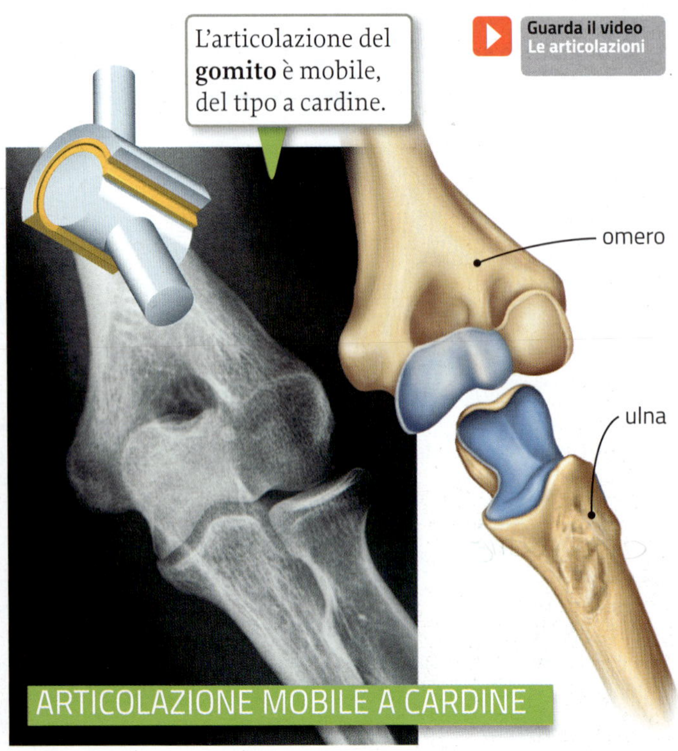

L'articolazione della testa con la colonna vertebrale è detta **a perno** e permette la rotazione della testa: la prima vertebra cervicale, chiamata *atlante*, ruota su un perno costituito dalla seconda vertebra cervicale chiamata *epistrofeo*.

Leggi la scheda
Le leve nel corpo umano

ARTICOLAZIONE A PERNO

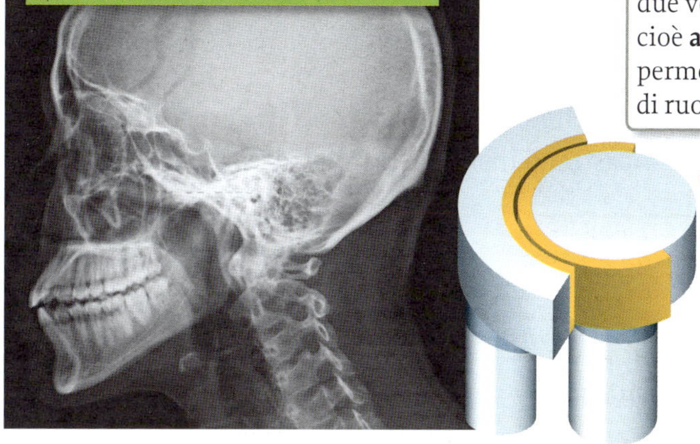

L'articolazione fra le prime due vertebre cervicali, cioè **atlante** ed **epistrofeo**, permette alla nostra testa di ruotare su un perno.

Nelle articolazioni mobili è presente una **cavità articolare**, cioè uno spazio tra le due ossa che permette una grande libertà di movimento.

La cavità articolare è delimitata dalla capsula articolare, che mantiene le ossa nella corretta posizione ed è formata da due strati:

- la **capsula fibrosa** esterna si attacca al periostio delle ossa legate dall'articolazione;
- la **membrana sinoviale** interna secerne un liquido, che lubrifica l'articolazione per facilitare il movimento.

Per ridurre ulteriormente lo sfregamento, le superfici articolari delle ossa sono rivestite da uno strato di **cartilagine**.

Il **ginocchio** è l'articolazione più complessa del corpo e si trova tra il femore e la tibia. La sua capsula articolare è rinforzata da cordoni fibrosi, detti *legamenti*. Tra le superfici articolari si trovano i *menischi*, dischi cartilaginei che favoriscono l'adattamento delle due terminazioni ossee.

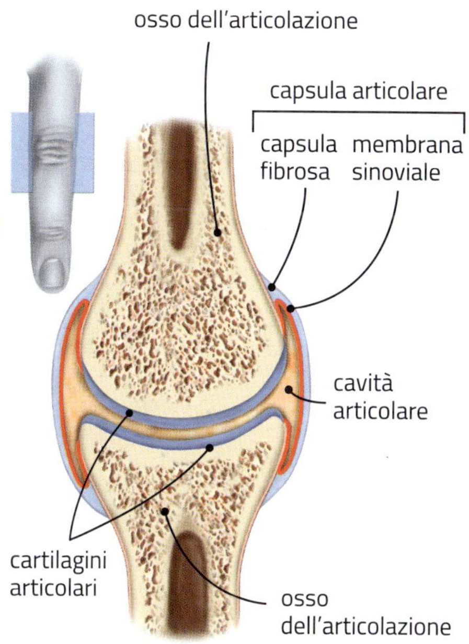

CAPSULA ARTICOLARE

ARTICOLAZIONE DEL GINOCCHIO

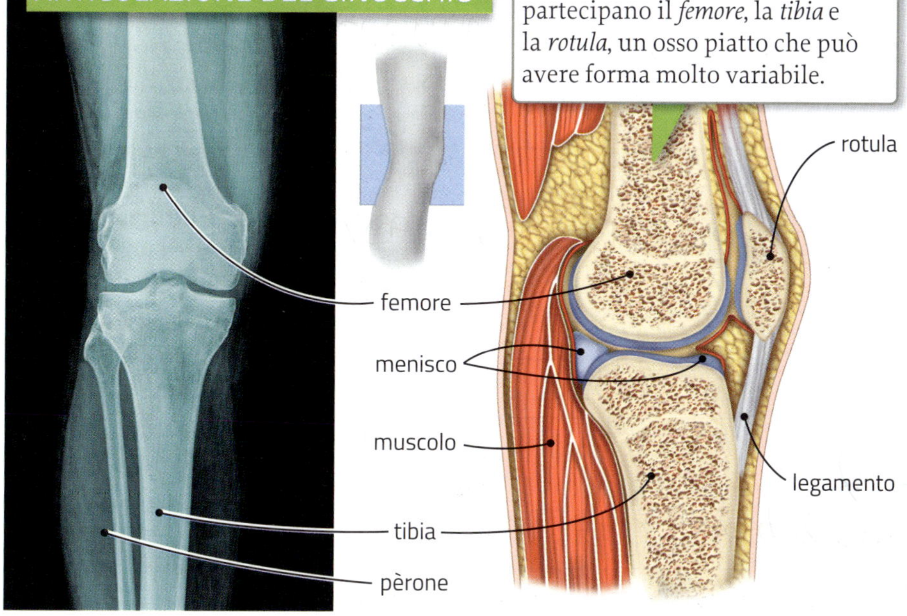

All'articolazione del **ginocchio** partecipano il *femore*, la *tibia* e la *rotula*, un osso piatto che può avere forma molto variabile.

14. Articolazioni semimobili e fisse

Le **articolazioni semimobili** consentono alle ossa movimenti limitati. Un esempio sono le articolazioni tra le vertebre; grazie a dischi intervertebrali di altezza variabile, le vertebre possono leggermente ruotare, scivolando l'una sull'altra. Sono articolazioni semimobili anche quelle fra le vertebre toraciche e le costole e quelle fra le costole e lo sterno.

Invece le **articolazioni fisse** non permettono alcun movimento alle ossa. Questo tipo di articolazioni, dette *suture*, sono presenti fra le ossa del cranio: i loro bordi frastagliati si incastrano in modo da saldarsi fra loro.

ARTICOLAZIONI SEMIMOBILI

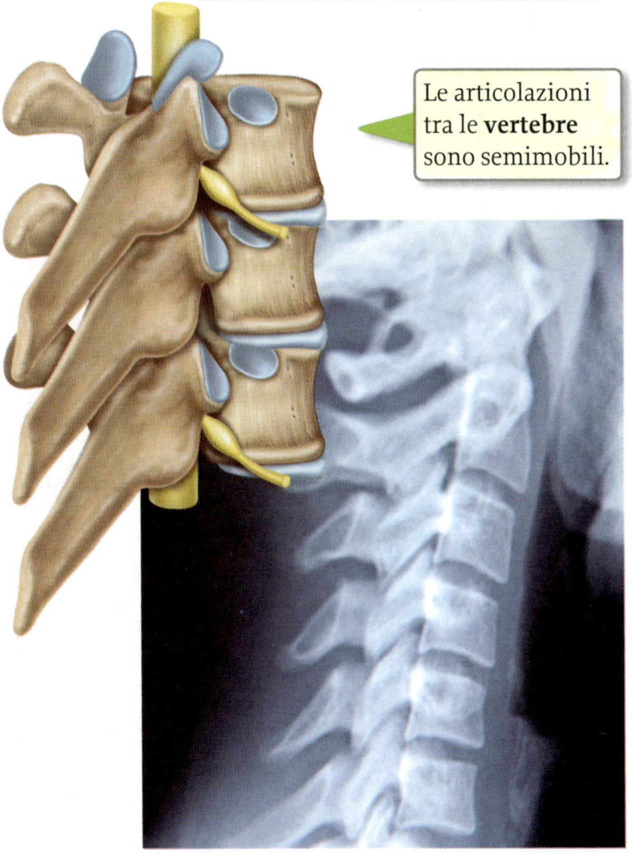

Le articolazioni tra le **vertebre** sono semimobili.

ARTICOLAZIONI FISSE

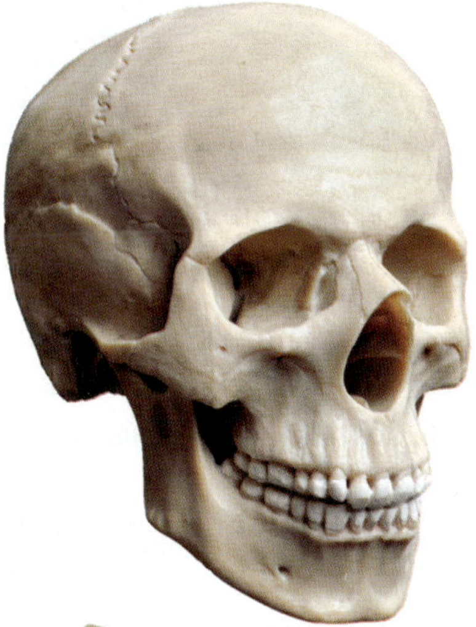

Le articolazioni fra le ossa del **cranio** sono fisse e si chiamano suture.

IMPARA A IMPARARE

1. Completa lo schema.

Le articolazioni
possono essere
- ....
  distinte in
  - ....
  - a cardine
  - a ....
- semimobili
- ....

2. Individua nella struttura dello scheletro un esempio per ogni tipo di articolazione e trascrivi sul tuo quaderno gli esempi trovati, organizzandoli in una tabella.

Lezione

5

Il sistema muscolare

15. I tre tipi di tessuto muscolare

Il **sistema muscolare** costituisce dal 40 al 50% del nostro corpo ed è formato dai muscoli che ricoprono lo scheletro e da quelli che si trovano negli organi.

Il **tessuto muscolare** è composto dalle *fibre muscolari*, cellule specializzate in grado di modificare la propria lunghezza. Il tessuto muscolare può essere scheletrico, cardiaco o liscio.

Il tessuto muscolare **scheletrico** costituisce i muscoli scheletrici, che muovono le varie parti dello scheletro.

Questo tessuto è detto anche **striato** perché al microscopio appare formato da bande chiare e scure alternate. È responsabile dei movimenti volontari, come correre, scrivere, accavallare le gambe o andare in bicicletta.

Il tessuto muscolare **cardiaco** si trova solo nel cuore e gli permette di pompare il sangue in tutto il corpo.

Anche il muscolo cardiaco è striato, ma i suoi movimenti sono involontari; infatti il cuore batte indipendentemente dalla nostra volontà.

Il tessuto muscolare **liscio** si trova nelle pareti dei vasi sanguigni e del canale digerente, nelle vie respiratorie, urinarie e genitali.

La muscolatura liscia non ha un aspetto striato ed è involontaria; infatti collabora ai processi che non sono controllati dalla volontà, come la digestione e la regolazione della pressione del sangue.

Durante uno sforzo intenso, tutto il sistema muscolare è al lavoro: i **muscoli scheletrici** producono il movimento, il **muscolo cardiaco** pompa il sangue e la **muscolatura liscia** dilata le vie respiratorie e i vasi sanguigni.

SCIENZA E SALUTE

I dolori muscolari

Dopo una gara di resistenza, come una maratona o una tappa ciclistica, può capitare che gli atleti accusino forti e improvvisi dolori muscolari alle gambe. È probabile che si tratti di **crampi muscolari:** contrazioni involontarie dovute alla perdita di sali minerali o alla scarsità di ossigeno. In questi casi è bene fermarsi, assumere un integratore salino e agire sul muscolo colpito, massaggiandolo e allungandolo.

Altri dolori muscolari sono dovuti all'accumulo di **acido lattico:** è una sostanza che si produce nei muscoli sotto sforzo, quando non arriva loro abbastanza ossigeno. Anche qui è utile massaggiare il muscolo, per favorire la rimozione dell'acido lattico. Tuttavia è bene sapere che questa sostanza stimola la crescita dei vasi sanguigni nel muscolo, migliorando la sua resistenza allo sforzo.

Invece gli **stiramenti** sono causati da un eccessivo allungamento delle fibre muscolari, che possono addirittura lacerarsi, come nel caso di uno **strappo.** Si manifestano con un dolore acuto, la rigidità del muscolo colpito e l'impossibilità di compiere movimenti. Il muscolo strappato può presentare un rigonfiamento nella zona della lesione, dovuto al versamento di sangue.

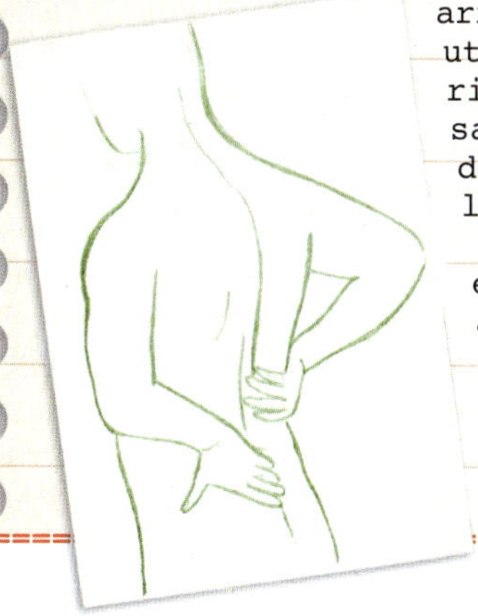

16. Il tessuto muscolare scheletrico

Subito sotto la pelle, ci sono i muscoli che ricoprono lo scheletro.

I **muscoli scheletrici** sono costituiti da tessuto muscolare striato e sono rivestiti da tessuto connettivo.

I muscoli scheletrici sono provvisti di nervi e vasi sanguigni. Infatti la contrazione muscolare richiede un notevole apporto di sangue per fornire ossigeno e sostanze nutrienti.

Alle estremità del muscolo si trovano i **tendini**, che lo fissano alle ossa e sono formati da tessuto connettivo. I tendini trasmettono la forza esercitata dai muscoli alle strutture a cui sono connessi.

Il tessuto muscolare scheletrico è costituito dalle **fibre muscolari**, cellule lunghe fino a 30 cm che contengono molti nuclei. Ogni fibra è composta dalle **miofibrille**, che sono strutture cilindriche e allungate. Ogni miofibrilla è costituita da due tipi di **filamenti**, disposti parallelamente tra loro: i filamenti più spessi sono formati da una proteina chiamata **miosina**, invece quelli più sottili sono composti da un'altra proteina chiamata **actina**. Le striature che caratterizzano il muscolo scheletrico sono dovute all'alternanza fra i filamenti di miosina e actina, che formano una serie di elementi contrattili chiamati sarcomeri.

Il **sarcomero** è l'unità contrattile del tessuto muscolare striato, cioè il più piccolo componente capace di contrarsi.

SCIENZA E SPORT

La **potenza muscolare** viene misurata da speciali macchine.

La forza esercitata da un muscolo su un oggetto è chiamata **tensione muscolare**, mentre la forza esercitata da un oggetto su un muscolo si chiama **carico**.

Che forza può sviluppare un muscolo scheletrico?

Uno degli aspetti meccanici della contrazione muscolare è rappresentato dalla produzione di una **forza**, esercitata in direzione parallela alle fibre muscolari.

La forza che può sviluppare un muscolo dipende dalle sue dimensioni. L'aumento delle dimensioni dei muscoli, che si ottiene con l'**allenamento**, produce anche l'incremento della forza dei muscoli. Anche se molti dei fattori che influenzano l'espressione della forza muscolare non possono essere controllati, la misura della forza prodotta dai muscoli scheletrici è importante per chi pratica attività sportiva a livello **agonistico**.

Nei tre tipi di tessuto muscolare, anche se esistono differenze di struttura, di proprietà contrattili e di controllo nervoso, i meccanismi chimico-fisici che sono alla base dell'erogazione della forza sono simili.

Sono invece sostanziali le differenze relative allo **sviluppo della forza** stessa, che è:
- rapido nel muscolo scheletrico;
- lento ma duraturo, nel muscolo liscio;
- intermedio rispetto ai primi due nel muscolo cardiaco.

La forza sviluppata dai muscoli scheletrici è usata per compiere un **lavoro**: flettere gli arti, afferrare oggetti, camminare, masticare. Quando lo sviluppo di forza si accompagna all'accorciamento dei muscoli stessi, si ha il movimento dei segmenti scheletrici; se invece i muscoli si contraggono senza accorciarsi (contrazione isometrica, cioè a lunghezza costante), la forza è usata per immobilizzare i segmenti ossei.

Ogni miofibrilla è composta da migliaia di sarcomeri disposti uno di seguito all'altro. Ciascun sarcomero a riposo è lungo 2,5 μm (micrometri, cioè millesimi di millimetro).

Quando arriva un impulso nervoso, i filamenti di miosina trascinano verso il centro del sarcomero i filamenti di actina, provocando l'accorciamento del sarcomero stesso e, di conseguenza, la contrazione del muscolo.

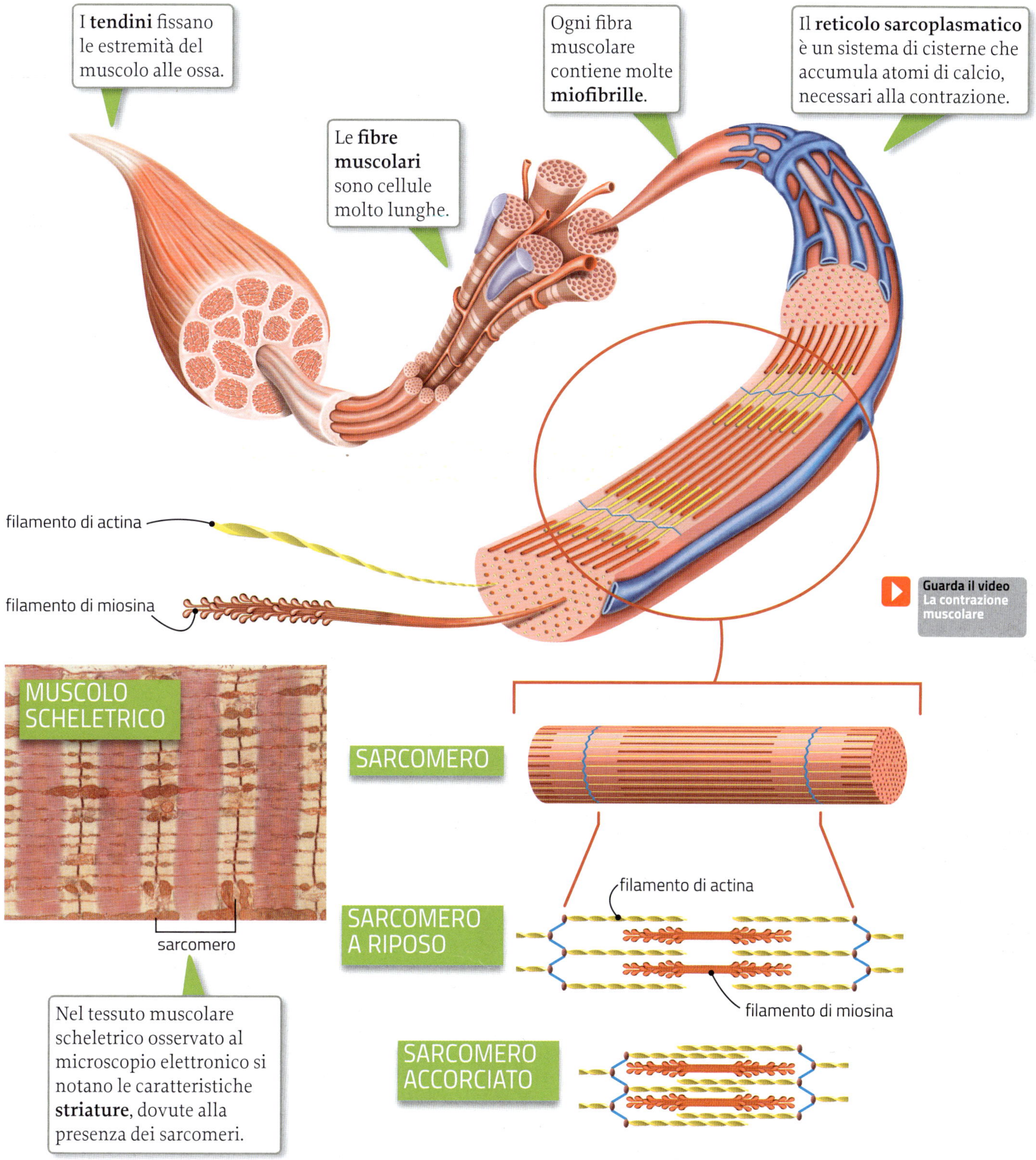

La **contrazione muscolare** è un processo che richiede molta energia; tale energia viene fornita dalla respirazione cellulare, che avviene nei mitocondri.

17. I muscoli scheletrici

I quasi 700 muscoli scheletrici del nostro corpo possono lavorare a coppie o in gruppo.

I muscoli disposti a coppie nelle articolazioni si contraggono in modo coordinato: un esempio sono il bicipite e il tricipite del gomito.

Nei muscoli che lavorano a coppie, il muscolo che compie l'azione desiderata si dice **agonista** e l'altro **antagonista**.

Il muscolo agonista e il suo antagonista non si possono contrarre simultaneamente: quando uno si contrae, l'altro si rilascia.

Sono muscoli che lavorano in gruppo quelli dell'espressione facciale, chiamati **muscoli mimici**: li usiamo per manifestare le emozioni, per sorridere o per fare l'occhiolino.

Ogni muscolo scheletrico ha un nome che si basa sulle sue caratteristiche, come le dimensioni, la forma o il tipo di azione.

Guarda il video
I nostri muscoli

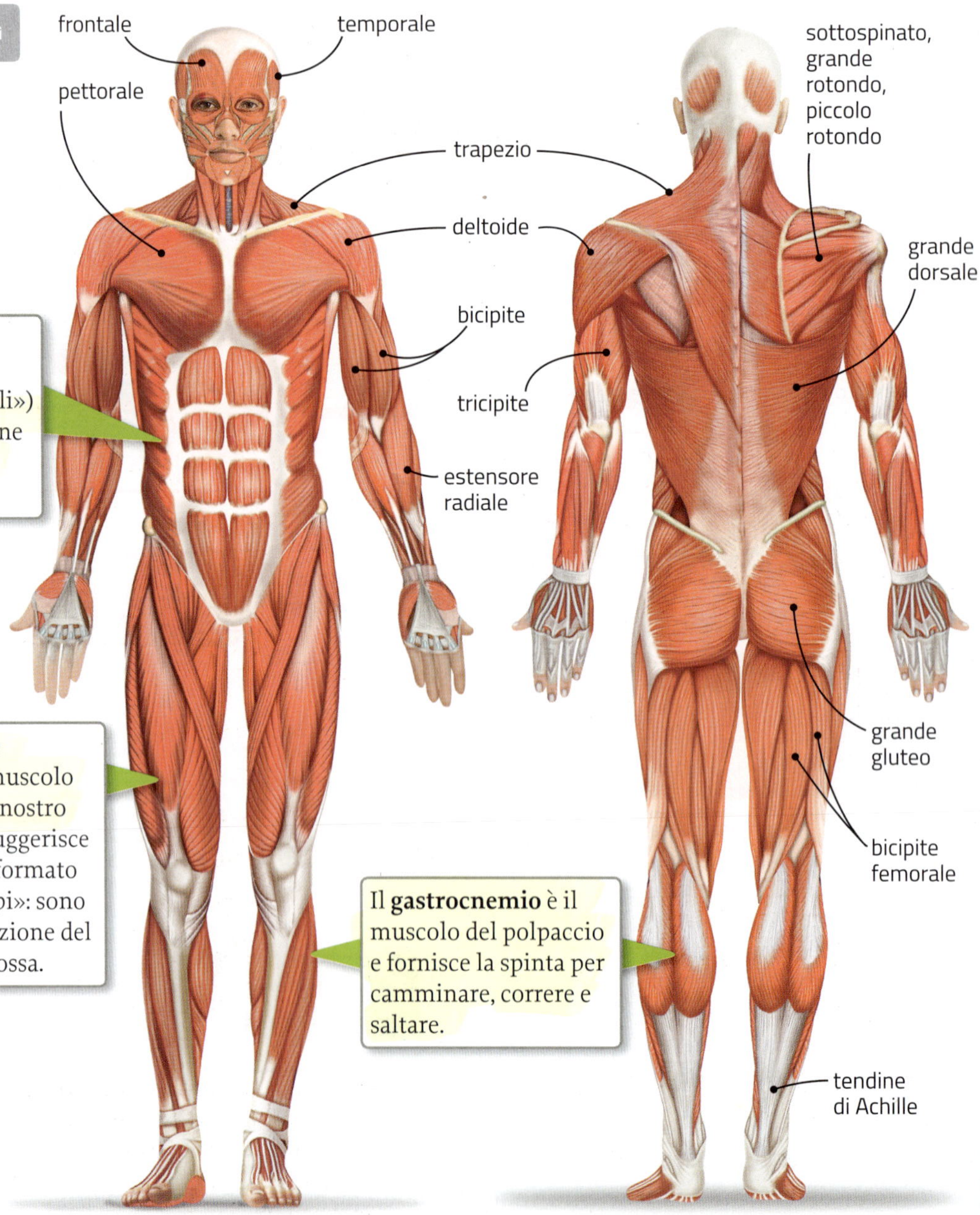

Il **muscolo retto dell'addome** (i famosi «addominali») costituisce e sostiene la parete anteriore dell'addome.

Il **quadricipite femorale** è il muscolo più grande del nostro corpo. Come suggerisce il suo nome, è formato da quattro «capi»: sono i punti di inserzione del muscolo sulle ossa.

Il **gastrocnemio** è il muscolo del polpaccio e fornisce la spinta per camminare, correre e saltare.

18. I muscoli che ci fanno muovere

Correre, camminare, sollevare oggetti, scrivere sono gesti che richiedono la collaborazione di più muscoli, che svolgono un vero e proprio lavoro di squadra, coordinato dal sistema nervoso.

Anche quando il muscolo non si sta contraendo, un piccolo numero di fibre muscolari viene attivato involontariamente per produrre una contrazione prolungata. Questo processo ha come risultato il **tono muscolare**, che mantiene saldi i muscoli scheletrici senza però causare una contrazione abbastanza forte da produrre movimento. Per esempio, il tono dei muscoli posteriori del collo mantiene dritta la testa, impedendole di ricadere verso il torace. Grazie al tono muscolare, possiamo restare a lungo in piedi o seduti ad ascoltare una lezione.

I movimenti realizzati dai muscoli scheletrici sono cinque: **flessione**, **estensione**, **adduzione**, **abduzione** e **rotazione**.

1 **Flessione** ed **estensione** indicano rispettivamente un avvicinamento e un allontanamento di due ossa di un'articolazione.

2 I termini **adduzione** e **abduzione** si riferiscono ai movimenti compiuti dall'intero arto, per avvicinarsi o allontanarsi dalla linea mediana del corpo.
Il prefisso «ad-» indica un avvicinamento, mentre «ab-» un allontanamento.

3 La **rotazione** indica un movimento che consente a un osso di ruotare attorno al proprio asse.

19. Il tessuto muscolare cardiaco

Il **cuore** è costituito da tessuto muscolare cardiaco o miocardio. Esso inizia a battere ancora prima di essersi formato: le prime cellule in grado di contrarsi compaiono 23 giorni dopo l'inizio della gravidanza. Da quel momento, il miocardio si contrae più di 100 000 volte al giorno.

Il **miocardio** è formato da fibre muscolari dall'aspetto striato, che hanno un solo nucleo centrale e la capacità di contrarsi e rilasciarsi in modo coordinato, senza un controllo cosciente.

Il cuore è un muscolo speciale, perché si contrae spontaneamente secondo un ritmo costante, stabilito da speciali cellule chiamate cellule *pacemaker*. Il sistema nervoso può solo modificare la frequenza del battito, per esempio accelerandolo quando corriamo.

Il **cuore** di un embrione di 49 giorni è già simile a quello adulto.

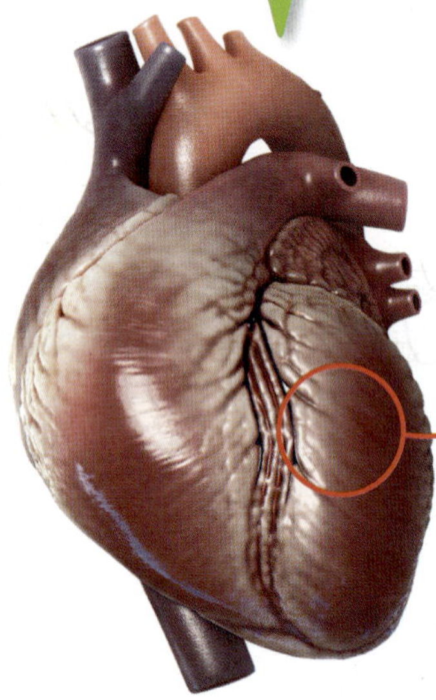

Osservando il muscolo cardiaco al microscopio elettronico, si notano le **striature**.

20. Il tessuto muscolare liscio

La muscolatura liscia riveste i vasi sanguigni e le cavità di molti organi interni come lo stomaco, le vie respiratorie e le vie urinarie.

Il **muscolo liscio** è privo di striature ed è formato da fasci di cellule dalla forma allungata e affusolata, ognuna delle quali contiene un nucleo centrale. I muscoli lisci agiscono in modo involontario.

La muscolatura liscia si contrae lentamente, ma per tempi molto lunghi: se il muscolo scheletrico è paragonabile a un'auto da corsa, il muscolo liscio è una specie di trattore, lento ma instancabile.

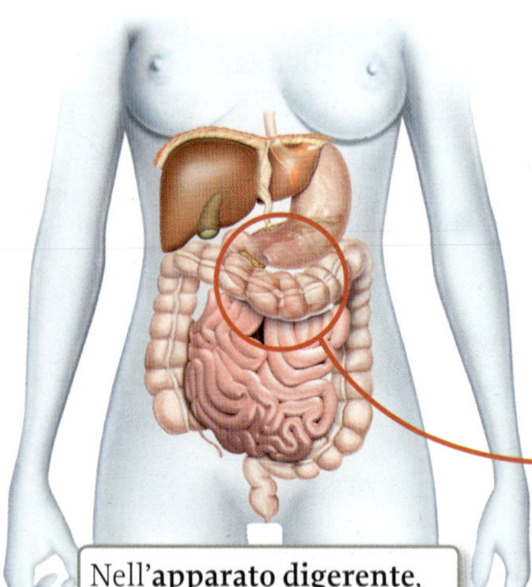

Nell'**apparato digerente**, la muscolatura liscia spinge il cibo dall'esofago fino all'intestino.

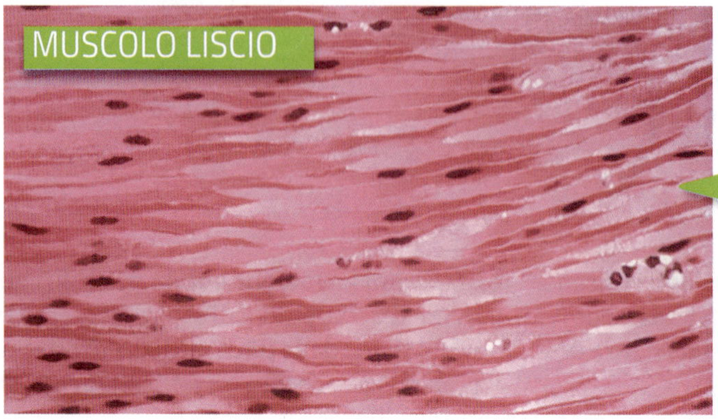

Osservando il muscolo liscio al microscopio elettronico, si osservano le **fibre muscolari lisce**, che sono costituite da cellule allungate e affusolate.

SCIENZA E SALUTE

Il carburante per i nostri muscoli

L'energia necessaria ai muscoli per compiere il loro lavoro è prodotta dalla **respirazione cellulare**, che avviene nei mitocondri delle fibre muscolari.

Questo processo «brucia» gli zuccheri e le altre sostanze nutrienti contenute negli alimenti, usando l'ossigeno trasportato dal sangue e liberando **energia**.

Tale energia viene impiegata per far scorrere i filamenti di miosina su quelli di actina, determinando così la contrazione del muscolo e la contemporanea produzione di calore. Oltre all'energia, la respirazione cellulare produce anche **diossido di carbonio**, che dev'essere allontanato dalle cellule per mezzo della circolazione sanguigna.

– Il sangue rifornisce i muscoli

Durante la contrazione, le fibre muscolari hanno bisogno di produrre molta energia, quindi devono essere continuamente rifornite di ossigeno e nutrienti. Nello stesso tempo, il diossido di carbonio che viene prodotto dalla respirazione cellulare deve essere allontanato rapidamente. Per questo motivo, durante un'attività intensa, l'**afflusso di sangue** ai muscoli e il **ritmo della respirazione** aumentano. Dopo lo sforzo, il muscolo necessita di un periodo di recupero per ritornare alle condizioni iniziali.

– Il movimento è salute

Una **corretta attività fisica** sviluppa i nostri muscoli, favorisce la circolazione sanguigna e migliora l'afflusso di ossigeno e sostanze nutritive ai muscoli e allo scheletro.

IMPARA A IMPARARE

1. Completa lo schema.

Il tessuto muscolare

può essere

- **striato scheletrico** – che permette – movimenti ....
  - che presenta caratteristiche – striature – dovute – ai .... – di – actina / ....
- **striato cardiaco**
  - che si trova – nel cuore
  - che è – ....
- **liscio o viscerale** – che è responsabile dei – movimenti ....
  - che riveste – i vasi ....
  - le .... di molti organi interni – come – lo .... / le vie respiratorie / le vie ....

Com'è strutturato lo scheletro?

Lo scheletro e le sue funzioni | pag. C16

Le ossa dello scheletro umano possono essere suddivise in due gruppi:

- lo **scheletro àssile** (in blu), che è formato dal cranio, dalla gabbia toracica e dalla colonna vertebrale;
- lo **scheletro appendicolare** (in arancione), che è formato dagli arti, dalla cintura scapolare e dalla cintura pelvica.

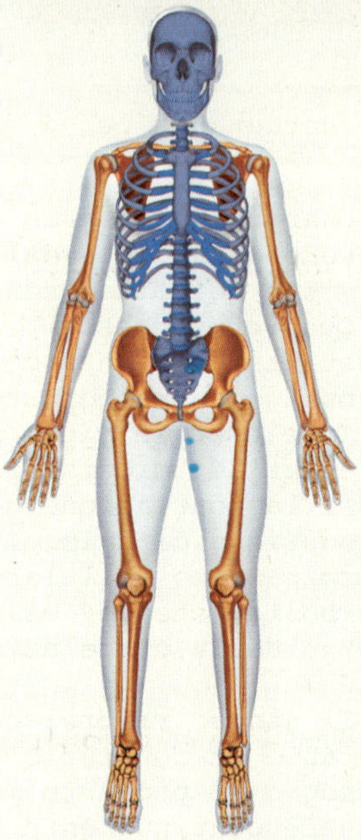

Quali tipi di ossa esistono?

Lo scheletro e le sue funzioni | pag. C17

Osservando lo scheletro, notiamo che è formato da ossa di dimensioni e forme diverse:

- le **ossa piatte** hanno un spessore molto ridotto;
- le **ossa corte** hanno le tre dimensioni che si equivalgono;
- le **ossa lunghe** hanno la dimensione della lunghezza che prevale sulle altre.

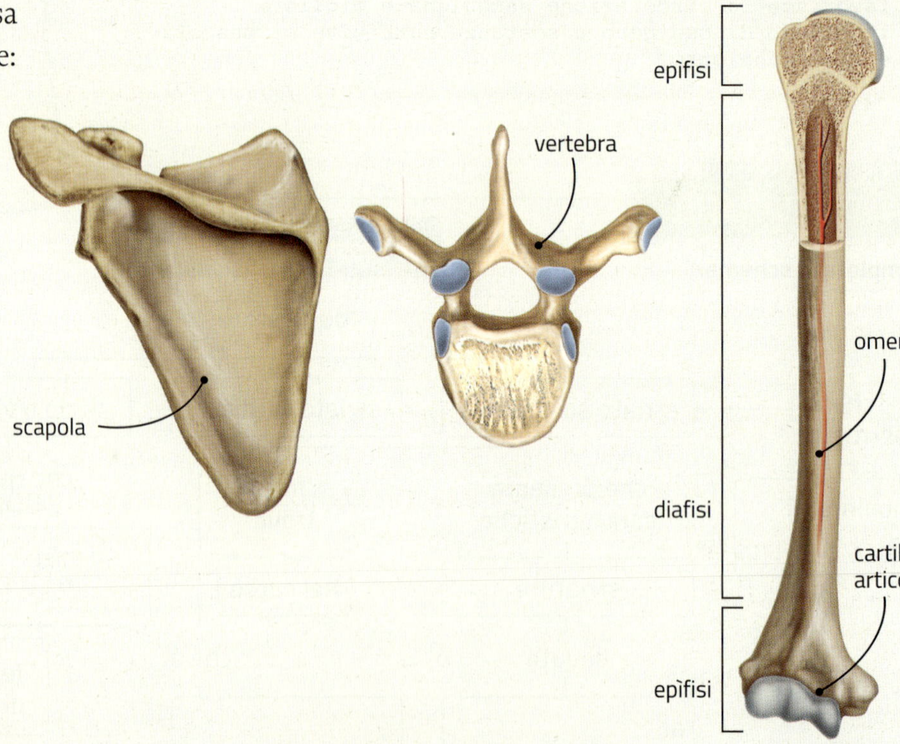

Quali sono le funzioni dello scheletro?

Lo scheletro e le sue funzioni | pag. C18

Lo scheletro svolge 6 funzioni fondamentali:

1. sostegno;
2. protezione;
3. movimento;
4. produzione delle cellule del sangue;
5. riserva di grassi;
6. riserva di sali minerali.

Come sono fatte le ossa?

La struttura delle ossa | pag. C19

Le **ossa** sono organi solidi e robusti per sostenere il peso del corpo, ma anche leggeri ed elastici per resistere agli urti.

Queste caratteristiche dipendono dai due tipi di tessuti che costituiscono le ossa:

1. il **tessuto osseo** è rigido e ricco di sali minerali, soprattutto calcio. Esistono due tipi diversi di tessuto osseo: **compatto** e **spugnoso**. Nel tessuto osseo, sono presenti tre tipi di cellule che svolgono funzioni diverse: **osteoblasti**, **osteociti** e **osteoclasti**;
2. il **tessuto cartilagineo** è più elastico e flessibile. Le cellule che costituiscono questo tessuto sono i **condrociti**, che sono immersi in una matrice extracellulare formata soprattutto da **collagene**.

Quali sono i tipi di articolazioni?

Ossa in movimento: le articolazioni | pag. C28

L'articolazione è il punto in cui due ossa sono a contatto.

Si possono distinguere tre tipi di articolazioni:

- **mobili**, come quelle del ginocchio e del gomito, che permettono movimenti ampi;
- **semimobili**, come quelle tra le vertebre, che consentono movimenti limitati;
- **fisse**, come quelle tra le ossa del cranio, che non permettono alcun movimento.

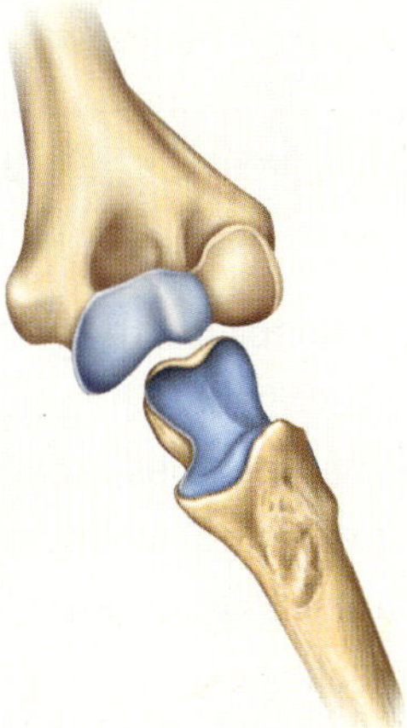

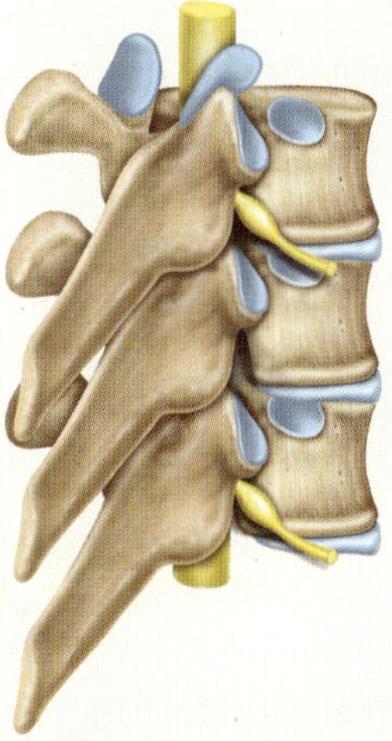

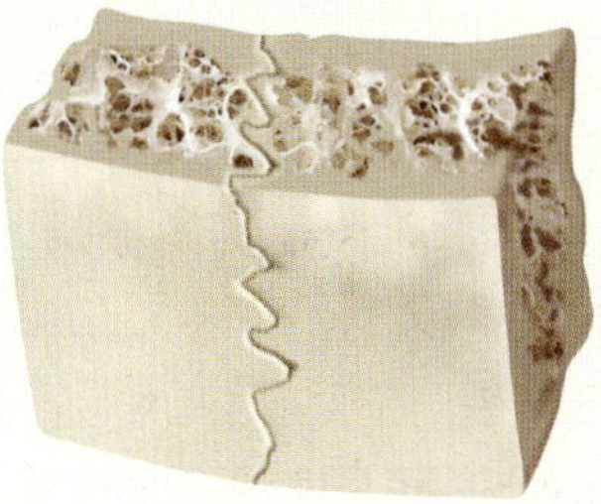

Quali sono i tipi di tessuto muscolare?

Il sistema muscolare | pag. C31

Il **tessuto muscolare** è costituito da cellule capaci di modificare la propria lunghezza, accorciandosi e rilassandosi.

Esistono tre tipi di tessuto muscolare:

- **scheletrico**, detto anche *striato*, che è attaccato alle ossa ed è responsabile dei movimenti volontari;
- **cardiaco**, detto *miocardio*, che si trova soltanto nel cuore e ha un aspetto striato, ma i suoi movimenti sono involontari;
- **liscio**, che si trova nelle pareti dei vasi sanguigni e negli organi; non ha un aspetto striato ed è involontario.

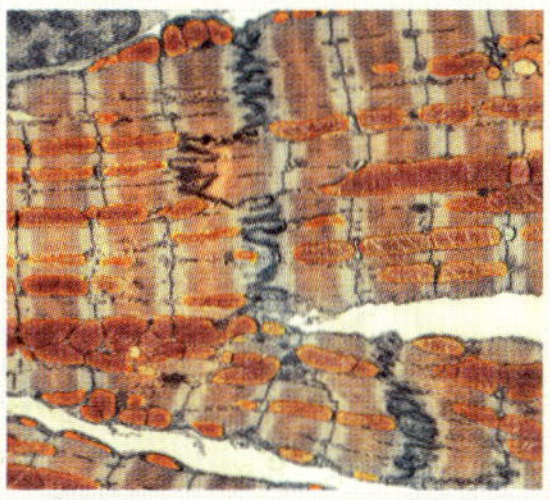

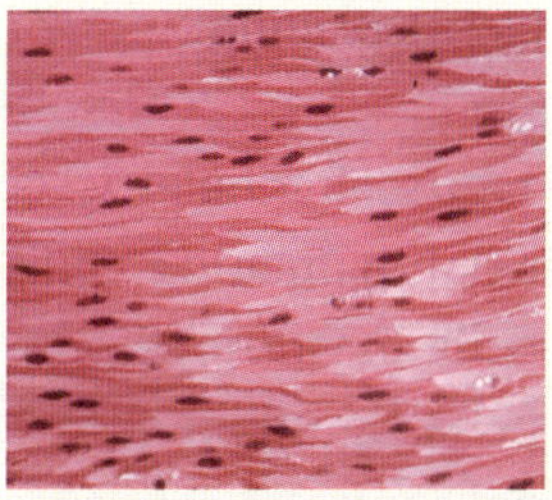

Costruisci la tua mappa

ZTE ONLINE Mettiti alla prova con 20 esercizi interattivi

1. **Completa la mappa concettuale.**

ossa
sistema muscolare
vertebre
colonna
volontari
cardiaco
striati
articolazioni
piatte
lunghe

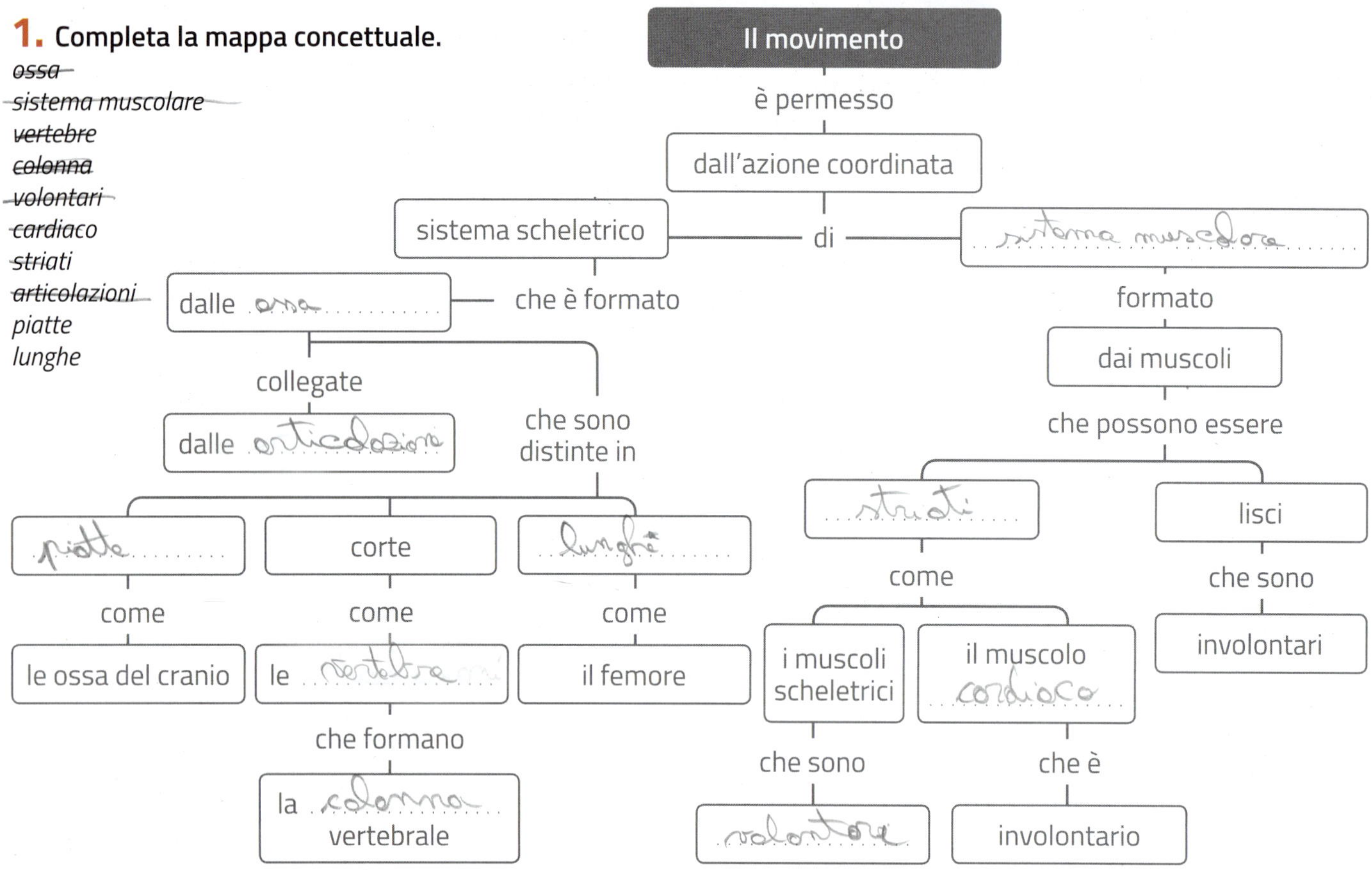

2. **Le ossa che formano la colonna vertebrale si chiamano**

A cartilagini.
B falangi.
C vertebre.
D costole.

3. **Un'articolazione è il punto di contatto tra**

A due ossa.
B due muscoli.
C un osso e un muscolo.
D un muscolo e un legamento.

4. **I muscoli sono collegati alle ossa attraverso**

A i legamenti.
B i tendini.
C le cartilagini.
D le articolazioni.

5. **I muscoli scheletrici sono coinvolti**

A nel movimento e nell'equilibrio.
B nella contrazione del cuore.
C nella digestione.
D nel controllo della pressione.

6. **Vero o falso? Correggi le affermazioni errate sul tuo quaderno.**

a. I muscoli sono in grado di modificare la propria forma, in risposta a stimoli di natura nervosa. V F
b. Il tessuto muscolare cardiaco è involontario. V F
c. Il midollo giallo delle ossa lunghe produce le cellule del sangue. V F
d. Il cranio è formato da un unico osso. V F
e. L'articolazione del ginocchio è mobile. V F

7. **Rispondi alle domande sul tuo quaderno.**

a. Da che cosa è composto il sistema scheletrico?
b. Come si classificano le ossa, in base alla forma e alle dimensioni?
c. Elenca le funzioni dello scheletro.
d. Come sono suddivise le ossa del cranio?
e. Quali sono le funzioni della colonna vertebrale? Da quali elementi è composta?
f. Qual è la funzione delle cinture pelvica e scapolare?
g. Elenca le regioni dell'arto superiore e le ossa che lo compongono. Fai lo stesso per l'arto inferiore.
h. Quanti tipi di articolazioni conosci? Descrivile.
i. Quali sono le cellule del tessuto osseo?
j. Elenca i tipi di tessuto muscolare e descrivili in cinque righe.
k. Come si chiama il movimento che fa avvicinare un arto alla linea mediana del corpo?

8. **Associa a ciascun termine dell'elenco il numero corrispondente.**

- ☐ tibia
- ☐ costola
- ☐ cranio
- ☐ ileo
- ☐ clavicola
- ☐ femore
- ☐ omero
- ☐ radio
- ☐ colonna vertebrale
- ☐ pèrone
- ☐ sterno

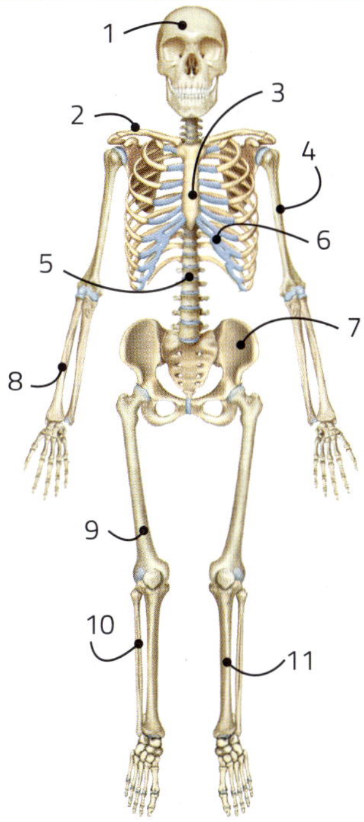

9. **Colora il disegno e completa la legenda, indicando con colori diversi i tre tipi di vertebre e l'osso sacro.**

- [1] vertebre ....
- [4] vertebre ....
- [2] vertebre ....
- [3] osso sacro

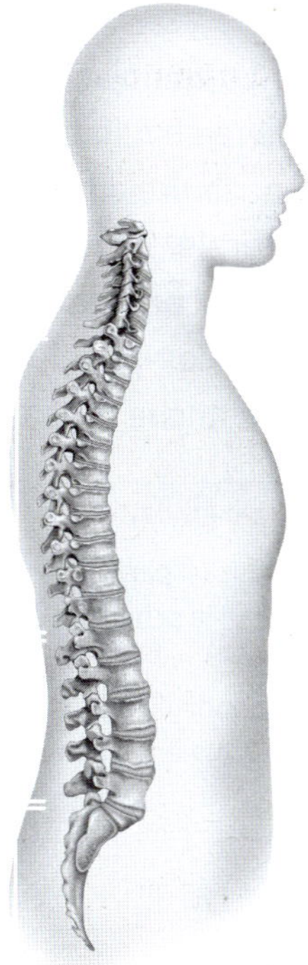

10. **Inserisci il corretto numero d'ordine per ricostruire la sequenza del processo di ossificazione.**

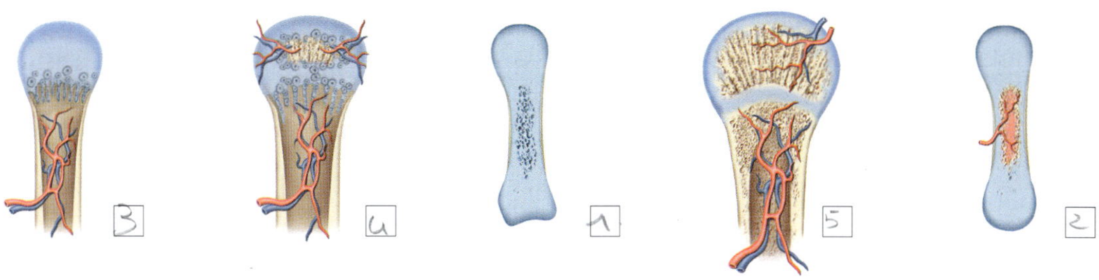

11. **Risolvi il cruciverba.**

Orizzontali

3. L'articolazione che unisce le ossa del cranio.
5. La parte centrale dell'osso lungo.
8. Colonna che protegge il midollo spinale.
10. La componente elastica del tessuto osseo.

Verticali

1. La prima vertebra cervicale.
2. Articolazione come quella dell'anca.
4. Le cellule che demoliscono le ossa.
6. L'unità contrattile del tessuto muscolare striato.
7. Il movimento di avvicinamento dell'avambraccio al braccio.
9. Gabbia che protegge i polmoni e il cuore.

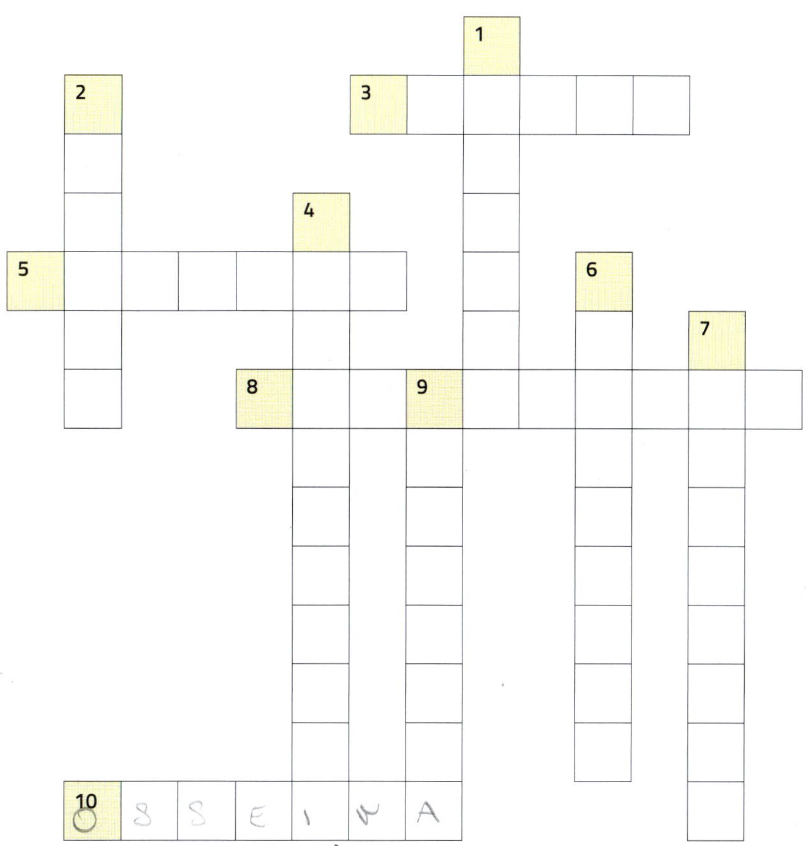

12. **Lo zaino scolastico che usi per andare a scuola, se portato in maniera sbagliata o riempito male, può provocare dolori alla schiena e contribuire alla formazione di curvature anomale della colonna vertebrale. Scrivi il tuo «Regolamento dello zaino» disegnando alcune vignette con relative didascalie. Confronta le tue proposte con quelle dei tuoi compagni, per formulare una proposta di classe condivisa. Potete anche preparare un cartellone da appendere in classe.**

Percorso guidato

1. Ripassa il paragrafo 9 (*vedi* pagina C24) e leggi la scheda «Le deviazioni della colonna vertebrale» (*vedi* pagina C27).
2. Rispondi alle domande.
   a. Come è fatta la colonna vertebrale?
   ....
   b. Quante sono le curvature fisiologiche della colonna vertebrale?
   ....
   c. Se osservassi la colonna vertebrale di fronte, vedresti delle curvature?
   ....
   d. Quali tipi di curvature anomale esistono? Che patologie causano?
   ....
3. Fai una ricerca su Internet per capire quali danni alla colonna vertebrale potrebbero derivare da un uso scorretto dello zaino scolastico ed elencali.
   ....
4. Usa le informazioni delle risposte del punto 2 per scrivere un elenco di proposte per il tuo «Regolamento dello zaino».
   ....
5. Disegna una vignetta per ciascuna delle proposte che hai elencato al punto 4 e aggiungi una didascalia per ognuna.

C2 ESERCIZI CLIL

13. **Read the descriptions of the types of bones in the table, and match each of them with two of the bones given below.**

cranium / femur / tarsal

Type of bone	Example	Function in sport
Long	....	Movement (generating strength and speed)
Short	....	Shock absorption (spreading load)
Flat (plate)	....	Protection of vital organs; attachment of muscles to aid movement

Parte C Capitolo 3

LA NUTRIZIONE E L'APPARATO DIGERENTE

Di' la tua

Che titolo daresti alla vignetta? ....

Come interverresti nella discussione? Qual è la tua opinione?

....
....
....
....
....
....
....
....
....
....
....
....
....
....

Il cibo e le sue funzioni

1. Che cosa significa nutrirsi?

Nutrirsi è un bisogno fondamentale: il cibo è, per l'uomo, l'unica fonte di energia per vivere e svolgere le attività quotidiane.

Nutrirsi significa fornire al nostro corpo le sostanze indispensabili alla vita.

Gli alimenti contengono i **principi nutritivi**, o nutrienti, che servono al nostro organismo per crescere e per svolgere tutte le funzioni vitali.

Nel corso della storia, il cibo ha accompagnato l'evoluzione della società assumendo importanza anche dal punto di vista culturale e psicologico. L'alimentazione è il frutto della **cultura** di un popolo: la conoscenza delle tradizioni alimentari e culinarie è uno dei modi più efficaci per conoscere una civiltà.

A partire dalla metà del secolo scorso, è cresciuto l'interesse nei confronti della qualità di ciò che mangiamo, in relazione all'aumento delle conoscenze sulle malattie che derivano da un'alimentazione scorretta. Per questo è importante seguire un'**alimentazione varia e completa**.

Spostandoci da un Paese all'altro incontriamo cibi diversi e con sapori anche molto differenti da quelli ai quali siamo abituati.

2. La dieta e il fabbisogno energetico

Dieta deriva da una parola greca, che significa «modo di vivere».

La parola *dieta* indica un programma di alimentazione corretta ed equilibrata, che corrisponde ai bisogni di ciascun individuo: una dieta non è necessariamente dimagrante. Esistono regole generali elaborate dalle autorità sanitarie, ma non esiste una **dieta** che vada bene per tutti, perché le esigenze alimentari sono diverse per ognuno di noi.

Il **fabbisogno energetico** corrisponde alla quantità di energia che ci serve ogni giorno ed è determinato da fattori ben definiti: l'età, il sesso, il peso corporeo, l'attività fisica svolta.

È possibile passare da **kcal** a **kJ** e viceversa, usando opportuni fattori di conversione:
1 kcal = 4,186 kJ
1 kJ = 0,239 kcal

Le unità di misura usate per misurare l'energia degli alimenti sono la **kilocaloria** (kcal) e il **kilojoule** (kJ).

Il joule è l'unità di misura dell'energia nel SI: 1 kJ è pari a 1000 J. La caloria (cal) è l'unità di misura storica del calore. In riferimento agli alimenti, è usata soprattutto la kilocaloria (kcal): 1 kcal corrisponde a 1000 cal.

È molto difficile stabilire con precisione il fabbisogno energetico di un singolo individuo. Per esempio, per un adolescente che svolge attività fisica moderata, sono stimati i seguenti valori:

- maschio: 2400-3000 kcal al giorno;
- femmina: 1900-2350 kcal al giorno.

Insieme all'aspetto quantitativo dell'alimentazione, deve sempre essere tenuto presente anche l'aspetto qualitativo. Infatti non è corretto soddisfare le nostre esigenze energetiche con un qualsiasi alimento o con scelte ristrette e ripetitive. Per questo motivo, è necessario studiare nel dettaglio i principi nutritivi contenuti negli alimenti.

Età (anni)	Maschi (kcal/giorno)	Femmine (kcal/giorno)
10	1907-2213	1666 -1924
11	1991-2340	1737-2024
12	2086-2479	1816-2175
13	2230-2687	1878-2219
14	2274-2791	1862-2294
15	2393-2976	1898-2338
16	2473-3117	1928-2386
17	2512-3211	1940-2408

Osservando il fabbisogno energetico medio, suddiviso per **classi di età**, notiamo che i valori aumentano progressivamente passando dai 10 ai 17 anni.

La **dieta mediterranea** è costituita principalmente da cereali, frutta e verdura, olio di oliva, moderate quantità di carne, pesce e latticini.

Attività	kcal/min
dormire	0,9
stare seduto	1,0
scrivere al computer	1,3
camminare in piano (4 km/ora)	2,5 - 3,5
andare in bicicletta (22 km/ora)	11,1
correre a piedi (12 km/ora)	15,0

Il fabbisogno energetico aumenta in caso di **attività fisica** intensa.

Un piatto di **pastasciutta** ci fornisce dalle 300 alle 500 kcal, a seconda del tipo di condimento.

Nell'**etichetta nutrizionale** degli alimenti, viene riportata l'energia fornita dall'alimento in kJ e kcal.

VALORI NUTRIZIONALI MEDI PER 100 g DI PRODOTTO

Energia	1782 kJ / 423 kcal	Calcio	329 mg
Grassi	10,4 g	Ferro	8,3 mg
di cui acidi grassi saturi	4,5 g	Tiammina (Vit. B1)	0,48 mg
Carboidrati	71,1 g	Riboflavina (Vit. B2)	0,4 mg
di cui zuccheri	24,1 g	Niacina (Vit. B3)	4,1 mg
Fibre	3,0 g	Acido pantotenico (Vit. B5)	2,69 mg
Proteine	9,7 g	Vitamina B6	0,45 mg
Sale	0,53 g		
Sodio	0,21 g		

IMPARA A IMPARARE

1. Completa lo schema.

Gli alimenti
- forniscono → energia → per il nostro → fabbisogno energetico → che dipende:
  - dall' ....
  - dal ....
  - dall' .... fisica svolta
  - dal peso
- contengono → i principi ....

2. Cerca le definizioni dei seguenti termini e scrivile sul tuo quaderno.

a) dieta
b) fabbisogno energetico
c) kilocaloria
d) kilojoule

Lezione 2

I principi nutritivi costituiscono gli alimenti

3. Gli alimenti e i principi nutritivi

Il nostro organismo ricava dagli alimenti i principi nutritivi, necessari per svolgere le funzioni vitali.

I nutrienti sono le **proteine**, i **carboidrati**, i **grassi**, le **vitamine** e i **sali minerali**: sono presenti in diverse proporzioni in tutti gli alimenti.

Con gli stessi ingredienti si possono preparare cibi diversi, che contengono gli stessi principi nutritivi: per esempio, con acqua e farina si può preparare il pane oppure la pasta.

Le etichette di molti alimenti che acquistiamo contengono la **tabella nutrizionale**, che fornisce informazioni dettagliate sui principi nutritivi e sulla funzione che essi svolgono:

- il **valore energetico** è l'energia fornita da 100 g di prodotto o da una porzione;
- la quantità delle **proteine**, dei **carboidrati** e dei **grassi** contenuti in 100 g o in una porzione;
- sono indicate anche le **fibre alimentari** che, pur non avendo un valore nutrizionale, sono indispensabili nella dieta;
- sono indicate le quantità delle **vitamine** e dei **sali minerali** presenti nell'alimento, espresse anche come percentuale rispetto alla dose giornaliera raccomandata dai nutrizionisti.

Energia fornita da 100 g di prodotto.

VALORI NUTRIZIONALI MEDI DEL PRODOTTO SU:

del prodotto su:	100 g	1 biscotto 6,9 g	% AR per biscotto*
Energia	1963 kJ 467 kcal	136 kJ 32 kcal	2%
Grassi	17,0 g	1,2 g	2%
di cui Acidi Grassi Saturi	5,4 g	0,4 g	2%
Acidi Grassi Monoinsaturi	7,0 g	0,5 g	
Acidi Grassi Polinsaturi	4,6 g	0,3 g	
Carboidrati	68,1 g	4,7 g	2%
di cui Zuccheri	14,0 g	1,0 g	1%
Fibre	2,5 g	0,2 g	
Proteine	9,2 g	0,6 g	1%
Sale	0,50g	0,03 g	1%

*Assunzioni di riferimento di un adulto medio (8400 kJ / 2000 kcal)
La confezione contiene 48 biscotti

CEREALI CROCCANTI CLASSICO
INFORMAZIONI NUTRIZIONALI

(VALORI MEDI)		PER 100g	PER PORZIONE di 45g di cereali + 150 ml di latte parz. scremato	%AR[1] per porzione
ENERGIA	kJ	1621	1020	12%
	kcal	385	242	12%
GRASSI di cui:	g	6,5	5,3	8%
ACIDI GRASSI SATURI	g	1,4	2,3	12%
CARBOIDRATI di cui:	g	66,3	36,7	14%
ZUCCHERI	g	15,0	13,7	15%
FIBRE[2]	**g**	**9,6**	**4,3**	
PROTEINE	g	10,4	9,6	21%
SALE	g	0,625	0,458	8%
		PER 100g		
FOSFORO	mg	280	40% VNR[3]	
FERRO	mg	2,5	18% VNR[3]	
MAGNESIO	mg	83	22% VNR[3]	

LA CONFEZIONE CONTIENE 7 PORZIONI CIRCA
(1) AR= assunzioni di riferimento di un adulto medio (8400 kJ/ 2000 kcal)
(2) determinate con metodo AOAC 2009-01.
(3) VNR=valori nutritivi di riferimento.
330g ℮

INFORMAZIONI NUTRIZIONALI

	Per 100 g	Per porzione da 30 g
VALORE ENERGETICO	1597 kJ 378 kcal	479 kJ 113 kcal
GRASSI	3,5 g	1,1 g
di cui satu	[illegible]	[illegible]
CARBOIDR	[illegible]	[illegible]
di cui zuc	[illegible]	[illegible]
FIBRE	[illegible]	[illegible]
PROTEINE	9 g	2,7 g
SALE	1 g	0,3 g
VITAMINE:	(%NRV)	(%NRV)
D	4,2 µg (83)	1,3 µg (25)
B1	0,91 mg (83)	0,28 mg (25)
B2	1,2 mg (83)	0,35 mg (25)
NIACINA	13,3 mg (83)	4,0 mg (25)
B6	1,2 mg (83)	0,35 mg (25)
ACIDO FOLICO	166 µg (83)	50,0 µg (25)
B12	2,1 µg (83)	0,63 µg (25)
MINERALI:		
CALCIO	456 mg (57)	136 mg (17)
FERRO	8,0 mg (57)	2,4 mg (17)

(%NRV) = Valori nutritivi di riferimento

Per le **vitamine** e i **sali minerali** è indicata la dose giornaliera raccomandata.

4. La composizione e le funzioni dei principi nutritivi

Le molecole dei principi nutritivi sono formate da pochi elementi chimici, soprattutto **carbonio**, **ossigeno**, **idrogeno** e **azoto**. Questi elementi formano circa il 96% della massa complessiva del nostro corpo.

Lo studio della struttura delle biomolecole come proteine, carboidrati, lipidi e acidi nucleici e delle loro trasformazioni fa parte della **biochimica**, una disciplina che lega strettamente la chimica alla biologia.

Quindi la biochimica si concentra sui processi che avvengono dentro le cellule, a livello molecolare. I biochimici studiano anche come le cellule comunicano tra loro.

Gli alimenti che consumiamo ogni giorno contengono i nutrienti, che agiscono nell'organismo svolgendo diverse funzioni.

- Le **proteine** svolgono una *funzione strutturale*, *regolatrice* e *protettiva*: esse apportano i materiali per la costruzione, il mantenimento e la riparazione dei tessuti corporei.
- I **carboidrati** e i **grassi** svolgono una *funzione energetica*, cioè forniscono l'energia necessaria per le attività vitali.
- Le **vitamine** e i **sali minerali** hanno una *funzione equilibratrice*, *regolatrice* e *protettiva* sui processi biologici che si svolgono nell'organismo.
- L'**acqua** non è un nutriente, ma è il componente principale di tutti i sistemi biologici; è coinvolta in tutte le reazioni chimiche che avvengono nell'organismo e agisce come mezzo di trasporto dei nutrienti.

Il grafico a torta mostra il contenuto percentuale dei principi nutritivi all'interno del corpo umano di un adulto.

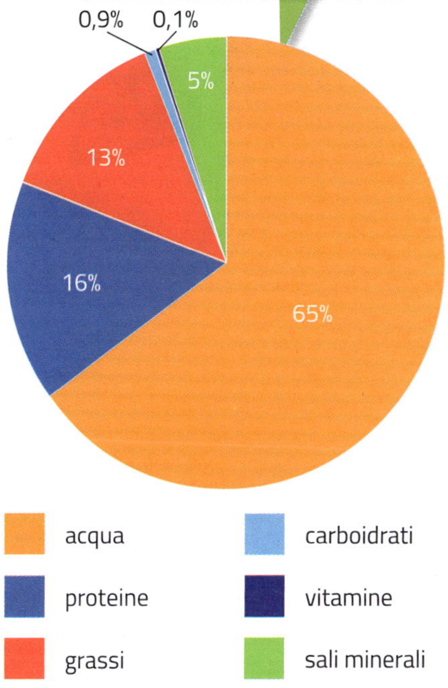

LABORATORIO DELLE COMPETENZE

Calcola l'energia fornita da un alimento

Nelle etichette degli alimenti, trovi il valore energetico per 100 g di prodotto. Per esempio, il valore energetico di un tipo di biscotti è di 420 kcal per 100 g.

Se a colazione mangi 60 g di biscotti, qual è l'apporto energetico che forniscono al tuo organismo?

Per calcolarlo puoi impostare una proporzione:

$$100\ \text{g} : 60\ \text{g} = 420\ \text{kcal} : x$$
$$x = 60 \times 420/100 = 252\ \text{kcal}$$

Quindi 60 g di biscotti forniscono 252 kcal.

Usando lo stesso procedimento, calcola:

a) il valore energetico di 30 g di cereali, sapendo che 100 g forniscono 386 kcal;
b) il valore energetico di 80 g di spaghetti, sapendo che 100 g forniscono 359 kcal.

Calcola i principi nutritivi contenuti in un alimento

Prendiamo come esempio gli stessi biscotti dell'esercizio precedente: 100 g di prodotto contengono 10 g di grassi, 70 g di carboidrati e 6,4 g di proteine.

Quanti grassi, carboidrati, proteine sono contenuti in 60 g di biscotti?

Puoi procedere usando le proporzioni. Per i grassi:

$$100\ \text{g} : 60\ \text{g} = 10\ \text{g} : x$$
$$x = 60 \times 10/100 = 6\ \text{g}$$

Quindi in 60 g di biscotti sono contenuti 6 g di grassi.

Usando lo stesso procedimento, calcola:

a) la quantità di carboidrati contenuti in 60 g di biscotti;
b) la quantità di proteine fornita dall'intero pacchetto di biscotti da 250 g.

5. I carboidrati sono energia pronta all'uso

I carboidrati, detti anche **zuccheri** o glucidi, si classificano in monosaccaridi, disaccaridi, polisaccaridi. I **monosaccaridi** sono gli zuccheri più semplici e sono le unità che, se unite tra loro, costituiscono i **disaccaridi** (in cui ci sono soltanto due unità) o i **polisaccaridi** (in cui le unità sono più di due).

Lo zucchero più importante in natura è il **glucosio**, fonte di energia per animali e piante: è il principale prodotto della fotosintesi ed è il combustibile della respirazione cellulare.

Altri monosaccaridi sono il **fruttosio**, che si trova nella frutta e nel miele, e il **galattosio**.

I **disaccaridi** più comuni sono il *saccarosio*, lo zucchero che usiamo tutti i giorni e che è estratto dalla barbabietola e dalla canna da zucchero, e il *lattosio*, contenuto nel latte e nei suoi derivati. La molecola del saccarosio è costituita da un'unità di glucosio e una di fruttosio legate insieme; invece quella del lattosio è costituita da un'unità di glucosio e una di galattosio legate insieme.

I **polisaccaridi** sono i carboidrati più complessi, formati anche da migliaia di molecole di zuccheri semplici; fungono soprattutto da riserva energetica. Possono essere di origine vegetale (amido e cellulosa) o animale (glicogeno).

L'*amido* è la riserva energetica delle piante ed è depositato nei semi, nelle radici e nei tuberi; le sue molecole sono lunghissime catene di unità di glucosio.

Immagina che ognuno di questi mattoncini sia un **monosaccaride**: in rosa il glucosio, in giallo il fruttosio, in verde il galattosio.

Leggi la scheda
Riconosci la presenza di monosaccaridi e di amido negli alimenti

MONOSACCARIDI

Il miele contiene molti zuccheri semplici, principalmente **fruttosio**.

Il **glucosio** viene prodotto dalla fotosintesi delle piante.

DISACCARIDI

Il **lattosio** è lo zucchero che conferisce il sapore dolce al latte.

Il **saccarosio** viene estratto dalla canna da zucchero o dalla barbabietola.

POLISACCARIDI

I polisaccaridi sono formati da lunghe catene, più o meno ramificate, di zuccheri semplici.

L'**amido** si trova in abbondanza nei cereali e nei loro derivati, come pane e pasta, nelle patate e nei legumi.

La *cellulosa* è un polisaccaride ancora più complesso e strutturato, in cui le catene di unità di glucosio si legano tra loro; la parete delle cellule vegetali è composta soprattutto da cellulosa.

Il *glicogeno* si trova soprattutto nei muscoli, dove le molecole sono catene di glucosio più corte e leggere, e nel fegato, dove le molecole sono costituite da catene più lunghe e ramificate.

6. I grassi sono la riserva di energia dell'organismo

I grassi o **lipìdi** costituiscono la principale sostanza di riserva degli animali e dei vegetali perché, a parità di massa, forniscono una maggiore quantità di energia rispetto ai carboidrati.

Nel nostro corpo esistono vari tipi di **grassi** che, oltre a costituire la principale fonte di riserva energetica, sono indispensabili per la formazione delle membrane cellulari e formano il tessuto adiposo, che agisce come isolante termico e protegge e sostiene gli organi interni.

In base alla struttura delle loro molecole, i grassi si dividono in due grandi categorie.

- I **grassi saturi** sono prevalentemente di origine animale e sono solidi a temperatura ambiente. Sono contenuti soprattutto in burro, strutto, formaggi, panna, latte e carni
- I **grassi insaturi**, detti oli, solitamente sono di origine vegetale e sono liquidi a temperatura ambiente. Li troviamo nei semi delle piante come olive, arachidi, girasole, nocciole e in alcuni pesci come il salmone o il pesce azzurro.

I nutrizionisti consigliano di preferire come **condimento** l'olio invece del burro, in quanto i grassi saturi tendono a depositarsi sulle pareti dei vasi sanguigni, creando problemi all'apparato circolatorio. Tuttavia una minima quantità di grassi saturi è necessaria all'organismo: ciò che è nocivo per la salute è un eccesso di questi grassi nella dieta.

Se il nostro corpo non ha un bisogno immediato di lipidi, essi vengono accumulati nel tessuto adiposo in particolari cellule, chiamate **adipociti**.

I **formaggi** sono ricchi di grassi saturi e vanno consumati con moderazione.

Il **salmone** contiene gli omega-3, che costituiscono una categoria di grassi insaturi indispensabile per le membrane cellulari.

L'**olio di oliva** è un olio di origine vegetale e contiene prevalentemente grassi insaturi.

7. Le proteine sono i mattoni del nostro corpo

La **carne**, il **pesce**, le **uova** e il **latte** sono alimenti ricchi di proteine di origine animale: hanno un elevato valore biologico perché contengono molti amminoacidi essenziali.

I **legumi** contengono una grande quantità di proteine di origine vegetale che, rispetto alle proteine animali, sono meno ricche di amminoacidi essenziali.

Le proteine costituiscono una parte essenziale degli esseri viventi e svolgono molte funzioni biologiche diverse.

Le **proteine** sono lunghe catene formate dalla combinazione di unità più semplici, chiamate **amminoacidi**.

Gli amminoacidi che formano le proteine sono venti: puoi immaginarli come tante perline di venti colori diversi che, legate insieme, formano una lunga collana, cioè la proteina. Con le stesse perline si possono formare moltissime combinazioni diverse: allo stesso modo, con i venti amminoacidi legati in sequenze differenti, si possono formare tutte le diverse proteine che si trovano negli esseri viventi. Quindi la sequenza degli amminoacidi determina il tipo di proteina che viene assemblata.

Le nostre cellule non sono capaci di costruire tutti gli amminoacidi che servono loro; alcuni devono essere introdotti con la dieta: questi **amminoacidi essenziali** si ottengono «smontando» le proteine contenute negli alimenti.

Ogni proteina svolge una **funzione biologica** specifica; per esempio:

- l'actina e la miosina formano i muscoli, svolgendo una funzione *contrattile*;
- la caseina del latte e l'albumina che forma il bianco dell'uovo sono proteine *di deposito*;
- l'emoglobina lega l'ossigeno nel sangue, svolgendo una funzione *di trasporto*;
- gli anticorpi contrastano gli organismi patogeni, quindi svolgono un'azione *protettiva*;
- gli enzimi hanno una funzione *regolatrice* sulle reazioni chimiche, che avvengono nell'organismo.

LABORATORIO DELLE COMPETENZE

Riconosci la presenza di proteine nei cibi

Materiale

- alcuni alimenti come succo di limone, latte, mela, albume
- provette e porta provette
- acqua distillata
- acido nitrico concentrato

! Visto che in questo esperimento si usa l'acido nitrico, è preferibile che venga eseguito da un adulto.

Procedimento

1. Metti nelle provette gli alimenti che hai a disposizione, sminuzzando quelli solidi come la mela.
2. Aggiungi un po' di acqua distillata, in modo da raggiungere lo stesso livello di liquido in tutte le provette.
3. Aggiungi a ogni provetta alcune gocce di acido nitrico concentrato.

Che cosa osservi?

Osserva le colorazioni delle provette e completa la tabella.

Alimento	Colore
succo di limone	
latte	
mela	
albume	

Che cosa concludi?

Nella provetta con il .... e in quella con l' .... compare una colorazione gialla, caratteristica della reazione delle proteine che sono presenti in questi alimenti. Nelle altre provette non si osservano variazioni di colore, quindi nel .... e nella .... non sono presenti proteine.

SCIENZA E SALUTE

I carboidrati e le proteine forniscono circa la stessa quantità di energia; i lipidi ne producono più del doppio.

PRINCIPIO NUTRITIVO	ENERGIA PRODOTTA PER OGNI GRAMMO
lipidi	9 Kcal
Carboidrati	4 Kcal
Proteine	4 Kcal

L'energia: un bisogno primario

Gli **alimenti** producono energia quando vengono trasformati all'interno dell'organismo, proprio come se fossero combustibili che vengono bruciati. A parità di massa, non tutti gli alimenti forniscono la stessa quantità di energia: questa dipende da quali **principi nutritivi** essi contengono, cioè da quali sostanze li costituiscono.

Una **pesca matura** ha un contenuto energetico maggiore rispetto a un frutto acerbo, poiché in proporzione contiene più zuccheri e meno acqua.

Anche le quantità dei principi nutritivi contenuti in uno stesso alimento possono cambiare, perciò le indicazioni relative al **valore energetico** si riferiscono a un valore medio.

– Le cellule e l'energia: il metabolismo cellulare
All'interno delle cellule avvengono reazioni chimiche di tutti i tipi, che nel loro insieme costituiscono il **metabolismo cellulare.** Esso comprende due tipi di processi.

- I **processi di demolizione** trasformano i composti complessi in sostanze più semplici. Un esempio è rappresentato dalla digestione dell'amido, che viene demolito in molecole di zuccheri semplici. I processi di demolizione producono energia:

molecole complesse → molecole semplici + energia

- I **processi di costruzione** sintetizzano sostanze complesse a partire da molecole semplici. Per far avvenire queste reazioni, le cellule consumano energia:

molecole semplici + energia → molecole complesse

Ogni processo che avviene nel nostro corpo ha a che fare con l'energia, quindi una buona funzionalità dell'organismo dipende dall'equilibrio tra l'energia disponibile e quella consumata.

Nelle cellule esiste una molecola in grado di catturare e trasferire l'energia: questa molecola si chiama **ATP**. L'energia liberata nei processi di demolizione viene usata per costruire molecole di ATP, che saranno poi consumate nel momento in cui alla cellula servirà energia per svolgere i processi di costruzione.

Tuttavia durante le reazioni di demolizione più della metà dell'energia prodotta viene dispersa sotto forma di **calore**, che serve per mantenere costante la temperatura del corpo.

Il **rendimento energetico** complessivo della «macchina uomo» è inferiore al 50%. Se lo paragoniamo a quello di un'automobile, che disperde ben il 75% dell'energia in calore, concludiamo che il nostro organismo è molto più efficiente di una macchina.

Una molecola di ATP libera energia attraverso una reazione chimica che la rompe in ADP e P (fosfato).

Adenosintri- Fosfato

Le nostre cellule immagazzinano energia, costruendo molecole di ATP.

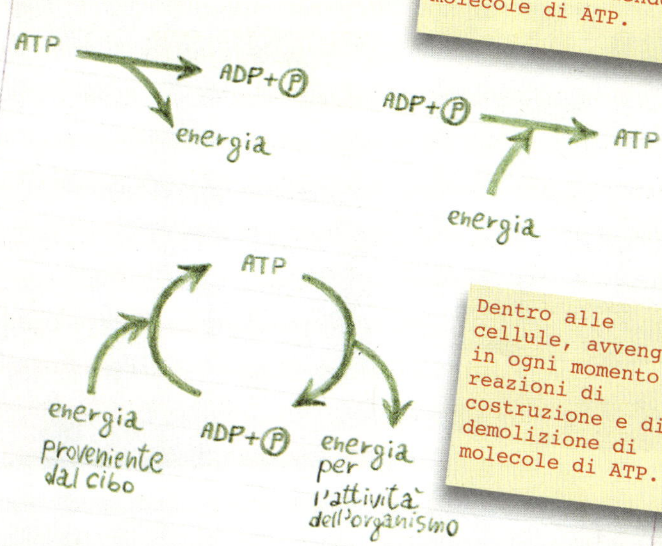

Dentro alle cellule, avvengono in ogni momento reazioni di costruzione e di demolizione di molecole di ATP.

8. Le vitamine sono indispensabili

Una **macedonia di frutta fresca** ha un contenuto vitaminico più elevato di un succo di frutta confezionato.

Le vitamine vengono considerate dei **micronutrienti** poiché, sebbene in quantità molto piccole, sono fondamentali per il nostro benessere.

Le **vitamine** sono micronutrienti essenziali, perché per la maggior parte non possono essere sintetizzate dall'organismo.

Durante la cottura e nei trattamenti di conservazione degli alimenti, spesso si ha una **perdita nel contenuto vitaminico**: la maggior parte di vitamine si degrada per azione del calore o della luce, quindi i cibi freschi come la frutta e la verdura hanno un contenuto vitaminico più elevato rispetto ai cibi cotti.

Le vitamine non possiedono valore energetico e sono composti molto diversi dal punto di vista chimico; esse si classificano in due grandi gruppi.

1. Le **vitamine idrosolubili** (**gruppi B** e **C**) si sciolgono in acqua e si diffondono facilmente nelle soluzioni acquose, all'interno e intorno alle cellule. Non si accumulano nel corpo perché vengono eliminate con le urine o attraverso la sudorazione, quindi vanno assunte quotidianamente.
2. Le **vitamine liposolubili** (**A**, **D**, **E** e **K**) si sciolgono nei grassi e tendono ad accumularsi nei tessuti.

Alcune vitamine agiscono come fattori di crescita, altre proteggono la pelle e le mucose, rafforzano le strutture nervose, aumentano la resistenza alle infezioni, prevengono le anemie e rivestono un ruolo importante nella nella prevenzione dei tumori.

Oggi in Italia le **malattie da carenza vitaminica** sono molto rare. Infatti un'alimentazione variata e completa copre ampiamente il fabbisogno vitaminico, senza la necessità di ricorrere a integrazioni: per esempio, la dose giornaliera consigliata di vitamina C è di 60 mg, pari al contenuto di un'arancia e mezzo; per la vitamina B12 bastano 2 μg al giorno (cioè due microgrammi, pari a due milionesimi di grammo).

L'assunzione di **integratori** sotto controllo medico è consigliata soltanto in casi particolari: per esempio, l'acido folico (vitamina B9) in gravidanza o la vitamina D per i neonati.

Leggi la scheda
Vitamine per il nostro corpo

Le **vitamine** si trovano nel fegato, nella frutta, nella verdura, nelle uova, nel latte e nei suoi derivati.

9. I sali minerali: per regolare le funzioni biologiche

I sali minerali si possono trovare allo stato solido, come nelle ossa e nei denti, oppure disciolti nei liquidi interni ed esterni alle cellule.

I **sali minerali** sono sostanze inorganiche e costituiscono circa il 6% del corpo umano.

Pur essendo presenti in piccolissime quantità, i sali minerali contengono elementi importantissimi per le funzioni biologiche di controllo e regolazione dell'organismo:

- il **calcio** è il minerale più abbondante dell'organismo (circa 1200 g in un uomo di 70 kg); è un componente strutturale delle ossa ed è indispensabile per la contrazione dei muscoli e per la coagulazione del sangue;
- il **sodio**, il **potassio** e il **cloro** svolgono un ruolo importante nella trasmissione dei segnali nervosi e regolano l'equilibrio idrico nelle cellule;
- il **magnesio** regola i processi biologici ed è coinvolto nella contrazione muscolare;
- il **ferro** è un elemento costitutivo dell'emoglobina, la proteina che trasporta l'ossigeno nel sangue.

Questi elementi devono essere introdotti con regolarità attraverso l'alimentazione, perché il nostro organismo li elimina e li rinnova continuamente.

Il latte e i latticini sono fonti di **calcio**: l'assorbimento intestinale di questo minerale richiede la presenza della vitamina D.

10. L'importanza dell'acqua

L'acqua è il principale componente degli organismi.

In un adulto l'**acqua** rappresenta circa il 65% del peso corporeo e costituisce l'ambiente in cui avvengono tutte le reazioni biochimiche; inoltre trasporta i nutrienti e contribuisce a mantenere costante la temperatura corporea.

L'**equilibrio idrico** è essenziale per l'organismo. Ogni giorno il nostro corpo ricambia in media 2,5 L di acqua: perdiamo acqua attraverso la respirazione, la sudorazione, l'escrezione e la digestione. L'acqua persa è reintrodotta assumendo bevande e alimenti.

I **reni** svolgono un ruolo fondamentale nel mantenimento dell'equilibrio tra l'acqua introdotta e quella perduta.

Le **acque minerali in bottiglia** possono essere molto diverse nel contenuto di sali minerali.

11. I gruppi di alimenti

Gli esperti di nutrizione hanno classificato gli alimenti in gruppi omogenei, sulla base del loro contenuto in nutrienti. Ogni gruppo comprende alimenti equivalenti sul piano nutrizionale, che forniscono all'organismo lo stesso tipo di principi nutritivi.

Il numero dei gruppi di alimenti può variare da nazione a nazione, perché tiene conto anche delle abitudini della popolazione, del clima e della disponibilità di alimenti. In base al contenuto in principi nutritivi, in Italia gli alimenti sono stati suddivisi in **cinque gruppi**.

Gruppo	Alimenti	Che cosa ci forniscono	
I	latte e derivati	• proteine di alto valore biologico, cioè sono ricche di amminoacidi essenziali • calcio e fosforo • lipidi saturi • vitamine del gruppo B • vitamine liposolubili (in particolare vitamina A)	
II	carne, pesce, uova, legumi	• proteine di alto valore biologico (carne, pesce e uova) • proteine di medio valore biologico (legumi) • ferro • lipidi saturi e insaturi • vitamine del gruppo B • vitamine liposolubili (carne, pesce e uova) • fibre (legumi)	
III	cereali (pane, pasta e prodotti da forno), patate, castagne	• carboidrati (amido) • proteine di basso valore biologico • vitamine del gruppo B • fibre (negli alimenti integrali) • lipidi (in alcuni alimenti come pane all'olio, pizza, biscotti)	
IV	grassi da condimento di origine animale (burro) e vegetale (olio)	• lipidi saturi e insaturi • vitamine liposolubili (A, E)	
V	frutta e verdura	• vitamine • sali minerali • acqua • carboidrati semplici (in particolare fruttosio) • fibre	

IMPARA A IMPARARE

1. Completa lo schema.

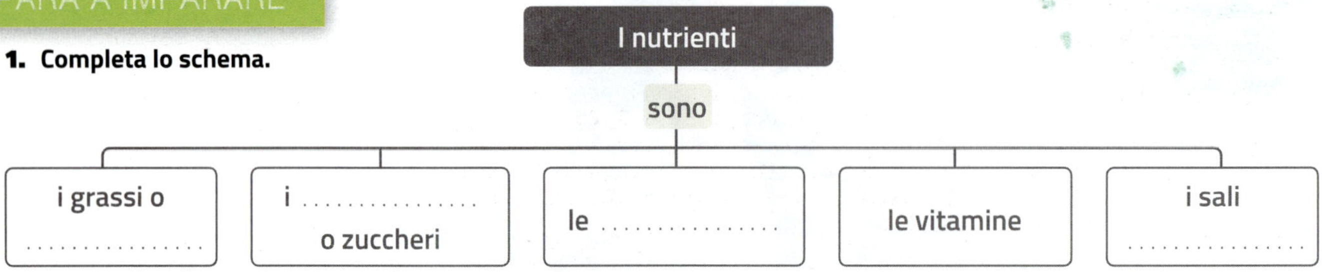

SCIENZA E SALUTE

Alla base della **piramide alimentare** sono collocati gli alimenti che dovrebbero essere assunti ogni giorno; all'apice troviamo i cibi che devono essere assunti di rado e in quantità limitate.

Poche regole per una buona alimentazione

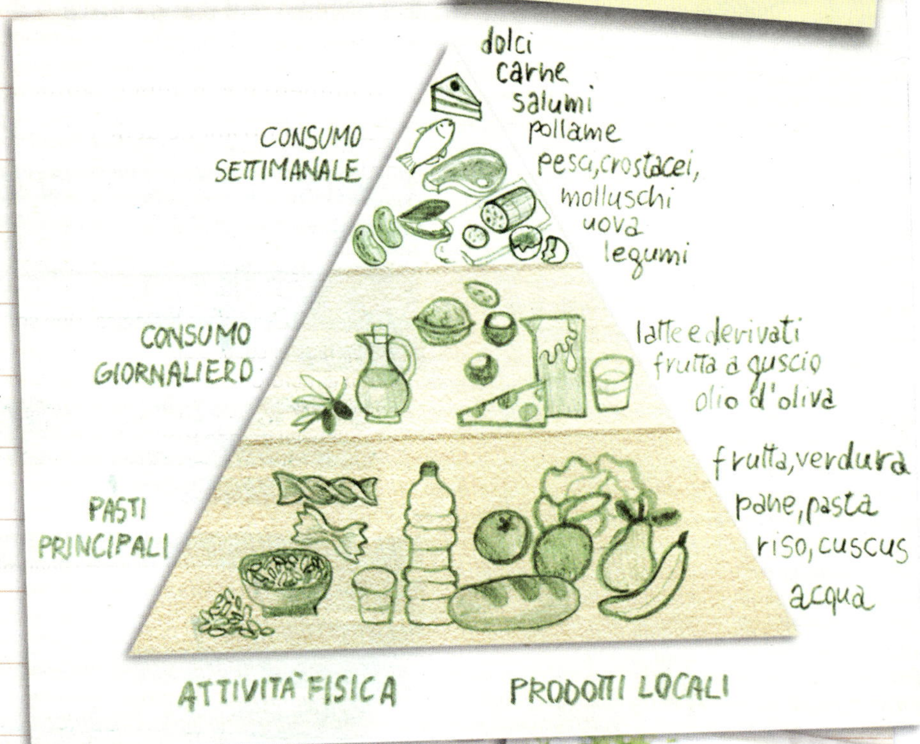

Le **esigenze quotidiane di nutrienti** dipendono dall'età, dal sesso, dalla massa corporea e dal livello di attività fisica. Esistono speciali tabelle che elencano le quantità giornaliere di ogni nutriente e che prendono il nome di LARN (Livelli di Assunzione Raccomandati di Nutrienti). Per esempio, per un adolescente il fabbisogno giornaliero di proteine è pari a 1,5 g per ogni kilogrammo di peso corporeo.

L'Istituto Nazionale di Ricerca per gli Alimenti e la Nutrizione (INRAN) ha emanato delle linee guida per una corretta alimentazione, che vengono costantemente aggiornate e che sono disponibili sul sito dell'istituto (www.inran.it).

– La piramide alimentare

Oltre a stabilire l'apporto energetico giusto per ciascun individuo, un'alimentazione equilibrata si basa sulle **proporzioni dei principi alimentari** che vengono introdotti con gli alimenti.

In generale, per assicurare la varietà alimentare, ogni giorno deve essere presente nella dieta **un alimento di ciascun gruppo.** Per visualizzare le proporzioni corrette è utile usare la **piramide alimentare,** uno schema che permette di avere a colpo d'occhio un'idea delle quantità di alimenti che dovremmo assumere nella giornata.

Il modo migliore per garantire l'equilibrio tra entrate e uscite è svolgere **attività fisica.** Oltre a mantenerci in forma, il movimento migliora la mineralizzazione dello scheletro, potenzia l'efficienza muscolare, aiuta il cuore e riduce lo spessore di tessuto adiposo.

– Questioni di peso

In un adulto il fabbisogno energetico corrisponde alla quantità di energia capace di mantenere stabile il suo peso. Se si consumano più calorie di quelle ingerite, si dimagrisce; se invece il valore calorico degli alimenti introdotti supera i consumi, l'energia in eccesso viene accumulata sotto forma di grasso e il peso corporeo aumenta. L'**obesità** è una patologia in aumento nei Paesi sviluppati e costituisce un fattore di rischio per numerose malattie. Un'alimentazione bilanciata combinata a una regolare attività fisica è il modo migliore per mantenersi in buona salute.

– Quando il cibo è un problema

L'**anoressia** (la scelta di non alimentarsi) e la **bulimia** (l'assunzione di grandi quantità di cibo, che viene poi eliminato attraverso il vomito o l'uso di lassativi) sono malattie classificate come disturbi del comportamento alimentare, che si manifestano con una forma ossessiva di preoccupazione per il proprio aspetto fisico e per il controllo del proprio peso corporeo. L'età in cui questi problemi iniziano a manifestarsi è compresa tra i 12 e i 25 anni, raggiungendo i massimi tra i 14 e i 18 anni per l'anoressia e tra i 14 e i 35 anni per la bulimia. Per curarsi, la prima cosa da fare è rendersi conto di aver bisogno di aiuto e rivolgersi al proprio medico.

Lezione

3

Anatomia e fisiologia dell'apparato digerente

12. Gli organi dell'apparato digerente

Il nostro corpo non può usare direttamente le sostanze che ingeriamo: queste devono essere prima sminuzzate meccanicamente, poi demolite chimicamente nelle molecole più semplici che le costituiscono e infine assorbite per essere trasportate a tutte le cellule. Queste funzioni sono svolte dall'**apparato digerente**.

> Durante la **digestione**, gli alimenti sono scomposti in molecole abbastanza piccole da poter essere assorbite; le parti non digerite sono eliminate attraverso le feci.

L'apparato digerente è un tubo che inizia dalla **bocca** e prosegue con la **faringe** e l'**esofago** (localizzati nella cavità toracica), lo **stomaco**, l'**intestino tenue** e l'**intestino crasso** (posti nella cavità addominale); il tubo termina con l'apertura anale, attraverso la quale sono eliminate le sostanze di rifiuto.

La cavità toracica e la cavità addominale sono separate dal **diaframma**, un muscolo importante nei movimenti inspiratori ed espiratori.

Le **ghiandole salivari**, il **fegato**, la **cistifellea** e il **pancreas** sono collegate all'apparato digerente. Queste ghiandole riversano nel tubo digerente gli *enzimi digestivi*, che accelerano la demolizione chimica degli alimenti.

Guarda il video
L'apparato digerente

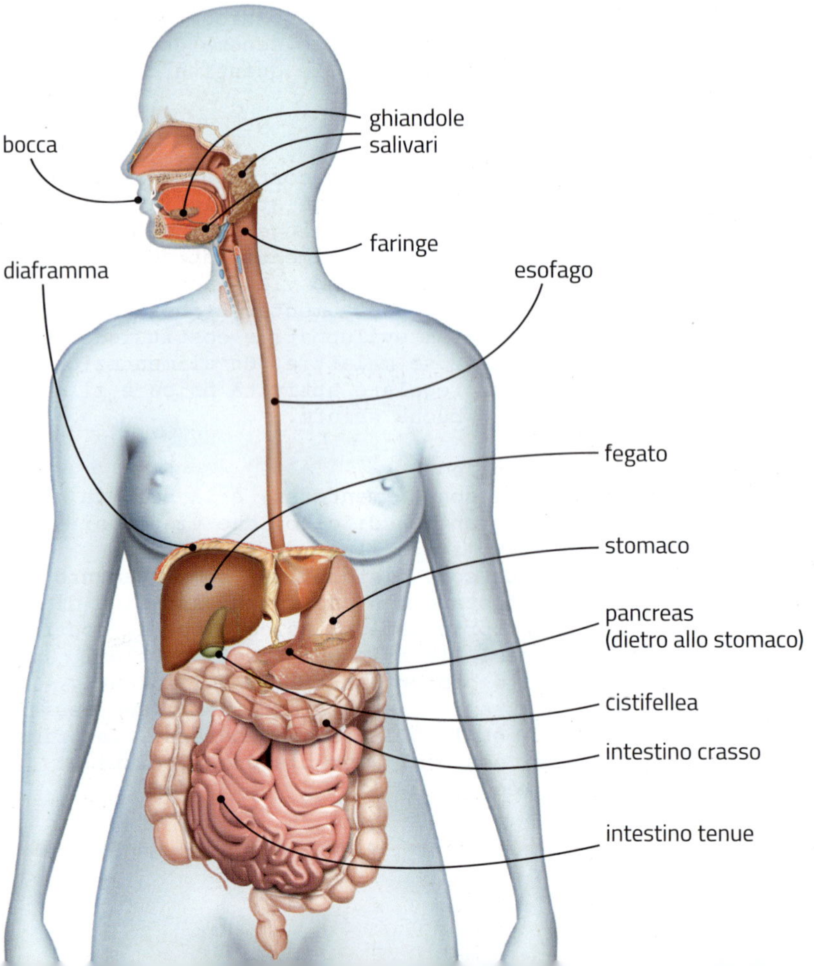

13. La bocca e i denti

La **bocca** è l'organo attraverso il quale il cibo entra nel tubo digerente: è la sede della prima tappa del processo digestivo ed è delimitata dalle labbra, dalle guance, dal palato e dal pavimento boccale. Nella bocca si trovano la lingua e i denti; qui sboccano anche le ghiandole salivari.

La **lingua** è un organo formato da muscolo ricoperto da mucosa.

La superficie della lingua è caratterizzata da piccole sporgenze dette *papille gustative*, che ci permettono di percepire i diversi sapori. La lingua favorisce la triturazione del cibo da parte dei denti e la deglutizione.

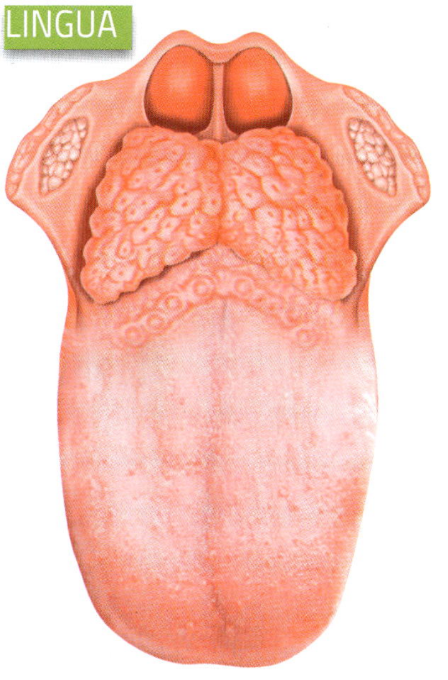

I **denti** formano le arcate dentarie che delimitano la cavità della bocca.

Un uomo adulto possiede 32 denti, distinti in 4 incisivi, 2 canini, 4 premolari e 6 molari per ogni arcata. I denti definitivi spuntano tra i 6 e i 20 anni e sostituiscono quelli da latte, che compaiono dai primi mesi di vita. Nei bambini, la dentatura da latte è costituita soltanto da 20 denti, poiché mancano i molari.

In un dente si distinguono: la **corona**, che è la parte visibile, la **radice**, che è inserita nell'osso, e il **colletto**, che è la parte intermedia tra le due.

I tessuti che formano il dente sono: dentina, smalto, cemento e polpa.

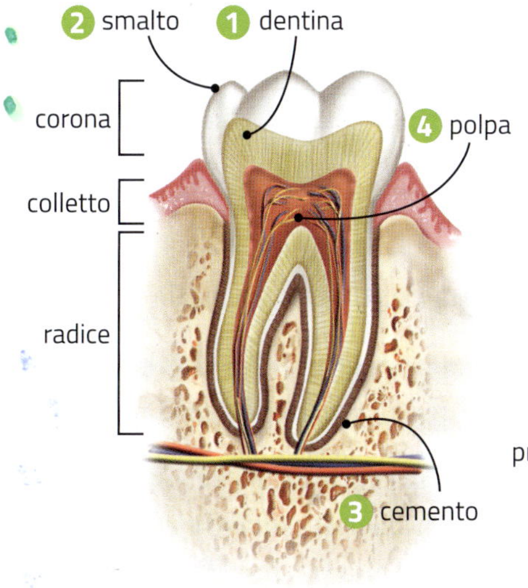

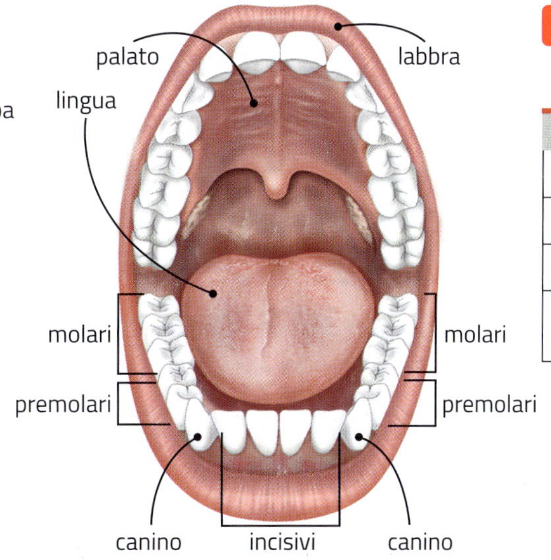

Guarda il video
La bocca e i denti

Denti	Forma	Funzione
incisivi	scalpello	tagliare
canini	appuntiti	lacerare
premolari	due punte	frantumare e tritare
molari	tre o più punte smussate	

1 La **dentina** è un tipo speciale di tessuto osseo e costituisce lo scheletro del dente; è di colore giallo-arancione ed è attraversata da tanti piccoli canali, che vanno dall'interno del dente verso l'esterno.

2 Lo **smalto** riveste la dentina nella porzione della corona; molto duro e resistente, è adatto a sopportare la masticazione.

3 Il **cemento** è lo strato sottile che riveste la dentina su tutta la superficie della radice.

4 La **polpa** è la parte più interna e sensibile del dente; contiene nervi, globuli bianchi e vasi sanguigni, che nutrono e mantengono elastica la dentina.

Le cavità ossee che ospitano i denti sono dette **alveoli**; il dente non è semplicemente inserito nell'alveolo, ma è ancorato all'osso tramite un legamento che da una parte si inserisce nell'osso e dall'altra nel cemento del dente.

L'osso che forma gli alveoli è rivestito dalla **gengiva**, uno strato di tessuto molle che aderisce al dente per evitare che i batteri presenti in bocca possano entrare nell'osso e che contribuisce a nutrire il dente.

Leggi la scheda
La pulizia dei denti è una buona abitudine quotidiana

14. Dalla bocca all'esofago

Durante la masticazione, i cibi vengono intrisi di **saliva**, un liquido costituito soprattutto da acqua e prodotto da tre paia di **ghiandole salivari**, denominate *sottomandibolari, sottolinguali* e *parotidi*. La saliva contiene due enzimi: la **ptialina**, che inizia la digestione degli amidi, e il **lisozima**, che svolge una funzione disinfettante difendendo la bocca dalle infezioni batteriche.

Nella bocca avvengono una **digestione meccanica**, dovuta alla masticazione, in cui il cibo viene impastato dalla lingua, triturato dai denti e mescolato con la saliva, e una **digestione chimica** dell'amido, dovuta alla ptialina.

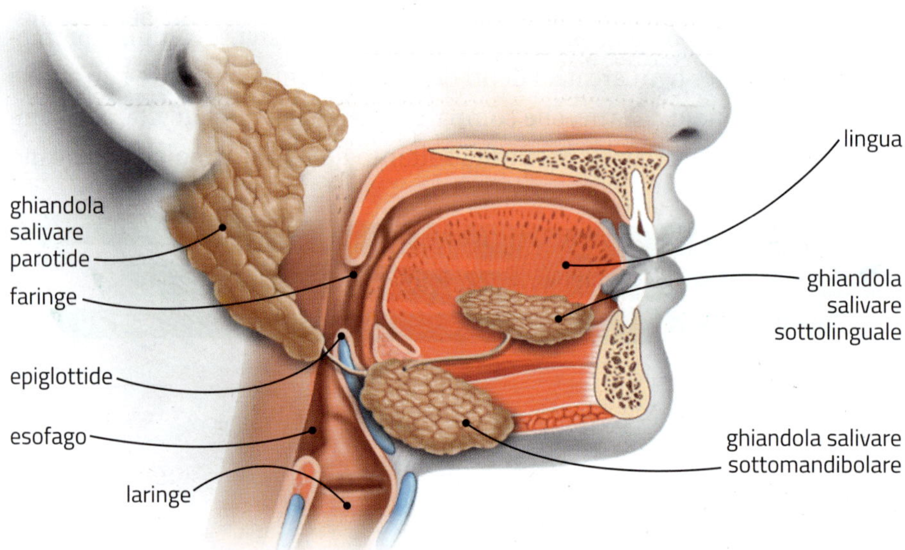

Il cibo, ridotto a una massa morbida chiamata **bolo**, passa poi nella faringe.

La **faringe** è un condotto in comune tra apparato digerente e respiratorio, è costituita da muscolatura scheletrica ed è ricoperta da mucosa.

La **deglutizione**, cioè il passaggio del cibo dalla faringe nell'esofago, è un meccanismo complesso. Anteriormente all'entrata dell'esofago c'è la laringe, il tratto dell'apparato respiratorio che porta l'aria alla trachea. Per evitare che il cibo imbocchi le vie respiratorie (un evento che potrebbe causare soffocamento o gravi infezioni), la laringe viene spostata in avanti dai muscoli del collo: questo movimento trascina anche l'esofago, favorendo l'ingresso del bolo. Inoltre nella parte superiore della laringe, si trova l'**epiglottide**: questa cartilagine a forma di foglia ha la funzione di sigillare le vie respiratorie durante la deglutizione.

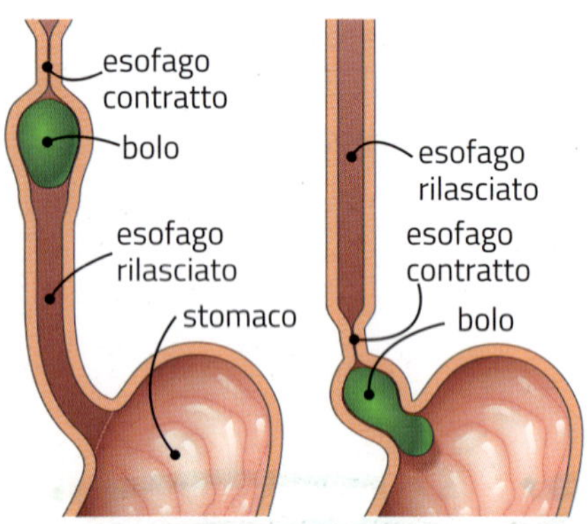

Guarda il video
La peristalsi

Il termine **peristalsi** deriva dal greco *peristéllein*, che significa «avvolgere».

L'**esofago** è un tubo muscolare lungo circa 25 cm, le cui contrazioni determinano la discesa del cibo verso lo stomaco attraverso la **peristalsi**.

Nel movimento di peristalsi, la muscolatura dell'esofago al di sopra del bolo si contrae e il canale dell'esofago si restringe, spingendo il bolo verso il basso; allo stesso tempo, il tratto dell'esofago posto sotto al bolo si accorcia e si allarga. Il ciclo si ripete, spostando il bolo lungo l'esofago fino a raggiungere lo stomaco.

15. La digestione delle proteine ha inizio nello stomaco

Il bolo entra nello stomaco attraverso il **cardias**, una valvola che si chiude dopo il suo passaggio per impedirne il reflusso.

Lo **stomaco** è un organo muscolare a forma di sacco. La sua superficie interna è rivestita dalla mucosa gastrica e contiene numerose ghiandole che producono il **succo gastrico**, un liquido formato da acqua, acido cloridrico e vari enzimi digestivi tra cui la **pepsina**.

L'evento principale che si verifica nello stomaco è l'**inizio della digestione delle proteine** da parte della *pepsina*, che rompe le lunghe catene di amminoacidi in pezzetti più piccoli. L'*acido cloridrico* acidifica l'ambiente dello stomaco, in modo da consentire alla pepsina di agire.

La **mucosa gastrica** protegge le pareti dello stomaco dall'azione digestiva della pepsina e da quella corrosiva dell'acido cloridrico.

Grazie all'azione di robusti strati di muscolatura liscia, le pareti dello stomaco rimescolano il cibo, favorendo l'azione dei succhi gastrici. Il bolo viene trasformato in una poltiglia chiamata **chimo**, che raggiunge l'intestino attraverso una valvola chiamata **piloro**.

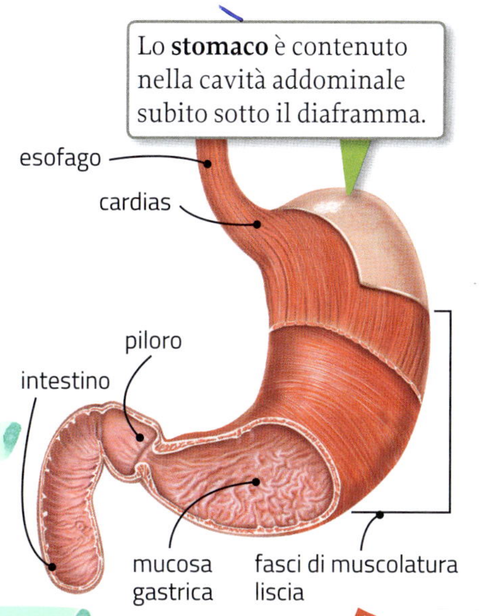

Guarda il video
Stomaco, fegato, pancreas e intestino

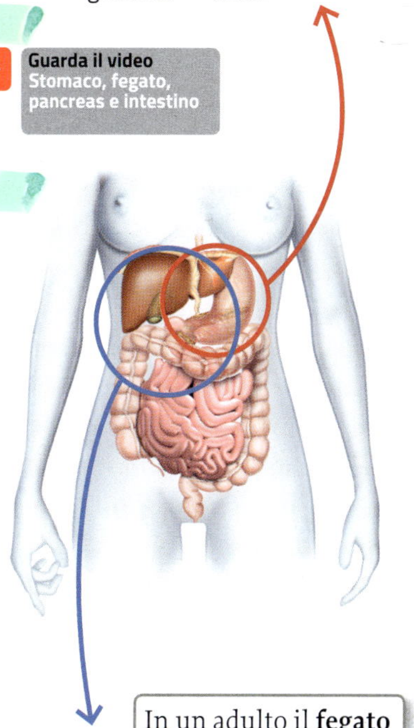

16. Il fegato e il pancreas

Oltre alle ghiandole salivari e a quelle dello stomaco e dell'intestino, all'apparato digerente sono connesse altre due grosse ghiandole: il fegato e il pancreas.

Il **fegato** è la più grande ghiandola del corpo. Si tratta di un vero e proprio laboratorio chimico che contribuisce alla regolazione della glicemia (la quantità di zuccheri nel sangue), sintetizza i lipidi ed elimina le sostanze tossiche come l'alcol e i farmaci.

Il fegato inoltre produce la **bile**, una sostanza che favorisce l'emulsione dei grassi, cioè la loro scomposizione in goccioline di piccole dimensioni. La bile viene raccolta nella **cistifellea**, da cui si riversa nel duodeno (una parte dell'intestino tenue).

Il **pancreas** è un'altra ghiandola molto importante, che svolge una doppia funzione: alcuni gruppi di cellule producono gli ormoni insulina e glucagone, che si riversano nel sangue e che regolano la glicemia; altri producono il succo pancreatico.

Il **succo pancreatico** viene immesso nell'intestino insieme alla bile e contiene gli enzimi che completano la digestione delle proteine, dei carboidrati e dei grassi.

Tutte queste sostanze nutritive vengono così scomposte in molecole più piccole, pronte per essere assorbite.

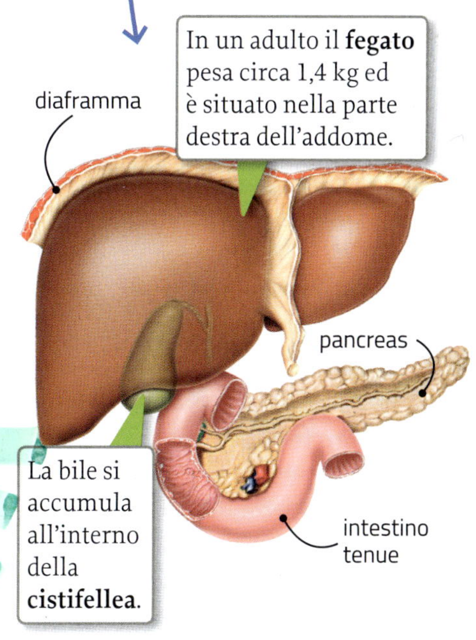

FUNZIONE ENDOCRINA
FUNZIONE ESOCRINA

17. Nell'intestino si completa la digestione e avviene l'assorbimento

Trascorse 2-4 ore dopo un pasto, lo stomaco ha riversato il suo contenuto nell'intestino.

L'intestino è un lungo tubo che si trova nella parte inferiore dell'addome e che si divide due parti: l'intestino tenue, più lungo e sottile, e l'intestino crasso, più corto e di diametro maggiore.

L'**intestino tenue** si suddivide a sua volta in *duodeno*, *digiuno* e *ileo*.

L'**intestino crasso** si divide in *cieco*, *colon* e *retto*. Nel cieco, è presente una piccola protuberanza chiamata *appendice*, che quando si infiamma (appendicite) deve essere trattata con antibiotici oppure asportata.

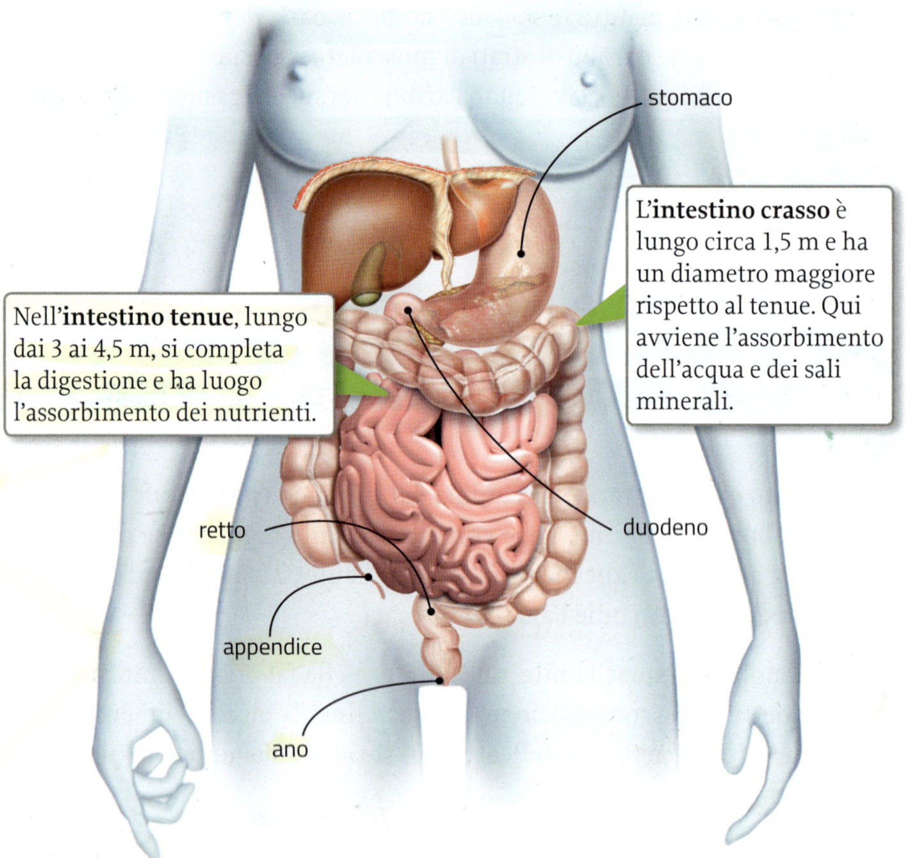

Il **chimo** che entra nel duodeno (la prima parte dell'intestino tenue) contiene carboidrati e proteine parzialmente digeriti, acqua e grassi. Qui il chimo viene rimescolato e sottoposto all'azione del succo pancreatico prodotto dal pancreas, della bile sintetizzata dal fegato e dal succo enterico prodotto dalle cellule del duodeno.

Gli enzimi del succo pancreatico e del succo enterico completano la digestione dei carboidrati in zuccheri semplici e delle proteine in amminoacidi. La digestione dei grassi invece avviene interamente nel duodeno: in una prima fase, la bile emulsiona le gocce di grasso riducendole in goccioline più piccole, facilmente attaccabili dagli enzimi; in una seconda fase, gli enzimi del succo pancreatico demoliscono definitivamente le molecole dei lipidi.

Grazie all'azione dei succhi digestivi, il chimo si trasforma in una sostanza liquida lattiginosa, il **chilo**, che è formato da acqua, sali minerali e piccole molecole, che possono attraversare la parete dell'intestino per passare nel sangue e nella linfa. Il chilo procede lungo l'intestino grazie ai movimenti peristaltici della muscolatura.

L'assorbimento avviene principalmente attraverso le pareti del digiuno e dell'ileo.

Il processo di assorbimento è tanto più efficiente quanto maggiore è l'area della superficie assorbente. Per questo motivo la mucosa intestinale si solleva per formare sporgenze simili a dita, lunghe circa 1 mm, chiamate **villi intestinali**. Grazie ai villi, la superficie intestinale raggiunge un'estensione compresa tra i 300 e i 600 m^2, pari a quella di un campo da tennis. All'interno di ogni villo si trovano una rete di vasi sanguigni e un capillare linfatico.

Acqua, sali minerali, vitamine, zuccheri e amminoacidi passano così nel circolo sanguigno, mentre le sostanze prodotte dalla demolizione dei grassi passano nella linfa.

Guarda il video I villi intestinali

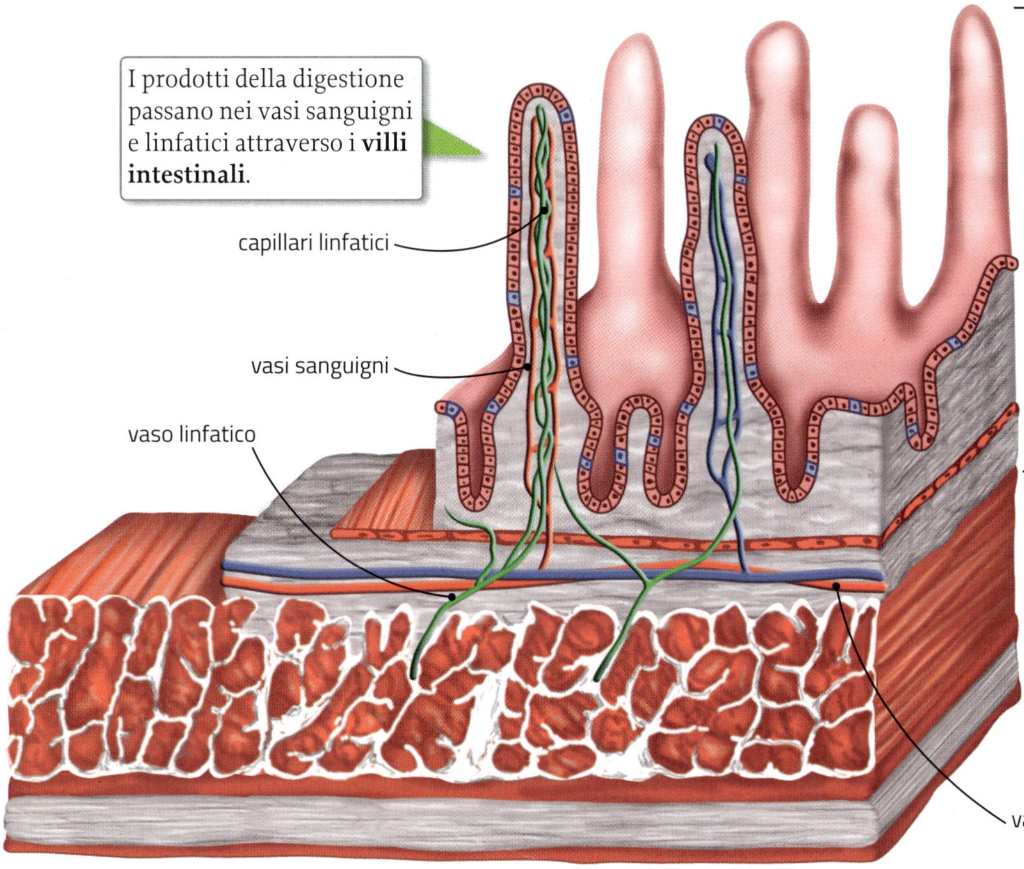

Il chilo, privato dei principi nutritivi, passa nell'intestino crasso, dove viene completato l'assorbimento dell'acqua e dei sali minerali.

Nell'intestino crasso è presente una **flora batterica** che produce alcune vitamine del gruppo B e la vitamina K, che vengono assorbite dall'organismo.

Nell'ultimo tratto dell'intestino crasso si formano le **feci**, costituite dalle sostanze che non riusciamo a digerire completamente, come le fibre di cellulosa dei vegetali, e da cellule epiteliali morte. Le feci vengono espulse dal **retto** attraverso l'*ano*, una valvola controllata da muscolatura striata volontaria.

SCIENZA E SALUTE

Le confezioni di prodotti **senza glutine** si possono anche riconoscere dal simbolo della spiga di grano con il divieto.

La celiachia richiede una dieta senza glutine

La **celiachia** è un'intolleranza permanente al **glutine**, una proteina presente in numerosi cereali (come avena, frumento, farro, orzo). In Italia si stima che l'intolleranza al glutine interessi l'1% della popolazione: i potenziali celiaci sono circa 400 000.

Nei soggetti predisposti, il consumo di cibi contenenti glutine (come la pasta e il pane) scatena una **violenta risposta immunitaria** a livello dell'intestino, che porta alla scomparsa dei villi intestinali. Di conseguenza, l'assorbimento delle sostanze nutritive viene gravemente compromesso.

Se non viene diagnosticata, la celiachia provoca patologie molto gravi tra cui osteoporosi, sterilità, diabete e alcune forme di tumori.

Per molto tempo la celiachia è stata considerata una malattia tipica dei bambini, nei quali si manifesta con diarrea e arresto della crescita. Tuttavia negli ultimi anni sono diventate sempre più frequenti le **diagnosi** nei giovani e negli adulti: in queste fasce d'età i sintomi sono meno caratteristici, il che rende più difficile diagnosticare la malattia.

Per curare la celiachia non servono farmaci, ma occorre sostituire il pane, la pasta, i biscotti e la pizza con **prodotti privi di glutine**.

Inoltre bisogna fare molta attenzione ai cibi apparentemente innocui ma che contengono glutine, come i gelati, i salumi e il cioccolato, ed evitare le **contaminazioni** dovute anche al solo contatto con alimenti che contengono glutine.

IMPARA A IMPARARE

1. **Completa lo schema.**

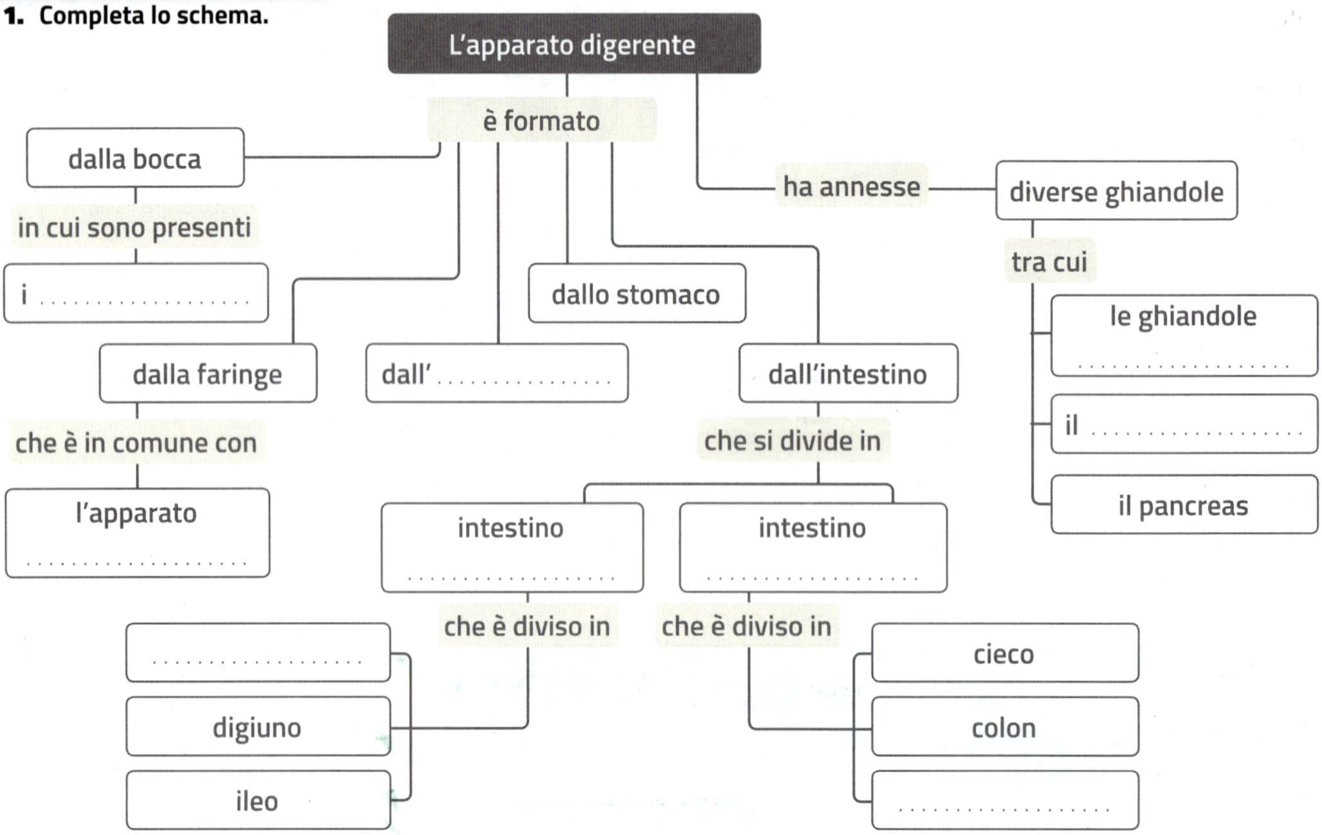

Perché ci nutriamo?

Il cibo e le sue funzioni | pag. C44

Nutrirsi è un bisogno fondamentale: il cibo è l'unica fonte di energia, con cui l'uomo vive e svolge le attività quotidiane.

Le **sostanze nutritive** presenti negli alimenti vengono usate dalle cellule per crescere, mantenersi e riparare i danni cellulari.

Che cos'è il fabbisogno energetico?

Il cibo e le sue funzioni | pag. C44

Il **fabbisogno energetico** è la quantità di energia che ci serve ogni giorno e varia con l'età, il sesso, il peso corporeo e l'attività fisica svolta. Le unità di misura usate per misurare l'energia fornita dagli alimenti sono la **kilocaloria** (kcal) e il **kilojoule** (kJ).

Quali sono i principi nutritivi?

I principi nutritivi costituiscono gli alimenti | pag. C46

Gli alimenti contengono i **principi nutritivi** necessari al nostro organismo: gli zuccheri, le proteine, i grassi, le vitamine e i sali minerali.

ZUCCHERI o **CARBOIDRATI** si dividono, in base alle dimensioni della molecola, in **monosaccaridi** (zuccheri semplici), **disaccaridi** e **polisaccaridi** (zuccheri complessi). Svolgono una funzione energetica.

GRASSI o **LIPIDI** possono essere **saturi** o **insaturi**. Costituiscono la principale riserva energetica degli animali e dei vegetali.

PROTEINE sono i costituenti principali dell'organismo e sono formate dalla combinazione di unità più semplici, chiamate **amminoacidi**.

VITAMINE sono micronutrienti fondamentali per il nostro benessere. Si trovano nella frutta, nella verdura, nel fegato, nelle uova e nel latte.

SALI MINERALI sono sostanze inorganiche presenti in piccole quantità, ma importanti per le funzioni biologiche di controllo e regolazione dell'organismo.

ACQUA è il principale componente degli organismi.

A che cosa serve l'apparato digerente?

Anatomia e fisiologia dell'apparato digerente | pag. C56

L'apparato digerente è l'insieme degli organi dove i **cibi** vengono demoliti nei **principi nutritivi**, che poi sono assorbiti e trasportati dal sangue a tutte le cellule. L'apparato digerente elimina i residui di cibo non digeriti, sotto forma di **feci**.

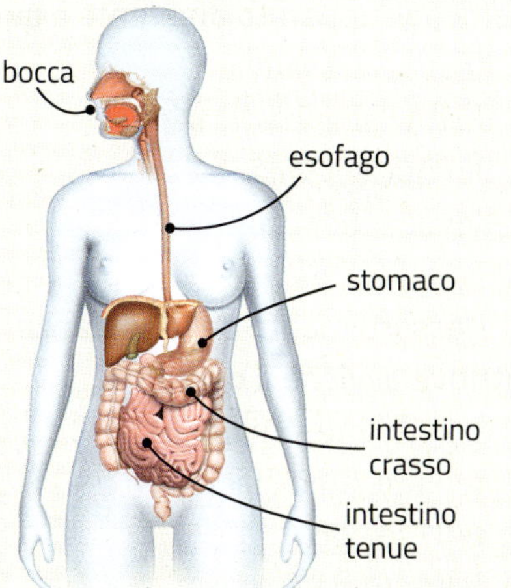

1. Completa la mappa concettuale.

bocca
minerali
intestino
nutrienti
strutturale
esofago
tenue
proteine
grassi
salivari
fegato

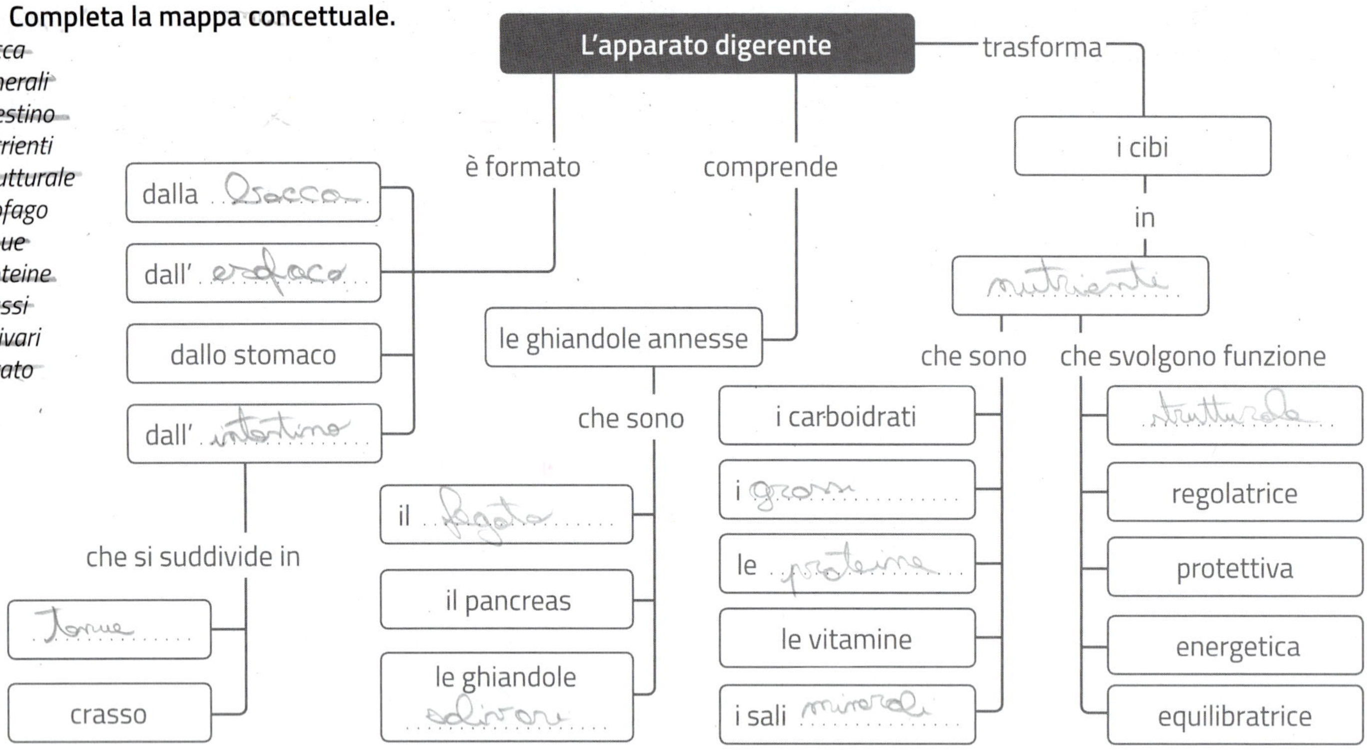

2. Le proteine hanno una funzione

- A energetica.
- B costruttrice e riparatrice.
- C strutturale, regolatrice e protettiva.
- D di sostegno.

3. Quale tra le seguenti affermazioni sui carboidrati NON è corretta?

- A Sono anche detti zuccheri.
- B Hanno funzione regolatrice.
- C Comprendono l'amido e il glicogeno.
- D Hanno funzione energetica.

4. Un esempio di azione meccanica svolta dall'apparato digerente è quella

- A dovuta alla saliva.
- B dovuta alla masticazione.
- C dovuta agli enzimi.
- D dovuta alle vitamine.

5. L'assorbimento delle sostanze nutritive avviene a opera

- A dei villi intestinali.
- B dell'intestino crasso.
- C dell'esofago.
- D dello stomaco.

6. Vero o falso? Correggi le affermazioni errate sul tuo quaderno.

- a. I grassi svolgono una funzione strutturale e riparatrice. V F
- b. Le vitamine si trovano essenzialmente nella carne e nei legumi. V F
- c. L'avanzamento del cibo nell'esofago avviene grazie alla peristalsi. V F
- d. Digerire significa smontare le molecole più complesse in molecole più semplici. V F
- e. I succhi gastrici permettono la digestione delle proteine. V F
- f. Il succo pancreatico è prodotto dall'intestino tenue. V F
- g. Nell'intestino avviene soltanto l'assorbimento dei nutrienti. V F

7. Rispondi alle domande sul tuo quaderno.

- a. Quali sono i principi nutritivi che introduciamo con gli alimenti?
- b. Quali funzioni svolgono i carboidrati, i lipidi, le proteine e le vitamine?
- c. Quali alimenti sono più ricchi di vitamine?
- d. Quali sono le funzioni svolte dai principali sali minerali?
- e. Perché l'acqua è importante per gli esseri viventi?
- f. Quali sono le funzioni della lingua?
- g. Quale digestione avviene nella bocca?
- h. Qual è la composizione del succo gastrico?
- i. Quali sostanze vengono digerite attraverso il succo gastrico?
- j. Quali strutture permettono una maggiore efficienza del processo di assorbimento?

8. Associa a ciascun organo la lettera corrispondente.

- A bocca
- B diaframma
- C esofago
- D faringe
- E fegato
- F ghiandola salivare
- G intestino crasso
- H intestino tenue
- I pancreas
- J stomaco
- K cistifellea

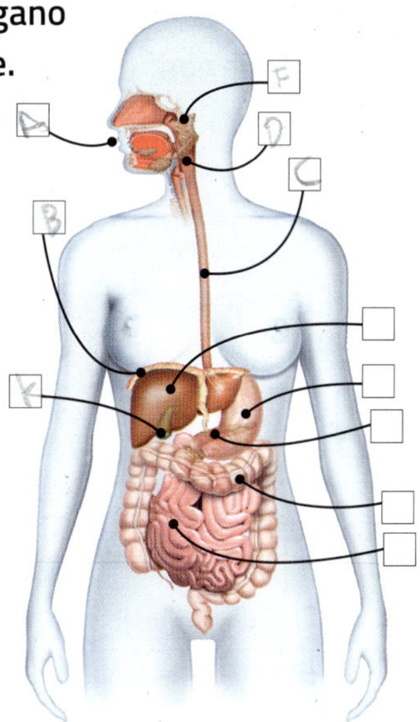

9. Completa la tabella che riassume le diverse tappe della digestione.

Organo	Sostanza o enzima	Processo digestivo
....	ptialina	Trasforma l'amido in .... semplici.
stomaco	acido .... e	Trasformano le .... in sostanze più semplici.
fegato	....	Scompone i lipidi in piccole goccioline.
....	succo pancreatico	Prosegue la digestione dei carboidrati, dei .... e delle ....
intestino tenue	succo	Termina la digestione dei carboidrati, dei .... e delle ....

10. Associa con una freccia gli alimenti al principio nutritivo che meglio li rappresenta.

11. Risolvi il cruciverba.

Orizzontali

4. Lo sono le vitamine dei gruppi B e C.
7. La piramide dei nutrizionisti.
8. Livelli di Assunzione Raccomandati di Nutrienti.
9. Grassi solidi a temperatura ambiente.
10. Formano le proteine.
12. Il minerale più abbondante dell'organismo.

Verticali

1. Gli zuccheri semplici.
2. La valvola tra lo stomaco e l'intestino.
3. Programma di alimentazione corretta ed equilibrata.
5. Produce la bile.
6. L'ultima parte dell'intestino tenue.
11. Un uomo adulto ne possiede 32.

12. **Per rendere più equilibrata la tua alimentazione, vuoi verificare quante kilocalorie fornisce un plumcake allo yogurt fatto in casa, per confrontarle con quelle fornite da un plumcake confezionato.**

Plumcake allo yogurt

Ingredienti
- vasetto di yogurt bianco da 125 g
- 2 vasetti di zucchero
- 3 vasetti di farina
- vasetto di olio di semi di mais
- 3 uova intere
- buccia grattugiata di un limone
- bustina di lievito per dolci
- sale
- burro e farina per lo stampo
- zucchero a velo a piacere

Procedimento
1. Accendi il forno a 180 °C.
2. Versa lo yogurt e lo zucchero in una terrina.
3. Mescola energicamente.
4. Unisci le uova, il sale e la buccia del limone.
5. Aggiungi al composto la farina e il lievito setacciati.
6. Aggiungi l'olio a filo.
7. Dividi l'impasto negli stampi per plumcake o, se preferisci preparare una torta unica, in una pirofila imburrata e inforna.
8. Decora con lo zucchero a velo.

Percorso guidato

1. Ripassa la lezione 1, in cui si parla del fabbisogno energetico.
2. Con l'aiuto di un adulto, realizza la ricetta. Poi completa la tabella e calcola la massa complessiva dell'impasto e le kilocalorie totali della torta.
3. Calcola le kilocalorie fornite da 100 g di dolce.
4. Se hai cucinato plumcake singoli, pesane uno e calcola le kilocalorie per porzione. Se hai preparato un solo plumcake grande, calcola le kilocalorie per 33 g di torta.
5. Confronta il dolce fatto in casa con un plumcake confezionato. Quale dei due ha meno kilocalorie? ....

Ingrediente	kcal/100 g	Quantità usata (g)	kcal nella torta
Yogurt	74	*125*	*92,5*
Zucchero	384		
Farina	350		
Olio di semi di mais	900		
Uovo (1 uovo = 60 g)	158		
Torta			

	per 100 g	per plumcake (33g)
Valore energetico	386 kcal	128 kcal
Grassi	14,6 g	4,8 g
Grassi saturi	2,4 g	0,8 g
Carboidrati	57,9 g	19,1 g
Zuccheri	34 g	11,2 g
Fibra	1,3 g	0,4 g
Proteine	5,2 g	1,7 g
Sale	0,6 g	0,2 g

6. Sul tuo quaderno, prepara un'etichetta simile a quella riportata al punto 5 per il plumcake cucinato da te.

C3 ESERCIZI CLIL

13. **Eating the proper foods in the right amounts is a good way of staying healthy. Colour the square next to each food to show the group to which it belongs.**

☐ 
☐ 
☐ 
☐ 
☐ 
☐ 
☐ 
☐ 

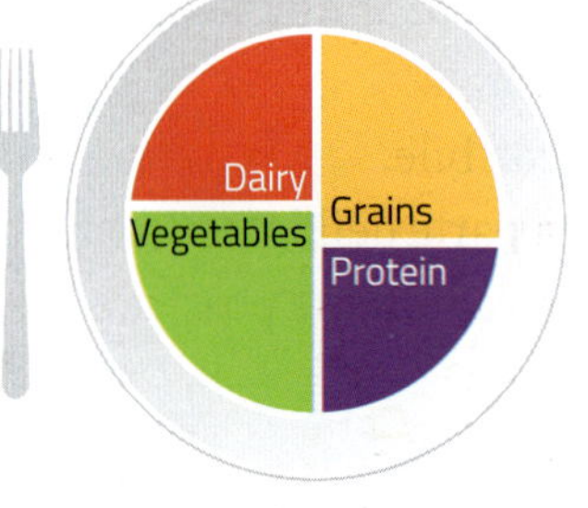

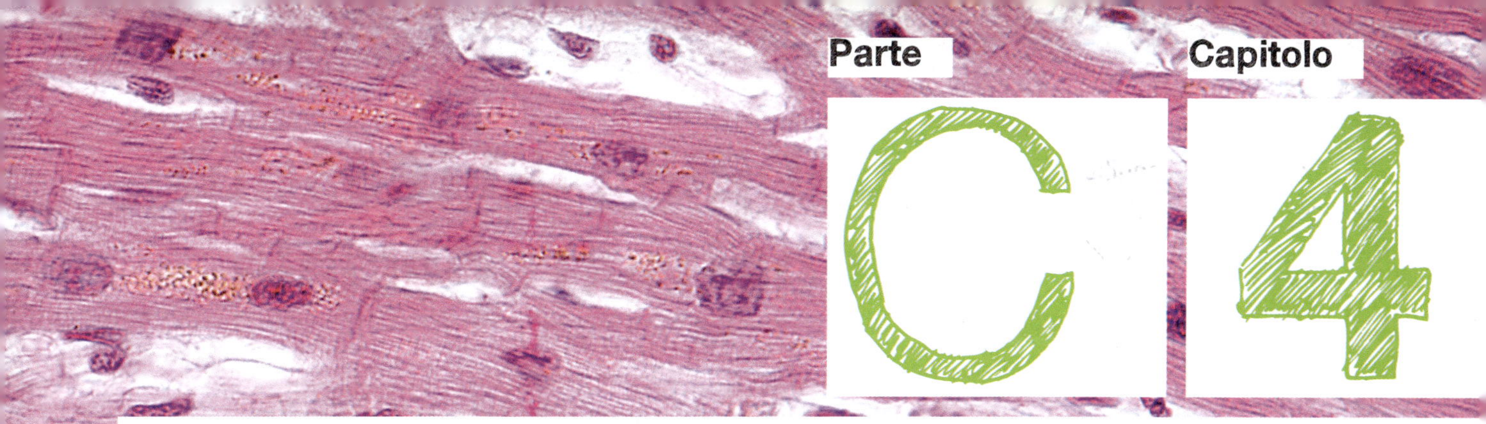

Parte C

Capitolo 4

APPARATO CIRCOLATORIO E SISTEMA LINFATICO

Di' la tua

Che titolo daresti alla vignetta? ....

Come interverresti nella discussione? Qual è la tua opinione?

....

....

....

....

....

....

....

....

....

....

....

....

....

....

Lezione

1 Il sangue: un tessuto connettivo speciale

1. La struttura dell'apparato circolatorio

Tutte le cellule del nostro corpo devono essere rifornite di ossigeno e di sostanze nutrienti per poter svolgere la respirazione cellulare; allo stesso tempo, dalle cellule devono essere portati via i prodotti di rifiuto. Queste funzioni sono svolte dall'apparato circolatorio.

L'**apparato circolatorio** è formato da tre componenti che lavorano insieme: il sangue, il cuore e i vasi sanguigni.

VASI SANGUIGNI

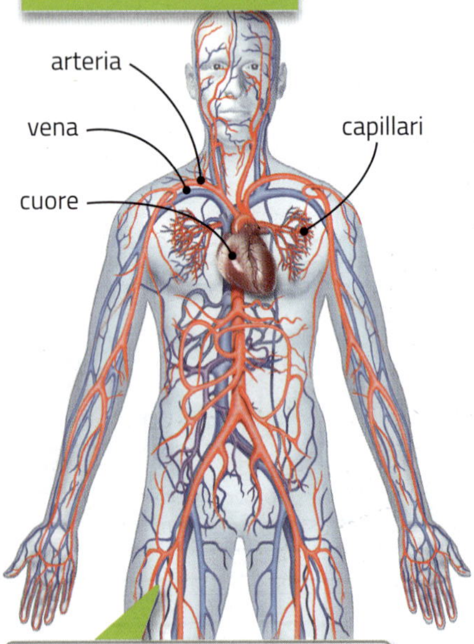

I vasi sanguigni che partono dal cuore si chiamano **arterie**; i vasi che arrivano al cuore sono le **vene**.

L'**afflusso di sangue** ai diversi organi è legato alle attività svolte: quando giochi a tennis i tuoi muscoli richiedono un afflusso di sangue molto maggiore, rispetto a quando guardi la TV.

2. Le funzioni del sangue

Il sangue è un liquido molto più viscoso dell'acqua e di colore rosso.

Il **sangue** è un tipo di tessuto connettivo che svolge funzioni di trasporto, regolazione e protezione.

1. **Trasporto**: il sangue trasporta una grande quantità di sostanze all'interno del corpo. Esso porta l'*ossigeno* dai polmoni alle cellule del corpo e, allo stesso tempo, preleva il *diossido di carbonio* prodotto dalla respirazione cellulare e lo trasporta ai polmoni. Inoltre distribuisce all'organismo i *nutrienti* assorbiti dall'intestino e rimuove i *prodotti di scarto*. Il sangue trasporta anche gli *ormoni*, che regolano numerose funzioni dell'organismo.
2. **Regolazione**: il sangue regola la temperatura corporea attraverso la *dispersione del calore*, che avviene quando circola in maggior quantità vicino alla superficie del corpo.
3. **Protezione**: quando ti tagli, la ferita inizialmente sanguina molto. Dopo poco tempo, il sangue forma un tappo gelatinoso chiamato *coagulo*, che arresta il sanguinamento. Il sangue contiene anche i *globuli bianchi*, speciali cellule che ci proteggono dalle malattie.

In medicina, per ognuno dei tre componenti dell'apparato circolatorio esiste una disciplina specifica: l'**ematologia** studia il sangue e le sue patologie, la **cardiologia** studia il cuore e l'**angiologia** si occupa dei vasi sanguigni.

3. Le analisi del sangue

In un adulto si trovano circa 6 L di sangue, che è costituito per il 55% dal **plasma** (la parte liquida) e per il 45% da una **parte corpuscolata**, formata da diversi tipi di cellule.

Le **analisi del sangue** che prescrive il medico forniscono indicazioni sul nostro stato di salute e ci possono aiutare a scoprire la composizione del nostro sangue.

In questo referto semplificato delle analisi del sangue, compaiono l'esame ematocitometrico o **emocromo**, relativo ai componenti della parte corpuscolata, e l'**analisi chimico-clinica**, che indica le concentrazioni delle sostanze disciolte nel plasma.

Osserviamo una provetta di sangue alcune ore dopo il prelievo: le **componenti del sangue** si sono separate.

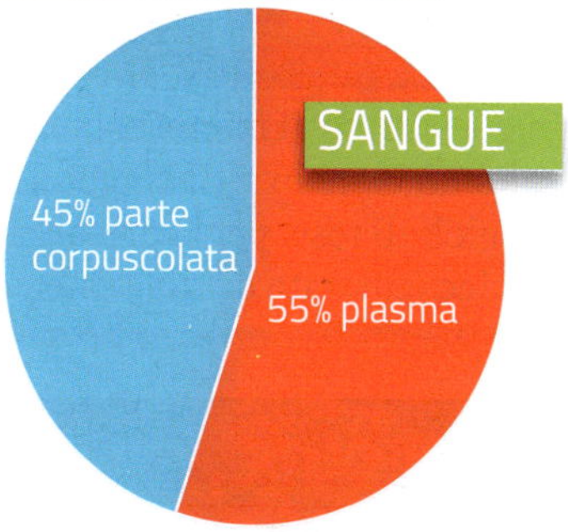

L'**emocromo** valuta le quantità dei principali costituenti cellulari del sangue.

I **valori di riferimento** cambiano in base al sesso e all'età del paziente.

1 mm³ di sangue contiene da 4000 a 10 000 **globuli bianchi**.

La presenza di un **asterisco** segnala valori che non rientrano nei parametri di riferimento.

Analisi	Risultato	Unità di misura	Valori di riferimento
Emocromo con formula			
Globuli bianchi	5,90	migliaia/mm³	(4,00-10,90)
Globuli rossi	4,94	milioni/mm³	(4,5-5,9)
Emoglobina	14,7	g/dL	(13,5-17,5)
Ematocrito	43,9	%	(41-53)
Piastrine	125*	migliaia/mm³	(140-440)
Analisi chimico-clinica			
Glucosio	88	mg/dL	(70-110)
Acido urico	5,3	mg/dL	(2-7)
Colesterolo totale	184	mg/dL	v. desiderabile <200
Colesterolo HDL	40	mg/dL	v. desiderabile >39
Colesterolo LDL	124*	mg/dL	v. desiderabile <115
Trigliceridi	174	mg/dL	v. desiderabile <200
Proteine totali	7,6	g/dL	(6-8)

In 1 mm³ di sangue ci sono da 4,5 a 6 milioni di **globuli rossi**.

1 mm³ di sangue contiene in media 300 000 **piastrine**.

La **glicemia** indica la concentrazione di glucosio nel sangue. Un livello troppo elevato (iperglicemia) potrebbe essere un sintomo di diabete.

Glicemia è un termine composto dalle due parole greche *glykýs*, «dolce», e *hâima*, «sangue».

4. Il plasma

Il plasma è una soluzione acquosa di colore giallo paglierino.

Il **plasma** è composto per più del 90% da acqua, per il 7-8% da proteine e per circa lo 0,9% da sali minerali come sodio, cloro, calcio, potassio.

Tra le proteine presenti nel plasma, ci sono albumine, anticorpi, enzimi e fibrinogeno.

Nel plasma si trovano le **sostanze organiche** che derivano dai principi nutritivi assorbiti dall'intestino e anche piccole quantità di **gas** (ossigeno e diossido di carbonio).

La componente acquosa del plasma rimane abbastanza costante grazie all'assunzione di liquidi legata all'alimentazione e per il controllo dell'escrezione da parte dei reni.

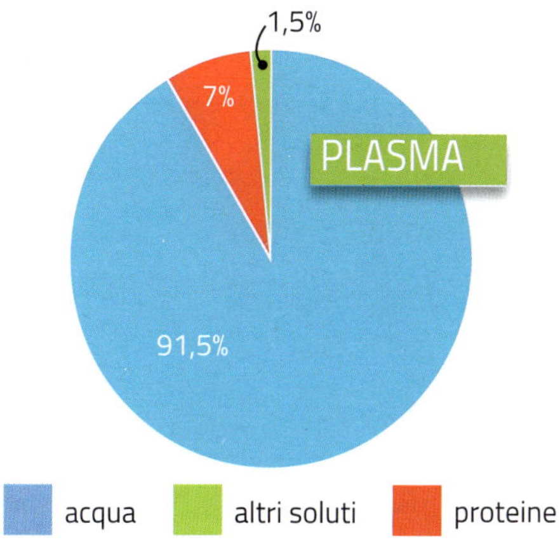

5. I globuli bianchi

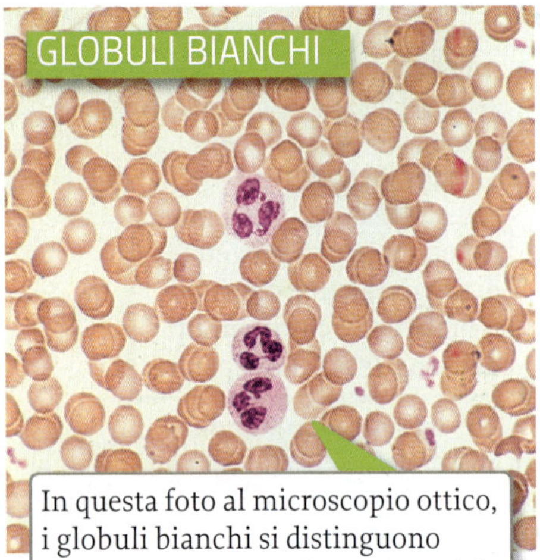

In questa foto al microscopio ottico, i globuli bianchi si distinguono dai globuli rossi per la presenza del **nucleo** (colorato di viola intenso).

I globuli bianchi, o **leucociti** (dal greco *leukòs*, «bianco»), sono cellule molto grandi e dotate di nucleo; essi sono prodotti nel midollo rosso delle ossa, ma anche nei linfonodi e nella milza, che sono organi del sistema linfatico. Possono vivere da pochi giorni a un anno; alla fine del loro ciclo vitale, i globuli bianchi sono distrutti dalla milza.

I **globuli bianchi** hanno il compito di difendere l'organismo dai microrganismi patogeni e dagli agenti estranei. Quando abbiamo qualche infezione in atto, il loro numero aumenta.

Esistono tre tipi di leucociti: granulociti, monociti e linfociti. Nelle analisi del sangue complete trovi la **formula leucocitaria**, che indica la percentuale di ogni tipo di globulo bianco: contare quanti leucociti sono presenti nel sangue e la loro suddivisione percentuale ci permette di avere informazioni su eventuali infezioni in atto.

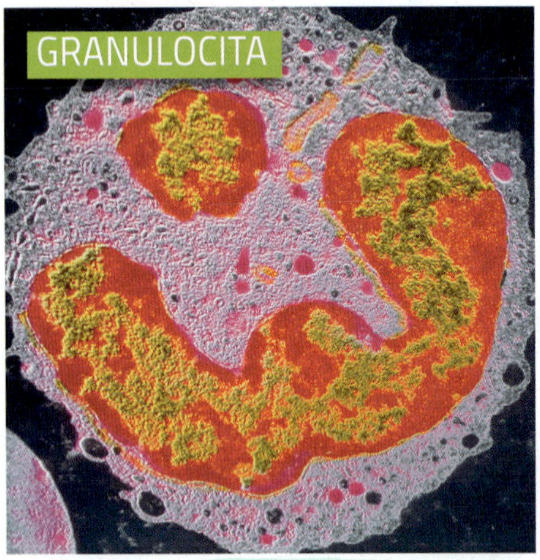

1 I **granulociti** costituiscono circa il 60% dei globuli bianchi e sono caratterizzati da grossi *granuli citoplasmatici*, che contengono enzimi in grado di combattere certi batteri. Inoltre il *nucleo* dei granulociti presenta più lobi.

2 I **monociti** sono cellule di grosse dimensioni che rappresentano il 5-7% dei globuli bianchi. Sono in grado di attraversare la parete dei vasi sanguigni e migrare nei tessuti del corpo, dove si trasformano in **macrofagi**.

3 I **linfociti** costituiscono circa il 35% di tutti i globuli bianchi; queste cellule assicurano la capacità di risposta del *sistema immunitario*, che ci difende dalle malattie attraverso la produzione di anticorpi.

Alcuni tipi di globuli bianchi sono capaci di svolgere la **fagocitosi**, cioè di inglobare cellule estranee e detriti cellulari per poi digerirli al proprio interno: *fagocitare* significa «incorporare».

Il globulo bianco nella foto sta fagocitando alcuni batteri, colorati di rosso.

6. I globuli rossi

I globuli rossi o **eritrociti** (dal greco *erythrós*, «rosso») devono il proprio colore alla proteina che contengono: l'emoglobina. Infatti, nella molecola dell'emoglobina ci sono quattro atomi di ferro, che legano atomi di ossigeno e che determinano la colorazione rossastra.

I **globuli rossi** sono le cellule del sangue responsabili del trasporto dell'ossigeno e del diossido di carbonio nel sangue.

Queste cellule hanno la forma di un **disco biconcavo**, con una zona più sottile al centro. Gli eritrociti sono più piccoli dei leucociti e sono privi di nucleo e di organuli, quindi non possono riprodursi. Come i leucociti, sono prodotti dal midollo osseo rosso; vivono circa 120 giorni, poi sono distrutti dalla milza.

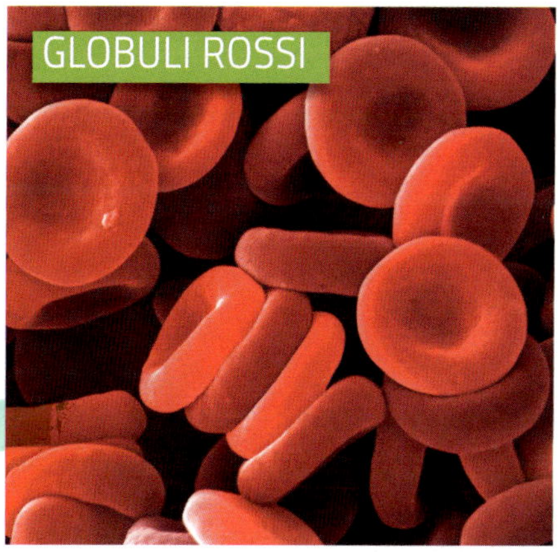
GLOBULI ROSSI

Leggi la scheda
Il fattore Rh e la malattia emolitica del neonato

SCIENZA E SALUTE

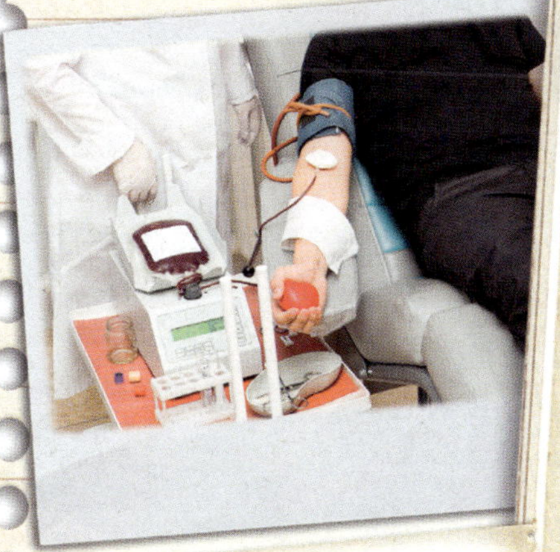

DONATORE / RICEVENTE

RICEVENTE \ DONATORE	A	B	AB	0
A	compatibile	X	X	compatibile
B	X	compatibile	X	compatibile
AB	compatibile	compatibile	compatibile	compatibile
0	X	X	X	compatibile

■ COMPATIBILE ☒ NON COMPATIBILE

GRUPPO SANGUIGNO	PERCENTUALE NELLA POPOLAZIONE	ANTIGENI SUI GLOBULI ROSSI	ANTICORPI NEL PLASMA
A	40%	ANTIGENE A	ANTICORPI ANTI-B
B	15%	ANTIGENE B	ANTICORPI ANTI-A
AB	5%	ANTIGENE AB	NESSUN ANTICORPO
0	40%	NESSUN ANTIGENE	ANTICORPI ANTI A E ANTI B

I gruppi sanguigni

Sulla membrana dei globuli rossi ci sono un centinaio di **antigeni:** si tratta di molecole che il nostro organismo riconosce come estranee e verso le quali produce gli **anticorpi**. Tali sostanze di difesa sono proteine presenti nel plasma, che si legano agli antigeni e li inattivano.

Gli antigeni presenti sulla membrana dei globuli rossi sono di tipo A e di tipo B, di conseguenza gli anticorpi specifici sono detti anti-A e anti-B. Questi anticorpi sono definiti naturali, perché sono sempre presenti nel plasma.

Quando un individuo ha sui propri globuli rossi un certo tipo di antigene, il suo organismo lo riconosce come proprio, pertanto non produce gli anticorpi specifici.

I principali gruppi sanguigni sono indicati con A, B, AB e 0:

- chi appartiene al **gruppo A** possiede globuli rossi dotati dell'antigene di tipo A e nel suo plasma è presente l'anticorpo anti-B;
- chi appartiene al **gruppo B** presenta l'antigene B sui suoi globuli rossi e l'anticorpo anti-A nel suo plasma;
- chi appartiene al **gruppo AB** ha sia l'antigene A, sia l'antigene B sulla superficie dei globuli rossi e nessun anticorpo nel plasma;
- chi appartiene al **gruppo 0** non presenta antigeni, ma nel plasma ha sia gli anticorpi anti-A, sia gli anticorpi anti-B.

Per determinare il gruppo sanguigno di un individuo occorre cercare gli anticorpi specifici che possiede.

Immaginiamo ora di trasferire sangue da un donatore a un ricevente, cioè di fare una **trasfusione**. Il ricevente non potrà ricevere sangue che porti sui globuli rossi l'antigene per il quale egli stesso possiede gli anticorpi: per questo motivo, il gruppo sanguigno del donatore dovrà essere **compatibile**.

In caso contrario, gli anticorpi presenti nel plasma del ricevente si legheranno agli antigeni dei globuli rossi del donatore, formando ammassi di cellule, in un fenomeno chiamato **agglutinazione**.

Il gruppo 0, che non possiede antigeni, può donare a tutti gli altri gruppi, ma può ricevere soltanto dal gruppo 0. Al contrario, il gruppo AB può donare soltanto al proprio gruppo, ma può ricevere da tutti gli altri. Si dice che il gruppo 0 è **donatore universale**, mentre il gruppo AB è **ricevente universale**.

7. Le piastrine

Oltre ai globuli rossi e ai globuli bianchi, la parte corpuscolata del sangue comprende anche le piastrine.

> Le **piastrine** sono frammenti di cellule che permettono la coagulazione del sangue.

Quando ci procuriamo una ferita e il sangue viene a contatto con l'aria, le piastrine accorrono nel punto della lesione e aderiscono tra loro e ai tessuti circostanti. Esse liberano una sostanza che trasforma il **fibrinogeno** (una proteina solubile contenuta nel plasma) in una proteina insolubile filamentosa, chiamata **fibrina**. I filamenti di fibrina formano una rete, in cui rimangono intrappolate le cellule del sangue che bloccano l'emorragia. Si forma un tappo, detto **coagulo**, e la fuoriuscita del sangue si ferma.

Se il coagulo si forma per errore all'interno di un vaso, esso può dare origine a un **trombo**, che ostruisce il vaso sanguigno e impedisce il normale flusso del sangue.

La rete di fibrina contrasta la fuoriuscita di sangue, quando ci feriamo.

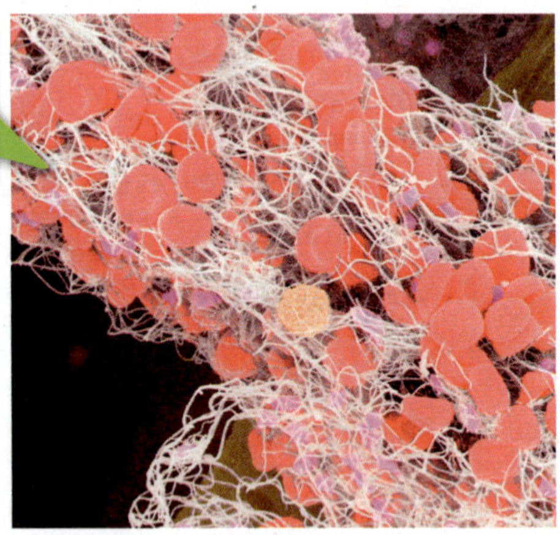

PIASTRINE

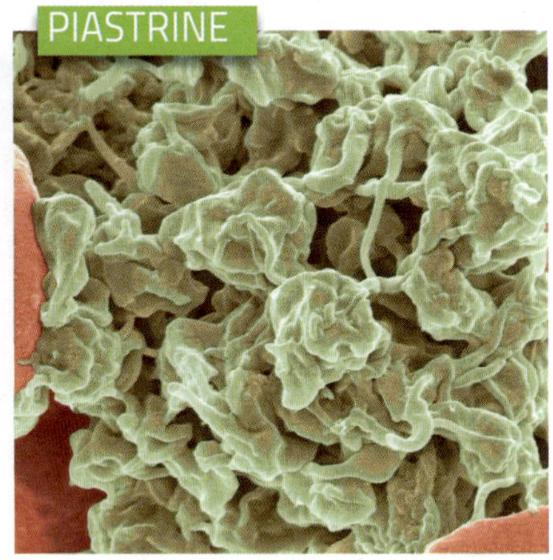

IMPARA A IMPARARE

1. Completa lo schema.

Il sangue
è formato
- per il 55% da una parte liquida
  - che è chiamata
    - plasma
- per il 45% da una parte corpuscolata
  - che è formata da
    - globuli rossi
      - che trasportano
        - l'ossigeno e il diossido di carbonio
    - globuli bianchi
      - che hanno il compito di
        - difendere l'organismo
    - piastrine
      - che permettono
        - la coagulazione del sangue

2. Fai un riassunto dei paragrafi 5, 6 e 7 della lezione che hai appena studiato, riportando una descrizione dei globuli bianchi, dei globuli rossi, delle piastrine e delle funzioni che svolgono.

Lezione

2

Il motore dell'apparato circolatorio: il cuore

8. La struttura del cuore

Il cuore è un organo muscolare cavo che si trova nella parte sinistra della cavità toracica; ha una forma conica e le sue dimensioni sono circa quelle di un pugno.

Il **cuore** è costituito prevalentemente da tessuto muscolare di tipo cardiaco, che è striato e involontario. Il suo compito è pompare il sangue a tutto il corpo. Il numero di battiti che il cuore compie in un minuto è la **frequenza cardiaca**.

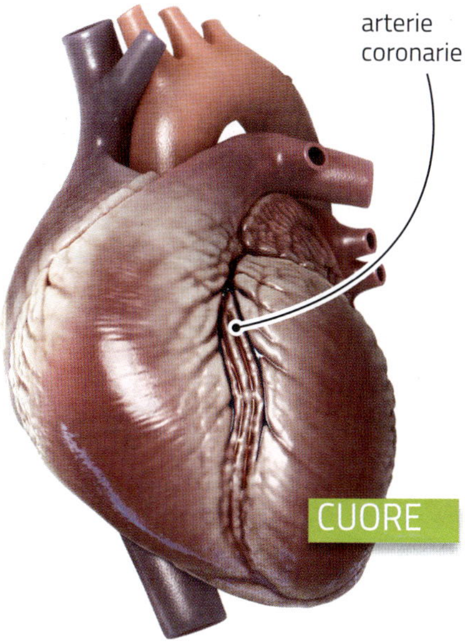

Dopo una corsa o uno spavento ci sembra «di avere il cuore in gola»: se appoggiamo due dita alla base del collo, «sentiamo» i **battiti del cuore**.

Mentre dormi, il tuo cuore batte circa **70 volte al minuto**. Quando sei sveglio, batte molto più in fretta.

Pericardio, **miocardio** ed **endocardio** sono parole composte da *kardía*, che in greco significa «cuore», e da un prefisso che fa riferimento alla posizione o alla struttura del tessuto: *peri-* «intorno», *endo-* «dentro» e *mio-*, dal greco *mys*, «muscolo».

Il cuore è rivestito esternamente da una membrana chiamata **pericardio**, sulla cui superficie è visibile una rete di vasi: sono le **arterie coronarie**, che riforniscono il cuore di ossigeno e sostanze nutritive.

Le pareti del cuore sono costituite dal **miocardio**, il tessuto muscolare cardiaco; la superficie interna invece è rivestita da una membrana detta **endocardio**.

Il cuore è diviso in due parti (destra e sinistra) da una parete, detta **setto atrioventricolare**.

Nel **cuore destro** scorre solo sangue povero di ossigeno, rappresentato con il colore blu; nel **cuore sinistro** fluisce solo sangue ricco di ossigeno, rappresentato in rosso.

Grazie alla presenza del setto atrioventricolare, il sangue ossigenato non si mescola mai con quello povero di ossigeno e ricco di diossido di carbonio.

Il cuore è diviso in quattro cavità, che comunicano tra loro a due a due.

Le due cavità superiori sono gli **atri** e le due inferiori sono i **ventricoli**. Gli atri raccolgono il sangue proveniente dalle vene e lo fanno fluire ai ventricoli, che a loro volta lo pompano nelle arterie.

Il flusso di sangue che avviene all'interno del cuore è regolato dalla presenza delle **valvole atrioventricolari**, che impediscono il reflusso del sangue verso gli atri. Invece le **valvole semilunari** servono a evitare il reflusso di sangue dalle arterie al cuore; sono collocate nel punto in cui l'arteria aorta e l'arteria polmonare emergono rispettivamente dal ventricolo sinistro e dal ventricolo destro.

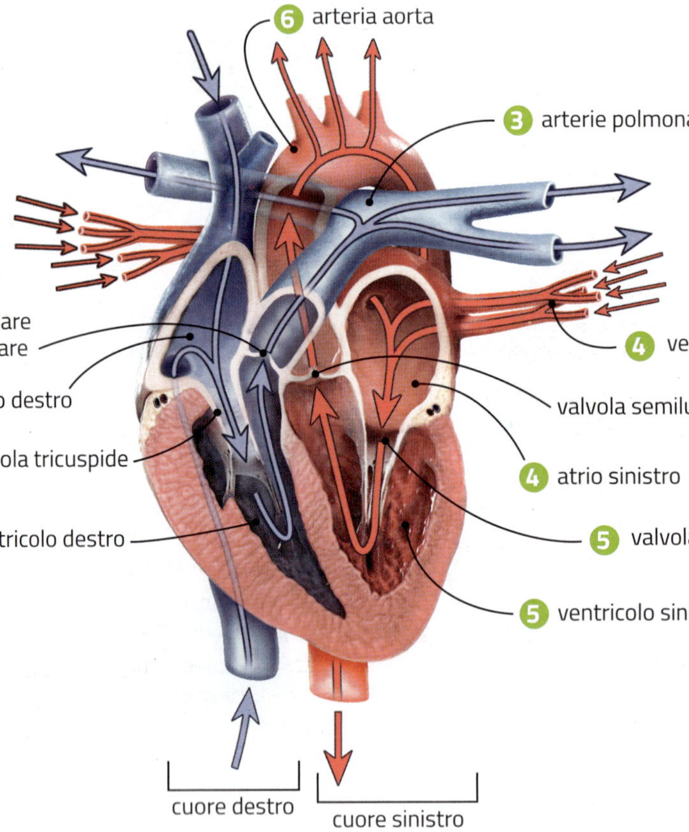

1 Nell'**atrio destro** arriva il sangue povero di ossigeno proveniente da tutto il corpo.

2 Attraversando la **valvola tricuspide**, il sangue passa al **ventricolo destro**.

3 Dal ventricolo destro emergono le **arterie polmonari**, dirette ai polmoni.

4 All'**atrio sinistro** arrivano le **vene polmonari**, che portano il sangue ossigenato proveniente dai polmoni.

5 Attraverso la **valvola bicuspide**, il sangue ossigenato passa al **ventricolo sinistro**.

6 Dal ventricolo sinistro il sangue ossigenato è spinto nell'**arteria aorta**, che si dirama e lo trasporta al corpo.

Lo **spessore del miocardio** nelle quattro cavità varia molto a seconda della quantità di lavoro che esse devono sostenere:

- le *pareti degli atri* sono sottili, perché devono solo spingere il sangue nei ventricoli sottostanti;
- i ventricoli devono pompare il sangue nelle arterie, quindi devono esercitare una pressione maggiore. Per questo motivo, le *pareti dei ventricoli* sono più spesse di quelle degli atri.

9. Il ciclo cardiaco

Il flusso del sangue nelle arterie è determinato da contrazioni e rilassamenti della parete muscolare del cuore, che si succedono durante il ciclo cardiaco.

Il muscolo cardiaco si contrae e si rilascia nel corso del **ciclo cardiaco**, che dura circa 0,8 s. La **sistole** è la fase di contrazione, mentre la **diastole** indica la dilatazione.

Durante un normale ciclo cardiaco si susseguono tre fasi: rilasciamento, sistole atriale e sistole ventricolare.

Per ascoltare meglio i **toni cardiaci**, cioè i rumori provocati dalla chiusura delle valvole cardiache, i medici usano il **fonendoscopio**, uno strumento che ne amplifica il suono.

Guarda il video
Il ciclo cardiaco

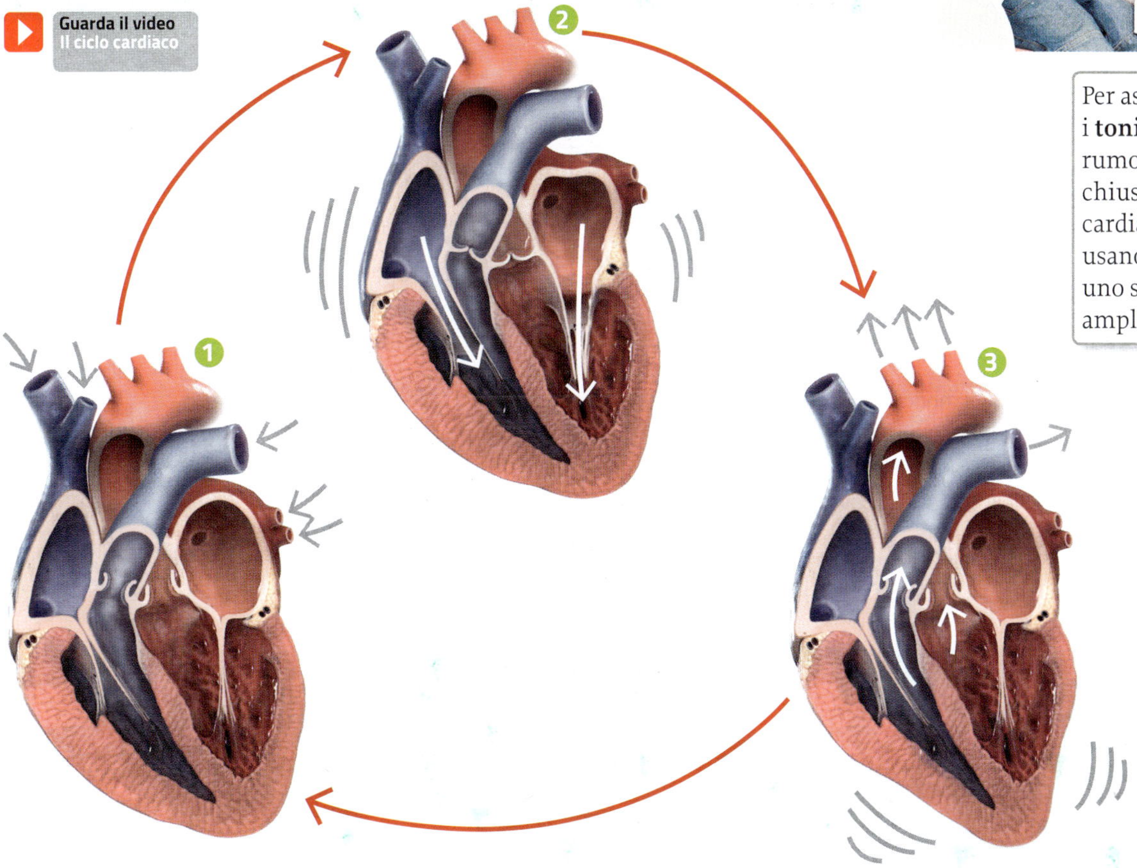

1 Durante la fase di **rilasciamento**, gli atri e i ventricoli sono in diastole e si riempiono di sangue: gli atri si riempiono completamente, invece i ventricoli al 75%.

2 Durante la **sistole atriale**, gli atri si contraggono e spingono il sangue attraverso le valvole atrioventricolari all'interno dei ventricoli, che si riempiono completamente.

3 Nella **sistole ventricolare**, i ventricoli si contraggono e la pressione del sangue chiude la valvole atrioventricolari. L'apertura delle valvole semilunari fa scorrere il sangue nelle arterie.

La **gittata cardiaca** è il volume di sangue spinto ogni minuto dal ventricolo sinistro all'aorta.

La gittata cardiaca dipende quindi dalla quantità di sangue spinto dal ventricolo sinistro ad ogni sistole, la **gittata sistolica**, e dalla **frequenza cardiaca**, cioè dal numero di battiti al minuto.

In un adulto a riposo, la gittata sistolica è di 70 mL e la frequenza cardiaca è di circa 75 battiti al minuto: la gittata cardiaca è dunque un po' più di 5 L al minuto. Quindi in un minuto passa dal cuore quasi tutto il sangue che circola nel nostro corpo.

Nei bambini, la **frequenza cardiaca** può arrivare oltre i 100 battiti al minuto; nei neonati, se ne registrano anche 180.

10. Chi fa battere il cuore?

Il tessuto muscolare cardiaco si contrae in modo involontario e coordinato; infatti nel cuore si devono contrarre prima gli atri e poi i ventricoli. Questo è possibile grazie a una specie di impianto elettrico, che funziona senza l'intervento del sistema nervoso centrale.

Il **sistema di conduzione elettrica del cuore** stimola le cellule del miocardio a contrarsi in modo ritmico, regolando la frequenza del battito.

Il sistema di conduzione elettrica del cuore è formato principalmente da tre parti: il nodo senoatriale, il nodo atrioventricolare e il fascio atrioventricolare.

Guarda il video
L'apparato di conduzione del cuore

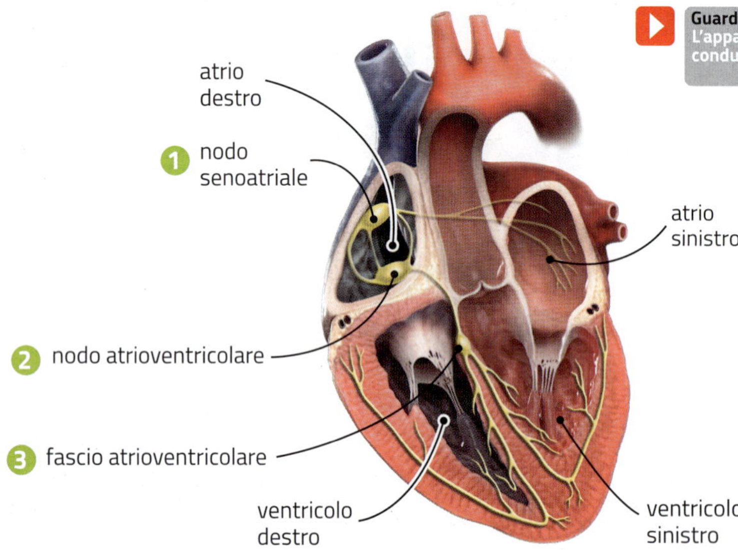

1 Il **nodo senoatriale** è un gruppo di cellule dette *cellule pacemaker*, cioè «segnapassi», localizzato in alto nell'atrio destro; il nodo senoatriale genera gli impulsi elettrici che fanno contrarre gli atri.

2 Il **nodo atrioventricolare**, posto in basso nell'atrio destro, riceve l'impulso dal nodo senoatriale, lo rallenta per dare il tempo agli atri di svuotarsi e poi lo trasmette al fascio atrioventricolare.

3 Il **fascio atrioventricolare** riceve l'impulso dal nodo atrioventricolare e lo diffonde ai ventricoli, provocandone la contrazione.

IMPARA A IMPARARE

1. Completa lo schema.

Il cuore — compie il — ciclo .... — il quale è formato da: diastole (che indica: la ....) / .... (che è: la fase di contrazione)

Il cuore — è formato da — 4 .... — che sono: 2 atri / 2 ....

4 .... — separate da — valvole

2. Sul tuo quaderno costruisci uno schema del ciclo cardiaco, spiegando quali eventi hanno luogo in ciascuna delle tre fasi.

Lezione

3 La circolazione del sangue

11. I vasi sanguigni: arterie, vene e capillari

Per raggiungere le diverse parti del corpo, il sangue scorre all'interno di tubi di diversa struttura e dimensione: i vasi sanguigni.

I **vasi sanguigni** formano un sistema chiuso di tubi che allontanano il sangue dal cuore (**arterie**), lo trasportano ai tessuti (**capillari**) e lo riportano al cuore (**vene**).

L'apparato circolatorio è formato da circa 17 miliardi di arterie, vene e capillari che, se venissero posti uno di seguito all'altro, raggiungerebbero la lunghezza di 80 000 km.

Le **arterie** portano il sangue dal cuore ai tessuti e hanno pareti spesse ed elastiche.

Le pareti delle arterie sono costituite da uno strato più interno detto **endotelio**, da uno strato intermedio formato soprattutto da **tessuto muscolare liscio** e da uno strato più esterno, costituito da **fibre elastiche**. Questi tre strati sono intervallati da due **lamine elastiche**. Inoltre, fra l'endotelio e la lamina elastica più interna, si trova la **membrana basale**.

ARTERIA

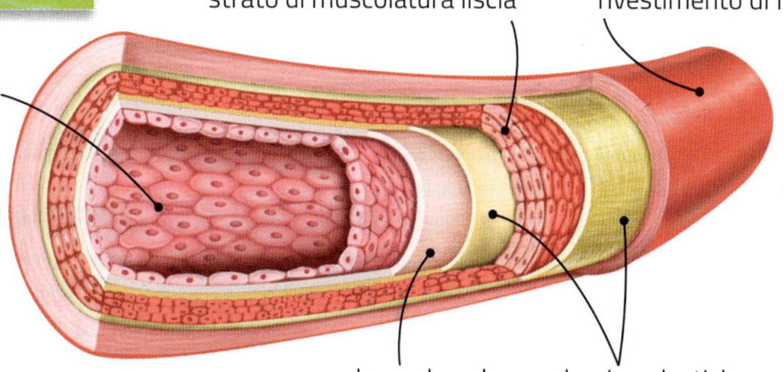

Lo spessore della parete delle arterie e la loro elasticità servono a contrastare la pressione esercitata dal sangue pompato dal cuore. Inoltre lo strato muscolare permette alle arterie di modificare il loro diametro, dilatandosi (**vasodilatazione**) o restringendosi (**vasocostrizione**).

La maggior parte delle arterie si trova in profondità, quindi è protetta dai tessuti. In alcuni punti, come nel collo, nelle tempie e nei polsi, le arterie scorrono vicino alla superficie corporea: in queste zone, è possibile avvertire il **battito cardiaco**.

Una lesione arteriosa può provocare un'**emorragia** anche grave: il sangue che circola nelle arterie tende a uscire con forza e a zampilli, che sono in concomitanza con le contrazioni del cuore.

A mano a mano che si allontanano dal cuore, le arterie si dividono in vasi sempre più piccoli (*arteriole*), che si diramano fino a raggiungere tutte le cellule attraverso una rete di capillari dal diametro ridottissimo, circa 5 millesimi di millimetro.

I **capillari** hanno pareti sottilissime, formate da un solo strato di cellule endoteliali.

L'endotelio che forma la parete dei capillari è sottile e permeabile per permettere lo **scambio capillare**, cioè il passaggio di ossigeno e sostanze nutritive verso le cellule e diossido di carbonio e materiali di scarto verso il sangue.

I capillari confluiscono in vasi di dimensioni via via sempre maggiori: le *venule* e poi le vene.

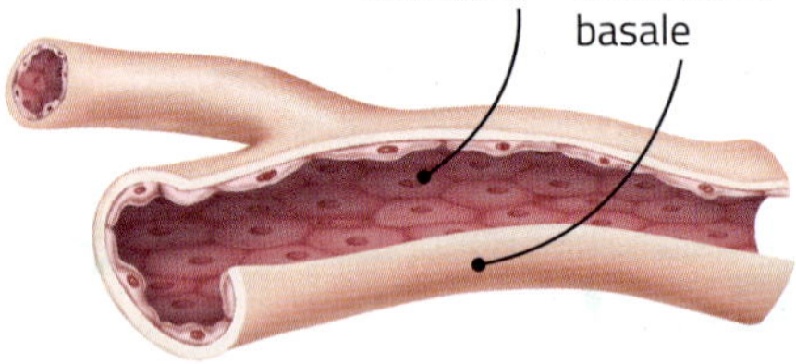

CAPILLARE

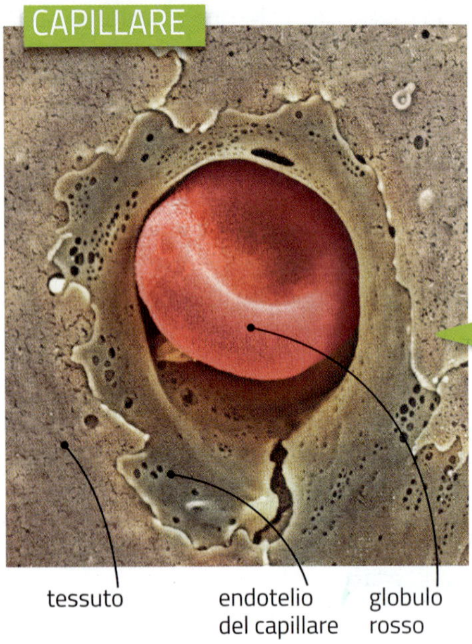

I capillari hanno un diametro così piccolo che i globuli rossi possono passare soltanto uno alla volta: questo permette gli **scambi gassosi** con le cellule dei tessuti circostanti.

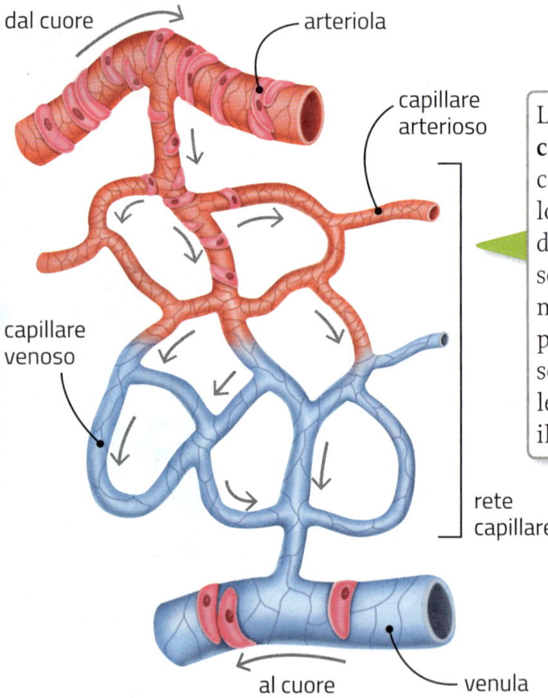

La **rete dei capillari** consente lo scambio di gas, sostanze nutritive e prodotti di scarto fra le cellule e il sangue.

Le **vene** sono i vasi sanguigni che riportano il sangue al cuore.

La struttura delle vene è simile a quella delle arterie, anche se esse hanno pareti più sottili: lo strato muscolare è meno sviluppato, pur contribuendo a far arrivare il sangue al cuore. Inoltre lo strato esterno delle vene è poco elastico.

All'interno delle vene sono presenti **valvole a nido di rondine**, che impediscono al sangue di refluire verso i capillari.

Nelle vene il sangue scorre verso il cuore, con una pressione minore rispetto a quella presente nelle arterie. In caso di ferite, per la minore presenza di fibre elastiche e muscolari nella parete, le vene tendono ad afflosciarsi.

Le **vene** sono più superficiali delle arterie: le vediamo subito sotto la pelle sul dorso della mano o nell'interno del polso.

Guarda il video
Arterie, vene e capillari

VENA

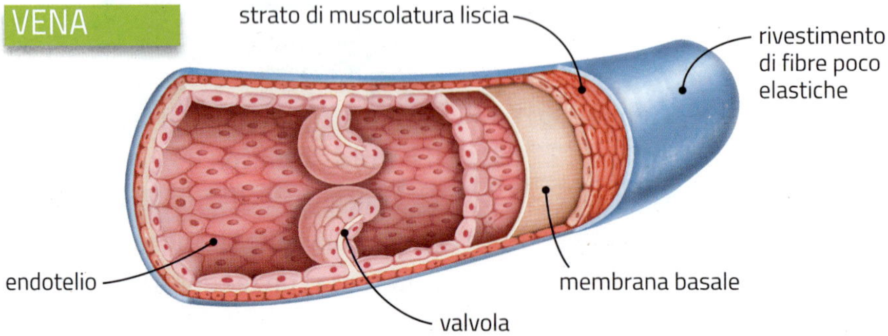

12. Le circolazioni sistemica e polmonare

Il sangue scorre attraverso il cuore e i vasi del sistema circolatorio, formando due circuiti separati che partono e arrivano al cuore.

La **circolazione sistemica**, o grande circolo, trasporta sangue ossigenato e ricco di nutrienti alle cellule di tutto il corpo e riporta al cuore il sangue povero di ossigeno e ricco di diossido di carbonio. La circolazione sistemica inizia dal ventricolo sinistro e termina nell'atrio destro.

La **circolazione polmonare**, o piccolo circolo, trasporta ai polmoni il sangue povero di ossigeno e ricco di diossido di carbonio e riporta al cuore il sangue ossigenato. La circolazione polmonare inizia dal ventricolo destro e termina nell'atrio sinistro.

Il sistema circolatorio è un sistema chiuso a **circolazione doppia e completa**: il sangue scorre in due percorsi distinti, nei quali il sangue ricco di ossigeno e quello povero di ossigeno non si mescolano mai.

Guarda il video La circolazione sistemica e la circolazione polmonare

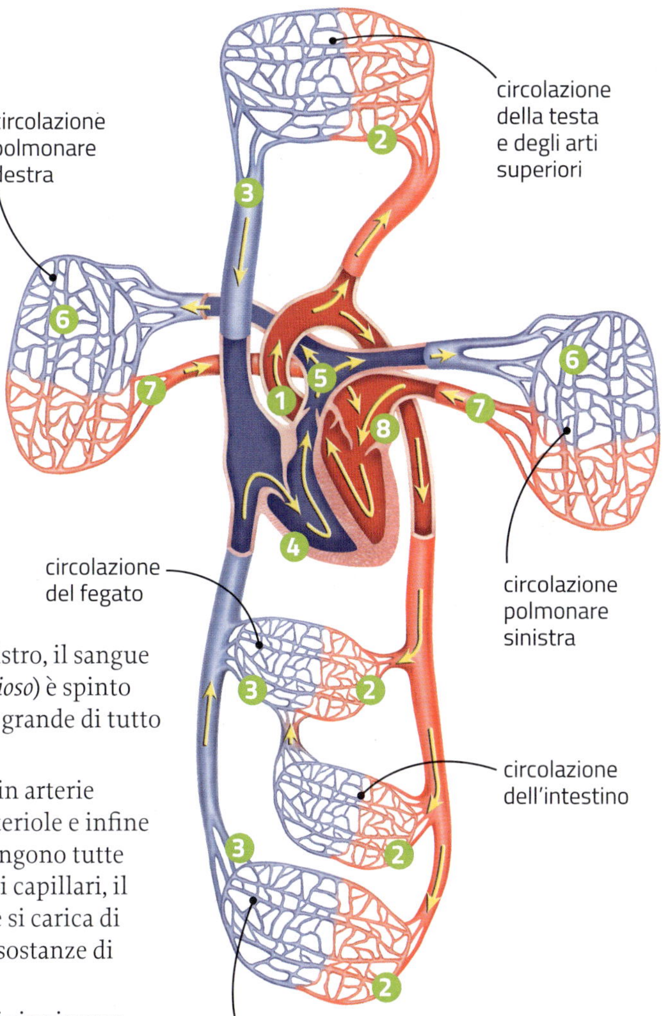

La circolazione sistemica

1. Dal ventricolo sinistro, il sangue ossigenato (detto *arterioso*) è spinto nell'aorta, l'arteria più grande di tutto il corpo.
2. L'aorta si ramifica in arterie sempre più piccole, arteriole e infine in capillari, che raggiungono tutte le cellule del corpo. Nei capillari, il sangue cede ossigeno e si carica di diossido di carbonio e sostanze di rifiuto.
3. I capillari venosi si riuniscono a formare le vene, che confluiscono nella vena cava superiore e nella vena cava inferiore, riversando il sangue povero di ossigeno (detto *venoso*) nell'atrio destro.

La circolazione polmonare

4. Dall'atrio destro, il sangue è spinto nel ventricolo destro.
5. Dal ventricolo destro, il sangue è pompato nei polmoni attraverso le arterie polmonari, le uniche arterie che trasportano sangue *venoso*, cioè povero di ossigeno.
6. Nei polmoni le arterie polmonari si ramificano formando la rete di capillari che rivestono gli alveoli polmonari, dove avvengono gli scambi gassosi. Il diossido di carbonio passa dal sangue agli alveoli; l'ossigeno presente negli alveoli, introdotto con la respirazione, passa nel sangue. I capillari si riuniscono in vene sempre più grandi: le vene polmonari sono le uniche vene che contengono sangue *arterioso*, cioè ricco di ossigeno.
7. Il sangue torna al cuore mediante le vene polmonari, che sboccano nell'atrio sinistro.
8. Dall'atrio sinistro, il sangue ossigenato è spinto nel ventricolo sinistro.

13. I principali vasi del nostro corpo

Il numero di vasi sanguigni presenti nel corpo umano è enorme ed è impossibile rappresentarli tutti. Il disegno è un modello semplificato del nostro sistema circolatorio: le arterie sono colorate in rosso e le vene in blu, indipendentemente dal tipo di sangue che trasportano (arterioso o venoso).

Tutte le arterie del circolo sistemico si ramificano a partire dall'aorta, che forma un arco subito dopo essere emersa dal ventricolo sinistro.

Il sangue venoso arriva al cuore tramite tre vasi: la vena cava superiore, la vena cava inferiore e il seno coronarico, che raccoglie il sangue proveniente dal cuore.

ARTERIE

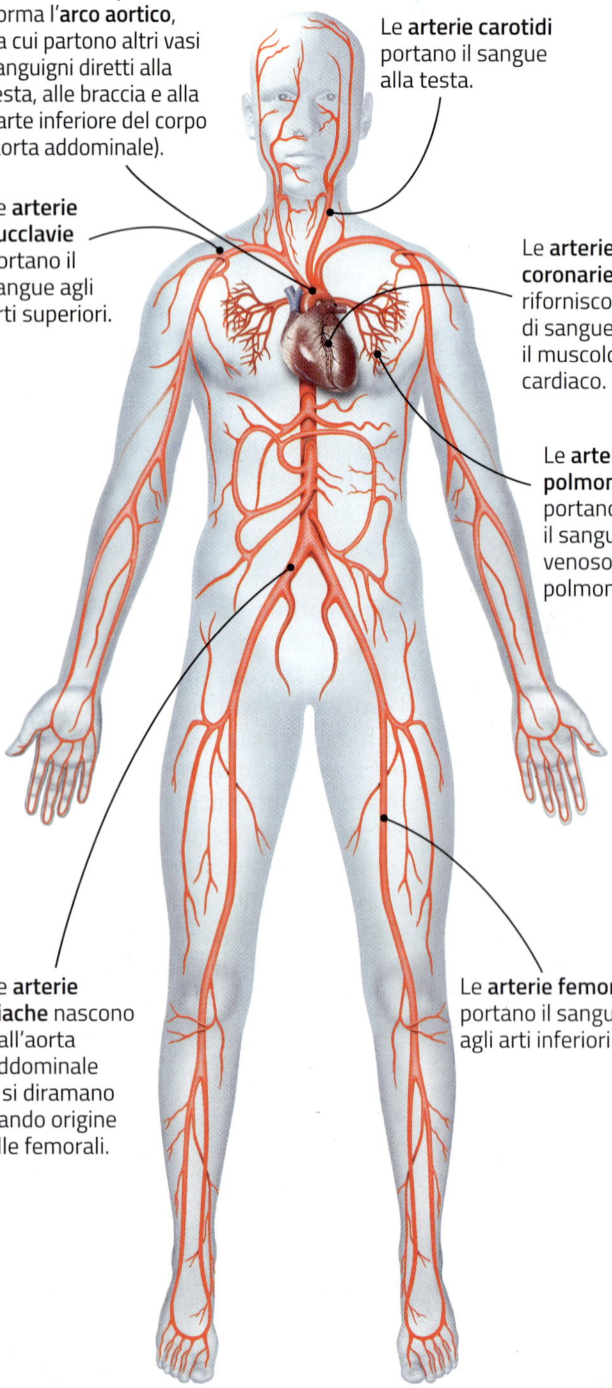

VENE

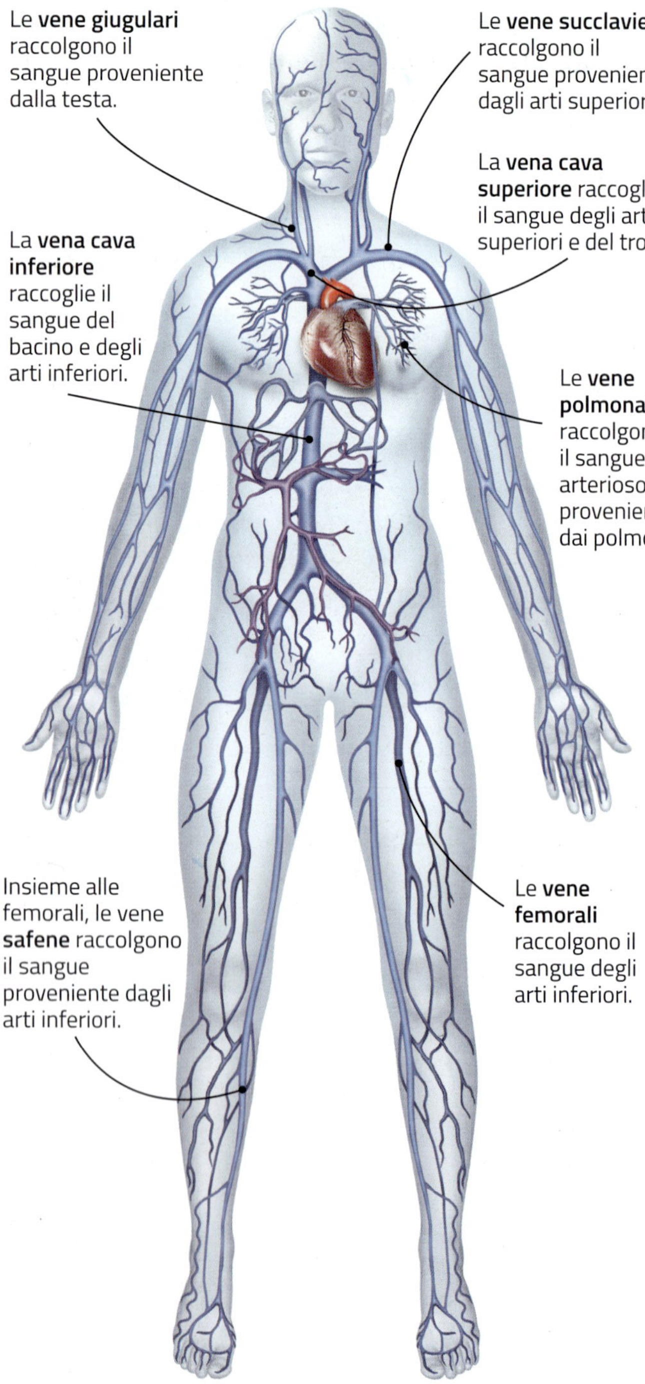

14. La pressione sanguigna

La contrazione dei ventricoli produce una pressione che si trasmette al sangue.

La **pressione sanguigna** è la forza esercitata dal sangue sulle pareti del vaso: questa è la spinta che fa circolare il sangue anche tra un battito cardiaco e l'altro.

La pressione è massima nelle arterie, soprattutto nell'aorta, poi diminuisce a mano a mano che ci si allontana dal cuore. Nelle vene, il sangue prosegue il proprio cammino grazie alla combinazione di più meccanismi: il richiamo esercitato dal cuore, la spinta fornita dalle fibre muscolari delle vene e le contrazioni dei muscoli scheletrici.

La pressione sanguigna si misura nella grossa arteria del braccio, l'arteria omerale, grazie allo **sfigmomanometro,** uno strumento formato da un manicotto che avvolge il braccio e da un manometro, che misura la pressione di un fluido. Per percepire i suoni generati dal passaggio di sangue nell'arteria stessa, si usa un **fonendoscopio**.

I valori rilevati sono detti «massima» e «minima». La «massima» corrisponde alla pressione nelle arterie durante la sistole ventricolare; la «minima» corrisponde alla pressione durante la diastole ventricolare. In un giovane adulto, la «massima» è inferiore a 120 mmHg e la «minima» a 80 mmHg.

L'**ipertensione arteriosa** è il fattore di rischio cardiovascolare più importante per malattie come l'ictus e l'infarto del miocardio e può provocare danni ai reni e alla retina. Per questo, è importante controllare regolarmente la pressione arteriosa e mantenerla a livelli raccomandati.

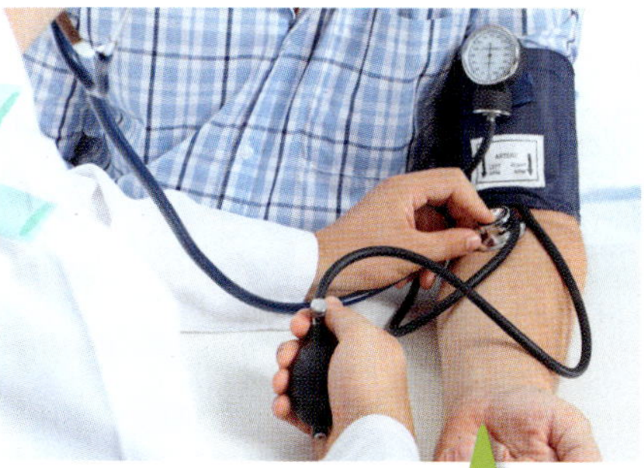

Quando il manicotto dello **sfigmomanometro** viene sgonfiato gradualmente, si percepisce il suono del sangue che fluisce di nuovo nell'arteria (la «massima»); continuando a sgonfiarlo, il suono si indebolisce fino a non essere più percepito (la «minima»).

IMPARA A IMPARARE

1. Completa lo schema.

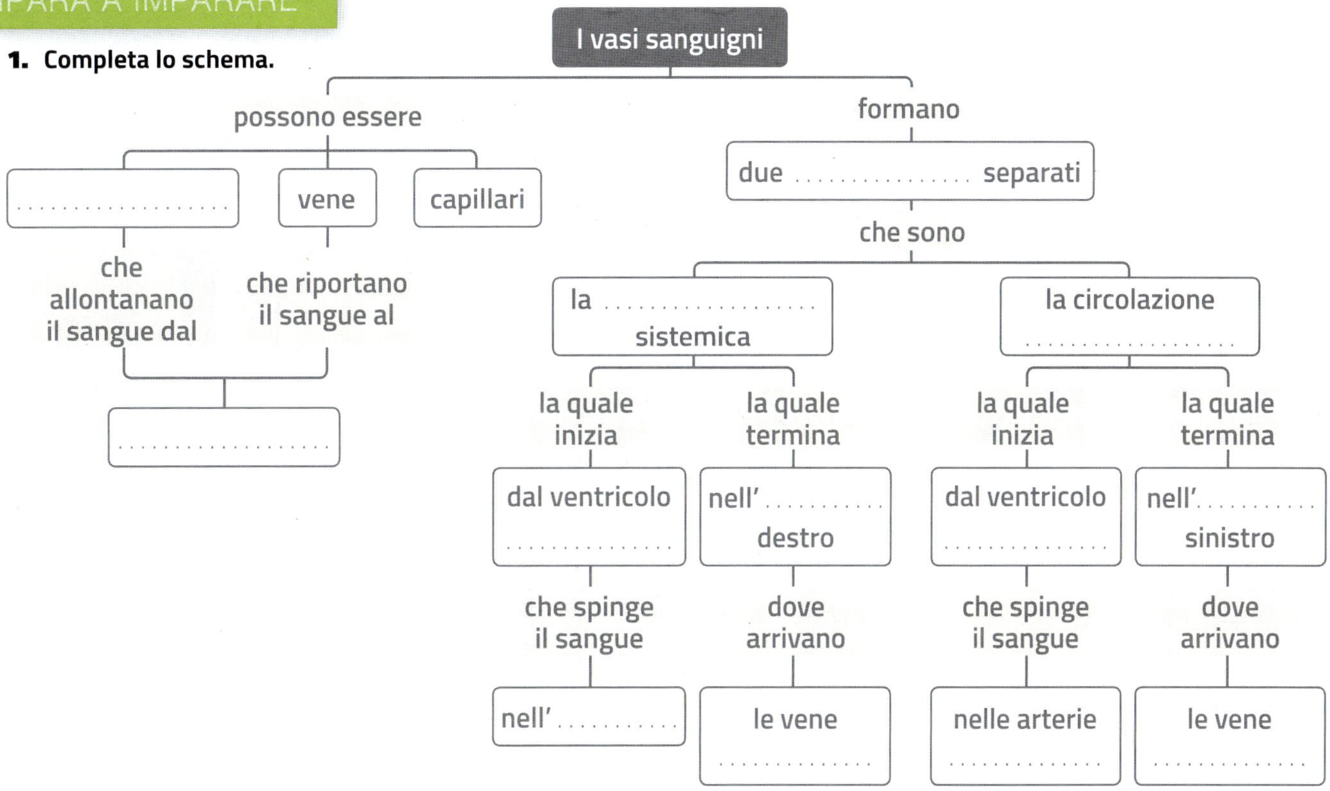

La circolazione linfatica

15. Il sistema linfatico

Le cellule che formano i tessuti e gli organi sono separate da spazi occupati dal **liquido interstiziale**, attraverso il quale avvengono gli scambi gassosi e di nutrienti tra le cellule e il sangue. Per effetto della pressione sanguigna, nel liquido interstiziale si riversa anche una piccola parte del plasma, che filtra attraverso la parete dei capillari.

Il liquido interstiziale si raccoglie nei **vasi linfatici** a formare la **linfa**, che contiene anche globuli bianchi e sostanze di rifiuto provenienti dalle cellule.

I vasi linfatici non sono in grado di «pompare» la linfa verso l'alto. Quindi quando sentiamo le «gambe pesanti» a causa dell'**accumulo di liquidi**, la cosa migliore è tenerle alzate per qualche minuto.

I vasi linfatici sono simili alle vene, poiché presentano valvole a nido di rondine. Tuttavia questi vasi hanno pareti più spesse e un numero maggiore di valvole.

La linfa raccolta dai vasi linfatici confluisce poi in vasi di dimensioni sempre maggiori, che si riuniscono in due grossi dotti, il **dotto toracico** e il **dotto linfatico destro**, che sboccano nel sistema venoso.

Lungo i vasi linfatici si trovano numerosi **linfonodi**: questi piccoli rigonfiamenti filtrano la linfa prima di riversarla nel sangue, eliminando le sostanze estranee; all'interno dei linfonodi si trovano linfociti e macrofagi. I linfonodi sono localizzati soprattutto in alcune zone del corpo come l'inguine, le ascelle e il collo, dove sono rilevabili al tatto soprattutto durante un'infezione: in questo caso si ingrossano, perché i linfociti si riproducono attivamente.

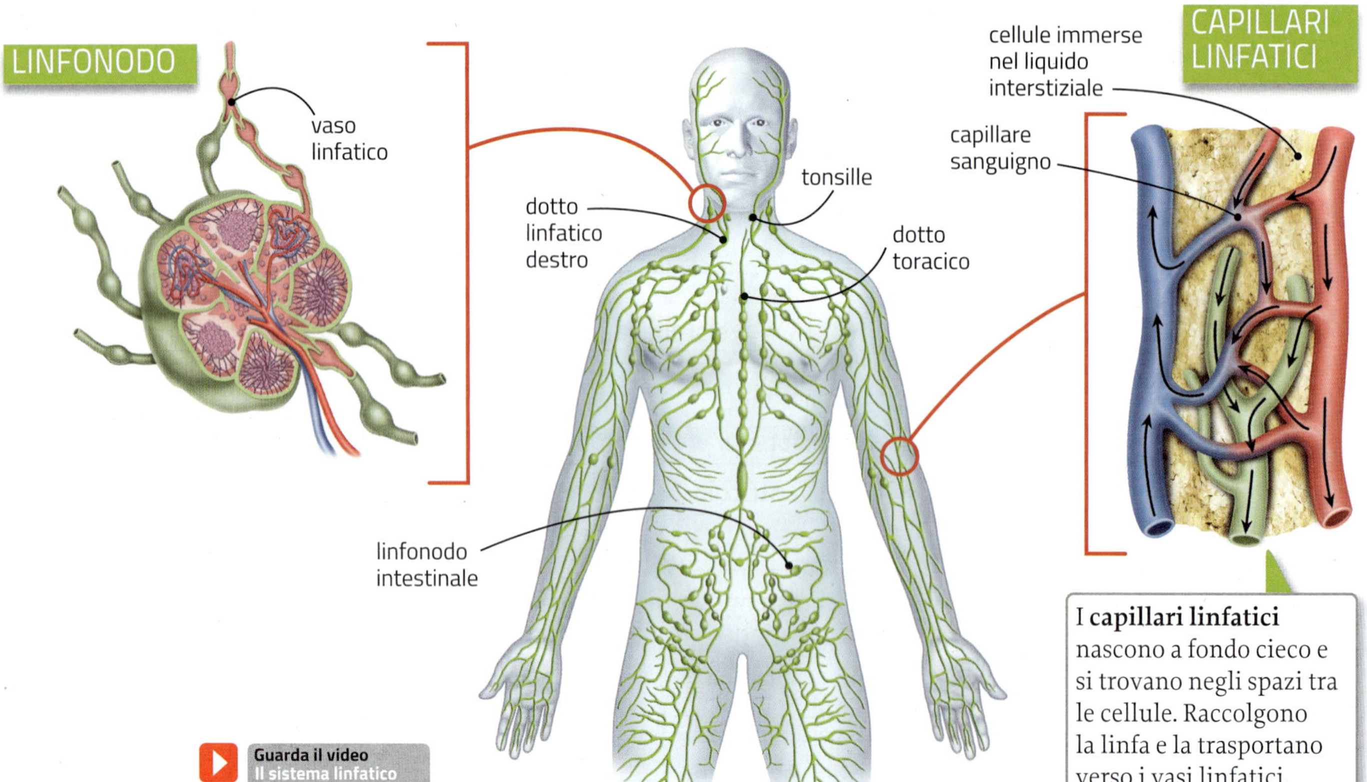

I **capillari linfatici** nascono a fondo cieco e si trovano negli spazi tra le cellule. Raccolgono la linfa e la trasportano verso i vasi linfatici.

Guarda il video
Il sistema linfatico

16. Altri organi del sistema linfatico

Il sistema linfatico contribuisce al trasporto di sostanze, ma ha anche un ruolo importante nella difesa dell'organismo. Il compito di difenderci dagli agenti patogeni è affidato ai globuli bianchi, ma anche ad altri organi e tessuti, che fanno parte del sistema linfatico.

1. Le **tonsille** si trovano ai lati della faringe e sono la prima barriera difensiva contro i microrganismi, che penetrano attraverso il naso e la bocca.
2. Il **timo** è dietro allo sterno. Dalla nascita fino alla pubertà, qui avviene la maturazione di un particolare tipo di linfociti chiamati *linfociti T*. Durante l'adolescenza, il timo riduce le proprie dimensioni.
3. La **milza** si trova nella parte sinistra dell'addome e contiene linfociti e altri globuli bianchi. La milza ha il compito di filtrare il sangue, eliminando piastrine e globuli rossi invecchiati.
4. Il **midollo osseo rosso** si trova alle estremità delle ossa lunghe e in alcune ossa piatte; esso produce i linfociti e le altre cellule del sangue.

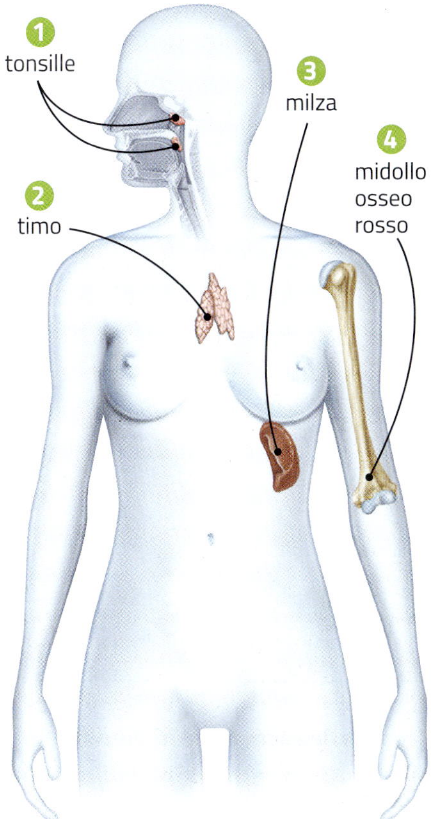

Durante la visita, il medico valuta l'**ingrossamento** delle tonsille e dei linfonodi.

IMPARA A IMPARARE

1. Completa lo schema.

Il sistema linfatico

è formato
- dai .... linfatici
  - in cui scorre
  - la linfa
    - che è formata
      - dal liquido ....
      - dai globuli ....
      - da sostanze di rifiuto delle cellule
- dai linfonodi
  - che hanno la funzione di
    - .... la linfa
    - ospitare .... e macrofagi
- da altri organi e tessuti
  - tra cui
    - le ....
    - il timo
    - la ....
    - il midollo osseo ....

2. Completa le frasi.

a) Il liquido .... occupa gli spazi fra le cellule.

b) I .... sono le stazioni di controllo della linfa.

c) Nel .... maturano i linfociti T.

d) I globuli rossi e le piastrine sono eliminati nella ....

Lezione

5

L'immunità: l'organismo si difende

17. L'immunità aspecifica

Il nostro organismo viene continuamente a contatto con microrganismi (come virus, batteri, funghi e protozoi) e con altre sostanze che potrebbero danneggiarlo. La sua prima «linea di difesa» è costituita dalle difese aspecifiche, che sono presenti fin dalla nascita e che attaccano qualsiasi invasore, senza distinguere un patogeno dall'altro.

L'**immunità aspecifica** comprende una prima barriera fisica e chimica (come la pelle e la saliva) e un secondo livello di difese interne, come l'infiammazione e la febbre.

La pelle che riveste il nostro corpo costituisce una **barriera fisica** all'ingresso dei microrganismi. Le ghiandole sudoripare e sebacee producono sostanze che funzionano da **barriera chimica**, impedendo la crescita di molti microrganismi. Il sudore, le lacrime e la saliva contengono il *lisozima*, un particolare enzima che distrugge le pareti cellulari di diverse specie di batteri.

Anche la **mucosa**, presente nella bocca, nel naso e nelle altre vie respiratorie, rappresenta una barriera all'ingresso dei microrganismi. Per esempio, il muco prodotto dalle cellule che rivestono le vie respiratorie cattura gli agenti estranei e la polvere. Nello stomaco, i succhi gastrici distruggono la maggior parte dei microrganismi presenti nel cibo e nelle bevande.

Tuttavia le difese esterne non sono sempre sufficienti e i microrganismi patogeni riescono ugualmente a entrare nel corpo, per esempio attraverso una piccola ferita: in questo caso, entrano in gioco le difese interne.

L'**infiammazione** è un meccanismo di difesa aspecifico, con cui l'organismo si difende quando subisce traumi, ferite, scottature o infezioni. La zona di cute interessata è rossa, calda, si gonfia e fa male.

BARRIERA FISICA E CHIMICA

Quando la tua pelle subisce una **lesione**, il tuo organismo reagisce attraverso l'**infiammazione** per eliminare microrganismi e sostanze estranee e preparare il tessuto alla cicatrizzazione.

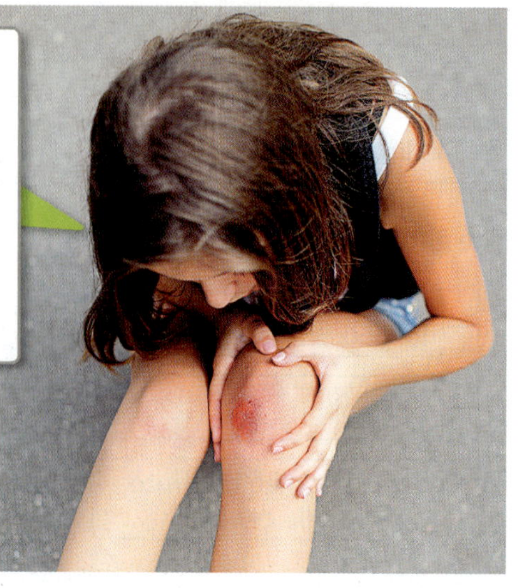

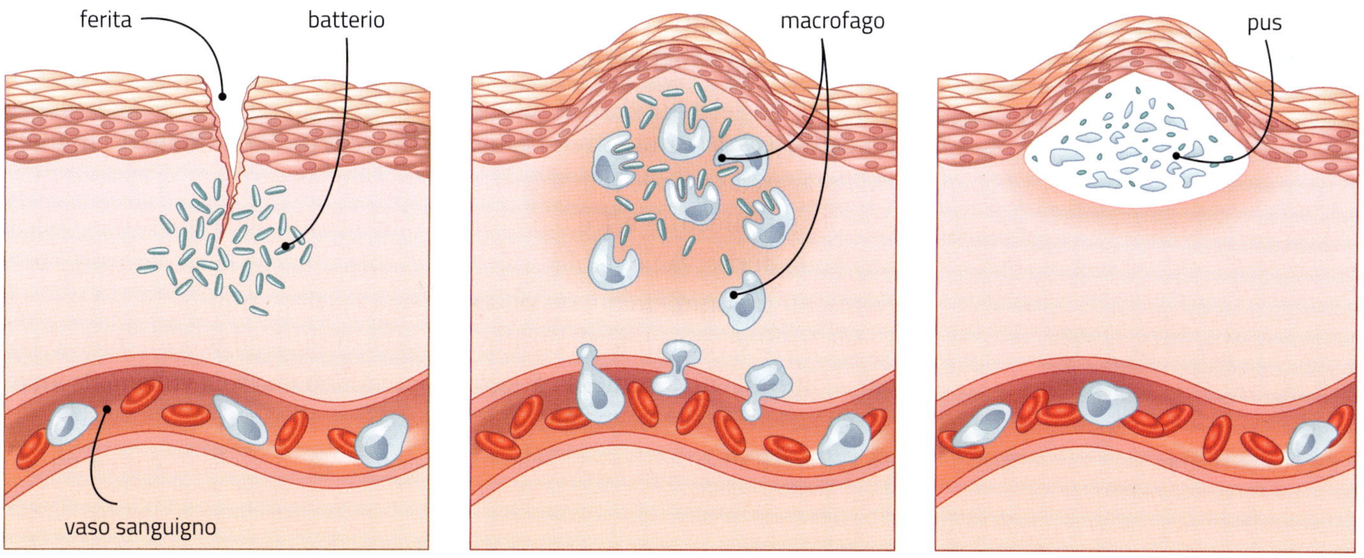

1 I batteri attraversano la pelle attraverso una ferita. L'infezione richiama le cellule del sistema immunitario.

2 Si attiva la risposta infiammatoria con il rilascio di *istamina*, una sostanza che richiama i **macrofagi**, che uccidono i batteri.

3 Si forma il **pus**, costituito dai globuli bianchi morti, dai residui del tessuto danneggiato e dai batteri. In seguito, il pus è degradato e riassorbito.

Oltre alla risposta infiammatoria e all'intervento dei macrofagi, l'immunità aspecifica comprende anche le *proteine del complemento*, che si trovano nel plasma sanguigno e che perforano le membrane batteriche, e gli *interferoni*, proteine che si attivano durante le infezioni virali.

La **febbre** è una risposta dell'organismo in seguito a infezioni da parte di patogeni o a fenomeni infiammatori.

Si tratta di un meccanismo di difesa nei confronti dei microrganismi patogeni, soprattutto virus, che non riescono a riprodursi a temperature superiori ai 37 °C.

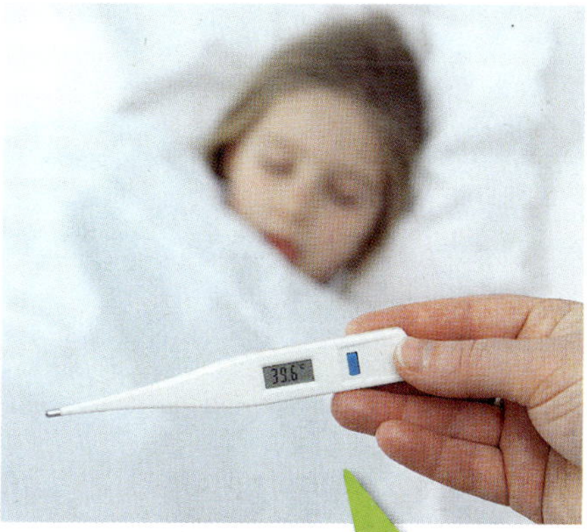

La **febbre** è un aumento della temperatura corporea, che favorisce la guarigione inibendo la crescita dei microrganismi. Quando la febbre supera i 38-38,5 °C, prendiamo un farmaco per abbassarla e a temperature maggiori di 39 °C mettiamo il ghiaccio sulla fronte, perché valori troppo elevati possono causare danni cerebrali.

18. L'immunità specifica

L'**immunità specifica** comprende la risposta mediata da anticorpi e la risposta mediata da cellule.

I protagonisti delle risposte dell'immunità specifica sono due tipi di globuli bianchi: i **linfociti T** e i **linfociti B**.

Entrambi i tipi di globuli bianchi derivano da speciali cellule, dette staminali, localizzate nel midollo osseo rosso: i linfociti B continuano il loro sviluppo nel midollo (B è l'iniziale della parola inglese *bone*, che significa «osso»), i linfociti T migrano nel timo, dove giungono a maturazione.

I linfociti B producono **anticorpi** in risposta all'ingresso di un **antigene**: sono esempi di antigeni i virus, i batteri, le tossine, il polline, l'albume dell'uovo o i tessuti trapiantati. Quando un antigene entra per la prima volta nell'organismo, i linfociti B lo esaminano e, dopo averlo riconosciuto come estraneo, liberano nel plasma moltissime molecole di anticorpi, che si legano a quell'antigene, come una chiave entra nella sua serratura. Si genera così un complesso antigene-anticorpo che inattiva l'antigene e che verrà poi distrutto dai macrofagi: questa è la **risposta mediata da anticorpi**.

Leggi la scheda
Il virus dell'HIV e la sindrome da immunodeficienza acquisita

Dopo essere venuti a contatto con un antigene, i macrofagi e i linfociti B attivano la **risposta mediata da cellule**, in cui i linfociti T svolgono un ruolo fondamentale. Una volta attivati, i linfociti T entrano in azione in diversi modi: i linfociti T *helper* («aiutanti») stimolano i linfociti B e T a riprodursi; i linfociti T *killer* aggrediscono le cellule infette e le uccidono.

Alcuni linfociti B e T danno origine alle **cellule della memoria**, che rimangono di riserva per molti anni, nell'eventualità che lo stesso antigene si ripresenti in futuro. In questo caso si ha una reazione molto più rapida, che in genere avviene prima che la malattia si manifesti: questo è il motivo per cui alcune malattie, come la varicella, si prendono una sola volta nella vita.

RISPOSTA MEDIATA DA ANTICORPI

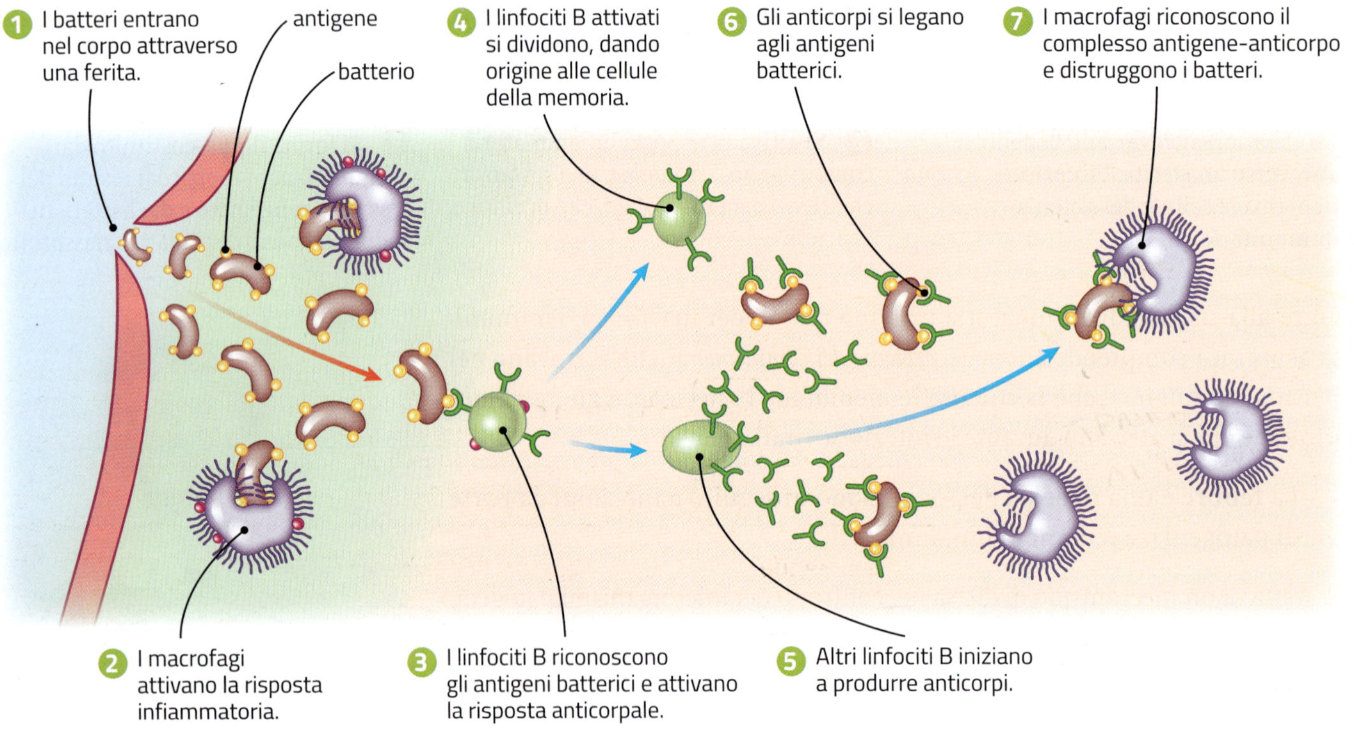

19. L'immunità artificiale: i vaccini

VACCINAZIONE

La **memoria immunologica** dovuta alle cellule della memoria può durare tutta la vita o essere rinnovata da nuovi incontri con l'antigene. Su questo principio si basa la pratica delle **vaccinazioni**, a cui vengono sottoposti i bambini a partire dal secondo mese di vita.

> I **vaccini** sono farmaci che contengono agenti patogeni uccisi oppure trattati in modo da non poter provocare la malattia, ma ancora capaci di indurre la proliferazione dei linfociti e la produzione di anticorpi.

I vaccini più recenti, come quello dell'epatite B, contengono solo alcune parti del virus, che sono state costruite con l'ingegneria genetica, invece il vaccino del tetano contiene la tossina tetanica inattivata.

L'immunità prodotta dalla **prima dose di vaccino** si sviluppa più lentamente di quella determinata dal contatto con il patogeno.

Per questo, è importante vaccinarsi prima della possibile esposizione all'agente infettivo; infatti il *calendario delle vaccinazioni obbligatorie* prevede più somministrazioni dello stesso vaccino, fin da quando i bambini sono molto piccoli. Le dosi successive alla prima sono dette **vaccinazioni di richiamo** e determinano un rapido aumento degli anticorpi presenti nel plasma e rinnovano la memoria immunitaria.

Più sono numerose le persone vaccinate, più il livello di protezione sull'intera popolazione è elevato: in alcuni casi, la malattia può addirittura scomparire. Per esempio, il *vaiolo* è una grave malattia infettiva, che è stata completamente eliminata grazie al vaccino. L'ultimo caso si è verificato in Somalia nel 1977; due anni dopo, l'Organizzazione Mondiale della Sanità ha dichiarato che la malattia è scomparsa dal pianeta.

In Italia i bambini sono vaccinati per legge contro tetano, difterite, poliomielite ed epatite virale B; sono raccomandate anche le vaccinazioni contro pertosse, morbillo, parotite, rosolia e meningite batterica. Nei Paesi dove i vaccini non sono disponibili, queste malattie sono ancora molto diffuse e uccidono diverse persone ogni anno.

Leggi la scheda
I virus influenzali

IMPARA A IMPARARE

1. Completa lo schema.

- L'immunità
  - .... ha come protagonisti
    - i linfociti B che producono
      - gli ....
    - i linfociti T che si distinguono in
      - T .... i quali stimolano
        - i linfociti T e B a ....
      - T .... i quali uccidono
        - le cellule infette
  - aspecifica comprende
    - barriere che possono essere
      - fisiche come
        - la ....
        - le mucose
      - chimiche come
        - la saliva
        - il sudore
        - le ....
    - difese interne come
      - l' ....
      - la ....

2. Vero o falso?

a) Se la febbre causa un aumento della temperatura corporea entro i 38 °C, l'organismo subisce danni cerebrali. V F

b) I linfociti B producono antigeni. V F

c) La prima linea di difesa del corpo umano è la pelle. V F

d) L'infiammazione è un meccanismo di difesa aspecifico. V F

e) I vaccini sono costituiti da virus uccisi o trattati. V F

Quali sono le funzioni dell'apparato circolatorio?

Il sangue: un tessuto connettivo speciale | pag. C68

L'apparato circolatorio è formato da **sangue**, **cuore** e **vasi sanguigni** e svolge diverse funzioni:

- rifornisce di **ossigeno** e sostanze **nutrienti** tutte le cellule del corpo;
- elimina le sostanze di **rifiuto** dalle cellule del corpo;
- si occupa della **difesa** dell'organismo da sostanze estranee;
- contribuisce alla regolazione della **temperatura corporea**.

Da che cosa è formato il sangue?

Il sangue: un tessuto connettivo speciale | pag. C69

Il sangue è formato per il 55% dal **plasma** e per il 45% da una parte corpuscolata, formata da diversi tipi di cellule:

- i **globuli rossi** sono cellule prive di nucleo, responsabili del trasporto dell'ossigeno e del diossido di carbonio nel sangue;
- i **globuli bianchi** hanno il nucleo e servono a difendere l'organismo da agenti patogeni e da sostanze estranee;
- le **piastrine** sono frammenti di cellule che permettono la coagulazione del sangue.

Come è fatto il cuore?

Il motore dell'apparato circolatorio: il cuore | pag. C73

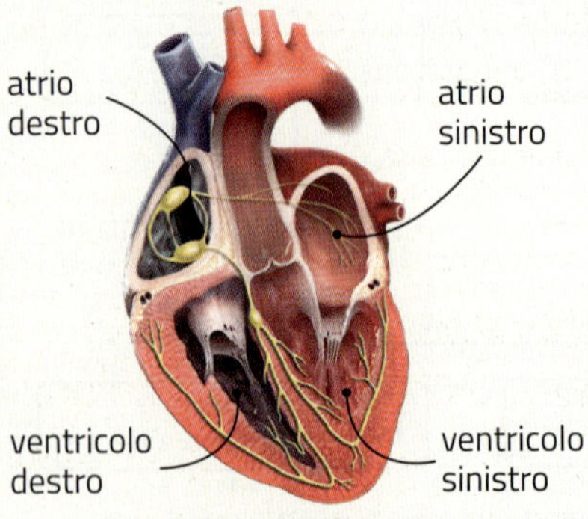

Il cuore è costituito da **tessuto muscolare cardiaco**, che è striato e involontario. Ha il compito di pompare il sangue che circola in tutto il corpo.

Il cuore è un organo cavo, suddiviso in quattro cavità: due superiori, dette **atri**, e due inferiori, dette **ventricoli**. Ogni atrio è in comunicazione con il suo ventricolo attraverso una valvola.

Atrio destro e atrio sinistro, così come ventricolo destro e ventricolo sinistro, sono separati da una struttura chiamata **setto atrioventricolare**: in questo modo, il sangue che scorre nella parte sinistra non si può mescolare con il sangue che scorre nella parte destra.

Come funziona il ciclo cardiaco?

Il motore dell'apparato circolatorio: il cuore | pag. C75

Il cuore alterna contrazioni a rilassamenti nel cosiddetto **ciclo cardiaco**, in cui si alternano 3 fasi:

1. rilasciamento di atri e ventricoli;
2. sistole atriale;
3. sistole ventricolare.

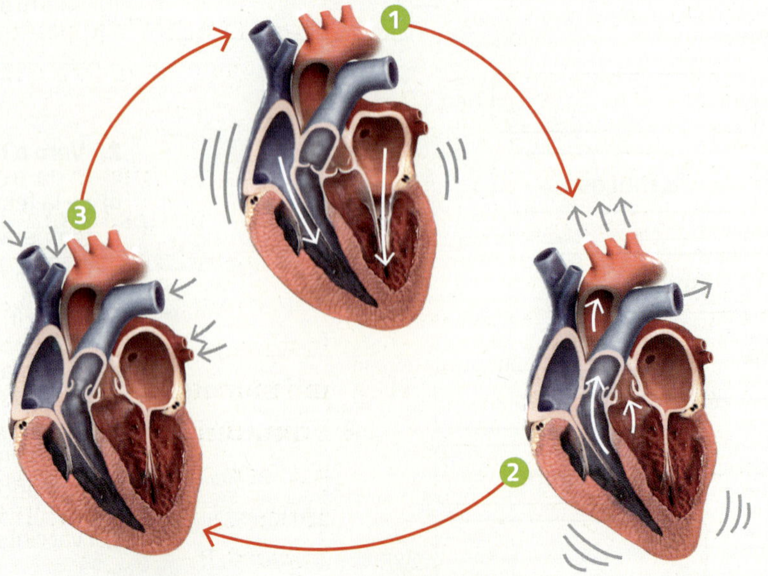

Come viene trasportato il sangue?

I vasi sanguigni | pag. C77

I **vasi sanguigni** formano un sistema chiuso di tubi che trasporta il sangue. Esistono 3 tipi di vasi sanguigni:

- le **arterie** allontanano il sangue dal cuore;
- i **capillari** trasportano il sangue ai tessuti, permettendo lo *scambio capillare*;
- le **vene** riportano il sangue al cuore.

Quanti circuiti compongono la circolazione sanguigna?

I vasi sanguigni | pag. C79

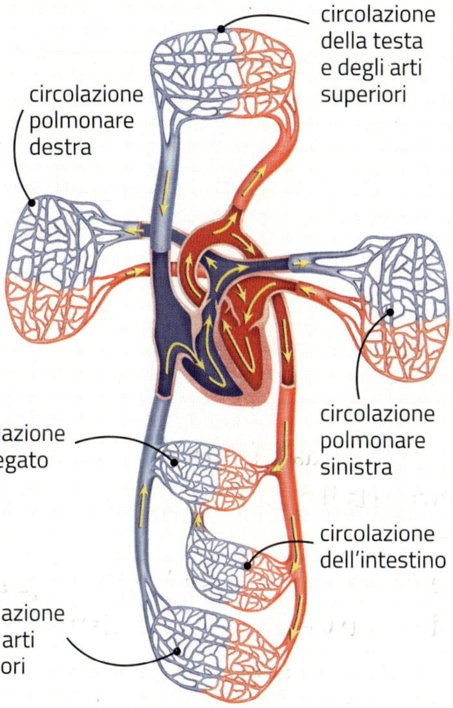

La circolazione sistemica e quella polmonare sono due circuiti distinti che partono e arrivano al cuore.

- **circolazione sistemica**:
sangue ricco di ossigeno · ventricolo sinistro · aorta · capillari · tessuti · il sangue scambia l'ossigeno con il diossido di carbonio · capillari venosi · vene · vene cave · atrio destro;
- **circolazione polmonare**:
sangue povero di ossigeno · ventricolo destro · arteria polmonare · capillari polmonari che circondano gli alveoli · il sangue cede il diossido di carbonio e si arricchisce di ossigeno · capillari venosi · vene polmonari · atrio sinistro.

Come è strutturata la circolazione linfatica?

La circolazione linfatica | pag. C82

Oltre al sistema circolatorio, nel nostro corpo è presente un altro sistema di vasi che forma la **circolazione linfatica**. Al suo interno, scorre la **linfa** che, assieme al sangue, contribuisce al trasporto delle sostanze e alla difesa contro i microrganismi patogeni.

La linfa viene raccolta nei **vasi linfatici**, che attraversano tutto il corpo. Lungo il loro percorso ci sono i **linfonodi**, che filtrano la linfa e ospitano linfociti e macrofagi.

Come funzionano le difese del nostro organismo?

L'immunità: l'organismo si difende | pag. C84

L'organismo si difende da microrganismi e agenti estranei attraverso due tipi di immunità.

1. L'**immunità aspecifica** è presente fin dalla nascita e comprende una prima barriera fisica (come la pelle) e chimica (come la saliva) e un secondo livello di difese interne (risposta infiammatoria, proteine del complemento, interferoni, febbre).
2. L'**immunità specifica** è diretta contro un determinato agente patogeno e prevede due tipi di risposte: una mediata dagli anticorpi, prodotti dai linfociti B, e una mediata da cellule, i linfociti T.

1. **Completa la mappa concettuale.**

arterie
regolazione
corpuscolata
cuore
capillari
atri
vasi sanguigni
vene
globuli rossi
plasma

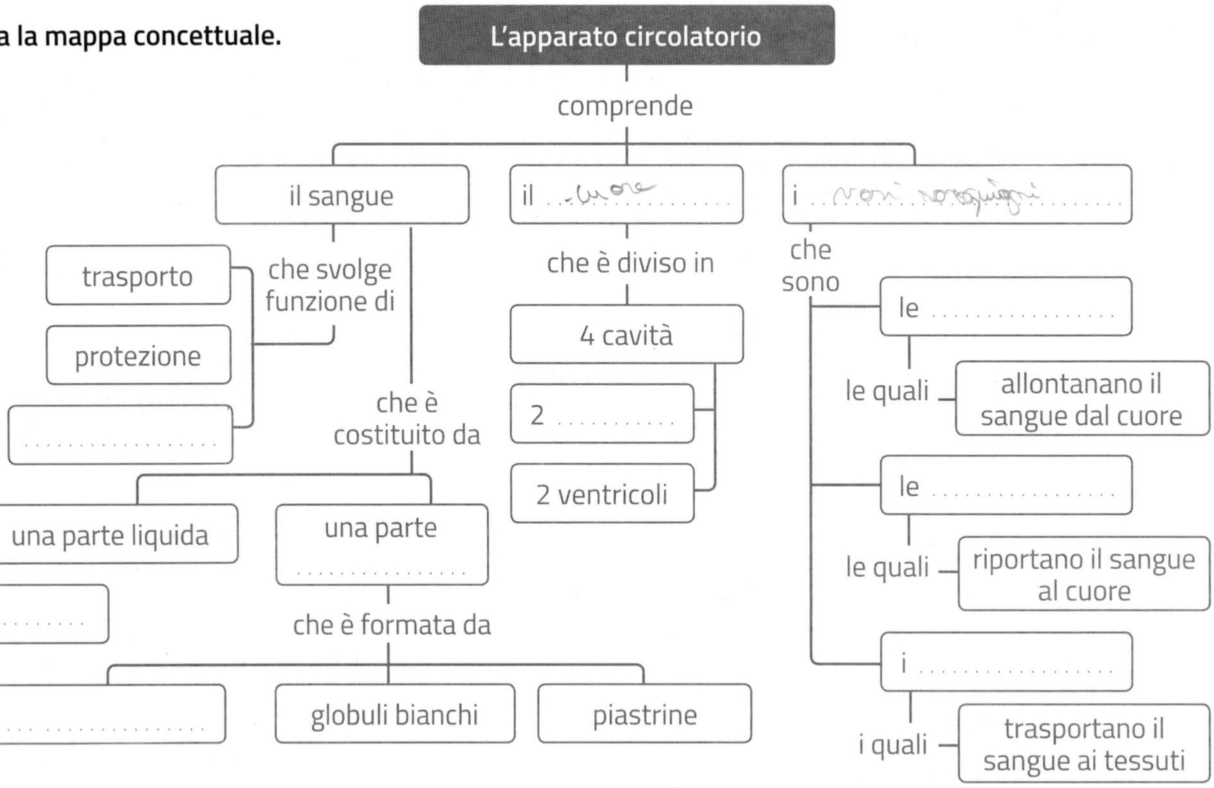

2. **I globuli rossi presenti in 1 mm³ di sangue sono circa**

A 4 500 000-6 000 000.
B 3000-9000.
C 150 000-400 000.
D 5000-10 000.

3. **I globuli bianchi servono a**

A trasportare l'ossigeno a tutte le parti del corpo.
B provocare la coagulazione del sangue.
C difendere l'organismo.
D trasportare le sostanze nutritive a tutte le parti del corpo.

4. **Le piastrine presenti nel sangue servono a**

A trasportare l'ossigeno a tutte le parti del corpo.
B provocare la coagulazione del sangue.
C difendere l'organismo.
D trasportare le sostanze nutritive a tutte le parti del corpo.

5. **Il cuore è un muscolo**

A in parte liscio e in parte striato, ma involontario.
B liscio e volontario.
C striato e involontario.
D striato e volontario.

6. **Vero o falso? Correggi le affermazioni errate sul tuo quaderno.**

a. Le cellule del sangue sono prodotte dal midollo osseo rosso. V F
b. Tutte le arterie trasportano sangue ricco di ossigeno. V F
c. I globuli rossi sono privi di nucleo. V F
d. Il miocardio è un particolare tessuto muscolare, che costituisce il cuore. V F
e. Il cuore batte in media 15 volte al minuto. V F
f. L'atrio destro è sempre in comunicazione con l'atrio sinistro. V F
g. I linfonodi filtrano la linfa. V F

7. **Rispondi alle domande sul tuo quaderno.**

a. Da che cosa è formato l'apparato circolatorio?
b. Quali funzioni svolge il sangue?
c. Che cosa comprende la parte corpuscolata del sangue?
d. Descrivi la struttura interna del cuore.
e. Quali sono le fasi del ciclo cardiaco?
f. Descrivi la struttura di arterie, vene e capillari.
g. Che cosa avviene durante lo scambio capillare?
h. Descrivi il circolo sistemico e quello polmonare.
i. Che cos'è la circolazione linfatica?
j. Che funzione hanno i linfonodi?
k. Che cosa succede quando i batteri penetrano nel corpo attraverso le ferite?
l. Che cosa sono e a che cosa servono i vaccini?

8. **Osserva la figura e inserisci i termini opportuni.**

A ....

B ....

C ....

D ....

E ....

F ....

G ....

H ....

I ....

J ....

K ....

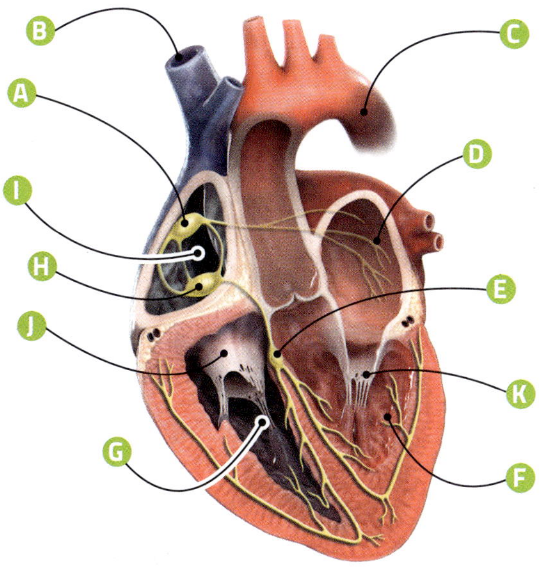

9. **Completa lo schema.**

A aorta
B arterie polmonari
C atrio destro
D atrio sinistro
E capillari delle gambe
F capillari della testa e delle braccia
G capillari polmonari
H vene polmonari
I ventricolo destro
J ventricolo sinistro

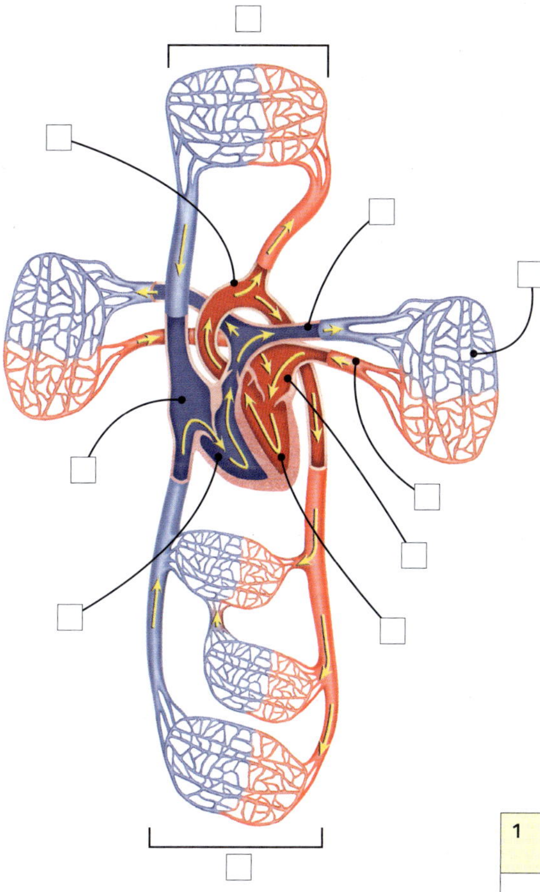

10. **Risolvi il cruciverba.**

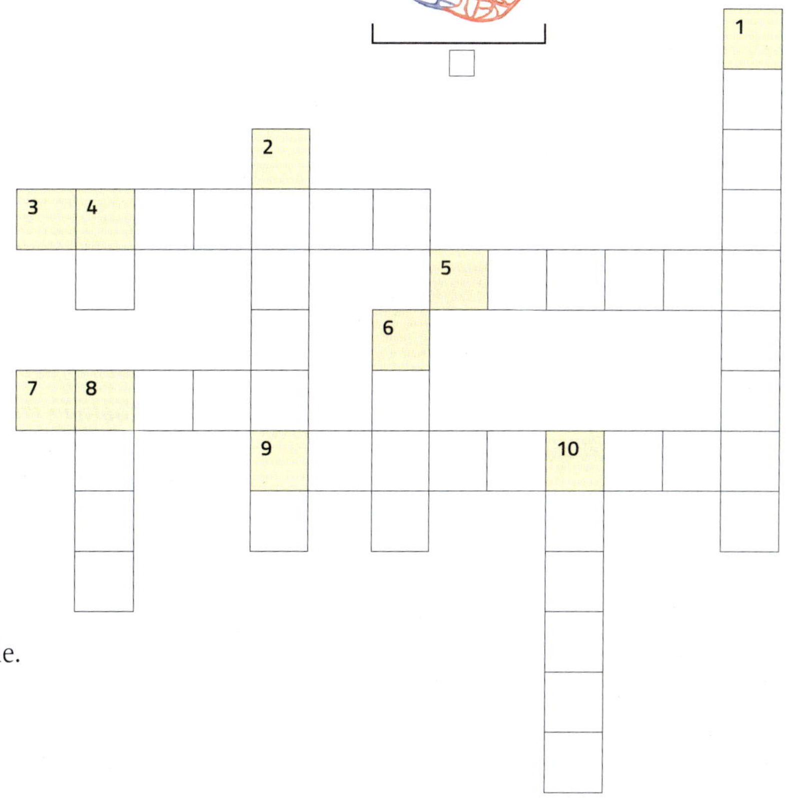

Orizzontali

3. Farmaci che contengono agenti patogeni uccisi oppure resi inoffensivi.
5. La parte liquida del sangue.
7. Una delle cavità superiori del cuore.
9. Filtrano la linfa.

Verticali

1. Il tessuto muscolare cardiaco.
2. Contrazione cardiaca.
4. Il gruppo sanguigno che è ricevente universale.
6. Vasi che portano il sangue al cuore.
8. Vi avviene la maturazione dei linfociti T.
10. I globuli rossi ne sono privi.

11. **Prepara un manifesto pubblicitario per promuovere i benefici dell'attività fisica.**

Percorso guidato

1. Ripassa la lezione 2, in cui si parla del cuore.
2. Per prendere confidenza con il suo funzionamento, fai l'attività proposta.
   a. Misura la frequenza del battito cardiaco, con un cronometro o un orologio con le lancette per i secondi.
   b. Appoggia indice e medio sulla parte interna del tuo polso e cerca il punto in cui senti la pulsazione dell'arteria radiale.
   c. Fai partire il cronometro e conta il numero delle pulsazioni in un minuto.
   d. Registra il risultato.
   e. Esegui 10 salti e 10 piegamenti sulle braccia.
   f. Ripeti la misura della frequenza del battito cardiaco.
   g. Registra il risultato ottenuto e confrontalo con il precedente.
3. Che cosa puoi concludere dall'attività svolta al punto precedente? Perché c'è differenza nel numero di pulsazioni a riposo e dopo uno sforzo?

....

....

4. Confronta ora i tuoi risultati con quelli dei compagni. Registri delle differenze? Da che cosa possono dipendere le differenze tra i tuoi dati e quelli dei tuoi compagni?

....

....

5. Ora leggi il testo sottostante.

Attività fisica e cuore

L'**attività fisica regolare** è in grado di migliorare notevolmente il benessere del sistema cardiovascolare. Camminare a passo veloce, correre, andare in bicicletta e nuotare sono attività molto efficaci perché favoriscono l'aumento della **gittata cardiaca**.

Questo succede perché il cuore si adatta all'attività intensa, aumentando il volume delle proprie cavità. L'ingrossamento del cuore consente di produrre una maggiore gittata sistolica, aumentando così la quantità di sangue spinto dal ventricolo sinistro all'aorta e quindi a tutti i tessuti del corpo. Un atleta ben allenato può raggiungere una gittata cardiaca doppia rispetto a una persona sedentaria.

Sport in cui c'è una contrazione sostenuta di grandi masse muscolari provocano un aumento della pressione sanguigna.

Quindi se pratichi un'attività fisica è importante sottoporsi a una visita medico-sportiva che comprende anche alcuni esami che riguardano il cuore tra cui l'**elettrocardiogramma** o ECG.

Questo esame rileva e registra l'attività elettrica del cuore tramite alcuni elettrodi che si posizionano sul corpo e si può effettuare a riposo oppure sotto sforzo (per esempio, mentre si pedala sulla cyclette). L'**elettrocardiogramma sotto sforzo** permette di valutare la risposta del cuore a una maggiore richiesta di ossigeno da parte dell'organismo.

6. Leggi una seconda volta il testo, sottolineando le frasi più importanti.
7. Per approfondire le informazioni contenute nel testo, fai una ricerca su Internet. Puoi iniziare da qui:

Vai al sito
Il progetto cuore

8. Usa le informazioni che hai raccolto ai punti 3, 4, 6 e 7 per costruire il tuo manifesto.

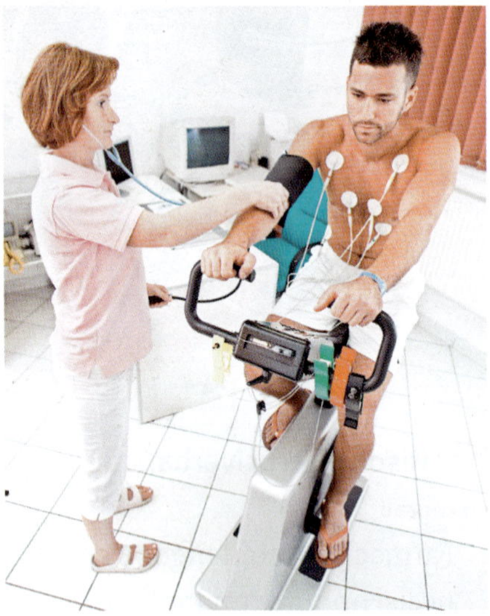

C4 ESERCIZI CLIL

12. **Read the statements about vaccines, and write them in the correct order in the flow chart given below.**

a. White blood cells produce antibodies to target and destroy the weakened bacterium or virus contained in the vaccine.
b. The vaccine enters the body, and our immune system fights back.
c. The body is now protected against that microbe.
d. If the same microbe attacks the body later on, the antibodies produced by our memory cells react and destroy it rapidly.
e. Its protection comes from the antibodies produced in the blood and some special white cells called «memory cells».
f. The microbe in the vaccine cannot reproduce and cannot do any harm, and so it is destroyed quickly.

b					

Parte C

Capitolo 5

L'APPARATO RESPIRATORIO E GLI SCAMBI GASSOSI

Di' la tua

Che titolo daresti alla vignetta? ....

Come interverresti nella discussione? Qual è la tua opinione?

....

Lezione 1

L'aria e la respirazione

1. L'aria e la respirazione

Ogni cellula del nostro corpo ha bisogno di ossigeno; se per qualche motivo l'ossigeno viene a mancare, le cellule iniziano a morire, e con esse i tessuti e gli organi. Il rifornimento di ossigeno avviene grazie alla respirazione.

In biologia, con la parola **respirazione** si indicano due processi diversi: la respirazione cellulare e la respirazione polmonare.

La **respirazione cellulare** avviene nei mitocondri e comprende tutte le reazioni chimiche che usano l'ossigeno per «bruciare» i nutrienti, soprattutto zuccheri, e ricavare energia. La respirazione cellulare produce anche diossido di carbonio, che viene immesso nella circolazione sanguigna.

La **respirazione polmonare** ha luogo nei polmoni ed è lo scambio di gas che avviene tra l'aria e il sangue. Il sangue proveniente dal cuore destro, povero di ossigeno e ricco di diossido di carbonio, arriva ai polmoni pieni d'aria; qui il sangue cede il diossido di carbonio e preleva l'ossigeno, per poi tornare al cuore sinistro ed essere distribuito alle cellule di tutto il corpo.

L'insieme degli organi che hanno il compito di procurare l'ossigeno per le cellule e di eliminare il diossido di carbonio prodotto dalla respirazione cellulare costituisce l'**apparato respiratorio**.

Oltre ai polmoni, l'apparato respiratorio comprende anche le vie respiratorie che sono costituite da bocca, naso, gola, laringe, trachea e bronchi. Per rifornire tutto il corpo di ossigeno, l'apparato respiratorio ha bisogno dell'apparato circolatorio, che trasporta il sangue venoso (carico di diossido di carbonio) ai polmoni e il sangue arterioso (carico di ossigeno) ai tessuti: questi due apparati lavorano a stretto contatto.

I pesci come lo squalo balena respirano l'ossigeno disciolto nell'acqua per mezzo delle **branchie**; invece i mammiferi come gli esseri umani respirano aria grazie ai **polmoni**. Per poter respirare sott'acqua, questi sub usano delle bombole piene di aria compressa.

Durante uno sforzo le nostre cellule hanno bisogno di una **maggiore quantità di ossigeno** e la respirazione polmonare diventa più frequente.

SÌ BROSI

2. L'aria che respiriamo

La respirazione polmonare avviene in due fasi: l'inspirazione e l'espirazione.

Durante l'**inspirazione**, l'aria atmosferica entra attraverso il naso o la bocca, percorre le vie respiratorie e arriva ai polmoni; durante l'**espirazione**, l'aria percorre il tragitto inverso ed esce dai polmoni.

Un'inspirazione e la successiva espirazione costituiscono un **atto respiratorio**, che si ripete circa 10-18 volte al minuto. In condizioni di sforzo, per esempio quando corriamo, la frequenza degli atti respiratori può aumentare fino a 70 respiri al minuto.

La composizione dell'aria che inspiriamo è diversa da quella dell'aria che espiriamo. In generale, l'aria atmosferica è un miscuglio di gas che può contenere anche tracce di sostanze solide (polveri) o liquide, come piccole goccioline d'acqua. I gas più abbondanti sono azoto e ossigeno; il diossido di carbonio è presente in minima parte.

Nell'**aria espirata** la concentrazione di ossigeno è minore rispetto all'**aria inspirata**, mentre la concentrazione di diossido di carbonio è maggiore; l'azoto invece rimane costante.

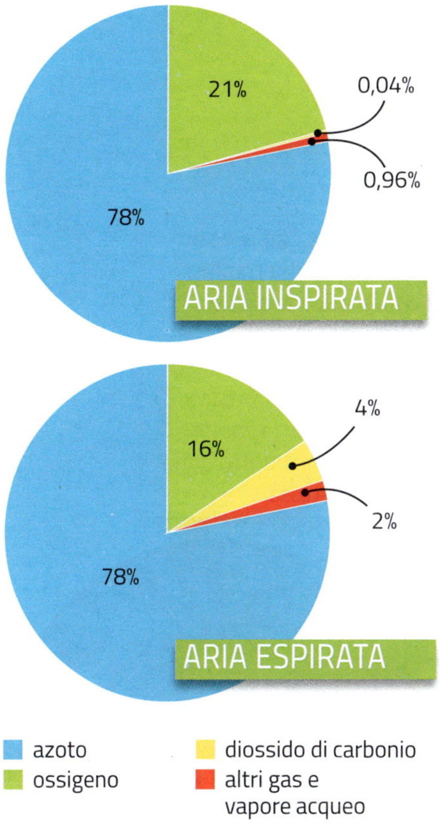

LABORATORIO DELLE COMPETENZE

Aria inspirata e aria espirata

Materiale

- becher da 100 mL o bicchiere di plastica
- acqua di calce (è una soluzione di idrossido di calcio, che diventa torbida in presenza di diossido di carbonio)
- palloncino
- cannuccia
- occhiali di protezione

Procedimento

1. Indossa gli occhiali di protezione.
2. Versa acqua di calce fino a metà becher.
3. Soffia nel palloncino alcune volte, in modo da riempirlo di aria espirata.
4. Attraverso una cannuccia, fai lentamente gorgogliare l'aria nel becher.
5. Ripeti i punti 3 e 4 alcune volte.

Che cosa osservi?

Noti qualche cambiamento nel contenuto del becher?

....

Che cosa concludi?

L'acqua di calce è diventata .... perché l'aria che hai soffiato nel palloncino è ricca di ....

Quindi l'aria espirata contiene una maggiore quantità di .... rispetto all'aria atmosferica: questo gas viene prodotto dalla ....

3. Il percorso dell'aria nell'apparato respiratorio

Ogni volta che compiamo un atto respiratorio, l'aria percorre tutte le vie respiratorie fino ai polmoni.

La mucosa che riveste l'interno della trachea è formata da cellule provviste di **ciglia**, che vibrano dal basso verso l'alto per espellere le particelle intrappolate nel muco prodotto dalla mucosa stessa.

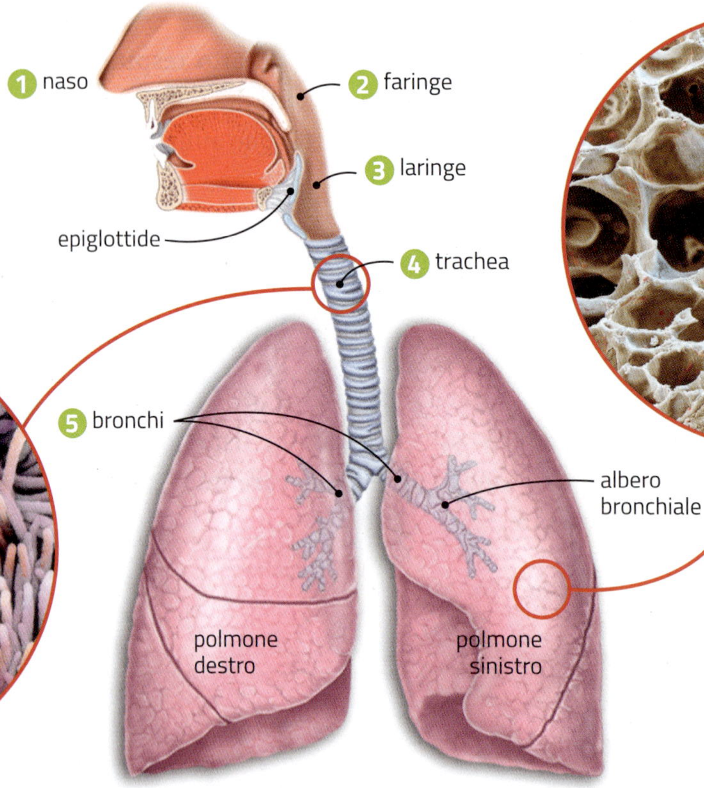

Ogni polmone contiene circa 200 milioni di alveoli, la cui superficie complessiva è pari a quella di un campo da tennis.

L'aria entra dal **naso** 1 attraverso le narici e passa alle **cavità nasali**, rivestite da una mucosa ricca di capillari sanguigni e di ghiandole che producono muco. La mucosa è anche tappezzata di peli, che trattengono le particelle presenti nell'aria, mentre i capillari e il muco la riscaldano e la rendono più umida.

L'aria passa attraverso la gola o **faringe** 2, una cavità in comune con l'apparato digerente, poi passa nella **laringe** 3, un organo cavo con le pareti formate da cartilagine. Tra faringe e laringe si trova l'*epiglottide*, una valvola che si chiude durante la deglutizione per impedire che il cibo entri nella trachea.

La mucosa della laringe forma le *corde vocali*, quattro pieghe che vibrano al passaggio dell'aria producendo suoni di diverse frequenze.

Dalla laringe, l'aria arriva nella **trachea** 4, un tubo lungo circa 12 cm, che si trova davanti all'esofago. La trachea è rinforzata da una ventina di anelli di cartilagine a forma di «C» che sono aperti nella parte posteriore, per consentire all'esofago di dilatarsi durante il passaggio del cibo.

A livello della quinta vertebra toracica, la trachea si divide nei due **bronchi** 5, che penetrano nei polmoni. I bronchi si suddividono poi in rami sempre più sottili, i *bronchioli*, che formano l'*albero bronchiale*. Nelle pareti dei bronchioli è presente del tessuto muscolare liscio che consente loro di dilatarsi e di restringersi.

Il tragitto dell'aria termina negli **alveoli**, minuscoli sacchetti circondati da centinaia di sottilissimi capillari. Qui hanno luogo gli scambi di gas tra l'aria e il sangue.

4. La struttura dei polmoni e gli scambi gassosi

I polmoni sono organi spugnosi con una consistenza molle ed elastica; si trovano nella cavità toracica, ai lati del cuore, e poggiano sul diaframma, il muscolo che separa la cavità toracica da quella addominale.

Ogni polmone è diviso in **lobi**, che a loro volta sono suddivisi in lobuli; ogni **lobulo** contiene un vaso linfatico, un'arteriola, una venula e un bronchiolo. I bronchioli si suddividono in rami sempre più piccoli fino a terminare negli **alveoli**, dove avvengono gli scambi gassosi.

Ciascun polmone è rivestito dalla **pleura**, una membrana a doppio strato a forma di sacco chiuso: lo strato interno, chiamato *pleura viscerale*, riveste il polmone; lo strato esterno, detto *pleura parietale*, riveste la cavità toracica. Lo spazio tra i due strati contiene il liquido pleurico, che fa aderire perfettamente la pleura viscerale a quella parietale. Quando la cavità toracica si dilata, trascina con sé prima la pleura parietale e poi la pleura viscerale, obbligando il polmone a dilatarsi.

A livello polmonare, gli **scambi gassosi** avvengono per diffusione fra l'aria contenuta negli alveoli e il sangue della rete di capillari che ricopre la superficie esterna degli alveoli stessi.

L'ossigeno passa dall'aria al sangue, dove è meno concentrato; il diossido di carbonio, al contrario, dal sangue all'aria.

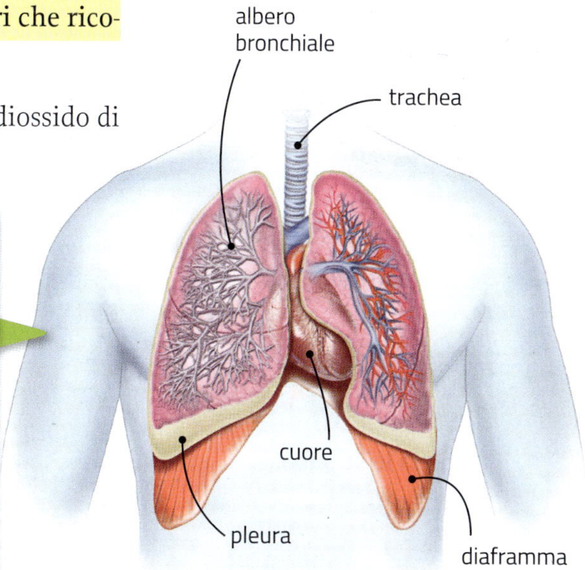

Il polmone destro è più grande di quello sinistro, che deve lasciare spazio al cuore. Il polmone destro pesa 600 g ed è diviso in tre lobi, quello sinistro pesa 500 g ed è formato solo da due lobi.

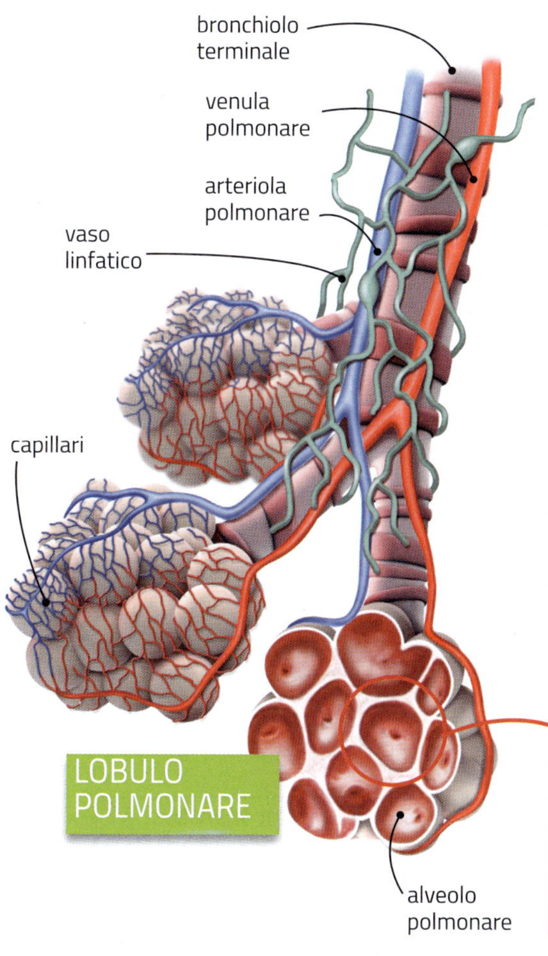

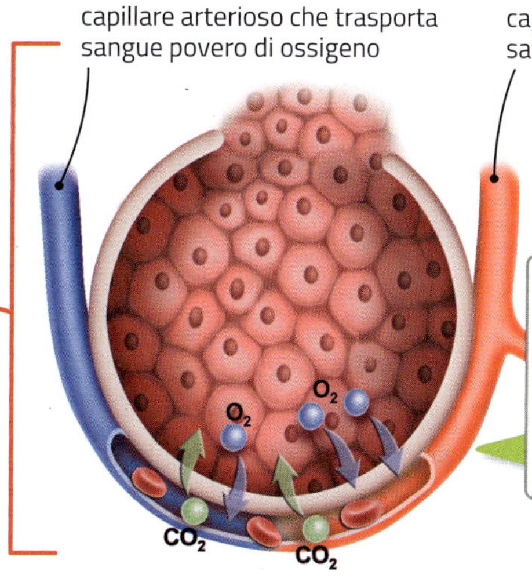

Per favorire gli **scambi gassosi**, le pareti degli alveoli sono formate da un unico strato di cellule sottilissime, ricoperte da un liquido che le mantiene sempre umide.

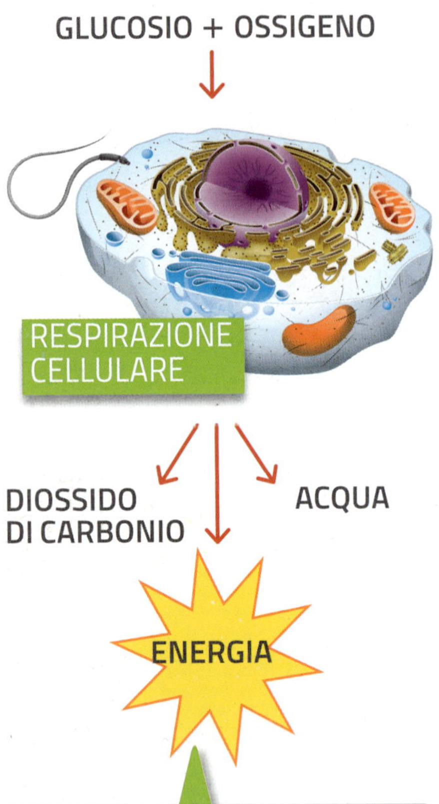

L'energia prodotta nella respirazione cellulare si presenta sotto forma di molecole di **ATP e calore.**

Guarda il video
La respirazione cellulare

5. Dalla respirazione polmonare alla respirazione cellulare

Grazie alle vene polmonari, il sangue arterioso proveniente dai polmoni arriva al cuore sinistro; da qui, le arterie del circolo sistemico lo trasportano a tutto il corpo.

Il sangue arterioso è ricco di ossigeno, che però è poco solubile nel plasma; per questo motivo è trasportato dall'**emoglobina**, una proteina presente nei globuli rossi.

L'emoglobina contiene atomi di ferro, che sono capaci di legare le molecole di ossigeno. In questo modo, i globuli rossi possono trasportare una quantità di ossigeno molto più alta rispetto a quella che potrebbe essere disciolta nel plasma.

Una volta raggiunti i tessuti, le arterie si ramificano a loro volta in arteriole e infine in capillari. Tra i capillari e le cellule dei tessuti avvengono scambi gassosi inversi a quelli che avvengono negli alveoli polmonari. L'ossigeno trasportato dai globuli rossi diffonde alle cellule; allo stesso tempo, il diossido di carbonio passa dalle cellule al sangue. Soltanto il 20% del diossido di carbonio si lega all'emoglobina; il restante 80% si scioglie nel plasma.

A questo punto le cellule usano l'ossigeno per compiere le reazioni della respirazione cellulare, che avviene nei mitocondri. Durante questo processo, che è simile alla combustione, l'ossigeno reagisce con lo zucchero glucosio per produrre diossido di carbonio e acqua e liberare energia.

La cellula usa l'energia prodotta dalla respirazione cellulare per svolgere tutte le sue funzioni vitali: muoversi, crescere, dividersi e sintetizzare nuove sostanze.

IMPARA A IMPARARE

1. Completa lo schema.

L'aria — entra soprattutto — dal .... — poi passa — nella faringe — poi passa — nella .... — poi — nella trachea — che si divide — nei due ....

nei due .... → i quali penetrano — nei ....
nei due .... → i quali si suddividono — nei .... — che terminano con — gli .... polmonari — dove avvengono — gli scambi ....

2. Sul tuo quaderno costruisci uno schema per spiegare gli scambi gassosi nelle respirazioni polmonare e cellulare.

Lezione

2

I movimenti della respirazione

6. La ventilazione polmonare

La **ventilazione polmonare** è il flusso di aria che si crea fra l'ambiente esterno e l'interno dei polmoni; tale flusso avviene grazie alle differenze di pressione dell'aria.

Noi **inspiriamo** quando la pressione dell'aria all'interno dei polmoni è inferiore rispetto alla pressione atmosferica; **espiriamo** quando la pressione dell'aria all'interno dei polmoni è superiore alla pressione atmosferica.

Poiché la pressione atmosferica è sempre uguale, le variazioni di pressione che si verificano durante la ventilazione polmonare sono dovute al cambiamento di volume dei polmoni. Quando il volume polmonare aumenta, la pressione all'interno dei polmoni diminuisce e l'aria è aspirata all'interno; quando il volume polmonare si riduce, la pressione aumenta e l'aria è spinta fuori.

I polmoni però non sono provvisti di muscoli, e quindi non possono muoversi da soli; i loro cambiamenti di volume sono dovuti all'espansione e al restringimento della cavità toracica, a cui i polmoni sono collegati grazie alla pleura. I muscoli che permettono alla cavità toracica di variare il proprio volume sono il **diaframma** e i **muscoli intercostali**.

Leggi la scheda
Il singhiozzo

Leggi la scheda
La ventilazione meccanica

Guarda il video
La ventilazione polmonare

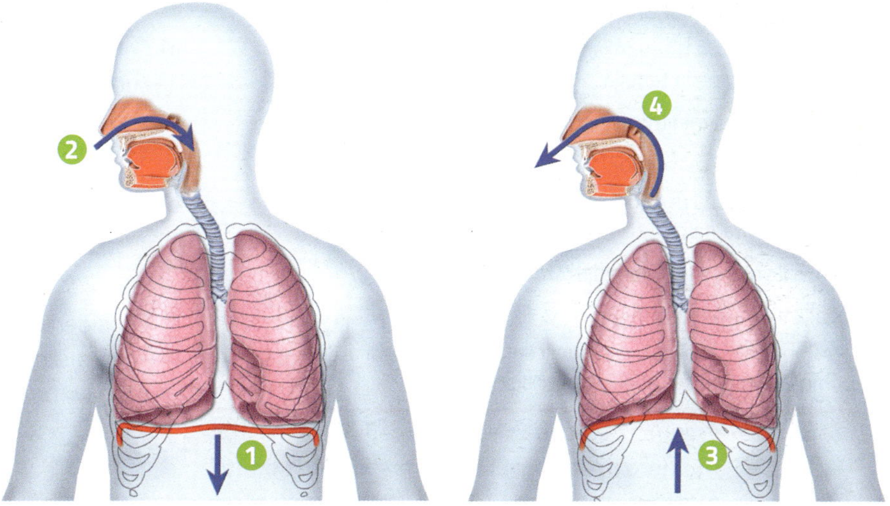

L'**inspirazione** è un processo attivo, in cui il diaframma si abbassa e i muscoli intercostali si sollevano ❶. La cavità toracica si espande e provoca un aumento del volume polmonare. La pressione all'interno dei polmoni diminuisce, richiamando aria dall'esterno ❷. L'inspirazione dura fino a quando la pressione polmonare non diventa uguale alla pressione atmosferica.

L'**espirazione** è un processo passivo, che dipende dalla naturale elasticità dei polmoni: quando il diaframma e i muscoli intercostali si rilasciano ❸, il volume della cavità toracica diminuisce e i polmoni tornano alle condizioni di riposo. Il volume polmonare si riduce e l'aria fluisce all'esterno ❹.

I **volumi respiratori** variano in base all'età, al sesso e alla corporatura; i valori più alti di capacità vitale si misurano negli sciatori di fondo, che possono arrivare a 8 L.

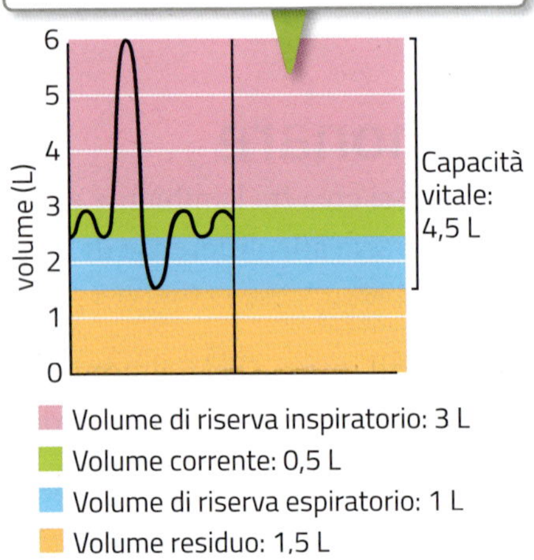

Leggi la scheda
Misurare la funzionalità respiratoria: la spirometria

7. La capacità vitale dei polmoni

A riposo, ognuno di noi compie in media dodici atti respiratori al minuto. Durante un singolo atto respiratorio, si inspirano e si espirano circa 0,5 L d'aria: questa quantità è chiamata **volume corrente**.

Se facciamo un'inspirazione profonda, potremo introdurre ancora circa 3 L di aria, che costituiscono il **volume di riserva inspiratorio**. Se a questo punto facciamo un'espirazione forzata, oltre ai volumi inspirati è possibile espellere ancora circa 1 L di aria, che costituisce il **volume di riserva espiratorio**.

La quantità massima di aria che si può mobilizzare dopo aver fatto un'inspirazione forzata e arrivando a un'espirazione forzata è pari alla somma di questi volumi e si chiama **capacità vitale**.

capacità vitale = volume corrente + volume di riserva inspiratorio +
+ volume di riserva espiratorio = 0,5 L + 3 L + 1 L = **4,5 L**

La **capacità polmonare totale** è ancora superiore e raggiunge circa i 6 L. Infatti, anche dopo un'espirazione forzata, i polmoni non vengono svuotati completamente, ma conservano un **volume residuo** di aria pari a circa 1,5 L.

LABORATORIO DELLE COMPETENZE

Misura la frequenza respiratoria

La **frequenza respiratoria** è uno dei parametri vitali e viene misurata in atti respiratori in un minuto.

Procedimento

1. Misura la tua frequenza respiratoria a riposo e registra i dati ottenuti nella tabella.

Qual è il valore minimo registrato? . . . .

Qual è il valore massimo? . . . .

2. Fai una corsa di 400 m e rileva la tua frequenza respiratoria dopo l'attività fisica.

Qual è il valore minimo registrato? . . . .

Qual è il valore massimo? . . . .

3. Condividi i tuoi dati con quelli dei tuoi compagni di classe e compilate un'unica tabella come la seguente.

Studente	Frequenza respiratoria (numero di atti respiratori al minuto) a riposo	Frequenza respiratoria dopo l'attività fisica

Qual è la media di classe? . . . .

4. Quando torni a casa, misura la frequenza respiratoria a riposo dei tuoi genitori, se possibile dei tuoi nonni e di fratelli o sorelle più piccoli. Riporta i valori registrati in una tabella.

5. Al rientro a scuola, ognuno condivide i dati raccolti per organizzarli in tabelle di frequenza.

Materiale

- cronometro
- calcolatrice o foglio di calcolo

Che cosa concludi?

a) Considerando l'esperienza svolta in classe, che cosa succede dopo l'attività fisica?

. . . .

. . . .

b) Si registrano differenze tra le ragazze e i ragazzi?

. . . .

. . . .

c) Considerando le tabelle di frequenza in cui hai condiviso i dati raccolti a casa con quelli dei tuoi compagni, come varia la frequenza respiratoria con l'età?

. . . .

. . . .

d) In quali altre condizioni può verificarsi una variazione della frequenza respiratoria? Prova a formulare delle ipotesi e confrontale con quelle dei tuoi compagni

. . . .

. . . .

. . . .

8. Il controllo nervoso della respirazione

Nel caso di gravi traumi che danneggiano il **midollo allungato**, una zona situata fra il midollo spinale e il cervello, la respirazione si arresta. Ciò dimostra che, a differenza di quanto accade per il battito cardiaco, l'attività respiratoria è controllata dal sistema nervoso centrale, che regola la contrazione dei muscoli intercostali e del diaframma.

> **I centri di controllo della respirazione**, che determinano il ritmo normale del respiro, sono collocati nel midollo allungato.

Il midollo allungato regola la profondità e la frequenza del respiro, in base alle necessità di assumere ossigeno e di eliminare diossido di carbonio: per esempio, quando vai in bicicletta la tua frequenza respiratoria aumenta perché i centri di controllo mandano più stimoli ai muscoli respiratori.

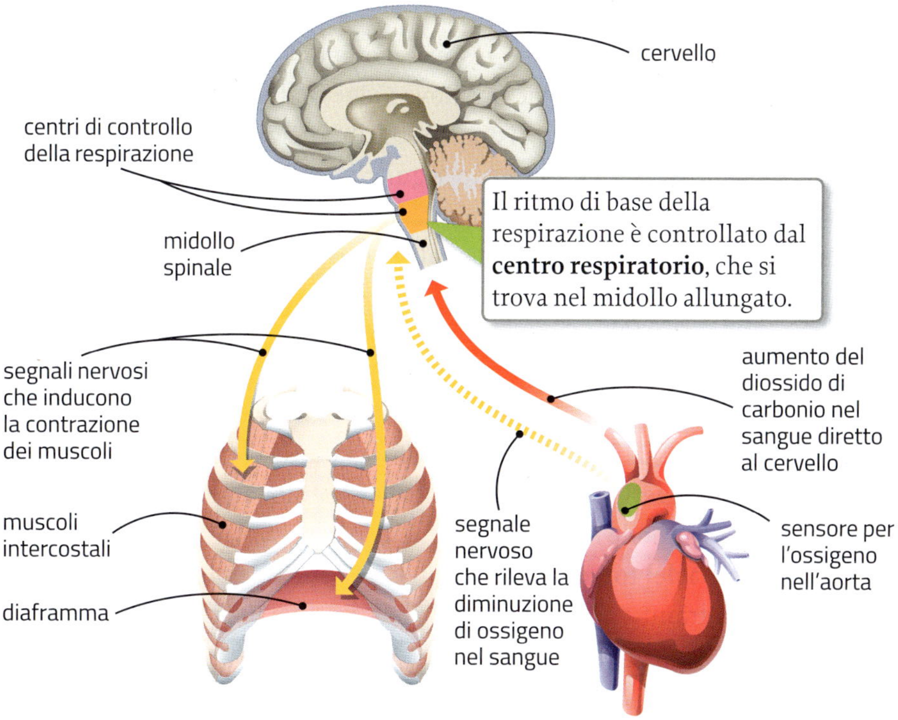

IMPARA A IMPARARE

1. Completa lo schema.

La ventilazione polmonare

- è controllata → dal sistema .... centrale
- è → il .... d'aria → che si genera per → la differenza di .... fra interno ed esterno dei ....
- consiste nei due processi di → inspirazione; ....

Lezione

3

Mantenere in salute l'apparato respiratorio

8. Un efficiente sistema di difesa

Il nostro apparato respiratorio funziona in modo particolarmente efficiente: questo è possibile grazie a diversi **meccanismi di difesa**.

La prima barriera difensiva è costituita dalla **mucosa respiratoria**: la mucosa di tutte le vie aeree, infatti, possiede cellule che producono muco, circondate da altre cellule provviste di ciglia.

RINITE

Il **muco** ingloba le particelle che respiriamo, mentre le **ciglia** lo spingono lontano dai polmoni, verso la faringe dove viene inghiottito.

Di solito non ci accorgiamo di questo continuo movimento, se non quando la produzione di muco aumenta in seguito a un'infiammazione o a un'infezione. La produzione di muco aumenta nel caso della **rinite**, il comune raffreddore. La rinite può essere di natura allergica o causata da virus.

Tosse e **starnuti** sono altri meccanismi difensivi, che permettono di espellere grandi quantità d'aria, contenente polveri e microrganismi.

La **bronchite** e la **polmonite** invece sono provocate da infiammazioni dei bronchi e dei polmoni. La polmonite è una malattia infiammatoria spesso dovuta a virus e batteri, nella quale gli alveoli polmonari si riempiono di liquido, rendendo difficile la respirazione.

La **radiografia del torace** permette di diagnosticare polmoniti, forme tumorali e lesioni traumatiche, osservando la forma dei polmoni.

Per valutare i rumori polmonari, il medico ci ausculta con il **fonendoscopio**.

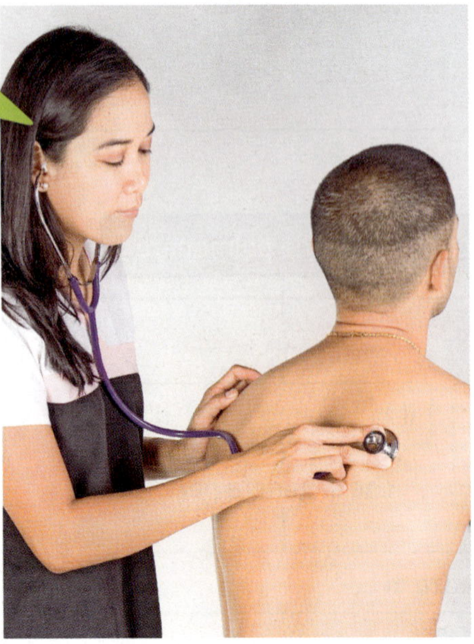

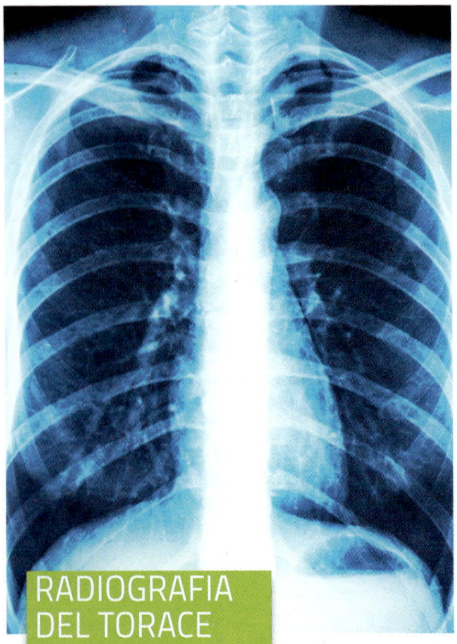

RADIOGRAFIA DEL TORACE

SCIENZA E SALUTE

Le malattie dell'apparato respiratorio

– L'asma

L'asma è una patologia del sistema respiratorio, molto diffusa soprattutto nei Paesi industrializzati. Durante un **attacco d'asma**, i bronchi e i bronchioli si restringono, quindi l'aria fatica ad arrivare ai polmoni, il respiro si fa sibilante e si prova la sensazione di «fame d'aria» (**dispnea**).

La crisi asmatica inizia più frequentemente durante il sonno e colpisce prevalentemente i bambini. Tali crisi possono essere determinate dall'inalazione di **sostanze inquinanti** (come quelle presenti nei gas di scarico e nel fumo di sigaretta), ma anche di altri materiali, come i pollini, il pelo di cani e gatti o le feci degli acari della polvere. Queste sostanze sono innocue per la maggior parte delle persone, ma scatenano in alcuni individui reazioni di difesa eccessive chiamate **reazioni allergiche**: l'organismo cerca di impedire agli agenti potenzialmente pericolosi di raggiungere gli alveoli polmonari, restringendo le vie respiratorie.

In Italia soffre d'asma circa il 7% della popolazione; l'asma colpisce soprattutto chi abita nelle città. I sintomi sono trattati con farmaci a base di **cortisone**, che riducono la costrizione delle vie aeree.

– La fibrosi cistica

La fibrosi cistica è una delle malattie genetiche più comuni: colpisce un neonato su 2500 e in genere si manifesta già nelle prime settimane di vita, più raramente nell'adolescenza. La malattia coinvolge l'apparato respiratorio (dalle prime vie aeree al tessuto polmonare), il pancreas, il fegato, l'intestino e l'apparato riproduttore, soprattutto nei maschi.

La secrezione eccessiva di muco denso blocca le vie respiratorie, provocando una tosse persistente e mettendo il paziente a rischio di gravi infezioni.

La terapia si basa sulla **fisioterapia respiratoria** e sull'uso di **farmaci** mucolitici, per staccare il muco denso, e di antibiotici, per prevenire le infezioni. Inoltre è necessario assumere **enzimi pancreatici** per migliorare la digestione.

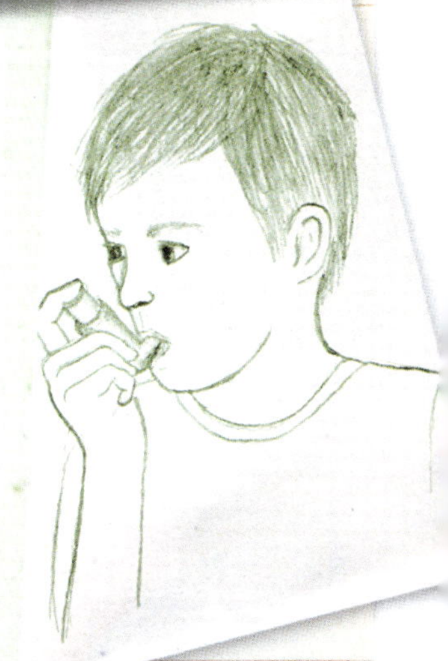

I farmaci per il trattamento dell'asma sono assunti **per via inalatoria**.

L'aria inquinata può favorire crisi d'asma.

Leggi la scheda
La tubercolosi: una malattia antica ma ancora attuale

Gli acari della polvere sono responsabili dell'allergia.

9. I danni causati dal fumo di sigaretta

L'Organizzazione Mondiale della Sanità definisce il fumo come «la più grande minaccia per la salute in Europa».

Il **fumo** è una causa certa o probabile di un gran numero di malattie, molte delle quali sono mortali.

In Italia ogni anno muoiono a causa del fumo oltre 80 000 persone, di cui circa 35 000 per **cancro al polmone**: questo tipo di tumore ha una sopravvivenza molto bassa, anche perché di solito al momento della diagnosi è già a uno stadio molto avanzato. Infatti il fumo di sigaretta contiene molte *sostanze cancerogene* e *particelle radioattive*, che favoriscono la comparsa del cancro polmonare.

Inoltre l'esposizione cronica al fumo distrugge l'elasticità dei polmoni provocando l'**enfisema**, che danneggia la delicata parete degli alveoli e ne provoca il collasso. La tipica «tosse del fumatore» è invece sintomo di bronchite, che è dovuta all'infiammazione provocata dal fumo di sigaretta.

Nei fumatori l'efficienza respiratoria è ridotta a causa di diversi fattori.

- La *nicotina* restringe i bronchioli, riducendo la ventilazione polmonare.
- Il *monossido di carbonio* riduce la capacità dell'emoglobina di trasportare ossigeno nel sangue.
- Gli *agenti irritanti* del fumo aumentano la secrezione di muco, rallentando il flusso di aria dentro e fuori i polmoni. Inoltre inibiscono l'azione delle ciglia e le distruggono, provocando accumulo di muco e di sostanze di rifiuto. Il *catrame* si deposita sulla superficie degli alveoli polmonari e li rende meno efficienti.

La buona notizia è che **smettere di fumare** serve: l'incidenza del cancro del polmone è 20 volte maggiore nei fumatori rispetto ai non fumatori, ma il rapporto si riduce a 2:1 per gli ex fumatori che hanno smesso da almeno 15 anni.

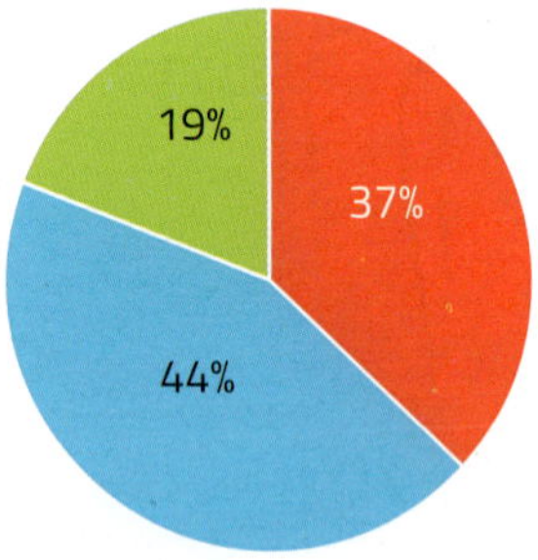

Numero di morti all'anno per patologie legate al fumo

- tumore ai polmoni
- patologie cardiovascolari
- bronchite, enfisema

Nei polmoni di una persona che fuma un pacchetto di sigarette al giorno, in 20 anni passano ben 3 kg di catrame.

POLMONI DI UN FUMATORE

POLMONI DI UN NEONATO

IMPARA A IMPARARE

1. Completa lo schema.

Le difese dell'apparato respiratorio sono
- il .... che ingloba le particelle estranee
- le .... che spingono il muco lontano dai ....

Quali sono le parti che compongono l'apparato respiratorio?

L'aria e la respirazione | pag. C94

L'apparato respiratorio comprende le **vie respiratorie** (naso, faringe, laringe, trachea e bronchi) e i **polmoni**, che si trovano nella **cavità toracica**, vicino al cuore, e sono rivestiti dalla **pleura**.

Come avviene la respirazione polmonare?

L'aria e la respirazione | pag. C96

La **respirazione** è il processo con cui ci procuriamo l'**ossigeno** ed eliminiamo il **diossido di carbonio**.

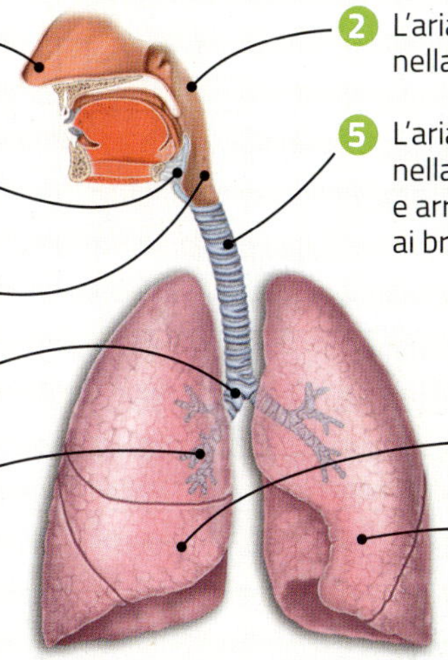

Come fanno i polmoni a cambiare il proprio volume?

I movimenti della respirazione | pag. C99

I polmoni non sono muscoli, perciò per aumentare e diminuire di volume ogni volta che l'aria entra ed esce hanno bisogno dei movimenti della **gabbia toracica**. Questi movimenti sono regolati dai **muscoli intercostali** e dal **diaframma**, che allargano e restringono la gabbia toracica.

L'**inspirazione** consente l'ingresso di aria ossigenata nei polmoni, invece l'**espirazione** permette di eliminare l'aria ricca di diossido di carbonio.

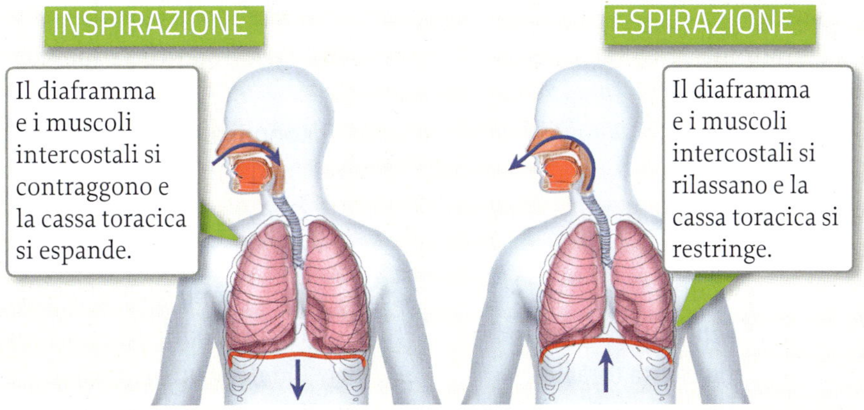

Quali sono i meccanismi di difesa dell'apparato respiratorio?

Mantenere in salute l'apparato respiratorio | pag. C102

Gli organi del sistema respiratorio sono provvisti di **meccanismi di difesa** dall'attacco di sostanze irritanti e microrganismi.

La mucosa delle vie aeree è costituita di cellule che producono il **muco**, che ingloba le particelle estranee, e di cellule provviste di **ciglia**, che spingono il muco lontano dai polmoni.

Costruisci la tua mappa

ZTE ONLINE Mettiti alla prova con 20 esercizi interattivi

1. Completa la mappa concettuale.

pleura
faringe
lobuli
bronchi
alveolo
vaso linfatico
arteriola
scambi gassosi

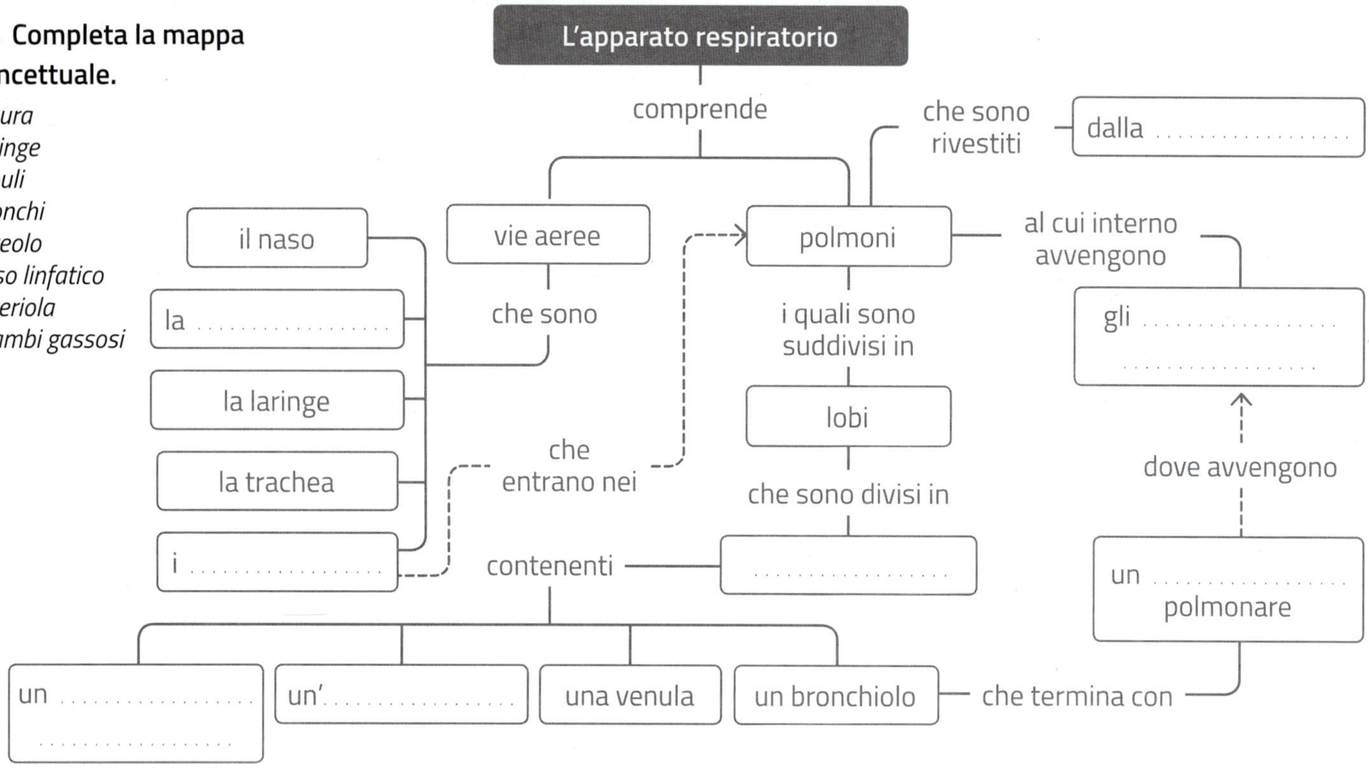

2. L'apparato digerente e quello respiratorio hanno in comune

A la faringe.
B la laringe.
C le tonsille.
D la trachea.

3. L'organo della fonazione è

A la faringe.
B la laringe.
C il diaframma.
D la trachea.

4. La pleura è

A la membrana che riveste i polmoni e la cavità toracica.
B una delle cavità polmonari.
C un liquido che riduce l'attrito fra i polmoni e la cavità toracica.
D un muscolo.

5. L'aria entra nei polmoni, quando la pressione all'interno del torace

A aumenta.
B diminuisce.
C diventa nulla.
D è uguale a quella esterna.

6. Vero o falso? Correggi le affermazioni errate sul tuo quaderno.

a. Nelle cavità nasali l'aria viene depurata, riscaldata e arricchita di diossido di carbonio. V F
b. I polmoni sono formati da tessuto muscolare. V F
c. Lo scambio gassoso avviene negli alveoli. V F
d. Durante l'inspirazione, il diaframma si contrae e si abbassa. V F
e. L'aria espirata è ricca di ossigeno e sostanze di rifiuto. V F
f. La respirazione cellulare avviene nei mitocondri. V F
g. I centri di controllo della respirazione si trovano nel midollo spinale. V F
h. Tosse e starnuti sono meccanismi difensivi. V F

7. Rispondi alle domande sul tuo quaderno.

a. Qual è il gas più presente nell'aria che respiriamo?
b. Che cos'è la respirazione cellulare?
c. Che cos'è la respirazione polmonare?
d. Quali sono le caratteristiche degli alveoli?
e. Quali modifiche subisce l'aria nella cavità nasale?
f. Quali strutture formano l'apparato respiratorio?
g. Che cosa si intende per «ventilazione polmonare»?
h. Attraverso quali meccanismi avviene la ventilazione polmonare?
i. Che cos'è il diaframma e quale funzione svolge?
j. Dove sono collocati i centri di controllo della respirazione?
k. Quali sono i meccanismi di difesa messi in atto dall'apparato respiratorio?
l. Quali danni all'apparato respiratorio sono causati dal fumo di sigaretta?

8. **Osserva le immagini e inserisci i termini.**

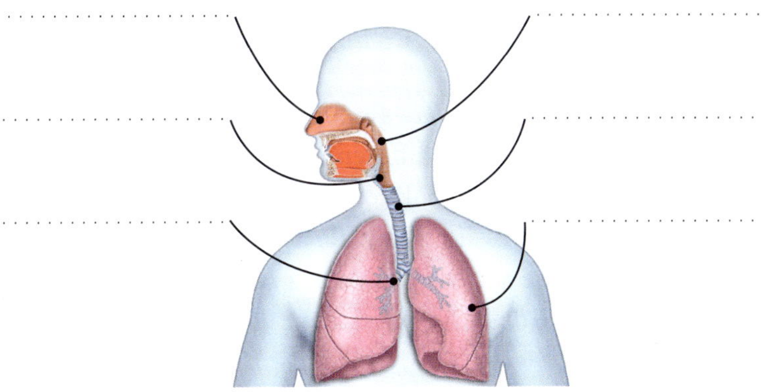

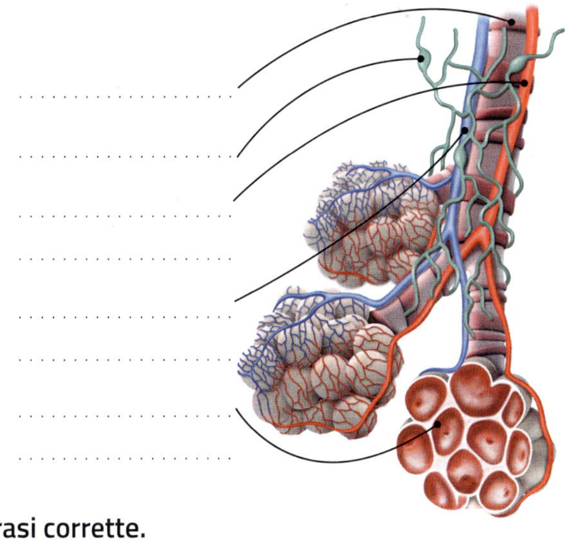

9. **Abbina ogni termine alla sua definizione in modo da formare frasi corrette. Riscrivi le frasi complete sul tuo quaderno.**

A	cavità nasali	☐	1 Valvola cartilaginea che divide faringe e laringe.
B	faringe	☐	2 Contiene le corde vocali.
C	laringe	☐	3 Vi avvengono gli scambi gassosi.
D	bronchi	☐	4 Tratto comune all'apparato respiratorio e digerente.
E	epiglottide	☐	5 Rami in cui si biforca la trachea.
F	polmoni	☐	6 Sono protetti dalla gabbia toracica.
G	alveoli polmonari	☐	7 Hanno la funzione di riscaldare e umidificare l'aria.

10. **Scrivi sotto a ciascun disegno quale atto respiratorio rappresenta**

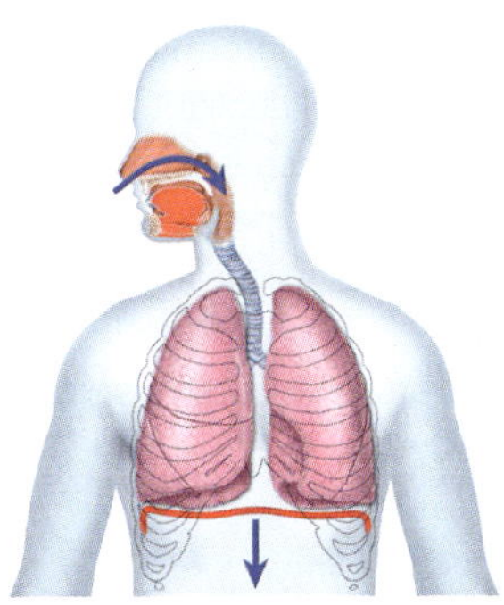

....

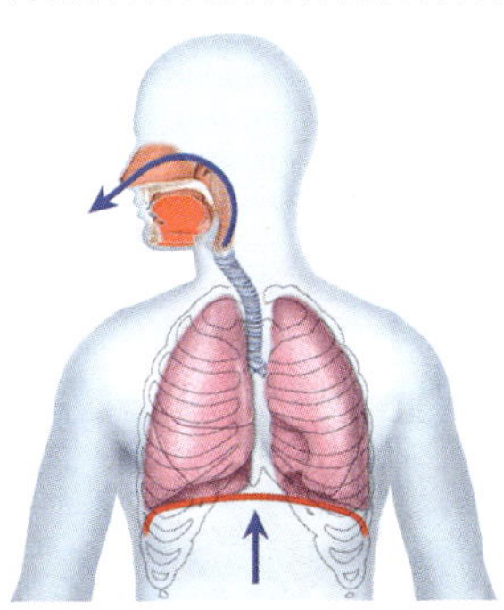

....

11. **Risolvi il cruciverba.**

Orizzontali

2. Il muscolo che si abbassa e si alza durante la respirazione.
4. Le cellule della mucosa ne sono provviste.
7. I due rami in cui si divide la trachea.
9. La membrana che ricopre i polmoni.

Verticali

1. Il polmone più piccolo.
3. Vi avvengono gli scambi gassosi.
5. Il tubo situato davanti all'esofago.
6. La gola.
8. Aumenta in caso di raffreddore.

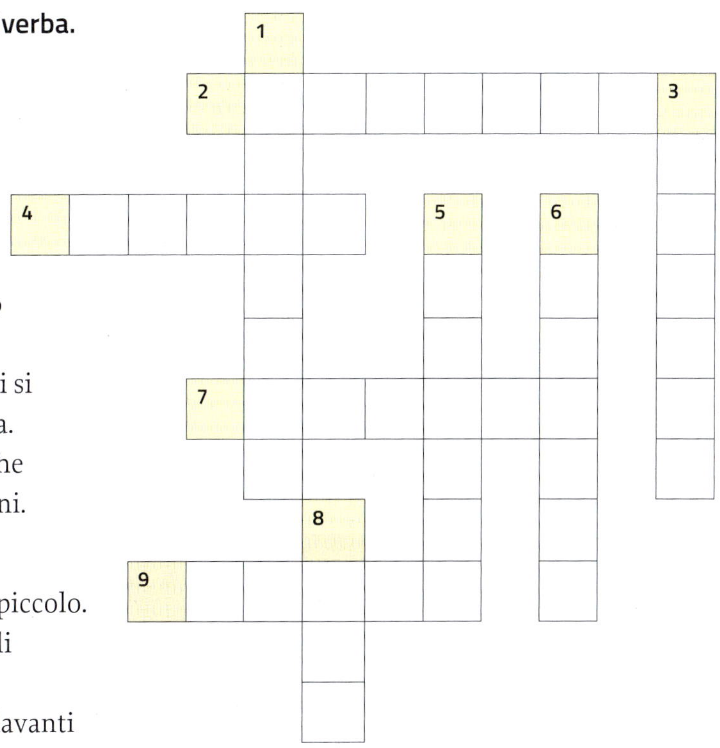

12. **Prepara un dépliant informativo sul «mal di montagna» da distribuire ai turisti nelle stazioni delle funivie che portano ad alte quote e negli uffici turistici dei centri d'alta montagna.**

Percorso guidato

1. Ripassa la lezione 2, in particolare dove si parla degli scambi gassosi che avvengono nei polmoni.
2. Leggi il testo, in cui si parla della relazione fra l'altitudine e gli scambi gassosi che avvengono nei polmoni.

Il passaggio dell'ossigeno dall'aria inspirata al sangue avviene per diffusione semplice, un processo che dipende dalla differenza di concentrazione del gas tra l'interno e l'esterno delle cellule polmonari. Il legame dell'ossigeno con l'emoglobina dipende dalla pressione parziale dell'ossigeno (p_{O_2}).

A livello del mare, la pressione atmosferica è circa 760 mmHg. Sapendo che l'ossigeno costituisce il 21% dell'aria, possiamo calcolare la sua pressione parziale.

$$\frac{(760 \text{ mmHg} \times 21)}{100} = 159 \text{ mmHg}$$

Nell'aria contenuta nei polmoni, la pressione parziale dell'ossigeno è simile a quella dell'atmosfera. L'emoglobina si satura di ossigeno, cioè trasporta il 100% delle molecole di ossigeno possibili, quando la pressione parziale del gas è superiore a 100 mmHg.

Quando si sale di altitudine, la pressione dell'aria diminuisce gradualmente. Già al di sopra dei 2000 m, la diminuzione diventa tale da diminuire sensibilmente la quantità di ossigeno disponibile.

All'aumentare dell'altitudine, lo scambio dell'ossigeno con il sangue è più difficile per la rarefazione dell'aria e la conseguente minore pressione parziale del gas.

Al di sopra dei 1800 m, il nostro organismo comincia a risentire dello stress dovuto alla scarsità di ossigeno e possiamo soffrire di «mal di montagna», una condizione patologica causata dal mancato adattamento alle grandi altitudini.

altitudine (m)	p_{aria} (mmHg)
1000	673
2000	597
4000	462
6000	353
8000	266
10000	198
15000	87

3. Leggi di nuovo il testo, sottolineando le parti più importanti.
4. Fai una ricerca su Internet sui sintomi più comuni del mal di montagna e su come è possibile evitare la sua insorgenza.
5. Alcune popolazioni, come gli indiani Quechua delle Ande e gli Sherpa dell'Himalaya, vivono in località di alta montagna. Ricerca informazioni sulle capacità di adattamento all'alta quota.
6. Ora che hai raccolto le informazioni, progetta la grafica del dépliant. Prevedi anche gli spazi per le immagini.
7. Costruisci un prototipo per definire come organizzare gli spazi e dove inserire le informazioni.
8. Sulla base del prototipo, costruisci ora il tuo dépliant.

C5 ESERCIZI CLIL

13. **Read the statements about smoking, and decide if they are True or False.**

a. Tobacco contains an addictive drug called melanin. T F
b. Smoking can cause lung diseases such as emphysema. T F
c. The heart is protected against the harmful effects of tobacco. T F
d. Quitting smoking helps the recovery of lung functionality. T F
e. «Never start» is the best choice to do about tobacco. T F

Parte C Capitolo 6

L'APPARATO ESCRETORE

Di' la tua

Che titolo daresti alla vignetta? ....

Come interverresti nella discussione? Qual è la tua opinione?

....
....
....
....
....
....
....
....
....
....
....
....
....
....
....
....

Lezione

1

Eliminare i rifiuti per mantenere l'equilibrio

1. Il bilancio idrico dell'organismo

Nelle reazioni chimiche che avvengono continuamente nell'organismo, si producono **sostanze inutili o dannose**, che devono essere eliminate.

Il processo di eliminazione dei prodotti di rifiuto si definisce **escrezione**.

Per esempio, il diossido di carbonio che si forma durante la respirazione cellulare è eliminato attraverso i polmoni. Invece i composti dell'azoto prodotti nella demolizione delle proteine non sono gassosi, ma sono solubili in acqua.

L'organismo deve espellere molta **acqua** per allontanare le scorie prodotte, quindi ogni giorno dobbiamo reintrodurre una quantità d'acqua sufficiente a bilanciare quella persa.

Il **bilancio idrico** è il conteggio dei volumi complessivi di liquidi in entrata e in uscita, tale per cui la percentuale di acqua contenuta nel corpo rimanga costante.

L'organismo è in grado di regolare il bilancio idrico attraverso particolari meccanismi che, da un lato, producono lo stimolo della sete quando è necessario introdurre acqua e, dall'altro, regolano il volume di liquidi espulsi.

Ogni giorno introduciamo nel nostro corpo circa **2,5 L di acqua** e ne eliminiamo una quantità analoga, mantenendo l'organismo ben idratato.

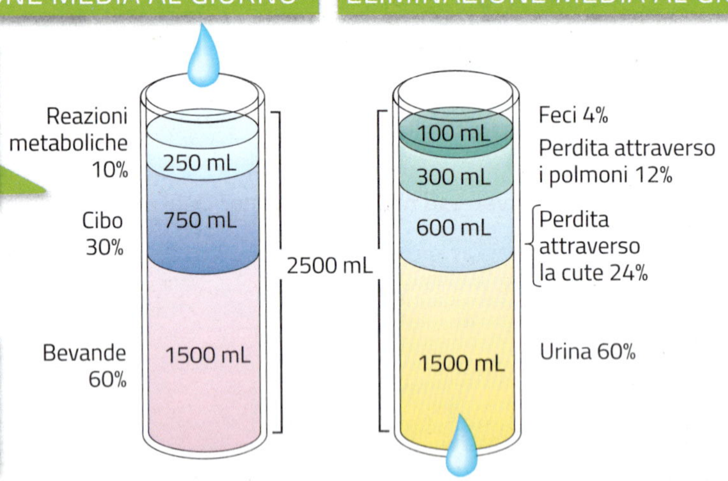

Praticando **sport** perdiamo acqua, sia con il sudore sia attraverso la respirazione: per questo, dobbiamo bere molto.

Un buon modo per **idratarsi** è assumere alimenti ricchi di acqua.

2. L'escrezione: una funzione per più organi

L'escrezione avviene soprattutto attraverso l'apparato urinario.

L'apparato urinario svolge il compito di rimuovere dal corpo i prodotti di rifiuto producendo l'**urina**, un liquido che viene eliminato all'esterno.

Oltre che a livello dell'apparato urinario, l'escrezione avviene anche attraverso altri organi.

- La **pelle** elimina acqua e sali minerali attraverso il *sudore*.
- I **polmoni** eliminano il *diossido di carbonio* prodotto dalla respirazione cellulare e una certa quantità di acqua, sotto forma di *vapore acqueo*.
- L'**intestino** rimuove ed elimina gli *alimenti non digeriti* e i *prodotti di rifiuto*.
- Il **fegato** trasforma l'ammoniaca derivante dalla demolizione degli amminoacidi in *urea*, un composto meno tossico che viene eliminato attraverso l'urina. Inoltre il fegato degrada le molecole di *emoglobina*, i *farmaci* e le *sostanze tossiche* trasformandole in composti di rifiuto, che sono eliminati con la bile o l'urina.

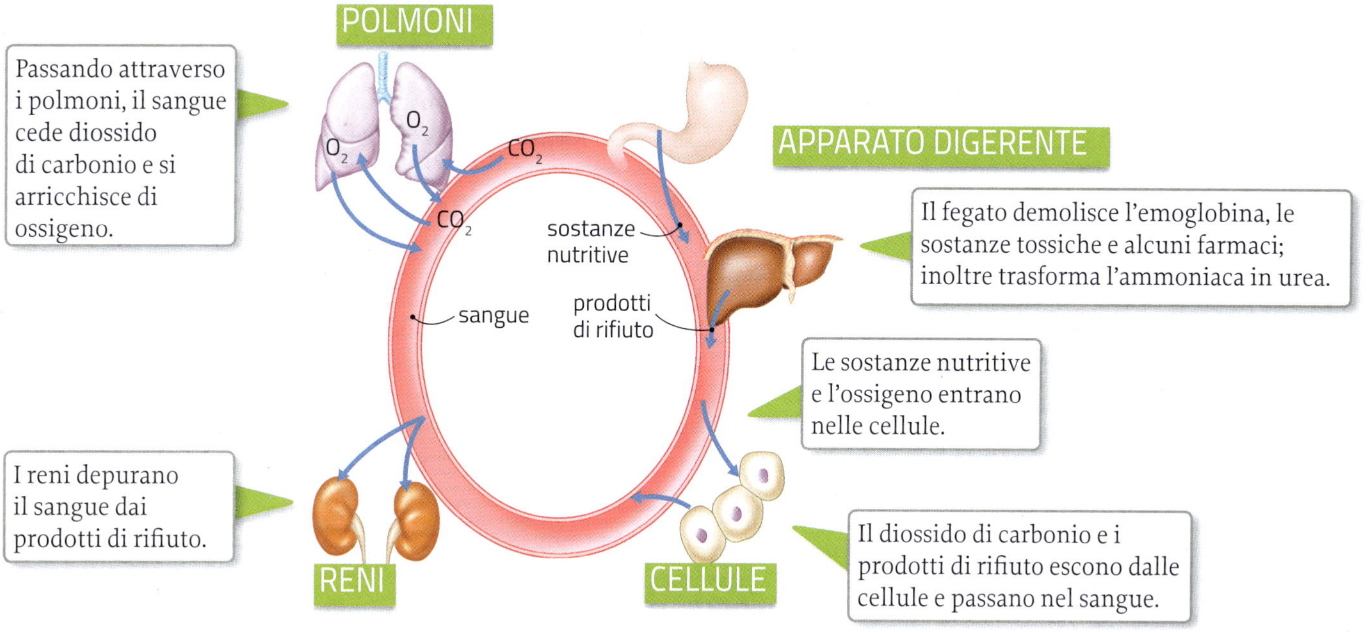

3. La composizione dell'urina

Le proprietà fisiche e la composizione chimica dell'urina sono molto variabili in relazione a diversi fattori, da quelli alimentari a quelli metabolici e costituzionali.

In condizioni normali, l'**urina** è costituita da acqua e da composti azotati, come l'urea e l'acido urico, prodotti dalla demolizione delle proteine.

Nell'urina possono anche trovarsi quantità variabili di *sali minerali*, la cui escrezione aumenta quando nel sangue ce ne sono troppi. Altre sostanze si ritrovano nell'urina solo in presenza di determinate **malattie**: per esempio, la presenza di glucosio è uno dei sintomi del diabete.

L'analisi dell'urina è un esame di laboratorio che permette di verificare anomalie non solo dell'apparato urinario, ma anche dell'intero organismo.

Nell'analisi dell'urina, vengono considerati aspetti di tipo **chimico** (il valore di pH e le sostanze contenute), **fisico** (come colore, densità e torbidità) e **microscopico**, per rilevare la presenza di cellule. Se si sospetta un'infezione, si può eseguire una coltura batterica.

Molti farmaci, sostanze stimolanti e droghe sono eliminati con le urine: per questo motivo, se si vuole verificare l'assunzione di sostanze dopanti da parte di un atleta è possibile sottoporlo al test dell'urina.

Urine chimico-fisico-microscopico			
Analisi	**Risultato**	**Unità di misura**	**Valori di riferimento**
1 Colore	giallo		
u-Densità	1,020		(1,007-1,027)
2 u-pH	6,0		(5,5-6,5)
3 u-Glucosio	assente	mg/dL	assente
u-Proteine	5	mg/dL	(0-10)
3 u-Emoglobina	assente	mg/dL	assente
3 u-Corpi chetonici	assente	mg/dL	assente
3 u-Bilirubina	assente	mg/dL	assente
u-Urobilinogeno	0,20	mg/dL	(0-1,0)
4 Sedimento	non significativo		

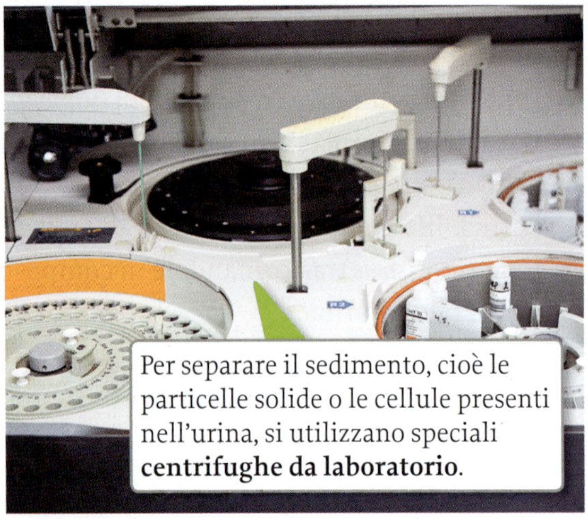

Per separare il sedimento, cioè le particelle solide o le cellule presenti nell'urina, si utilizzano speciali **centrifughe da laboratorio**.

1 Il **colore** caratteristico delle urine è *giallo paglierino*. Variazioni di colore, dal verde fino al rosso, possono essere sintomo di una malattia, ma anche dipendere dal tipo di alimentazione o dall'assunzione di farmaci.

2 Il valore del **pH** indica quanto una soluzione è acida o basica. L'urina è debolmente acida, anche se le abitudini alimentari influiscono sul valore del pH: per esempio, l'eccessivo consumo di carne ne aumenta l'acidità.

3 Alcune sostanze, come il **glucosio**, l'**emoglobina**, i **corpi chetonici** e la **bilirubina** dovrebbero essere assenti. La presenza di ciascuna di queste sostanze può far sospettare una specifica malattia.

4 Il **sedimento** urinario è costituito da detriti microscopici, per esempio cellule. L'esame del sedimento si fa con il microscopio e può fornire indicazioni utili per la diagnosi di numerose patologie.

IMPARA A IMPARARE

1. Completa lo schema.

L'escrezione
avviene tramite
- l'apparato urinario — attraverso — l'.................... — che è formata da — acqua; composti ....
- la pelle — che produce — il .... — che è formato da — acqua e sali minerali
- i polmoni — attraverso — l'aria espirata — che contiene — .... ; diossido di carbonio
- il .... — attraverso — la bile
- l'intestino — attraverso — le .... — che sono formate da — alimenti non digeriti

SCIENZA E SALUTE

L'omeostasi

Perché il nostro corpo possa funzionare al meglio, i miliardi di miliardi di cellule che lo costituiscono hanno bisogno di vivere in condizioni relativamente stabili. Il meccanismo che assicura il mantenimento di tali condizioni è detto **omeostasi.** Questo termine indica la tendenza degli esseri viventi a mantenere in stato di equilibrio le proprie caratteristiche chimico-fisiche, al variare delle condizioni esterne. Questo stato di equilibrio si mantiene attraverso precisi **meccanismi autoregolatori.**

Il nostro ambiente interno subisce continuamente lievi variazioni: l'omeostasi è un equilibrio dinamico che, agendo sia dall'esterno sia dall'interno, tende a mettere in atto meccanismi di controllo che si oppongono a tali cambiamenti.

Il sistema regolatore comprende diversi sottosistemi, ognuno dei quali è sottoposto a meccanismi di controllo.

La presenza del **liquido interstiziale**, che circonda tutte le cellule, è fondamentale per controbilanciare i cambiamenti che si verificano continuamente all'interno e all'esterno del nostro corpo. I processi omeostatici mantengono questo liquido costantemente alla temperatura di circa 36,5 °C e assicurano adeguati livelli di nutrienti e di ossigeno.

I processi fisiologici da cui dipende il mantenimento dell'omeostasi sono in gran parte gli stessi che ci tengono in salute. Tuttavia la regolazione dell'ambiente interno ha **costi energetici** molto elevati, cioè l'organismo spende molta energia per mantenere gli equilibri.

Tutti i meccanismi di controllo omeostatico hanno almeno tre componenti. Il primo componente è un **recettore,** cioè un sensore che controlla le variazioni ambientali (dette *stimoli*) e risponde loro. La risposta alle variazioni avviene inviando informazioni al secondo componente: il **centro di controllo** analizza le informazioni che riceve e stabilisce la risposta adeguata. Il terzo componente è l'**effettore**, su cui agisce la risposta del centro di controllo.

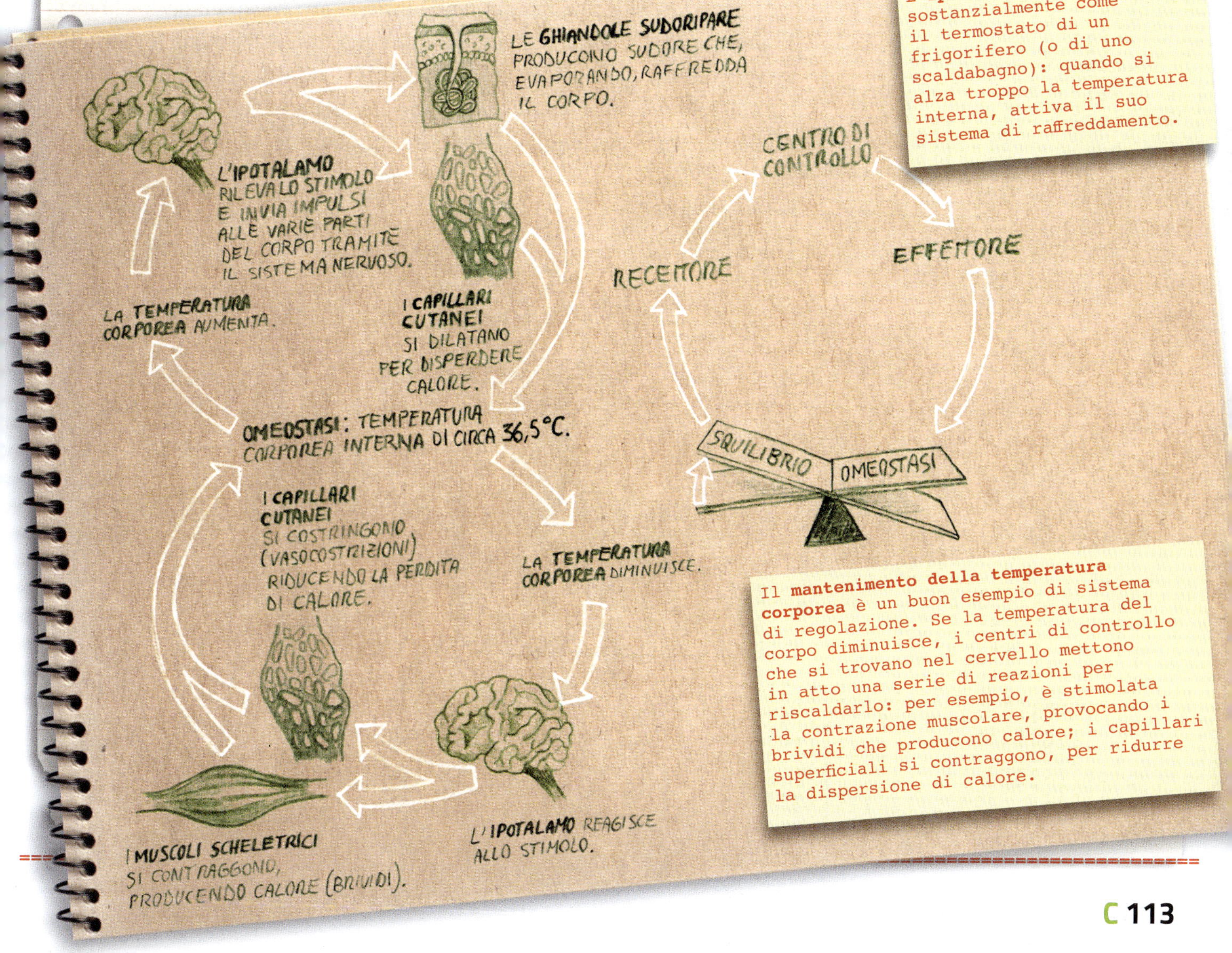

L'**ipotalamo** agisce sostanzialmente come il termostato di un frigorifero (o di uno scaldabagno): quando si alza troppo la temperatura interna, attiva il suo sistema di raffreddamento.

Il **mantenimento della temperatura corporea** è un buon esempio di sistema di regolazione. Se la temperatura del corpo diminuisce, i centri di controllo che si trovano nel cervello mettono in atto una serie di reazioni per riscaldarlo: per esempio, è stimolata la contrazione muscolare, provocando i brividi che producono calore; i capillari superficiali si contraggono, per ridurre la dispersione di calore.

Lezione 2

L'apparato urinario

4. La struttura dell'apparato urinario

L'apparato urinario è strettamente collegato al sistema circolatorio attraverso le vene e le arterie renali e si compone di diversi organi.

L'apparato urinario è costituito da due **reni**, due **ureteri**, la **vescica urinaria** e l'**uretra**.

La maggior parte di questi organi è collocata nella parte posteriore della cavità addominale, in modo simmetrico rispetto al piano sagittale.

I **reni** sono i principali organi dell'apparato urinario: al loro interno si forma l'urina, che trasporta all'esterno del corpo i prodotti di scarto. I reni sono grandi come due saponette, assomigliano a due fagioli e si trovano nella parte alta dell'addome; pesano circa 150 g ciascuno e sono ricoperti da una capsula fibrosa e da uno strato di tessuto adiposo. La parte concava dei reni è chiamata **ilo** ed è attraversata dall'arteria renale e dalla vena renale.

Visto in sezione, il rene presenta due regioni: una più esterna rosso chiaro, chiamata corteccia o *zona corticale*, e una più interna di colore rosso scuro, chiamata *zona midollare*.

L'urina che si forma in ogni rene fuoriesce attraverso un dotto chiamato **uretere**, che la porta alla **vescica**, una sorta di serbatoio che la raccoglie temporaneamente. L'espulsione dell'urina avviene attraverso l'**uretra**, che si apre all'esterno. Nella femmina l'uretra è molto breve, invece nel maschio è più lunga ed è in comune con l'apparato riproduttore.

Guarda il video L'apparato urinario

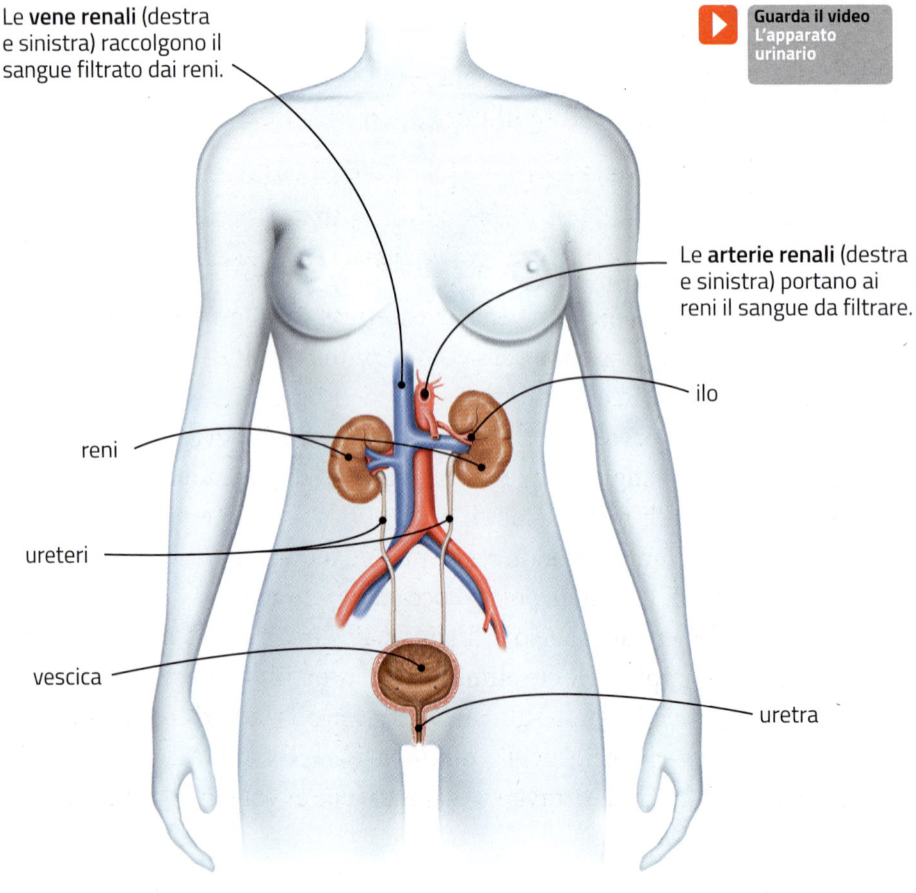

5. I reni: struttura e funzioni

Ogni rene è formato da più di un milione di unità funzionali dette **nefroni**.

Ogni nefrone è costituito da due parti distinte.

1. Il **corpuscolo renale** è formato da una rete di capillari chiamata *glomerulo* e dalla *capsula di Bowman*, una struttura a forma di coppa che lo avvolge. Il glomerulo filtra la parte liquida del sangue, che si raccoglie nella capsula di Bowman.
2. Il **tubulo renale** raccoglie il filtrato e lo fa confluire nel dotto collettore.

Attraverso il **dotto collettore**, l'urina filtrata da più nefroni raggiunge il **bacinetto renale**, una cavità interna da cui parte l'**uretere**.

Il bacinetto renale, gli ureteri, la vescica e l'uretra formano le **vie urinarie**.

Guarda il video
La struttura del rene e del nefrone

RENE

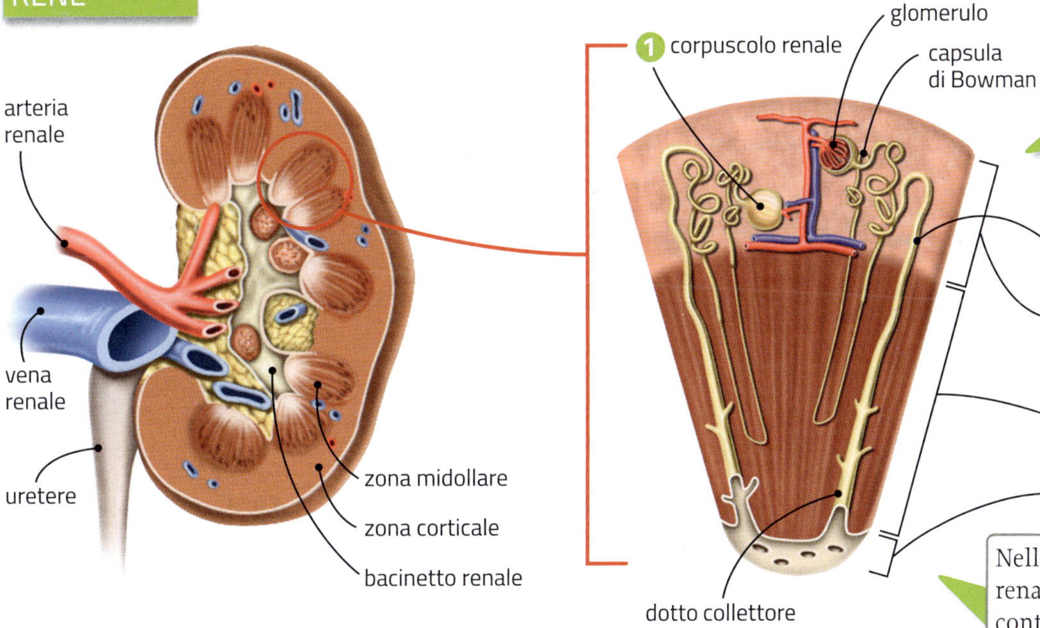

Questo ingrandimento mostra due nefroni: i corpuscoli renali sono situati nella corticale, mentre i tubuli renali si estendono dalla zona corticale alla midollare.

Nella zona corticale il tubulo renale ha un andamento molto contorto, mentre nella midollare ha un andamento più rettilineo.

I reni, oltre a essere i principali organi escretori, svolgono anche importanti funzioni di regolazione dell'equilibrio idrico e salino.

Per produrre l'urina, i nefroni e i dotti collettori svolgono tre processi: la **filtrazione** del sangue, il **riassorbimento** dell'acqua e delle sostanze utili e la **secrezione** nel filtrato dei farmaci e delle sostanze tossiche.

1. La **filtrazione** avviene attraverso le pareti dei capillari sanguigni del glomerulo, in cui la pressione del sangue è piuttosto alta. Le pareti dei capillari renali costituiscono il filtro del nefrone: esse sono paragonabili a un colino con fori piccolissimi, che lasciano passare l'acqua e alcune sostanze disciolte nel sangue (come l'urea, il glucosio e gli amminoacidi) e trattengono i globuli rossi, i globuli bianchi e le molecole più grandi come le proteine. Il liquido prodotto, che prende il nome di *filtrato*, si raccoglie nella capsula di Bowman, poi imbocca il tubulo renale.
2. Ogni ora passano attraverso il filtro renale circa 7,5 L di liquido; se questo venisse completamente eliminato, il corpo finirebbe per disidratarsi. Per questo, a livello del tubulo renale, avviene il **riassorbimento** del 99% dell'acqua, del glucosio, degli amminoacidi e di molti sali minerali, che ritornano nel sangue attraverso i capillari che avvolgono il tubulo stesso.

Leggi la scheda
Le malattie dell'apparato urinario

3. Infine, grazie alla **secrezione**, il tubulo renale preleva dal sangue sostanze tossiche e farmaci e le riversa nell'urina, che passa attraverso gli ureteri, raggiunge la vescica e viene eliminata attraverso l'uretra.

Oltre a regolare il bilancio dei sali e dell'acqua e a espellere i prodotti di scarto, i reni svolgono anche altre tre funzioni essenziali:

- mantengono costante l'acidità del sangue e degli altri liquidi corporei;
- regolano la pressione del sangue;
- producono sostanze che permettono la formazione e la maturazione dei globuli rossi.

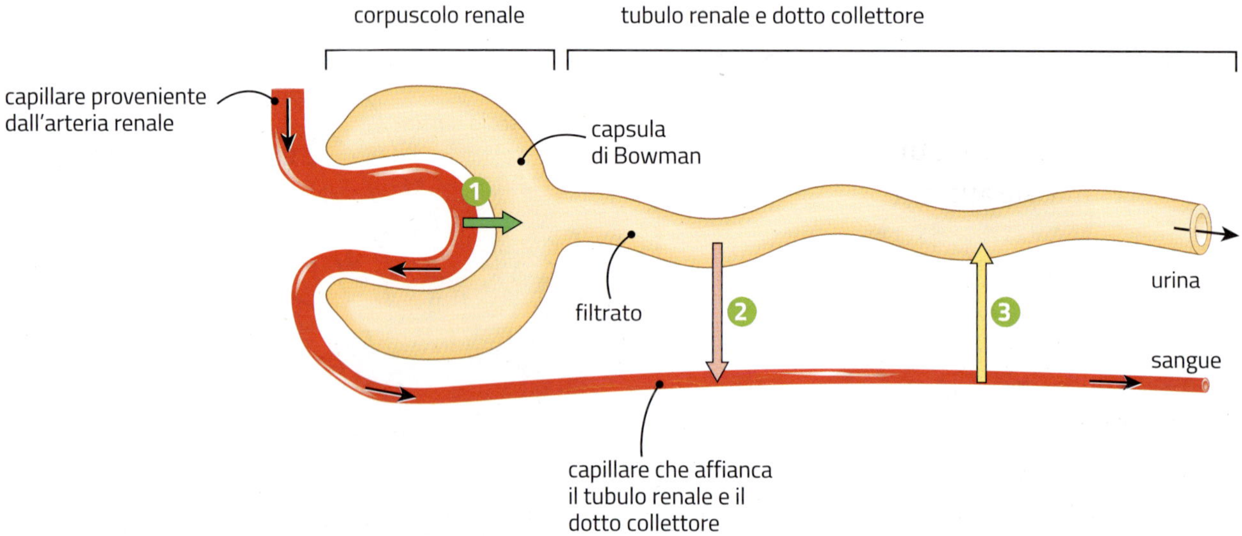

1 Nella **filtrazione**, acqua e sostanze passano dal plasma sanguigno al filtrato.

2 Nel **riassorbimento**, il 99% dei componenti del filtrato torna nel sangue.

3 Nella **secrezione**, i prodotti di scarto presenti nel sangue passano nell'urina.

IMPARA A IMPARARE

1. Completa lo schema.

L'apparato urinario
è formato
- dai ....
  - che sono costituiti da
  - un milione di ....
  - formati
    - dal .... renale
      - dove avviene
      - la filtrazione
    - dal .... renale
      - dove avvengono
      - il riassorbimento
      - la ....
- dalle vie urinarie
  - che sono costituite
  - dagli ....
  - dalla ....
  - dall'uretra

2. Individua nel testo le fasi della produzione dell'urina, poi sul tuo quaderno costruisci uno schema riassuntivo del processo.

Che cos'è il bilancio idrico di un organismo?

Eliminare i rifiuti per mantenere l'equilibrio | pag. C110

Il **bilancio idrico** è il conteggio dei volumi complessivi di liquidi in entrata e in uscita, tale per cui la percentuale di acqua contenuta nel corpo rimanga costante.

Come avviene l'escrezione?

Eliminare i rifiuti per mantenere l'equilibrio | pag. C111

Nel nostro organismo avvengono continuamente reazioni chimiche, in cui si producono **sostanze di rifiuto**, eliminate attraverso l'**escrezione**.

L'escrezione avviene sia attraverso l'**apparato urinario** con la produzione di *urina*, sia attraverso altri organi:

- la **pelle** elimina acqua e sali minerali attraverso il sudore;
- i **polmoni** eliminano il diossido di carbonio e l'acqua sotto forma di vapore acqueo, attraverso l'espirazione;
- l'**intestino** elimina gli alimenti non digeriti e i prodotti di rifiuto, attraverso le feci;
- il **fegato** trasforma molte sostanze in prodotti di rifiuto, che elimina attraverso la bile o l'urina.

Come è strutturato l'apparato urinario?

L'apparato urinario | pag. C114

L'**apparato urinario** è formato da diversi organi situati nella parte alta dell'addome: due reni, due ureteri, una vescica e un'uretra.

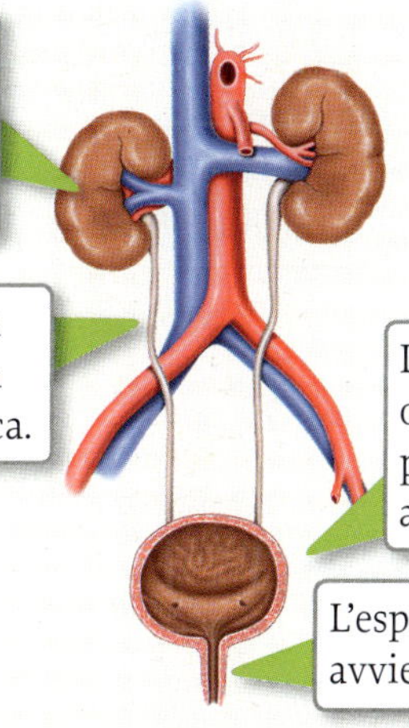

I **reni** sono due organi a forma di fagiolo, che ogni giorno filtrano grandi quantità di sangue.

Da ogni rene parte un **uretere**, che trasporta l'urina fino alla vescica.

La **vescica** è un organo a forma di palloncino, in cui si accumula l'urina.

L'espulsione dell'urina avviene attraverso l'**uretra**.

Come è fatto un rene?

L'apparato urinario | pag. C115

Ogni rene è formato da più di un milione di **nefroni**.

Ciascun nefrone è costituito dal **corpuscolo renale**, che filtra il sangue, e dal **tubulo renale**, in cui scorre il filtrato.

Il tubulo renale sbocca nel **dotto collettore**, che raccoglie l'urina prodotta da più nefroni.

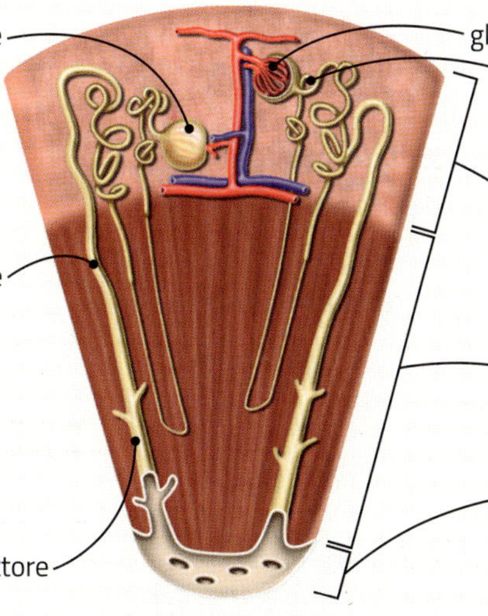

Come viene prodotta l'urina?

L'apparato urinario | pag. C115

L'urina si forma attraverso tre fasi: la **filtrazione** del sangue, il **riassorbimento** dell'acqua e delle sostanze utili e la **secrezione** nel filtrato di sostanze tossiche o in eccesso.

1. Completa la mappa concettuale.

riassorbimento *urina*
nefroni *filtrazione*
bile *intestino*
secrezione *sudore*
polmoni

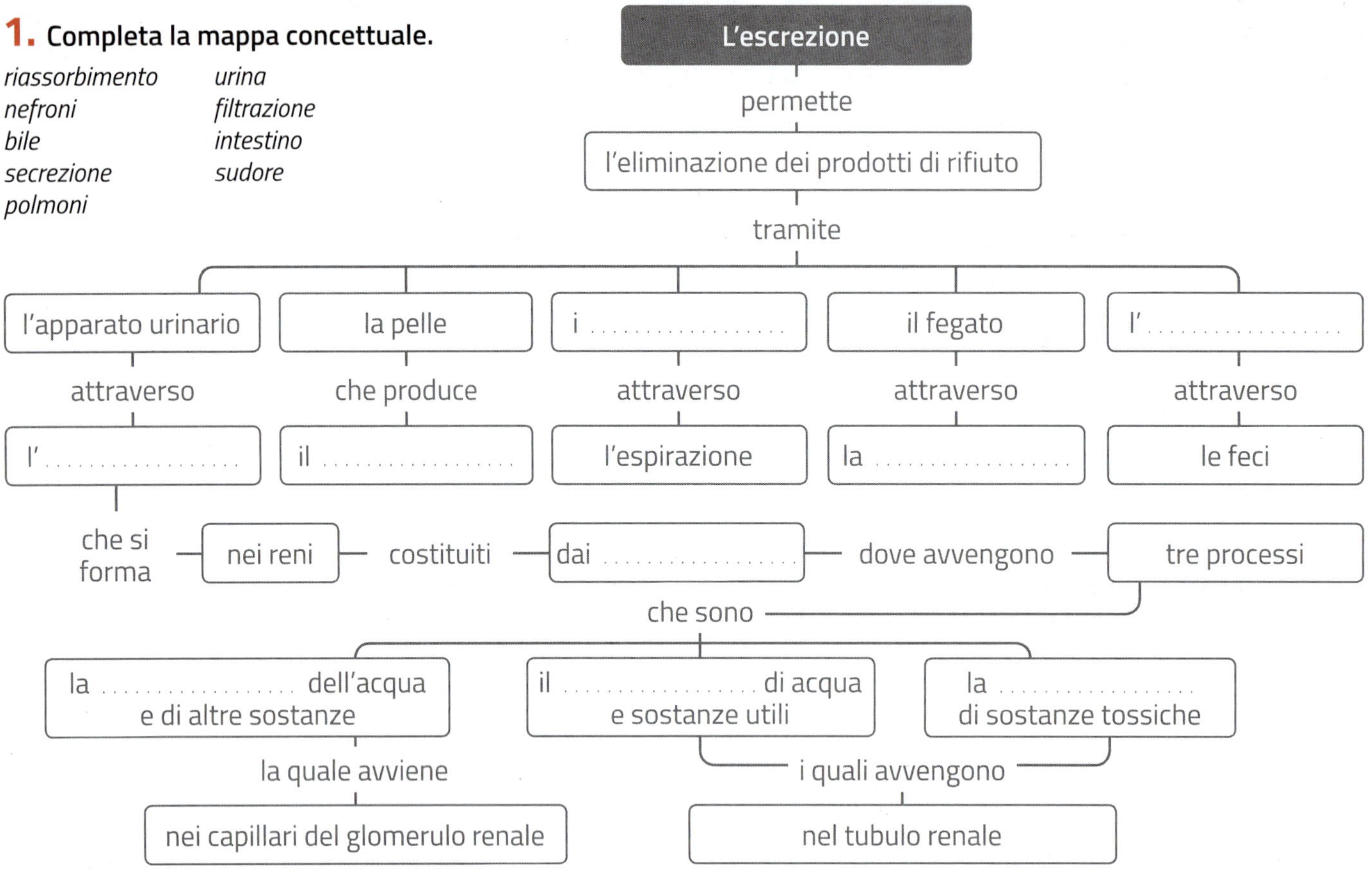

2. I reni producono urina

A 4-5 volte al giorno.
B solo quando si beve molto.
C continuamente.
D solo di giorno.

3. Oltre ai reni, contribuiscono al processo di escrezione anche

A pelle, muscoli, fegato e polmoni.
B polmoni, pelle, fegato e intestino.
C intestino, pancreas, pelle e diaframma.
D polmoni, pelle, intestino e linfonodi.

4. I canali che collegano ogni rene alla vescica si chiamano

A ureteri.
B uretre.
C dotti collettori.
D tubuli renali.

5. Il nefrone è

A l'unità funzionale del rene.
B un gomitolo di capillari.
C una cavità posta nell'ilo.
D la parte esterna del rene.

6. Vero o falso? Correggi le affermazioni errate sul tuo quaderno.

a. Anche la pelle può essere considerata un organo escretore. V F
b. L'unità funzionale del rene è il tubulo renale. V F
c. La maggior parte dell'acqua corporea viene eliminata attraverso il tubo digerente. V F
d. Le arterie renali portano ai reni il sangue da filtrare. V F
e. La composizione dell'urina è sempre uguale, indipendentemente dall'alimentazione. V F
f. Ogni giorno introduciamo ed eliminiamo circa 2,5 L di acqua. V F
g. La presenza di glucosio nelle urine è uno dei sintomi del diabete. V F
h. La zona più esterna del rene si chiama midollare. V F

7. Rispondi alle domande sul tuo quaderno.

a. Per mezzo di quali organi avviene l'escrezione?
b. Quali organi compongono l'apparato urinario?
c. Che cos'è l'urina? Da quali sostanze è composta?
d. Descrivi le unità funzionali del rene.
e. Quali sono i processi con cui viene prodotta l'urina?
f. Oltre all'escrezione, quali altre funzioni svolgono i reni?
g. In che cosa consiste il meccanismo dell'omeostasi?

8. **Osserva l'immagine e inserisci i termini nella figura.**

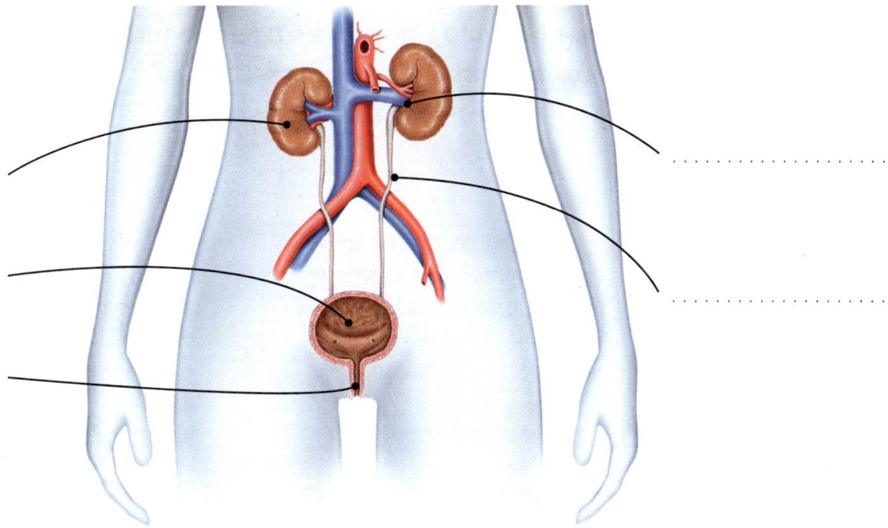

9. **Trova il termine che non ha niente a che fare con gli altri e motiva la tua scelta.**

a. Capsula di Bowman • alveolo • tubulo contorto • uretere

L'intruso è .... perché ....

....

b. Corpuscolo renale • dotto collettore • tubulo renale • uretra

L'intruso è .... perché ....

....

c. Fegato • reni • milza • pelle

L'intruso è .... perché ....

....

10. **Risolvi il cruciverba.**

Orizzontali

1. Uno degli aspetti considerati nell'analisi dell'urina, oltre all'aspetto fisico e a quello microscopico.
5. L'organo dove viene raccolta l'urina.
7. La sua presenza nelle urine è sintomo di diabete.
8. L'urina li percorre per spostarsi dai reni alla vescica.

Verticali

1. La zona più esterna del rene.
2. Elimina acqua e sali minerali, attraverso il sudore.
3. Il colore tipico dell'urina.
4. L'unità funzionale del rene.
6. Viene filtrato dai reni.
9. Organi a forma di fagiolo.

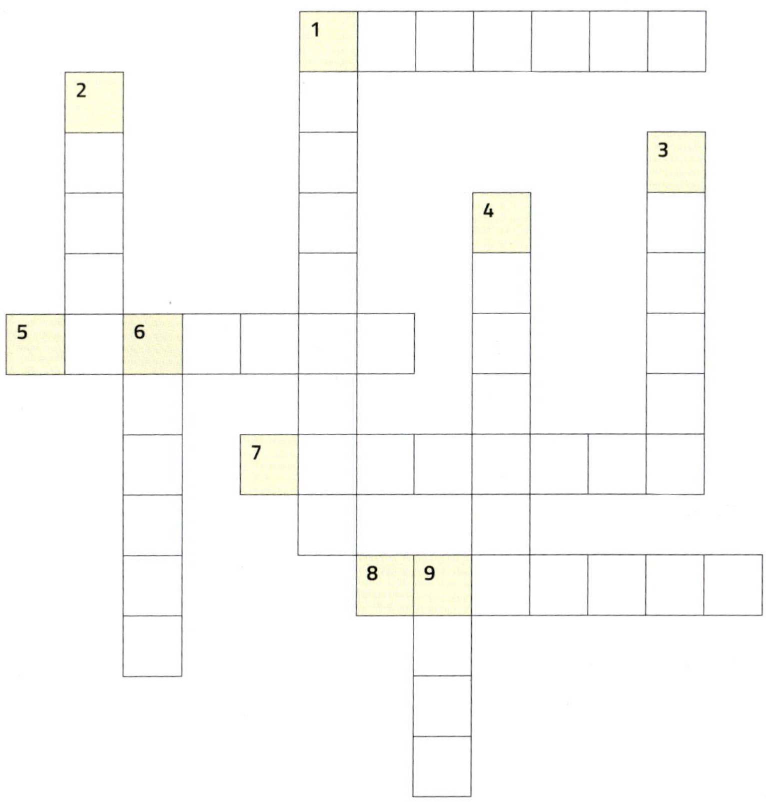

11. **Il tuo compagno di banco ha avuto l'influenza e ha perso tutte le lezioni relative all'apparato escretore. La prossima settimana è fissata la prova di verifica e ti ha chiesto di aiutarlo a studiare.**

Percorso guidato

1. Ripassa tutto il capitolo.
2. Fai uno schema o un riassunto per ciascun paragrafo del capitolo sul tuo quaderno.
3. Prendi confidenza con PowToon o Moovly: userai uno dei due per preparare una videolezione, che riassume i tuoi appunti.

   Vai al sito **PowToon**

   Vai al sito **Moovly**
4. La tua videolezione dovrà toccare i seguenti concetti:
   a. bilancio idrico;
   b. escrezione;
   c. apparato urinario;
   d. rene;
   e. nefrone.
5. Completa la tabella sottostante, che evidenzia le relazioni esistenti tra organi escretori e sostanze da eliminare. Poi inseriscila nella tua presentazione.
6. Se non riesci a preparare la videolezione, prepara delle flash-card con immagini, domande e relative risposte.

	Diossido di carbonio	Composti azotati	Sali minerali	Bile	Acqua
Reni					
Fegato					
Polmoni					
Pelle					

C6 ESERCIZI CLIL

12. **Read and complete the sentences about the kidneys using the terms given below.**

dialysis / urethra / waste / urinary system / kidneys / failure / ribcage / toxic / blood

a. The kidneys are bean-shaped organs that make up the ...., together with the ureters, the .... and the bladder.
b. Human beings have two kidneys, which are located below the ...., one on either side of the spine.
c. Since the .... are in charge of the removal of .... from the ...., any damage provoked by diseases or accidents can build up .... waste products in the body.
d. Human beings can survive without one kidney, but total kidney .... would be deadly if left untreated. Treatments include .... on a kidney machine or kidney transplants.